Indonesien

Über den Autor

Bernd Eberlein, geb. im Schleswig-Holstei-
nischen, erlernte bei einem großen
deutschen Reiseunternehmen das Touri-
stikhandwerk von der Pike auf. Er lebt
seit 18 Jahren in Indonesien, von denen
er die ersten zehn Jahre als erster Touristik-
Consultant indonesische Reiseunternehmen, darunter den ehemaligen Minister
für Tourismus, beriet und seit acht Jahren
mit indonesischen Partnern ein spezielles
Reiseunternehmen betreibt. Er konzipiert
außergewöhnliche Reisen, darunter zahlreiche Expeditionen nach Kalimantan,
Sumatra, Irian Jaya usw.
Bernd Eberlein kennt seine Wahlheimat
Indonesien durch Hunderte von Reisen
wie seine Westentasche und ist auch
durch seine Kenntnis der indonesischen
Sprache in der Lage, eine Landeskunde
Indonesiens kompetent und fachkundig
zu schreiben.

Herausgeber

Ingo und † Marie-Luise Schmidt di Simoni

Verlag und Verfasser sind für Ver-
besserungsvorschläge und ergänzende
Anregungen jederzeit dankbar.

Indonesien

Reiseführer mit Landeskunde
von Bernd Eberlein

mit 217 Fotos und Textillustrationen
sowie 37 Karten und Plänen

Konzeption, Gliederung und Layout wurden individuell für die Reihe »Mai's Weltführer« entwickelt.
Sie sind urheberrechtlich geschützt.

Die Deutsche Bibliothek – CIP-Einheitsaufnahme

Eberlein, Bernd:
Indonesien : Reiseführer mit Landeskunde / von Bernd
Eberlein. – 1. Aufl. – Dreieich: Mai, 1996
(Mai's Weltführer ; Nr. 12)
ISBN 3-87936-222-X
NE: GT

1. Auflage 1996

Alle Rechte vorbehalten
© Mai Verlag GmbH & Co. Reiseführer KG 1996
Anschrift: Mai Verlag,
Quellenweg 10, D-63303 Dreieich
Tel. 06103/62933, Fax 64885
Umschlaggestaltung, Typographie
und Layout: Gunter Czerny
Satz und Lithografie: PME, Gesellschaft
für Print- und Medienentwicklung mbH,
Kist bei Würzburg
Karten und Pläne: © Verlag Haupka & Co.,
Bad Soden
Druck und Verarbeitung: Verlag Haupka & Co.,
Bad Soden
Lektorat: Kirsten Külker, Heidelberg
Printed in Germany

ISBN 3-87936-222-X

Das Farbleitsystem

Teil 1: Landeskunde

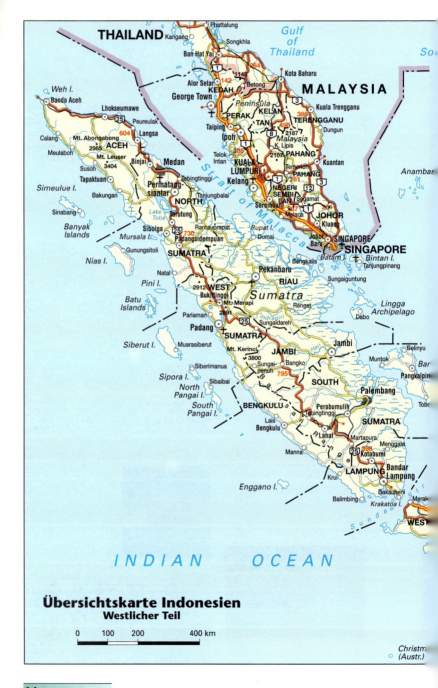

Übersichtskarte Indonesien
Westlicher Teil

0   100   200   400 km

Christm
(Austr.)

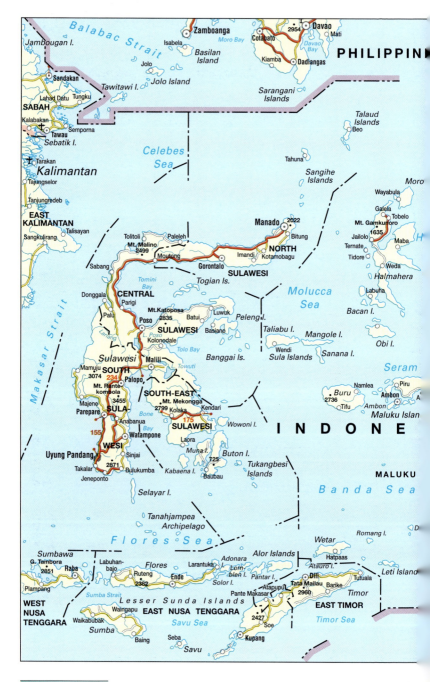

Palau
Islands

PALAU

Übersichtskarte Indonesien
Östlicher Teil

0   100   200   400 km

P A C I F I C   O C E A N

Waigeo

Rabia

Dampier Strait

Sorong

2452

Manokwari

Supiori
Biak

alawati

*Doberai
Peninsula
(Vogelkopf)*

Teminabuan

Umsini
2926

Ransiki

Numfoor

Bosnik

Yapen

Teba

Sarmi

Fagita

Inanwatan

Bintuni

Serui

Demta Jayapura

Babo

Wasior

*Cenderawasih
Bay*

Waren

Vanimo

Fakfak

1605

*Bomberai
Pen.*

Tariku

Kamberatoro

Bula

Kaimana

Nabire

I R I A N   J A J A

Geser

Kanaka

3891

*Pansi
Lakes*

Peak Jaya
• 5030

New Guinea

Wamena

Taritatu

PAPUA   NEW

nds

Enarotali Tembagapura

C

e

n

t

r

a

l

R

a

n

g

e

Kokenau Amamapare

Tual

Dobo

Wokam

Agats

Tanahmerah

GUINEA

Kai Islands

Kobroor

*Aru
Islands*

Tanimbar
Islands

Trangan

Jommon

Mapi

Yamdena

Saumlaki

*Yos
Sudarso
Island*

Okaba

Komoran I. Merauke

Mare

A r a f u r a   S e a

Vorwort

Sonne, Sand und Meer gibt es an vielen Plätzen draußen in der weiten Welt. Palmen werden für die Kamera gratis geboten. Zur Auswahl stehen Ferienplätze, die ganz auf Erholung und Entspannung, auf Exklusivität oder auf Kunst und Kultur spezialisiert sind. Man bediene sich der bunten Prospekte der einschlägigen Reisebüros.

Wer aber ein Land sucht, das fast alles bietet, was sich der sonnen- und erlebnishungrige Tourist nur wünschen kann, der richte seinen Blick auf die Tausend Inseln beiderseits des Äquators in Südostasien, auf Bali, Borneo, Java und Sumatra und die 13 667 weiteren, großen und winzig kleinen Inseln, wie das statistische Zentralamt in der indonesischen Hauptstadt Jakarta ganz genau zu wissen meint. Kann gut sein, daß inzwischen ein neues Atoll aus der blauen oder grünen See aufgestiegen ist. Da sind dann bald die ersten Kokosnüsse angeschwemmt, und ein paar Jahre später wachsen dort die Palmen in die Höhe.

Das indonesische Staatswappen trägt das Motto »Einheit in der Vielfalt«. Damit ist auch die Vielfalt angesprochen, die dem touristischen Besucher geboten wird: die meilenweiten weißen Sandstrände, die Wunderwelt der Tempel und Tempelfeste, die steinernen Zeugen einer großen Vergangenheit, die kulturellen und künstlerischen Schöpfungen von einst und die abwechslungsreiche Folklore von heute. Es locken Berge, Dschungel und Reisterrassen, seltene Pflanzen, Früchte und Tiere bis zum urweltlichen Drachen. Wem's gelüstet, der kann einen noch verhalten hustenden, gelegentlich Lava speienden Vulkan besteigen. Im fernen Neuguinea gibt es Berge mit Eis und Schnee.

Indonesien ist keine zusammenhängende Landmasse, sondern eine vielfältige Inselwelt, die sich über eine Länge von rund 5 000 Kilometern erstreckt. Wer die Karte der Republik Indonesien auf eine Landkarte Europas legt, stellt mit einiger Verwunderung fest, daß damit eine Fläche von Irland bis zum Kaukasus abgedeckt ist. Und dann hört man noch beiläufig, daß Indonesien mit über 195 Millionen Einwohnern das viertgrößte Land der Erde ist, ein Land großer Ewartungen, trotz vieler wirtschaftlicher und sozialer Probleme. Die Erwartungen sind hochgesteckt, die Grundlagen von Stabilität und Sicherheit sind gegeben. Der Schwerpunkt liegt auf der wirtschaftlichen Entwicklung und nicht auf außenpolitischen oder militärischen Abenteuern.

Der auf Bequemlichkeit bedachte Reisende mag sich im Luxushotel internationalen Stils verwöhnen lassen und seinen Drink lässig an der Bar mitten im Swimmingpool einnehmen. Wer das Besondere sucht, kann buchstäblich in die Steinzeit reisen, zu den Dschungelbewohnern von Irian Jaya, im Westteil der Insel Neuguinea, wo der feine Mann mit einer dicken Schicht Schweinefett bedeckt ist und nur empfindliche Körperteile verhüllt, während die Frauen leicht geschürzt den Dschungelpfad passieren.

Bei aller Vielfalt und aller Abwechslung, die Indonesien bietet, eine Erfahrung macht man überall, ob nun im Luxushotel auf Bali oder im Langhaus der Dayak auf der großen Insel Borneo (Kalimantan): die von Herzen kommende Freundlichkeit und Gastfreundschaft der Menschen des Landes. So spricht man von den Inseln des

Lächelns. Das ist richtig, aber es bedarf auch einer Ergänzung. Die Menschen geben sich hier im allgemeinen heiterer als in nördlichen Breitengraden, wo die Natur härter ist und zur langfristigen Planung, Anstrengung und Selbstverwirklichung zwingt. Die Menschen Indonesiens kennen keinen Winter, ihre Wertmaßstäbe sind anders als die der Nordländer. Natürlicher Stolz schlägt leicht um in Empfindlichkeit, auch der sogenannte einfache Mensch ist tief von dem Gefühl menschlicher Würde erfüllt. Wer seinen Blick für die Besonderheiten dieser Welt öffnet, kann Erfahrungen mit nach Hause nehmen, die ihn später im »Nebelland« noch immer bewegen.

Indonesien ist ein sicheres Reiseland, obwohl man Geld, Gut und Schmuck nicht leichtsinnig und anmaßend zur Schau stellen sollte. Die Zunft der Taschendiebe ist auch hier vertreten, besonders in den Zentren des Verkehrs und Tourismus. Die feuchtheiße Hitze kann vor allem in den Städten zu schaffen machen. Aber auch Reisende der reiferen Jahrgänge brauchen einen Hitzschlag nicht zu befürchten, wenn sie ein paar einfache Gesundheits- und Verhaltensregeln beachten. Die sprachlichen Schwierigkeiten sind geringer als in vielen anderen Ländern Asiens. In den Hotels, wie überhaupt in den Städten, findet man stets jemanden, der englisch spricht, und überraschend oft sogar Menschen mit deutschen Sprachkenntnissen. Im Dorf gibt es Hilfe beim Lehrer, dem Dorfältesten, dem Polizisten oder dem Soldaten. In ganz abgelegenen Gegenden taucht oftmals unerwartet ein Missionar auf.

Der Tourismus modernen Stils hat in Indonesien erst in den achtziger Jahren begonnen. Das erklärt manche technische Schwierigkeit in der Planung und Durchführung von Reisen abseits der großen Straße. Das junge Reiseland bietet andererseits so viele Schönheiten, daß man auch bei einem Schritt vom Weg durch das Erleben einer fremden Welt reich entschädigt wird. Wer sich von einem Reisebüro, einer Agentur oder einem renommierten Hotel betreuen läßt, reist hier ebenso unbeschwert wie in anderen, touristisch schon länger erschlossenen Ländern Asiens.

Ob der Erlebniswert in Indonesien größer ist als anderswo, das muß jedermann selbst entscheiden. Der Autor dieses Buches ist da ein wenig voreingenommen. Er reiste Anfang 1978 nach Indonesien und lebt seit mittlerweile 18 Jahren dort. So ist es möglich, in diesem Reiseführer nicht nur technische Daten über Reiserouten zu verzeichnen, sondern auch Land und Leute kenntnisreich darzustellen. Die vielen kleinen praktischen Hinweise sollen helfen, den besonderen Reiz des Reiselandes Indonesien zu erfassen und zu genießen.

Selamat Datang, willkommen auf den Tausend Inseln im südlichen Meer zwischen dem Indischen Ozean und dem Pazifik!

Landesnatur und Bevölkerung

Lage und Größe

Indonesien, der größte Inselstaat der Welt, bildet eine Art Brücke zwischen Asien und Australien. Der Südostflanke Asiens vorgelagert, beiderseits des Äquators gelegen, erstreckt sich die indonesische Inselwelt von 94°15' bis 141°05' östlicher Länge und von 6°08' nördlicher bis 11°15' südlicher Breite, was einer Entfernung von West nach Ost von über 5 100 km und von Nord nach Süd von über 1 880 km entspricht oder, plastischer ausgedrückt, einem Gebiet von Irland bis zum Kaukasus und von Hamburg bis Tunis. Zusammengerechnet umfaßt die Landmasse Indonesiens ca. 2 Mill. km², das Sechsfache der Bundesrepublik Deutschland. Die 13 667 statistisch erfaßten Inseln sind längst nicht alle ständig bewohnt, die Zahl der bewohnten Inseln schwankt nach indonesischen Angaben zwischen 992 und 6 000.

Der Inselstaat umfaßt damit den größten Teil des Malaiischen Archipels mit den vier großen Sunda-Inseln in der Reihenfolge ihrer Ausdehnung: Kalimantan (Indonesisch-Borneo), Sumatra (Sumatera), Sulawesi (Celebes), Java und seit 1963 Irian Jaya (West-Neuguinea). Die bekannte Insel Bali gehört zu der östlich an Java anschließenden Inselgruppe der Kleinen Sunda-Inseln (Nusatenggara). Die zum Inselstaat Indonesien zählenden Molukken sind zwischen Sulawesi und Irian Jaya gelegen.

Das Kernstück Indonesiens bildet die Sunda-Platte, eine fast 2 Mill. km²

Wie hier zwischen Komodo und Flores besteht Indonesien aus Tausenden von Inseln und Inselchen

große Landmasse, die zum Teil unter dem Meer liegt. Sie wird auf allen Seiten von Faltengebirgen des Sunda-Gebirgssystems und eines Inselbogens umgeben, der sich von Sumatra bis zu den Kleinen Sunda-Inseln hinzieht. Aus dem inneren Teil dieses aus zwei parallellaufenden Gebirgsketten bestehenden Inselbogens erheben sich über 300 Vulkane.

War noch vor 30 Mill. Jahren der ganze Malaiische Archipel unter Wasser – erst am Ende des Miozäns, also vor rund 15 Mill. Jahren, bildeten sich

die Inseln –, so stand während der Eiszeiten, d.h. vor 12 000 bis ca. 1 Mill. Jahren, der ganze Sunda-Komplex sowohl mit dem asiatischen Festland als auch mit Australien in Verbindung. Das zwischen dem asiatischen Festland und den Inseln gelegene Sunda-Schelf, mit 1,8 Mill. km² die größte Schelfplatte der Erde, ein unterseeisches Plateau, welches nicht mehr als 100 m tief ist, bildete zu dieser Zeit eine Tiefebene, die am Ende der letzten Eiszeit, vor nicht mehr als 10 000 Jahren, vorwiegend durch die Eisschmelze, aber auch durch Landhebungen auf asiatischem Gebiet überflutet wurde. Bodenrillen, die man als ehemalige Flußtäler erkannt hat, und Übereinstimmungen mit der asiatischen und australischen Tier- und Pflanzenwelt lassen die vorgeschichtlichen Landzusammenhänge mit Asien und Australien deutlich werden. Elefant, Nashorn und Tiger breiteten sich zu jener Zeit bis Sumatra, Java und Borneo aus. Auch Tapir und Orang-Utan stammen aus Asien. Umgekehrt finden sich auf Sulawesi Beuteltierarten aus Australien. Ebenso verhält es sich mit der Pflanzenwelt, die auch z.B. auf Irian Jaya und den vorgelagerten Aru-Inseln zu einem gewissen Teil dort zurückblieb, als sich vor Millionen von Jahren der australische Kontinent vom asiatischen Festland löste.

Auf der Insel Komodo lebt noch der Riesenwaran (Varanus komodoensis), eine bis zu 3 m lange Echse, die sich aus dem Eozän (vor 60 Mill. Jahren) bis in die Jetztzeit herübergerettet hat. In Australien gibt es noch das Gegenstück, den nur 20 cm großen australischen Zwergwaran (Varanus brevicauda). Diese Zusammenhänge haben dazu geführt, daß die indonesische Inselwelt gelegentlich auch als »Australasien«, »Insulinde« oder »Inselindien« bezeichnet wird.

Dem genannten Gebirgssystem des Malaiischen Archipels entspricht ein System von unterseeischen Senkungen und Gräben, die im Süden von Java und Timor sowie nordwestlich dieser Inseln liegen. Diese Senkungen oder Gräben fallen an der Südküste Javas jäh auf 7450 m und in der Bali-See auf 1500 m, in der Flores-See auf 6960 m, in der Banda-See auf 5800 m sowie im Bereich der Kleinen Sunda-Inseln auf 7440 m ab. Daher herrscht in den Meeresstraßen zwischen den Inseln und an den Südküsten der Inseln meist eine starke Strömung. Die Makassar-Straße, ein zwischen Kalimantan und Sulawesi gelegener Graben, trennt Sulawe-

si vom Sunda-Schelf. Östlich des Inselbogens von Timur nach Seram beginnt das Sunda-Schelf, in dessen Gebiet die Molukken und die Insel Neuguinea liegen und das in grauer Vorzeit zusammen mit Australien einen Kontinent bildete.

Indonesien zählt durch diese geographische Situation zu den tektonisch unruhigen Gebieten der Erde. Die Gebirgsbildung ist noch nicht abgeschlossen, wie die häufigen Erdbeben und vor allem der Vulkanismus zeigen. Von den rund 300 Vulkanen sind noch knapp 100 Vulkane aktiv und über 100

als sogenannte Solfataren tätig, was bedeutet, daß aus ihnen nur noch schwefelhaltige Dämpfe austreten. Viele Vulkane erreichen Höhen von 2000 m, einige auch von über 3000 m, in Irian Jaya sogar von mehr als 5000 m. Der höchste Berg Indonesiens, der Puncak Jaya, früher auch Pik Carstenz genannt, mißt 5020 m, der Kerinci auf Sumatra erreicht 3805 m, der Rinjani auf Lombok 3726 m, der Semeru auf Java 3616 m, der Rantekombola auf Sulawesi 3455 m, der Gunung Agung auf Bali 3142 m und der Bukit Raya auf Kalimantan 2274 m. Indonesien zählt zu den vulkanreichsten und gebirgigsten Gebieten der Erde; es wurde auch von den verheerendsten Vulkanausbrüchen heimgesucht, wobei die starken Eruptionen Ausmaße von Explosionen erreichten, bei denen ganze Teile der Vulkankegel in die Luft flogen. Übrig blieben riesige, teilweise steilwandige Krater, deren Durchmesser z.B. beim Ijen auf Ost-Java 16 km und beim Tambora auf Sumatra 17 km beträgt. Der Ausbruch des Tambora auf Sumatra im Jahr 1815 war so gewaltig, daß zwei Drittel des heute nur noch 2756 m hohen Berges in die Luft gesprengt wurden. Die Detonationen waren von Sumatra bis Neuguinea und sogar bis Nordwest-Australien zu hören. Der Hitzeausstoß erzeugte Wirbelstürme, die Dörfer und Waldungen zerstörten. Über 12000 Menschen fanden allein auf Sumatra den Tod, weitere 80000 Menschen verhungerten auf der Insel Lombok, da der Aschenregen ihre Felder verwüstete. Noch gewaltiger war im Jahr 1883 der furchtbare Ausbruch des Vulkans auf der Insel Krakatau, die in der Sunda-Straße zwischen Sumatra und Java liegt. Hier zerbarst der fast 900 m hohe Vulkan total.

Caldera-Landschaften wie hier am Mount Bromo in Ost-Java kennzeichnen den Inselbogen von Sumatra bis zu den Molukken

Typische Landschaft im Osten von Sumbawa

Von der 33,5 km² großen Insel blieben nur noch 10,5 km² übrig. Die Aschenwolken wurden 30 km hoch in die Stratosphäre geschleudert, wo sie 700 km weit zu sehen waren und noch lange Zeit nach dem Ausbruch um die Erde kreisten. Die 36 m hohe Flutwelle richtete auf Java und Sumatra große Verheerungen an und lief rund um die Erde. Sie wurde selbst noch in Südamerika beobachtet. 18 Kubikkilometer Gestein, Lava und Asche wurde bei dieser Explosion herausgeschleudert, die Asche fiel auf ein Gebiet von 827 000 km² nieder. Die Insel Krakatau selbst wurde unter einer 70 m hohen Aschenschicht begraben. 1928 war der Krakatau nochmals tätig, diesmal aber unterseeisch, was zu neuen Inselbildungen führte. Der Vulkan grollt noch heute, richtet jedoch keinen Schaden mehr an. Er kann besucht werden.

Im übrigen bestehen die Gebirge überwiegend aus tertiärem Sand- und Kalkgestein, zum Teil aber auch aus granitartigem Urgestein. Wegen der starken Abtragung, der die indonesische Bergwelt ausgesetzt ist, sind Berge mit schmalem Rücken und tiefen Tälern kennzeichnend für die indonesische Landschaft. Das abgetragene Material bildete ausgedehnte Schwemmlandebenen, insbesondere in Ost-Sumatra, Süd-Kalimantan und Nord-Java, die, soweit sie nicht an vulkanische Gebiete angrenzen, nicht sehr ertragreich sind, vor allem dann nicht, wenn der Boden auch noch durch hohe Niederschlagsmengen ausgelaugt wurde. Häufig täuscht eine dichte Bewaldung über diese Nährstoffarmut des Bodens hinweg. An den Südrändern der Inseln begegnet man sogar völlig unfruchtbaren weiten Karstgebieten. Sehr fruchtbar sind dagegen die weniger ausgedehnten vulkanischen und mineralreichen Gebiete.

Indonesien besitzt nur wenige schiffbare Ströme, die allerdings in Süd-Sumatra und besonders auf Kalimantan lang und wasserreich sind und als Verkehrsadern eine große Rolle spielen. Alle Flüsse werden für die Bewässerung und gelegentlich auch zur Gewinnung von Elektrizität genutzt.

Der größte Binnensee Indonesiens, der Toba-See mit einer Wasserfläche von 1 265 km^2, befindet sich in Nord-Sumatra. Seine Ausdehnung entspricht dem Zweieinhalbfachen des Bodensees.

Klima

Das Klima Indonesiens ist vorwiegend tropisch. Während im Westen ein ständig feuchtheißes Wetter mit geringen jahreszeitlichen Temperaturschwankungen und reichlichen Niederschlägen dem menschlichen Kreislauf zusetzt, teilt sich die Jahreszeit, je weiter östlich man kommt, in eine Regen- und Trockenzeit auf. Wie im ganzen südostasiatischen Raum wird auch das Klima Indonesiens von den Monsunwinden bestimmt. In der Zeit von März bis September weht von Australien her der relativ trockene Südost- und Ostmonsun, der sonnenreiche, ab und zu von kurzen, heftigen Tropengewittern unterbrochene Tage bringt. Auf Bali und den weiter östlich gelegenen Inseln ist es während der Monate Juli und August daher auch absolut sonnensicher. Zu dieser Zeit nehmen selbst die Niederschläge auf Sumatra und Kalimantan ab.

Die Tabellen auf dieser und der folgenden Seite sollen einen ungefähren Überblick über die Klimawerte der wichtigsten Gebiete geben.

Von Dezember bis Februar regiert dagegen der vom Indischen Ozean her wehende Westmonsun, der in den Monaten Januar und Februar auch den im Osten gelegenen Inseln gelegentlich regnerisches Wetter beschert. Zu dieser Zeit sind Bali und die Kleinen Sunda-Inseln als Reiseziele weniger zu empfehlen. Regenzeit bedeutet in Indonesien allerdings nicht, daß sich der Himmel wie in Europa für Wochen in ein dunkles Grau hüllt und ohne Unterbrechung ein feiner Nieselregen herniederkommt, sondern Regenzeit heißt vielmehr: kürzere und heftige Regengüsse. Insofern vergeht kaum ein Tag, an dem nicht auch die Sonne scheint.

Charakteristisch für das indonesische Klima sind die gleichmäßig hohen Temperaturen, die auch nachts nur unwesentlich absinken. Im Tiefland liegen sie im Durchschnitt bei

Insel	**Sumatra**			**Java**			
Ort	Medan	Padang	Takengon	Jakarta	Bogor	Pangerango	Pasuruan
Höhe	23 m	7 m	1 186 m	8 m	240 m	323 m	5 m
Temperatur °C							
Max.	35,5	34,5	32,0	36,5	–	20,0	35,5
Min.	16,0	20,0	9,0	19,0	–	0,0	14,5
Jahr	26,0	26,8	20,4	26,6	25,1	8,0	26,5
Niederschlag mm							
Januar	92	521	226	296	424	596	280
Juli	260	153	57	43	238	84	5
Jahr	2 036	4 184	1 754	1 805	4 226	3 475	1 296
Luftfeuchtigkeit %							
Jahr	80	81	82	83	–	83	78

| Insel | Kalimantan | Sulawesi | Ambon | Timor | |
| Ort | Pontianak | Ujung Pandang | Menado | Amboina | Kupang |
Höhe	3 m	2 m	2 m	4 m	44 m
Temperatur °C					
Max.	35,5	35,0	35,5	35,5	38,5
Min.	20,0	14,5	17,0	19,0	15,5
Jahr	26,3	26,1	26,4	26,4	26,7
Niederschlag mm					
Jan.	387	686	462	636	388
Juli	166	10	88	116	2
Jahr	3 190	2 853	2 678	3 461	1 439
Feuchtigkeit %					
Jahr	83	82	82	82	67

26 °C, können aber auch maximale Werte von 36 °C erreichen. Diese Durchschnittstemperaturen fallen um 1 °C je 170 m Höhe ab. In den höher gelegenen Tälern sowie auf den Bergen herrschen also empfindlich kühlere Temperaturen. Zu der gleichbleibenden tropischen Hitze in den niedriger gelegenen Gebieten kommt eine hohe Luftfeuchtigkeit hinzu, deren Mittel um 80 % liegt und die bis auf 60 % absinken, aber auch auf über 90 % ansteigen kann. An sie muß sich der menschliche Kreislauf erst gewöhnen.

Das Kronendach des typischen Regenwaldes Indonesiens

Flora

Das tropische Klima hat zur Entwicklung einer vielfältigen Pflanzenwelt geführt. Die Vegetation Indonesiens besteht vorwiegend aus Wald, der das Land zu etwa zwei Dritteln bedeckt. In Ost-Sumatra, Mittel- und Süd-Kalimantan, auf den Molukken und in Irian Jaya nimmt er mehr als vier Fünftel der Gesamtfläche ein, auf Java ein Viertel. Nur auf den Kleinen Sunda-Inseln breitet er sich über kaum mehr als ein Zehntel der Fläche aus. In den Gebieten mit hohen Niederschlagsmengen wächst ein üppiger tropischer Regenurwald, im Südosten Indonesiens dagegen, wo sich Regen- und Trockenzeit abwechseln, ein weniger dichter Monsunwald. Die sumpfigen Küstenebenen werden von Mangroven-Flutwäldern bedeckt, die sich auch entlang der Flüsse weit ins Landesinnere ziehen.

Die früher überwiegend und heute noch in entlegenen Landesteilen ausgeübte Brandrodung hat zu schweren ökologischen Schäden geführt. Wertvoller Primärwald mit schattenspendenden langlebigen Bäumen wurde vernichtet und durch einen artenärmeren Sekundarwald oder wertloses Alang-Alang-Gras ersetzt. Die Sekundärvegetation kann nur sehr schwer wieder in wertvollen Wald zurückverwandelt werden, da der Regen die dafür erforderlichen Nährstoffe zum Großteil ausgewaschen hat. Heute kommen als weitere Ursachen Waldbrände und ein rücksichtsloser Holzeinschlag, besonders auf Ost-Kalimantan, hinzu.

Die Mündungen der Flüsse sind von ausgedehnten Mangrovengürteln, bizarren immergrünen Bäumen mit eigenartigen Stützwurzeln, umsäumt. Die tiefgelegenen Küstengebiete begrenzen ausgedehnte Haine mit Ko-

Ein mächtiger Brettwurzelbaum an der Stadtgrenze von Kota-Ternate

Die Zuckerpalme ist Lieferant des begehrten Palmweins sowie des aromatischen Palmzuckers

ten und getrockneten Samens wird mit Tabak, Gewürzen und etwas ungelöschtem Kalk vermischt, zu einem Priem zusammengepreßt und dann gekaut. Beim Kauen entwickelt sich ein rötlicher Saft, der stimuliert und die Speichelsekretion anregt, allerdings auch die Zähne zerstört.

Eine weitere erwähnenswerte Palme ist die Sagopalme (Metroxylon rumphii und laeve), die 7–13 m hoch und bis zu 1 m dick wird. Sie blüht nur einmal, allerdings dann mehrere Jahre, und sammelt kurz vor der Blüte in ihrem dicken Stamm reichlich Stärke, aus der das Sago gewonnen wird. Der steife Stärketeig wird durch ein Sieb gestrichen und zu kleinen Körnchen verarbeitet, die dann auf einer erhitzten Metallplatte oder in einer rotierenden Trommel getrocknet werden, wobei sie oberflächlich verkleistern. Die Blüte hängt wie ein langer Pferdeschwanz vom Baum herab. An ihren langen Strähnen entwickeln sich rötliche Früchte. Der Saft der Palme ist nur mit Vorsicht zu genießen; er brennt sehr scharf, weshalb die Palme auch den Namen »Brennpalme« trägt.

Sehr exotisch mutet die Schraubenpalme (Pandanus) an, deren Blattansätze spiralförmig angeordnet sind und die auf einem Stelzenbündel von Stützwurzeln steht. Sie trägt ananasähnliche, einem fleischigen Zapfen gleichende ungenießbare Früchte.

Schließlich sei noch die außergewöhnliche und artenreiche Rotangpalme (Calamus) erwähnt, eine lianenartige Kletterpflanze mit gefiederten Blättern von mehreren Metern Länge. Sie besitzt mit Dornen bewehrte Stränge, die, vom Wind bewegt, sich an den umstehenden Bäumen festkrallen und so der Palme eine Stütze geben, an der sie langsam zum Licht emporklimmen kann. Kräftige Exemplare dieser Art von Kletterpalme erreichen eine außergewöhnliche Länge. Die von den

kos-, Öl-, Zucker-, Nipa- und sonstigen Palmen, unter denen die Kokospalme (Cocos nucifera) eine hervorragende Stellung einnimmt. Erwecken sie im Reisenden romantische Assoziationen, so stellen sie für die Bevölkerung sehr wichtige Nutzpflanzen dar, kann doch nahezu alles an ihnen für die verschiedensten Zwecke verwendet werden. Sie liefern Bauholz, Brennholz, Fasern für Korbwaren und zur Herstellung von Dächern einfacher Hütten. Es werden Öl, Kopra und selbst Palmwein (tuak) aus ihnen gewonnen.

Typisch für den Malaiischen Archipel ist auch die Betelnußpalme (Areca catechu), die an ihrem grauen, sehr schlanken und hohen Stamm, den ein kleiner Fiederschopf krönt, gut zu erkennen ist. Sie trägt orangerote Früchte mit 2–3 cm langen eichelförmigen Samen. Die Betelnuß ist ein traditionelles Stimulans: Ein Stück des gekochten

Die zu den Schwarz-mundgewächsen gehörende leuchtende violettblaue Tibouchine, ein in den Tropen und Subtropen oft verbreiteter Zierstrauch

Blattscheiden entblößten Stränge sind als »Spanisches Rohr« bekannt.

Besonders dekorativ wirkt die nur in Gärten angebaute Fächerpalme, so genannt, weil sich ihre Blätter wie ein Fächer spreizen. Die Indonesier nennen sie *pisang kipas*.

Wie allgemein in den Tropen ist auch in Indonesien gelber und grüner Bambus in vielen Variationen überall anzutreffen.

Einer der schönsten Zierbäume ist der Flammenbaum oder Flamboyant (Delonix poinciana regia). Seine scharlach- und orangeroten Blütenstände schmücken den Baum, der eine Höhe von 18 m erreichen kann, zur Hauptblütezeit am Ende der Trockenzeit (bis November). Ähnlich dem Flammenbaum leuchtet auch die Pfauenblume (Poinciana pulcherrima), ein stachelbewehrter Strauch mit graziösen orange- oder scharlachroten Blüten an den Zweigenden. Auch er besitzt wie der Flammenbaum gefiederte Blätter.

In den Tempelanlagen Balis und auf islamischen Friedhöfen trifft man auf den Frangipani (Plumera rubra), in Indonesien *kambuja* genannt. Der Baum wird bis zu 7 m hoch und trägt weiße, wohlduftende, wie Porzellan anmutende Blüten. Auch eine karmesinrote Art schmückt die Gärten und Parks. Den Buddhisten ist er ein Symbol der Unsterblichkeit, daher werden seine Blüten in den Tempeln Balis für kultische Blumengaben verwendet. Eine ähnlich religiöse Bedeutung kommt dem Heiligen Feigenbaum (Ficus religiosa) zu, dem sogenannten »Bo-Baum« der Buddhisten. Unter ihm empfing Prinz Siddharta im 6. Jh. v. Chr. die göttliche Offenbarung, die ihn zum Gautama Buddha erhob. Die Hindus bringen den Baum mit Brahma, Vishnu und Shiva in Verbindung. Vishnu soll unter diesem Baum geboren sein.

Charakteristisch für Indonesiens Baumflora ist ferner der Banyanbaum (oder die Würgerfeige, Ficus bengalensis) mit seinen blaßgeaderten großen Lederblättern. Er ist ein Paradebeispiel für das Epiphytenleben eines Baumes. Seine von Vögeln auf einen Wirtsbaum fallengelassenen Samenkerne keimen dort erst friedlich, ohne diesem einen Schaden zuzufügen. Nach einiger Zeit senken sich aber lange, fadenartige Luftwurzeln herab, die, sobald sie den Boden erreicht haben, wachsen, den Wirtsbaum einschnüren und mit zunehmender Macht regelrecht einsargen, so daß der erwürgte Baum zum Kern des neuen Baumes wird. Sein indonesischer Name ist *waringin* oder *beringin*.

Ein anderer, sehr schöner Blütenbaum ist die Java-Kassie (Cassia javanica), die im April und Mai ihre röhrenförmigen Blütentrauben, unserem Goldregen ähnelnd, entfaltet. Typisch auch die Kasuarine (Casuarina), eine zweikeimblättrige Pflanzengattung mit 40–50 Arten. Ihre feinen grünen Rutenäste, schachtelhalmartig gegliedert und mit Schuppen besetzt, und ihre kätzchenähnlich stehenden Blüten fallen besonders auf. Ihren Namen hat sie wegen ihres dem Gefieder des Kasuar-Straußenvogels ähnelnden Zweigwerks bekommen.

Um einen sehr nützlichen Baum handelt es sich bei dem Kapokbaum (Ceiba pentandra), der, bis zu 30 m hoch, an seinen rechtwinklig gerade vom Stamm fortführenden Zweigen und seinen Brettwurzeln zu erkennen ist. Die länglichen Früchte enthalten einen von gelblicher Wolle umgebenen Samen. Diese wasserabstoßende Wolle wird gern für Polster verwendet, da sie dem feuchten Tropenklima besser widersteht als alles andere natürliche Material.

Im November schmückt der Hortensienbaum (Dombaya angulata) mit seinen dicken rosa- und lachsfarbenen Blütenbällen die Gärten und Parkanlagen.

Unter den Sträuchern fällt der Hibiskus (Hibiscus rosa sinensis) auf, vor dessen in allen Farben, insbesondere in Rot, nur einen Tag lang blühenden Blüten mit ihren herausragenden Staubgefäßen des öfteren Kolibris und Schmetterlinge stehen, um Nektar zu trinken. Weit verbreitet ist die Schmetterlingserbse oder Schamblume (Clitoris ternatea), deren dunkelblaue oder weiße mit gelben Verzierungen versehene Blüten auch nur einen Tag lang blühen.

Wie der Hibiskus besticht auch die aus dem Mittelmeerraum her bekannte Bougainvillea (Bougainvilla spectabilis) durch ihre Blütenpracht. Diese Rankenpflanze mit ihren kardinalrot bis lila getönten kelchartigen Blüten stammt ursprünglich aus Südamerika.

Die vielen Arten von Orchideen, die durch Neuzüchtungen auch noch vermehrt werden, alle aufzuzählen, würde den Rahmen dieses Reiseführers sprengen. Sie sind in den Orchideengärten Jakartas, Bogors und anderer Städte zu bewundern. Das gleiche gilt für die artenreichen Schmarotzer- und Halbschmarotzergewächse sowie für die vielen aufsitzenden Pflanzen (Epiphyten). Für Orchideenfans hält der »Praktische Reiseführer« noch eine Spezialroute bereit (S. 293).

Eine floristische Besonderheit sind die in Indonesien beheimateten Schmarotzerblumen, die zu der aus vier Arten bestehenden, auf den Inseln des Malaiischen Archipels vorkommenden Pflanzengattung der Rafflesien gehören. Ihren Namen tragen sie in Angedenken an den britischen Staatsmann Sir Stamford Raffles, der Anfang des 19. Jh. als Generalgouverneur auf Java residierte und sich um die wissenschaftliche Erforschung der indonesischen Inseln sehr verdient gemacht hat. Die eigentümlichen Schmarotzergewächse, die auf den Wurzeln von Vitisarten, kletternden

Ziersträuchern, wachsen, bestehen nur aus einer Wurzel, die sich von der Wirtspflanze ernährt, und einer Blüte. Die bekannteste und größte Art ist die nach ihrem Entdecker und seinem Assistenten benannte Rafflesia Arnoldi, deren Blüte in geschlossenem Zustand die Größe eines mächtigen, mit dachziegelartig liegenden Schuppen bedeckten Kohlkopfes besitzt. Die geöffnete Blüte, mit einem Durchmesser von 1 m wohl die größte aller bekannten Blumen, besteht aus einer fünfteiligen fleischigen kelchartigen Blütenhülle von lebhafter roter Farbe und aus einem roten Bündel zahlreicher Staubgefäße. Die zweihäusige Blüte verbreitet nach dem Aufblühen einen starken aasartigen Geruch, der Insekten anlockt und so der Bestäubung dient. Eine etwas kleinere, auf Java vorkommende Art, deren Blüte einen Durchmesser von 40–60 cm erreicht, wird von den Javanern als blutstillendes Mittel verwendet. Exemplare von Rafflesien können im Botanischen Garten von Bogor bestaunt werden (S. 146).

Nicht übergangen werden darf die Lotosblume (Nelumbo nucifera), deren Blätter an langen Stielen dem Wasser von Flüssen und Seen aufliegen. Auch sie blüht nur kurzfristig und läßt nußähnliche Früchte an ihren Blütenfächern reifen. Bricht die Blüte ab, so treiben die Fächer im Wasser, verfaulen und geben die Früchte frei, die auf den Grund sinken und dort keimen. Ihre weißen, leicht gelblichen Blüten gel-

Eine der 5000 Orchideenarten Indonesiens

Die zu den Nymphaea-Hybriden gehörende Seerose ist über die ganze Erde verbreitet und umfaßt vierzig verschiedene Arten

Fruchtkapsel des Annattostrauches, auch Orleansbaum genannt, dessen unschädlicher roter Bixin-Farbstoff in der Kosmetik und Lebensmittelindustrie verwendet wird

ten als Sinnbild der Reinheit und Schönheit sowie des ewigen Lebens. Gautama Buddha, der indische Religionsstifter, wird deshalb häufig auf einer Lotosblume sitzend dargestellt.

Typisch für die Tropen sind auch die insektenfressenden Pflanzen, von denen man in Indonesien häufiger die Kannenpflanze (Nepenthes) antreffen kann. Sie hält in ihren kannenartigen Blättern die Insekten gefangen, nachdem sie sie zuvor durch ihren Nektargeruch angezogen hat, und löst sie bis auf den unzerstörbaren Chitinpanzer auf. Sehr verbreitet sind auch die unterschiedlichsten Formen von Farnen. Sie besitzen große trichterförmige Wedel und werden in dem feuchtheißen Klima im Gegensatz zu den europäischen Arten häufig baumgroß.

Die Früchte des Landes bieten dem Reisenden schon morgens beim Frühstück mannigfaltige Genüsse. Da gibt es den Breiapfel vom Sapottilabaum (Achras sapota), auch *sawo* genannt, eine birnenförmige Frucht mit gelblicher Schale und ebenso getöntem Fleisch, das süßlich, kandisartig schmeckt. Die eingekochte Milch dieses aus Mittelamerika stammenden Baumes dient zur Herstellung von Kaugummi. Sehr geschätzt wird auch die Mangofrucht (Mangifera indica) vom

bis zu 15 m hohen Mangobaum, die zweimal im Jahr geerntet werden kann. Das gelbliche Fleisch der birnenförmigen Mango besitzt ein herbsüßes Aroma mit einem schwer definierbaren Nachgeschmack. Von dem im Malaiischen Archipel und Hinterindien kultivierten Lansibaum (Lansium domesticum) stammt die pflaumengroße gelbe *duku* oder Langsatfrucht, die süß bis süßsäuerlich schmeckt. Von den Speisekarten chinesischer Restaurants her sind vielen Reisenden sicherlich die sogenannten Litschis bekannt. Dieses in ganz Ostasien verbreitete baumförmige Seifennußgewächs mit seinen rotbraunen, hartschaligen und gefelderten Früchten ist auch in Indonesien zu Hause. Die Litschis oder *kelengkeng*, wie sie hier genannt werden, wachsen in ganzen Büscheln. Ihr glasigweißes Fleisch ist saftig und von süßem, fast rosinenartigem Geschmack. Ganz ähnlich schmeckt die Haarfrucht oder *rambutan* (Nephelium lappaceum), deren behaarte Schale und weißlichglasiges Fleisch auch gleich erkennbar ist. Die *srikaya* oder Netzanone, deren schwarze Kerne vor dem Genuß zu entfernen sind, kommt im Geschmack der Erdbeere oder Ananas gleich. Nicht unähnlich unseren Birnen erscheinen die säuerlich pikanten Rosenäpfel. Schon

*Zu den Maulbeerge-
wächsen (Moraceae)
gehörende Jack-
früchte (indonesisch:
Nangka)*

wieder aromatischer und fremdartiger schmecken dagegen die *manggis* (Mangostane), die im übrigen nicht mit der Mangofrucht verwandt sind. Unter ihrer Schale befindet sich ein weißlichrosafarbenes Fleisch, das wie bei der Apfelsine in Segmente aufgeteilt ist und nach Erdbeeren und Weintrauben schmeckt. Ein wesentlich härteres Fruchtfleisch, fast nußartig, von einer dünnen, festen Haut umgeben, bietet die auf Bali beheimatete Salakfrucht. Die Zitrusfrucht *jeruk bali* ähnelt der Pampelmuse. Mächtige, mit dicken harten Noppen versehene Früchte trägt der Durianbaum, der mit zu den beliebtesten Obstbäumen zählt. Wenn auch vom Geruch her wenig einladend (nach faulem Käse riechende Stinkfrucht), enthält die Durian ein von Kennern geschätztes und als köstlich angesehenes cremiges Fruchtfleisch, dem auch aphrodisierende Wirkung zugesprochen wird.

Die Flora der mittleren Höhenlage sieht dagegen schon nicht mehr so bunt aus. Hier treten Begonia-Arten und Farne in den Vordergrund. Überall ist der Bambus reich vertreten. In Höhen von über 1 500 m beginnt die »Zone des ewigen Kohls«, d.h. ausgedehnte Gemüsefelder mit Weißkohl, Möhren und Zwiebeln. Ab 3 000 m, ober-halb der Waldzone, wechselt die Flora zu mehr alpinen Pflanzen über: Rhododendron, Heidekraut, Schlüsselblumen, Enzian und Fingerhutgewächse sowie Brombeerarten sind hier vorherrschend. Das javanische Edelweiß (Anaphalis javanica) ist in dieser schon beträchtlich kühleren Region zwar zu Hause, aber ebenso selten zu finden wie in den Alpen.

Fauna

Der einst mit dem asiatischen Festland verbundene Teil des Archipels kennt eine ausgeprägte Großtierwelt. In Sumatra sind der Elefant sowie das zweihornige Rhinozeros beheimatet. Dieses Nashorn ist das ursprünglichste der seit dem Tertiär vor rund 70 Mill. Jahren in Eurasien lebenden Nashörner. Wie so viele Tiere ist es in seiner Existenz stark bedroht. Das nur ein Horn tragende Panzernashorn Javas, welches ebenfalls nahezu ausgerottet ist, stellt die kleinste Art dieser bis zu zwei Tonnen schweren Tiere dar. Für den Orang-Utan (Waldmensch), der rotbraun gefärbt auf Kalimantan und gelbbraun getönt auf Sumatra vorkommt, ist Indonesien die Urheimat. Seine langen Arme und kurzen, mit Greiffüßen ausgestatteten und daher

Männlicher Orang-Utan (Pongo pygmaeus) in der Region Bogorok

zum Gehen ungeeigneten Beine sind stark und kräftig ausgebildet. Die breiten Backenwülste des Männchens, das Größen bis zu 1,50 m erreicht und zwischen 75 und 100 kg schwer ist, geben diesem ein sehr großflächiges Gesicht. Das Weibchen bleibt dagegen wesentlich kleiner. Nach einer Tragzeit von 8 Monaten wird das etwa 1,5 kg schwere Junge geboren. Die Orang-Utans durchwandern in kleinen Familien die Urwälder, bauen sich Schlafnester und ernähren sich von Früchten und Blättern. Leider werden trotz scharfer Verbote immer noch Weibchen, die ein Junges haben, gejagt und erschossen, um an die Jungtiere zu gelangen, die dann gegen hohe Summen, mit denen ausländische Händler locken, aus dem Land geschmuggelt werden.

An Großkatzen sind der Tiger und der schwarze Panther zu nennen, die beide vom Aussterben bedroht sind. Von ihnen wird der mächtige Königstiger, der noch auf Sumatra und weitaus seltener im südlichen Java vorkommt, am meisten gefürchtet. Er jagt mit Vorliebe Rotwild und Wildschweine. Nur der starke Büffel ist ihm gewachsen. Der Leopard oder Panther ist zwar weniger gefährlich als der Tiger, der extrem selten auch menschliche Ansiedlungen angreift. Doch Touristen gehören wohl nicht zu seiner Leibspeise – es gibt keine verbürgte Nachricht, daß jemals ein Tourist von einem Tiger getötet wurde. Die hochbeinige, graubraune, dunkelbraun gefleckte Zwergtigerkatze ist dagegen nur halb so groß wie unsere Hauskatze. Sie kommt auf Java häufig vor, wo sie zumeist auf Bäumen lebt. Die javanische Zibetkatze *(musang)*, rund 80 cm lang, ähnelt mit ihrer langen und spitzen Schnauze mehr unserem Marder. Auch sie lebt vornehmlich in den Wäldern und Grasfluren Javas, wo sie Vögel, Reptilien und Insekten jagt. Sie kommt aber auch in den Gärten städtischer Siedlungen vor.

Auf Java und Kalimantan lebt der *banteng*, ein Wildrind. Der Bulle ist schwarzbraun gefärbt, die Kuh mehr rotbraun. Dieses überaus zierliche und

*Wasserbüffel nehmen gern
ein Schlammbad*

edel geformte javanische Wildrind ist
sehr scheu und lebt nur in kleinen Her-
den in unberührten Waldgebieten an
den Küsten oder in den mittleren Bergregionen bis zu Höhen von 2000 m.
Auf Bali und Java wurde der *banteng*
zum Balirind domestiziert. Mit der
Reiskultur kam vor langer Zeit auch
der Wasserbüffel oder *kerbau* ins Land,
das neben dem Zebu wohl wichtigste
Haustier. Gutmütig und zäh ist es zum
unentbehrlichen Helfer in den Reisfeldern geworden.

Ebenfalls bedroht sind die noch in
Indonesien vorkommenden Tapire, die
einen kurzen Rüssel haben. Auch sie
stammen aus der frühen Zeit, dem Ter-
tiar (70 Mill. Jahre). Das Tapir besitzt eine Schulterhöhe von ca. 1,20 m und ist
damit das größte seiner noch lebenden
Arten. Es fällt durch seine großflächige
Schwarzweißzeichnung auf. Diese Tiere durchstreifen äsend die Wälder, baden gern, schwimmen und tauchen
sehr gut. Das Junge ist in den ersten
Monaten gestreift.

Zu den ebenfalls nur noch sehr selten vorkommenden Tierarten gehören
auch der Wildzwergbüffel *(anoa)* und
der Zwerghirsch *(kancil)*, ein listiges
und kluges Tier, das in vielen javanischen Geschichten die Rolle unseres
Reinecke Fuchs einnimmt, weshalb
man auch auf Java sagt: »Listig wie ein
kancil!« Dagegen sind Wildschweine in
vielen Teilen des Landes häufig anzutreffen.

In den lichten Wäldern und Graslandschaften Indonesiens hält sich
tagsüber das Stachelschwein verborgen. Nur nachts geht es auf Nahrungs-
suche. Wurzeln, Beeren, Nüsse und
dergleichen Früchte sind dabei seine
vornehmliche Speise. Es ist ein wenig
schlanker als seine gewöhnlichen Art-
genossen, da ihm die langen Stacheln
an den Rumpfseiten fehlen. Am
Schwanz trägt es Rasselbecher, die,
wenn sie geschüttelt werden, ein
klapperndes und rasselndes Geräusch
erzeugen. Die mit Widerhaken besetzten Stacheln vermögen durchaus un-
angenehme Verletzungen beizubrin-
gen.

Der bis zu drei Meter lang werdende Waran auf der Insel Komodo

Eine Kalong-Kolonie (Fliegende Hunde)

In den Wäldern leben überdies verschiedene Hörnchenarten, die in den Plantagen zur echten Plage werden können. Von ihnen verdient das Flughörnchen Erwähnung, welches sich seinen Feinden entzieht, indem es sich vom Baum fallen läßt und dann rund 30–50 m durch die Luft fliegt und sich so in Sicherheit bringt.

In den Baumkronen lassen sich zuweilen dichte dunkle Klumpen ausmachen. Hier handelt es sich um Flughunde, die sogenannten *kalongs,* große Fledermäuse, deren Spannweite bis zu 1,50 m reichen kann. Sie fangen erst in der Dämmerung an zu fliegen und ähneln dann den müde schwingenden Dracula-Fledermäusen in den Horrorfilmen. Es sind harmlose Tiere, die sich vorwiegend von Früchten ernähren. Bei Gefahr stoßen die *kalongs* fiepende Laute aus.

Einem lebendigen Tannenzapfen ähnelt das Schuppentier, der *tenggiling.* Es handelt sich um ein Säugetier, auch wenn es mit seinem langgestreckten,

kurzbeinigen Körper mit dem spitzen kleinen Kopf und dem langen Schwanz weit eher einer Echse ähnelt. Tagsüber schläft es aufgerollt im Geäst der Bäume, und nachts zieht es umher und ernährt sich von Insekten wie Ameisen und Termiten.

Einzigartig ist der nur auf der Insel Komodo vorkommende Riesenwaran (Varanus komodoensis). Diese bis zu 3 m lang werdende Riesenechse ähnelt einem urweltlichen Drachen. Sie stammt auch aus einer urweltlichen Familie meist großer Echsen mit mehr als körperlangem Schwanz und langer, tiefgespaltener Zunge. Es handelt sich um einen sehr scheuen und nicht ungefährlichen Räuber, der sehr schwer aufzufinden ist. Auch dieses Tier ist sehr bedroht. Die wesentlich kleineren Echsen *cicak* und *toké*, in den Mittelmeerländern als Gecko bekannt, sind dagegen nicht nur ungefährlich, sondern geradezu nützliche Tiere. Als fleißige Insektenfresser werden sie mehr als Haustiere eingestuft. Mit Saugplättchen an den Füßen ausgerüstet, bewältigt der *cicak* jede Wand und jede Zimmerdecke. Sein größerer Bruder, der *toké*, der eine Länge von mehr als 20 cm erreichen kann, schaut anfangs etwas grimmiger drein, entpuppt sich aber auch als ein honoriger Freund des nicht klimatisierten Hauses. Er hat seinen Namen von dem durchdringenden Ruf »toké«, den er mehrmals hintereinander ausstößt. Wer den Ruf mehr als siebenmal hört, hat Glück – sagen die alten Leute im Lande.

In den einstmals mit Australien verbundenen Teilen Indonesiens, so z. B. auf Sulawesi, gibt es zwei Arten von Beuteltieren, den Kasuar, eine Art Vogel Strauß, und die berühmten Paradiesvögel, bei denen sich die Männchen durch grelle Farben, Glanz und bizarre weiße, gelbe, blaue oder rote Schmuckfedern von den unauffälligen Weibchen abheben. Sie alle lassen als ursprünglich nur in Australien vorkommende Tierarten noch den alten Zusammenhang mit Australien erkennen. Unübersehbar ist die Zahl der weißen Kakadus und bunten Papageien, die sich hinsichtlich der Sprachgewandtheit allerdings hinter dem Beo, dem auf den Sunda-Inseln beheimateten Myna Bird, der von der Wiedergabe einschlägiger Nationalhymnen bis zu den Geräuschen anspringender Motoren schlechterdings alles schafft, verstecken müssen. Ansonsten herrscht in freier Wildbahn kein Mangel an Affen, Vögeln, Schmetterlingen, Insekten und Würmern, ganz abgesehen von der mannigfachen Bewohnern der Flüsse, Seen und Meere, vom Krokodil, den Delphinen, Schwert- und Sägefischen sowie auch Haien angefangen bis zu den vielen, in allen Farben schimmernden Zierfischen, Muscheln, Krebsen und sonstigen Wassertieren. Von den über 100 Schlangenarten sind vor allem Kobra, Viper und Python zu nennen. Indonesien ist ein Tierparadies, wenn sich auch der große Reisende Marco Polo irrte, als er im Jahre 1292 glaubte, in Sumatra das Einhorn lokalisiert zu haben. Eine gute Einführung in die Tierwelt Indonesiens bekommt man bei einem Besuch des parkartig angelegten Zoos von Jakarta (S. 126).

Bevölkerung

In den weit ausgedehnten Regionen der vielen Inseln Indonesiens leben Ethnien, die sich nach Herkunft und Umwelteinfluß sowie nach ihrer gesellschaftlichen, ökonomischen und politischen Entwicklung merklich unterscheiden. In den großen Städten

wirkt sich die wachsende Präsenz der Ausländer und ihres soziokulturellen, technologischen Einflusses aus, dies vornehmlich im Zusammenhang mit der wirtschaftlichen Erschließung des Landes. Die dadurch bewirkten Nivellierungen und Umschichtungen haben erhebliche gesellschaftliche Spannungen ausgelöst. Trotzdem konnten sich bisher überlieferte Vorstellungen und Normen in einem oft unerwarteten Maß erhalten, insbesondere auf dem Lande, wo noch immer bis zu 80 % der Bevölkerung lebt und wo noch die Großfamilie weitgehend intakt ist, die bei wirtschaftlicher Not helfend eingreift. Auf dem Land ändern sich die traditionellen Strukturen langsam. Da aber, wo sich sozialer Wandel bemerkbar macht, folgt er den Prinzipien eines weit ausgreifenden Synkretismus, der Vereinigung von Gegensätzen, und zwar in einer Weise, die dogmatischem, rational westlichem Denken nur schwer verständlich ist. Aus indonesischer Sicht haben sich diese Denkvorstellungen und Praktiken bewährt, da sonst die Einheit der Republik schon längst durch die partikularen Tendenzen zerstört worden wäre.

Indonesien zählt zu den Ländern, in denen die Überreste eines prähistorischen Menschentyps (Pithecanthropus erectus) gefunden wurden. Bei der Ortschaft Trinil am Ufer des Solo River auf Java wurde die Schädeldecke eines aufgerichteten Affenmenschen geborgen, der vor 120 000–150 000 Jahren, im mittleren Pleistozän, gelebt haben muß. Bei Sangiran, knapp nördlich von Surakarta, und einem dritten Fundort in der Nähe von Mojokerto grub man weitere Knochenreste dieses Urmenschen aus, darunter einen Oberkiefer und den hinteren Teil einer Schädeldecke, die im Zentralmuseum von Jakarta zu sehen sind. Die ursprüngliche Annahme, daß man es mit

Karo-Bataker in traditioneller Kleidung anläßlich eines Totenfestes

den Überresten des ältesten Menschen zu tun habe, somit Südostasien die Wiege der Menschheit sei, wurde wieder aufgegeben, nachdem auch in Europa und Afrika Spuren dieses Frühmenschen gefunden wurden. Die Erde Javas barg aber nicht nur die Reste dieses Frühmenschen, sondern auch die ältesten fossilen Funde des Homo sapiens. In einer Höhle auf Java, im Süden der Insel, fanden sich Überreste, die auf ein Alter von rund 12 000 Jahren schließen lassen. Der Pithecan-

thropus erectus und der erste Homo sapiens müssen demnach so weit über Indonesien verbreitet gewesen sein, als es die damals bestehende Landbrücke zum asiatischen Festland erlaubte. Dies zeigen auch die Funde steinzeitlicher Werkzeuge, insbesondere aus der Zeit des Mesolithikums (10 000 – 20 000 v. Chr.), die den Werkzeugen aus dem indochinesischen und malaiischen Festlandsraum ähneln. Aus dieser Zeit stammt die Höhlenzeichnung eines springenden Ebers auf Südwest-

Marktfrau auf dem Pasar in Bima auf Sumbawa

Tanzgruppe von der Insel Leti im äußersten Südwesten der Molukken

Sulawesi. Die Frühkulturen dieser Sammler- und Jägervölker haben sich zum Teil bis heute erhalten. Wenn auch nur in geringem Umfang, so leben sie doch noch bei den Menschen weddider, australoider und melanesischer Herkunft, den sogenannten Orang asli, fort, die sich, in entlegene Täler abgedrängt, in einigen wenigen kleinen Stämmen erhalten haben. Zu ihnen zählen die Kubu, kleinwüchsige Jäger und Sammler auf Sumatra, die Punan auf Kalimantan und die Tuala auf Südwest-Sulawesi. Sie sind auch auf Neuguinea (Papua) und auf den nördlichen Molukken (Alfuren) anzutreffen. Sie alle nomadisieren in kleinen Gruppen mit Pfeil und Bogen und auch Blasrohren durch die Urwälder und jagen Affen, Vögel und Fische. Ihr Glaube beruht auf Geisterverehrung und einem Weltbild, innerhalb dessen der Zauberer, der mit den Geistern und den Seelen der Verstorbenen Verbindung aufnimmt, im Mittelpunkt des magisch-religiösen Lebens steht (Schamanentum). Wenn sich auch der Kontakt zu den auf höherer Stufe stehenden Nachbarvölkern assimilatorisch ausgewirkt hat, so ist doch die Eingliederung dieser Stämme in die zivilisatorische Welt mit großen Problemen verbunden. Ab und zu werden sogar noch heute in den schwer zugänglichen Hochtälern der genannten Inseln unbekannte, auf steinzeitlicher Stufe stehende Stämme entdeckt.

Als Vorfahren der heutigen Bevölkerung Indonesiens werden die Menschen angesehen, die vom asiatischen Festland in zwei mächtigen Einwanderungswellen einströmten: die Altindonesier (Protomalaien), die ca. 2 500–1 500 v. Chr., und die Jungindonesier (Deuteromalaien), die um 300 v. Chr. einwanderten. Die Herkunftsländer dieser Völker waren das südliche China, Nord-Thailand und das heutige Vietnam.

Einer umstrittenen wissenschaftlichen Theorie zufolge soll es im 8. und 9. Jh. v. Chr. auch eine pontische Wanderung gegeben haben. Zu dieser Zeit, sagt man, seien Völker wie die Illyrer und Thraker aus dem Gebiet der Donauländer, Süd-Rußlands und des Kaukasus nach Ostasien aufgebrochen. Zwar gelangten sie nicht nach Indonesien, wohl aber in das Gebiet des heutigen Vietnam (Annam), wo sie dort bestehende Kulturen beeinflußten und eine Mischkultur, die sogenannte Dongson-Kultur, hervorbrachten, die nun ihrerseits bis nach Indonesien ausstrahlte.

Diese Einwanderungswellen der obengenannten weddiden und negriden sowie späteren mongoliden Völkerschaften, die sich zu dieser Zeit über die Inseln Indonesiens ausbreiteten, stießen ihrerseits auf ältere austronesische Völker, die schon seit dem Paläolithikum, also vor mehr als 10000 Jahren ansässig waren, und drängten sie ins Innere der Inseln ab. Zu diesen vertriebenen altindonesischen Stämmen zählen die Batak in Nord-Sumatra, die Dayak auf Kalimantan und die Toraja auf Sulawesi. Der überwiegende Bevöl-

kerungsanteil setzt sich allerdings aus den Deuteromalaien zusammen, zu denen die Javaner, die Balinesen und die Sundanesen rechnen. Auf den Sunda-Inseln, den Molukken und Timor überwiegen auch die jungmalaiischen Küstenbewohner, wie die Menschen aus Sumbawa und die Ambonesen, wobei es nirgendwo an einer Mischbevölkerung fehlt. Die meisten Indonesier sind von mittlerer Körpergröße, überwiegend schlank und wohlproportioniert. Die Hautfarbe ist ein samtenes Braun.

In der Liste der bevölkerungsreichsten Staaten der Erde rangiert Indonesien mit über 195 Mill. (1995) Einwohnern an vierter Stelle nach der VR China, Indien und den USA. Indonesien ist ein »junges Land«: 50 % der Bevölkerung sind unter 25 Jahre alt, nur 2,5 % über 65 Jahre. Die frühere Zuwachsrate von 2,2 % konnte durch erfolgreiche Familienplanung auf 1,8 % herabgesetzt werden. Große Probleme bereitet die sehr unterschiedliche Be-

Korowai-Ureinwohner am oberen Ndairam kabur im Tiefland von Irian Jaya

völkerungsdichte. Fast zwei Drittel der Gesamtbevölkerung leben auf den übervölkerten Inseln Java und Bali, die nur ca. 7 % der gesamten Fläche Indonesiens umfassen. Die Bevölkerungsdichte im gesamten Staatsgebiet belief sich nach offizieller Verlautbarung im Jahre 1995 auf 102 Menschen pro km^2. Die am dünnsten besiedelte Provinz Irian Jaya zählt nur 4 Menschen pro km^2, das am dichtesten besiedelte Gebiet Yogyakarta über 953 Menschen pro km^2. Weder die vom Staat betriebenen Umsiedlungen (Transmigrasi-Projekte) als auch die spontanen Abwanderungen von Javanern und Balinesen in bevölkerungsschwache Regionen konnten die bisherigen Probleme merklich reduzieren. Besonders Jugendliche von den Außeninseln strömen in die großen Städte Javas, um dort ihr Glück zu machen. Es sollen jedoch mehr als 500 000 Familien von Java und Bali auf die fast menschenleeren Außeninseln umgesiedelt werden.

Außer der in viele Stämme gegliederten malaiischen Bevölkerung (Javaner, Sundanesen, Maduresen, Aceher, Batak, Dayak, Menadonesen, Ambonesen, Balinesen u. a.) gibt es eine ca. 5 Mill. starke Minderheit von Menschen chinesischer Abstammung in verschiedenen, teilweise fortgeschrittenen Phasen der Assimilation. Darüber hinaus existieren kleine Minderheiten arabischer, indischer und pakistanischer Herkunft sowie über 15 000 ständig in Indonesien lebende Europäer, Amerikaner und Australier, darunter ca. 4 000 deutschsprachige. Die Japaner werden inzwischen auf 10 000 geschätzt, und auf den Galang-Inseln befinden sich große Lager mit einigen tausend vietnamesischen Flüchtlingen *(boat people)*.

Nach demographischen Projektionen wird Indonesien im Jahr 2000 eine Bevölkerung von über 212 Mill. Menschen haben und weiter das drittgrößte Land Asiens bleiben.

Bräutigam wird von den Verwandten zur Trauung in die Moschee geführt

Geschichte

Frühzeit

Der schon erwähnte Urmensch Pithecanthropus erectus lebte in vorgeschichtlicher Zeit, aus der keine kultur-
geschichtlichen Spuren erhalten sind.
Erst die Funde durch Menschenhand
bearbeiteter Steine ermöglichten es,
unterschiedliche Strömungen früher

Kulturen und die Wanderungen von
Völkern oder Stämmen zu erkennen.
So lassen sich die ersten Ansätze differenzierter Primitivkulturen in die Zeit
des Mesolithikums (10 000 – 2 000 v.
Chr.) datieren. Aus dieser Zeit wurde
Material gefunden, das nicht nur aus
sehr einfachen Faustkeilen bestand,
sondern schon sehr unterschiedlichen
Zwecken diente. Größere Unterschiede
in den Fertigungsmethoden deuten interessanterweise auf indochinesische
und malaiische Einflüsse hin. Hieraus
kann auf eine allmähliche Ausbreitung
der Träger dieser Kulturen, noch reine
Jäger und Sammler, von Norden nach
Süden geschlossen werden. Diese allmähliche Entwicklung beschleunigte

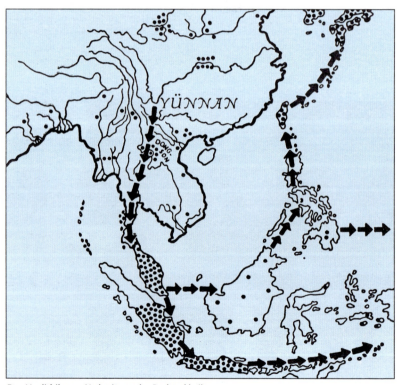

Das Neolithikum – Verbreitung des Rechteckbeils

sich zur Zeit des Übergangs vom Meso- zum Neolithikum und mündete um 2500 v. Chr. in erste, rund 1200 Jahre währende Einwanderungswellen paläomongolider Völkerschaften aus dem Südosten des asiatischen Festlandes nach Indonesien. Eine Theorie, die in der Fachwelt nicht unumstritten ist, teilt diese »Völkerwanderung« in zwei Perioden, eine frühe proto- und eine spätere deuteromalaiische, die sich klar voneinander abgrenzten. Neueste Forschungen tendieren eher zu einer kontinuierlichen Migration, die etwa im 3. Jh. v. Chr. als beendet angesehen werden kann.

Die für das Neolithikum typischen Rechteckbeile und ihre Fundorte lassen die Wege und Aufenthaltsorte dieser Völker deutlich nachweisen. Neben der Jagd betrieben die Menschen dieser Zeit schon Ackerbau und in beschränktem Maß Viehzucht. Sie kannten aller Wahrscheinlichkeit nach die Pflanzen *taro* (Colocasia esculata), ein stärkehaltiges Knollengewächs, die Yamswurzel, Bananen und Brotfrüchte. An Haustieren hielten sie Schweine, Hühner und Ziegen. Erstaunlich müssen ihre seemännischen Kenntnisse gewesen sein, denn sie fuhren mit ihren Auslegerbooten wie die ebenfalls paläomongoliden Polynesier weit über das Meer. Wissenschaftlich ist noch nicht geklärt, inwieweit aus den erheblichen kulturellen Zusammenhängen zwischen Indonesiern und Polynesiern (sie benutzten beide das Rechteckbeil, besaßen die gleichen seemännischen Erfahrungen und verfügten auch über sprachliche Gemeinsamkeiten) auf ein einheitliches Kulturgebiet geschlossen werden kann. Eine Theorie vermutet sogar, daß diese Völker einmal eine gemeinsame Sprache hatten, zu der auch das Madegassisch gehörte.

Die Indonesier verbreiteten sich über die Küsten der Inseln, entwickelten den Schiffsbau und begannen ei-

Megalith-Skulpturen, die anläßlich von Owasa-Festen auf Nias errichtet wurden

nen ausgedehnten Handelsverkehr mit den Ländern des asiatischen Festlands. Indien errang als Zwischenhändler zum Mittelmeerraum besondere Bedeutung, der immer stärker nach so wertvollen Waren wie Perlen, Edelsteinen, Gewürzen und edlen Hölzern verlangte. So machte sich nach Beginn unserer Zeitrechnung in Südostasien immer mehr indischer Einfluß bemerkbar. Den Kaufleuten folgten buddhistische Mönche, die eine fremde Religion, fremde Gebräuche und eine fremde Literatur ins Land brachten. Zu dieser Zeit verbesserten sich die Agrartechniken und entwickelten sich die bis heute intakten raffinierten Bewässerungssysteme.

Hinduistisch-buddhistische Periode (100–1400 n. Chr.)

Der Hinduismus kam im 1. Jh. n. Chr. aus Südost-Indien in den indonesi-

Moderne Plastik aus dem Ramayana-Epos

schen Archipel. Zuerst entstanden kleinere Handelsniederlassungen, dann größere Siedlungen und schließlich zahlreiche Städte und Fürstentümer nach indischem Vorbild. Diese entwickelten sich im Laufe der Jahrhunderte zu Zentren politischer Macht und hinduistisch-buddhistischer Kultur. Alten Inschriften zufolge trugen die Fürsten dieser Zeit Sanskritnamen. Auch verehrten die Menschen die Götter Shiva und Vishnu. Der indische Prinz Adi Sjaka brachte im Jahr 78 n. Chr. religiöse Texte in Sanskrit in den Archipel, woraus sich die Kawisprache, eine Urform des Javanischen, entwickelte. Indische Kulturelemente beeinflußten insbesondere die Baukunst, Bildhauerei, Literatur, Musik, den Tanz und das *wayang*-Puppenspiel. Diese Einflüsse wirken noch heute nach, selbst im gesellschaftlichen Bereich, wie z. B. im Kastenwesen auf Bali.

Neben dem Hinduismus breitete sich auch der Buddhismus frühzeitig (2. Jh.) in Hinterindien aus und gelangte vor allem in dem Reich von Srivijaya in Süd-Sumatra zu voller Blüte. Die buddhistischen Schulen und Klöster der Hauptstadt dieses Reiches waren bis nach China und Indien bekannt. Hinduismus und Buddhismus durch-

Szene aus dem Ramayana-Epos am Prambanan-Tempel in Yogyakarta

drangen einander und entwickelten eine typische indonesische Synthese mit den überlieferten Geister- und Ahnenkulten. Buddha wurde dabei zu einer Naturmacht und die indischen Götter zu Geistern und Ahnen der eigenen Heroen umgewandelt, während das dörfliche Sittenrecht und Brauchtum, das *adat*, sowie das in West-Sumatra herrschende Matriarchat und die bis in prähistorische Zeiten zurückreichenden animistischen Vorstellungen erhalten blieben.

Während dieser ganzen Periode rissen die früheren Beziehungen zum asiatischen Festland, besonders zu China, nicht ab. In chinesischen Chroniken des Jahres 132 n. Chr. wird Java unter dem Namen Jawadwipa (Reisland) erwähnt. Ptolomäus von Alexandrien nannte Java oder Sumatra »Iabadiou«. Bereits im ersten christlichen Jahrhundert soll es auf Borneo, wie chinesische Quellen belegen, zur Bildung von Staaten gekommen sein. So hat es auch in den folgenden Jahrhunderten auf Sumatra ein Königreich Kanto-li gegeben, während in West-Java das Reich Tarumanegara bestand (5. Jh.). Ungeklärt ist, ob es nicht schon vorher autochthone Staaten gab.

Im 7. Jh. entstand auf Sumatra das erste buddhistische Großreich, das Fürstentum Malayu, welches auch erstmals Großmachtansprüche stellte und von dem sich die Bezeichnung »malaiisch« herleitet. Es ging bald in seinem Nachbarstaat Srivijaya auf, der danach auch noch den südlichen Teil der malaiischen Halbinsel, der heute zu Thailand gehört, in seinen lockeren Herrschaftsbereich einbezog. Schon gegen Ende des 7. Jh. war hier ein alle anderen Reiche Indonesiens überragender Seestaat entstanden, der von seinem Zentrum und Hafen Palembang aus die wichtige Seestraße von Malakka kontrollierte. Dieses Großreich von Srivijaya erreichte den Höhepunkt seiner

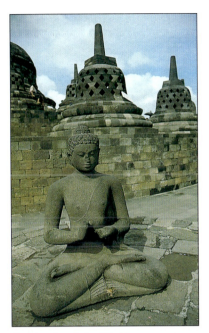

Skulptur eines Dyhani-Buddhas auf dem Borubudur

Macht, als es Ende des 8. Jh. mit der auf Java herrschenden Dynastie der Shailendra in Verbindung trat und seinen Machtbereich auf Sumatra und fast den ganzen Archipel ausdehnte. Mit dem asiatischen Festland wurde ein lebhafter Handels- und Kulturaustausch gepflegt. Die politischen Beziehungen dieses Reiches weiteten sich sogar bis zum heutigen Kambodscha aus. Der Bau der Tempelanlage Borobudur (ca. 800 n. Chr.) in Zentral-Java fällt in diese Zeit.

In dem nicht vom Großreich von Srivijaya erfaßten Gebiet Zentral-Javas regierte Anfang des 8. Jh. ein König Sanjaya, später Herrscher des Reiches von Mataram, das in ständigem Kampf mit Srivijaya erstarkt war. Dieses Reich von Mataram verlegte aus bisher unerklärlichen Gründen plötzlich sein

Machtzentrum nach Osten, ohne allerdings an Einfluß zu verlieren. Im Jahr 992 griff dann, den nur bruchstückhaft überlieferten Quellen nach, ein König namens Dharmavangsa, der um das Zentrum Singosari (900–1007 n. Chr.) einem mächtigen Hindu-Reich vorstand und indische Sanskritschriften wie das Mahabharata ins Altjavanesische übersetzen ließ, das Königreich Sumatra an, wurde aber von jenem bis nach Java vertrieben. 1025 schloß der javanische König Airlanga, der das Reich von Mataram zu seinem Gipfelpunkt an Macht und Wohlstand führte, mit Sumatra einen Waffenstillstand, der Sumatra den westlichen Teil des Archipels und Java den Osten zusprach. Nach seinem Tode entstanden auf Java die neuen Reiche Kediri und Janggala. Während parallel zu dieser Zeit das Großreich von Srivijaya auf Sumatra im 10. Jh. seine größte Macht entfaltete und seinen Einfluß bis gegen Ende des 13. Jh. halten konnte, war inzwischen auch auf Java aus den Fehden der vielen kleinen Fürstentümer ein mächtiges Kulturzentrum herangewachsen, das Königreich Majapahit, über das man mehr weiß, da seit dem 13. Jh. die politische und kulturelle Geschichte Indonesiens aufgeschrieben wurde. Sowohl die indonesische Chronik »Pararaton« als auch das höfische Epos »Nagarakertagama«, welches die Verdienste von Hajam Wuruk (1350–89), dem bedeutendsten Herrscher dieses Reiches, würdigt, haben sich als zuverlässige Aufzeichnungen dieser frühen indonesischen Geschichtsepoche erwiesen. Führte schon Prinz Wijaya, der 1293 ein Expeditionsheer Kublai Khans besiegte, das Reich von Majapahit zu Ansehen und Größe, so gebührt dennoch den Königen Jayanegara und Hajam Wuruk und ihrer beider Premierminister Gajah Mada (1331–64) der Ruhm, das Reich Majapahit zu seiner vollen Machtent-faltung gebracht zu haben. In der »Nagarakertagama«, dem großen Geschichtsepos des Hofpoeten Prapancha (1331–64), wird berichtet, daß das Reich von Majapahit die Oberhoheit über das Gebiet des heutigen Indonesien und Malaysia ausübte. Diese Oberhoheit wurde allerdings nur auf indirekte Art praktiziert, indem man den vielen Stämmen ihre eigene politische und soziale Lebensform weitgehend beließ und sich im wesentlichen nur auf Abgaben, übergeordnete Rechtssprechung, Wegebau und Sicherung des Landfriedens beschränkte. Die königlichen Repräsentanten waren zumeist hinduistische Geistliche, Priester des Shiva-Kultes. Der Herrscher selbst galt als göttliche Inkarnation. Der Staat entwickelte einen intensiven Schiffs- und Ackerbau. So wurde er eine bedeutende See- und Landmacht zugleich. Rückschauend betrachtet, dürfte er überhaupt eine der bedeutendsten Seemächte Asiens gewesen sein. Indonesische Historiker bezeichnen die Dauer dieses Großreiches als das »Goldene Zeitalter« Indonesiens.

Nach dem Tod des Königs Hajam Wuruk (1389) zerfiel jedoch dieses mächtige Reich sehr schnell. Zwistigkeiten und Aufstände in den Fürstentümern – Nord-Borneo, Sulawesi und Malakka fielen ab, Kediri machte sich selbständig – ließen den inneren Zusammenhalt zerbrechen, so daß der Herrscher Ranavijaya von Kediri sich 1478 an die Spitze des Reiches von Majapahit setzen konnte, worauf sich der bisherige Raja von Majapahit den Feuertod gab und sein Sohn mit der Aristokratie, den Priestern, Künstlern und Gelehrten nach Bali auswanderte. Die Hinduismus Balis geht bis auf diese Zeit zurück. Zu jener Zeit bildeten sich auch unabhängige Fürstentümer, und zwar Demak, Pajang und ein neues Reich Mataram in Zentral-Java, ferner Bantam und Cirebon in West-Java,

Die Verbreitung des Islam

Aceh, Pasai, Perlak, Minangkabau und Palembang auf Sumatra, Bone und Goa auf Sulawesi, Banjarmasin auf Borneo, Ternate und Tidore auf den Molukken und andere mehr. Der hinduistische Staat von Pajajaran in West-Java hielt sich verhältnismäßig lange, bis Anfang des 16. Jh. Dieser mittelalterlichen Periode Indonesiens ist in dem »Buch der Könige«, dem »Pararaton« (1481), ein künstlerisches Denkmal gesetzt.

Islamische Periode

Wesentlich zum Zusammenbruch des Großreichs von Majapahit trug die beginnende Islamisierung Indonesiens bei, deren früheste Anfänge in Nord-Sumatra auf das 7. Jh. zurückgehen sollen. Als der große Reisende Marco Polo im Jahre 1292 Nord-Sumatra besuchte, gab es schon islamische Fürstentümer in Perlak und Pasai. Bereits im 11. Jh. gründeten persische und arabische Kaufleute Niederlassungen auf Java und Borneo. Nach der Auflösung des javanischen Reiches von Majapahit im

späten 14. Jh. setzte, sich von den Küsten ins Landesinnere ausbreitend, die eigentliche Islamisierung Indonesiens ein. Der Raja von Demak im Norden Javas war der erste islamische Herrscher, der um 1524 den Titel »Sultan« annahm. Er verbreitete den Glauben nach Westen über Cirebon nach Banten und nach Osten bis Gresik (Surabaya). Im Jahr 1568 verlagerte sich das Zentrum der islamischen Macht nach Pajang und 1588 nach Mataram, dem ehemaligen Mittelpunkt des alten Hindu-Reiches (S. 47/48). Ein wesentlicher Verfechter des Islam war der Berater des Sultans Agung von Mataram, Gunan Giri, der von 1613 bis 1645 lebte. Es war dies eine Islamisierung weitgehend ohne Feuer und Schwert. Verschmolz zu Anfang noch der Islam mit den überkommen Werten des indonesischen Buddhismus und Hinduismus, so trat im 19. Jh. eine orthodoxe Form in scharfen Gegensatz zu dem vorgenannten synkretistischen Islam, was zu einer Verhärtung der Fronten Islam–Nicht-Islam und später zum sogenannten »Padri-Krieg« (1803–38)

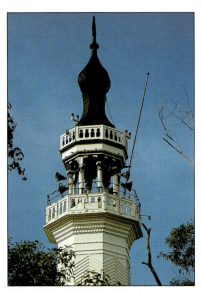

Minarett der Mesjid Raya-Moschee in Medan

dem Zweiten Weltkrieg ein Ende fand. Schon im Jahre 1509 betrat eine portugiesische Expedition den Boden Sumatras, also zwei Jahre bevor Albuquerque, der portugiesische Vizekönig in Ost-Indien, in Malakka einen Stützpunkt errichtete, um die »Gewürzinseln« zu erreichen. Bereits im Jahr 1511 gelang es den Portugiesen, auf den Molukken und auf Java zunächst friedliche Handelsbeziehungen anzubahnen, die aber wegen der begehrten Gewürze bald in kriegerische Auseinandersetzungen umschlugen und 1522 zur Unterwerfung der Molukken und zur Sicherung des Gewürzmonopols führten, welches die Portugiesen später auch auf Java und Sumatra auszudehnen suchten. Wenige Jahre danach kam es dann mit spanischen Konkurrenten zu Rivalitäten, die aber durch den Vertrag von Saragossa (1529) überwunden wurden. In Änderung der Bulle des Papstes Alexander VI. (1493) wurde Ost-Indien zur portugiesischen Einflußsphäre erklärt und Spanien durch die Zahlung von 250 000 Dukaten abgefunden.

Niederländische Periode

Wie die Portugiesen und Spanier kamen auch die Niederländer als Händler, im wesentlichen auf der Suche nach Gewürzen, die im damaligen Europa nicht nur zur Verbesserung des Geschmacks der Speisen, sondern auch zu deren Konservierung benötigt wurden. Im Jahre 1596 traf Cornelis de Houtman mit vier Schiffen im Hafen von Bantam (Banten) in West-Java ein. Weitere niederländische Expeditionen folgten. Es erwies sich als notwendig, die Unternehmen zu koordinieren. Dies geschah durch die Gründung der Verenigde Oost-Indische Compagnieën (Vereinigte Ost-Indische Kompanie, VOC), im Jahre 1602. Während die Portugiesen nur ein Handelsmono-

führte. Der seit dieser Zeit bestehende militante Islam spielte in den folgenden antikolonialistischen Freiheitskriegen eine hervorragende Rolle. Orthodoxe Kreise der Dar-ul-Islam-Bewegung gerieten sogar in Widerspruch zur Verfassung der Republik vom 17. August 1945, die als zu wenig islambewußt empfunden wurde. Der Staat sollte auf das Bekenntnis zu Allah gegründet werden. Jene Kräfte haben sich jedoch trotz teilweise bewaffneter Erhebungen nicht durchsetzen können. Die Gegensätze haben sich allerdings bis heute auch nicht aufgelöst und stellen die indonesische Regierung noch immer vor nicht unerhebliche Probleme.

Portugiesisch-spanische Periode

Mit dem Eintreffen der Europäer begann für Indonesien eine neue Zeit – eine Zeit der Unfreiheit, die erst nach

Cornelis de Houtmans Treffen mit dem Herrscher von Banten

pol erstrebten, weiteten sich die Interessen der Niederländer später auch auf die Produktion von Gewürzen aus.

Sultan Agung Hanyokrokusumo, der große Sultan des islamischen Reiches von Mataram, widersetzte sich frühzeitig diesen Kolonialisierungsbestrebungen und griff im Jahre 1629 den befestigten Platz Batavia (das heutige Jakarta) an. Die Niederländer, die bereits 1605 auf der Molukken-Insel Ambon und 1623 auf den Banda-Inseln Fuß gefaßt hatten, beherrschten jedoch die See und waren so in der Lage, das Heer des Sultans zu isolieren und die Angriffe auf Batavia zum Erliegen zu bringen. Das Reich von Mataram verlor danach an Bedeutung und wurde im 18. Jh. in die beiden nur dem Scheine nach selbständigen Fürstentümer Surakarta und Yogyakarta aufgeteilt.

Ebenso erfolglos verlief der Feldzug des Sultans Hasanuddin von Goa auf Sulawesi im Jahre 1666. Es gelang der VOC, ihre Herrschaft mit List, Brutalität und Gewalt immer weiter auszudehnen und jeden Widerstand zu unterdrücken, so z. B. durch das sogenannte Chinesen-Massaker von Batavia im Jahre 1740, das rund 10 000 Menschen das Leben kostete. Jedoch führten Mißwirtschaft, Korruption und schließlich die Napoleonischen Kriege zum Zusammenbruch der Kompanie. Am 31. Dezember 1799 gingen die vormals von ihr verwalteten Territorien in den Besitz des Staates über, der nach der Besetzung durch französische Truppen im Jahre 1795 als »Batavische Republik«, ebenso wie die Niederlande selbst, zum Satelliten Napoleons geworden war.

Britisches Interregnum

Im Jahre 1811 fiel das ehedem niederländische Ost-Indien während der durch die Napoleonischen Kriege in Europa herrschenden Krise in die Hände der Briten, die es im Gegenzug zu einer allzu großen Übermacht der Fran-

*Niederländische Kriegsschiffe im
17. Jahrhundert*

Niederländische Kolonialherrschaft

zosen in Ost-Indien militärisch besetzten. Als Generalgouverneur amtierte nun der energische britische Staatsmann Sir Stamford Raffles, der ein liberales Handelssystem und viele sozialreformerische Ideen einführte und später als Gründer von Singapur in die Geschichte jener Stadt einging. Schon vorher, im Jahre 1714, hatten die Briten in Bengkulen an der Westküste von Sumatra die Außenbastion Fort York errichtet, die später den Namen Fort Marlborough erhielt und erst 1825 aufgegeben wurde. Nach dem Sturz Napoleons einigten sich die Briten mit den Holländern über die Rückgabe Ost-Indiens. Sir Stamford Raffles hat diese Epoche in seinem heute noch lesenswerten Buch »Die Geschichte Javas« festgehalten.

Die zurückgekehrten Niederländer bemühten sich danach konsequent um die Konsolidierung ihrer Macht. Die Geschichte Indonesiens ist daher im 19. Jh. sowohl durch verschiedene Praktiken und Methoden kolonialer Herrschaft gekennzeichnet, so führte z.B. die Kolonialverwaltung 1831 das die Bauern ausbeutende System der regierungskontrollierten Landwirtschaft (Cultuurstelsel) ein, als auch durch eine Vielzahl regionaler Aufstände: auf den Molukken 1816–18 unter Führung von Pattimura, auf Zentral-Java 1825–30 unter dem Prinzen Diponegoro, auf West-Sumatra 1830–37 unter Tunku Imam Bonjol, in Aceh auf Nord-Sumatra 1873–1903 unter Teuku Umar sowie in Palembang, Goa, auf Borneo und Bali von 1903 bis 1908. Die Bataker erhoben sich im Jahre 1907 unter König Singamangaraja. Gegen die verschiedenen Systeme kolonialer Ausbeutung wehrten sich zu jener Zeit vor allem die islamischen Kräfte.

Moderne Unabhängigkeitsbewegung

Eine überregionale, nicht vornehmlich religiöse oder feudale Unabhängigkeitsbewegung entwickelte sich erst Anfang des 20. Jh. Ihr Beginn datiert mit dem 20. Mai 1908, als eine Gruppe indonesischer Intellektueller die kulturelle Bewegung »Budí Utomo« (Edles Bemühen) ins Leben rief. Dieser Tag wird noch heute in der Republik Indonesien als »Tag des nationalen Erwachens« gefeiert.

Islamische Kaufleute gründeten im Jahre 1911 die Vereinigung »Sarekat Islam«, die anfangs wirtschaftliche, später politische Ziele verfolgte und sich 1912 zur politischen Partei formierte. Im Dezember 1911 wurde auch die noch heute bestehende Wirtschafts- und Sozialbewegung »Muhammadiyah« gegründet. Die erste politische Partei, die »Partai Indonesia«, entstand im Dezember 1912.

Gegen Ende des Ersten Weltkrieges errichtete die Kolonialverwaltung den »Volksraad« als eine Versammlung mit beratender Funktion, um der nationalistischen Bewegung in Indonesien entgegenzuwirken. Andererseits spaltete sich im Jahre 1920 ein linker Flügel vom »Sarekat Islam« ab und formierte die »Partai Komunis Indonesia« (PKI), die von niederländischen Kommunisten seit 1914 ideologisch und organisatorisch vorbereitet worden war. Eine besondere Bedeutung im nationalen Befreiungskampf gewann die 1927 maßgeblich vom späteren Staatspräsidenten Sukarno initiierte »Partai Nasional Indonesia«. Neue Impulse kamen vom »Eid der Jugend« am 28. Oktober 1928 mit der Forderung: »Eine Nation, ein Vaterland, eine Sprache«. Die Kolonialregierung bekämpfte alle diese Bestrebungen und gab nur zögernd nach.

Japanische Besatzungszeit – Proklamation der Unabhängigkeit

Die große Wende kam mit der fast kampflosen Kapitulation der Niederländer vor den im März 1942 einmarschierenden japanischen Truppen. Die inhaftierten Führer der Unabhängigkeitsbewegung wurden befreit, eine gewisse Zusammenarbeit im Zuge der japanischen Kriegsanstrengungen hergestellt. Die anfänglichen Erwartungen indonesischer Nationalisten erfüllten sich jedoch nicht, so daß es zwischen ihnen und den Japanern zu Spannungen kam. Am 17. August 1945, zwei Tage nach der Kapitulation Japans, riefen die beiden prominenten indonesischen Unabhängigkeitskämpfer Sukarno und Hatta die »Republik Indonesien« aus. Am nächsten Tag wurde die noch unter japanischer Herrschaft ausgearbeitete Verfassung angenommen und am 5. September 1945 das erste indonesische Kabinett mit Sukarno als Präsidenten und Mohammad Hatta als Vizepräsidenten gebildet.

Von der Erlangung der Unabhängigkeit bis heute

Mit der Proklamation der Republik war es jedoch nicht getan. Im Gefolge der alliierten Truppen, die zur Repatriierung der Japaner einzogen, befanden sich auch kleine niederländische Einheiten. Es kam besonders in Surabaya zu blutigen Kämpfen. Die Regierung in Den Haag erkannte nur zögernd die Unabhängigkeit eines Teiles von Indonesien (Sumatra, Java, Madura) im Linggarjati-Abkommen vom 25. März

1947 an. Die Auseinandersetzungen gingen daher weiter. Im Juni 1947 überschritten niederländische Truppen die Demarkationslinie im Zuge sogenannter »Polizeiaktionen«. Im Renville-Abkommen vom 17. Januar 1948 kam es zu einem brüchigen Waffenstillstand, der die Souveränität der Republik auf Teile Javas und Sumatras reduzierte. Die Ungewißheit der Lage wurde von den Kommunisten zum Putsch von Madiun im September 1948 ausgenutzt, der jedoch von der im wesentlichen antikommunistischen Armee niedergeschlagen wurde.

Die zurückgekehrte Kolonialmacht nahm die innenpolitische Auseinandersetzung wahr und begann am 18. Dezember 1948 die zweite sogenannte »Polizeiaktion«. Yogyakarta, die provisorische Hauptstadt der Republik, fiel dabei in die Hand der Niederländer, Sukarno, Hatta und andere Regierungsmitglieder wurden gefangengenommen. Die sich spontan sammelnden indonesischen Streitkräfte setzten jedoch den Guerillakampf fort. Dabei machte sich der heute als Präsident des Landes amtierende, damalige Oberstleutnant Suharto einen Namen. Der Konflikt kam vor die Vereinten Nationen. Die Niederlande sahen sich gezwungen, einer Round Table Conference zuzustimmen, die vom 23. 8. bis 27. 12. 1949 in der Regierungsstadt Den Haag stattfand. An diesem Tag übertrug die Kolonialmacht die Souveränität auf die »Vereinigten Staaten von Indonesien«. Ausgenommen wurde nur der westliche Teil der Insel Neuguinea (West-Irian). Über diesen Teil des vormals Niederländisch-Indien sollte binnen Jahresfrist verhandelt werden. Diese Verhandlungen kamen nicht planmäßig zustande, so daß sich ein 23 Jahre während Konflikt entwickelte.

Dagegen wurden die Probleme des von den Niederländern durchgesetzten föderativen Aufbaus des neuen Staates sehr viel schneller gelöst. In spontanen Aktionen setzten die Nationalisten auch in den Gebieten den Einheitsstaat der Republik Indonesien durch, in denen Minderheiten vormals mit der Kolonialmacht zusammengearbeitet hatten. Rund 10 000 Personen, vornehmlich ehemalige Kolonialsoldaten von den Molukken mit ihren Familien, die zuletzt eine »Unabhängige Republik der Süd-Molukken« ausgerufen hatten, erhielten in den Niederlanden Asyl (S. 364/365).

Indonesien hatte zwar mit dieser Entwicklung in den Jahren nach dem Zweiten Weltkrieg seine Fremdherrschaft im wesentlichen abgeschüttelt, aber seine Probleme bei weitem nicht gelöst. Im Jahre 1955 fanden ordnungsgemäße Parlamentswahlen statt, die den beiden großen Islamparteien 102, der Nationalistischen Partei 57 und den Kommunisten 39 Sitze der insgesamt 257 Sitze im Parlament einbrachten (Rest: Splitterparteien). Es gelang jedoch nicht, stabile Regierungen zu bilden. Regionale Rebellionen, so besonders der orthodoxen Dar-ul-Islam-Bewegung, erschütterten das staatliche Gefüge. Die Proklamationsverfassung von 1945 war durch eine provisorische Verfassung von 1950 ersetzt worden. Die Arbeiten an einer endgültigen Verfassung scheiterten jedoch nach dreijährigem Bemühen. So verfügte Präsident Sukarno am 5. Juli 1959 ohne den wesentlichen Widerspruch die Rückkehr zur Verfassung von 1945, also zu einer Art Präsidialdemokratie, aus der er sein System der »Gelenkten Demokratie« entwickelte. Diese immer mehr zur Alleinherrschaft führende Regierungspraxis konnte er allerdings nur durchsetzen, indem er sich immer stärker auf die sogenannten progressiv-revolutionären und kommunistischen Kräfte stützte. Die dadurch in der Gesellschaft hervorgerufenen Spannun-

Suharto, seit 1968 Präsident der Republik Indonesien

gen konnte Sukarno einige Zeit überwinden, indem er eine abenteuerliche Außenpolitik führte. Immerhin gelang es ihm, in einem gewagten politisch-militärischen Spiel, zunächst unter Hinwendung zu Moskau, später zu Peking, die Reste des früheren Niederländisch-Indien in West-Neuguinea am 1. Mai 1963 in die Republik Indonesien zu integrieren. Aber der Widerstand gegen Sukarnos Politik wuchs.

Im Jahr 1960 hatte Sukarno die beiden wesentlichen Oppositionsparteien, die islamische Masyumi und die liberal-sozialistische PSI, verboten. Vorwiegend auf linksnationalistische Kräfte vertrauend, forcierte er ein volksfrontähnliches Bündnis nationalistischer, religiöser und kommunistischer Kreise (NASAKOM-Front). Die Kommunistische Partei gewann hierbei so viel an Einfluß, daß sie selbst Teile der Streitkräfte zu unterwandern versuchte. Ermuntert durch ständigen Machtzuwachs, verunsichert durch einen möglichen Gegenschlag rechtsnationalistischer und religiöser Kräfte, kam es in der Nacht vom 30. September zum 1. Oktober 1965 zum Putsch sogenannter progressiv-revolutionärer Offiziere und Kommunisten. Sechs Generäle, die als extreme Widersacher einer kommunistischen Machtübernahme galten, wurden entführt und ermordet. Dies war als Initialzündung für einen allgemeinen Volksaufstand gedacht. Es ist noch immer nicht einwandfrei geklärt, welche Rolle der damalige Präsident Sukarno bei dem Putsch gespielt hat. Es steht lediglich fest, daß er die von ihm zumindest indirekt eingeleitete Entwicklung nicht in den Griff bekam.

Der Gegenschlag kam in Jakarta von einer Seite, an die niemand, auch nicht die Putschisten, gedacht hatte. Der im Grunde unpolitische Befehlshaber des Strategischen Kommandos des Heeres, Generalmajor Suharto, stellte in der Hauptstadt in wenigen Tagen und ohne Blutvergießen wieder Ruhe und Ordnung her. Engagierte freiheitliche Kräfte, besonders unter den Intellektuellen, unterstützt von entschieden antikommunistischen Offizieren, gaben sich damit nicht zufrieden. Monatelang wurde gegen die sogenannte »Alte Ordnung«, als deren prominenter Vertreter Sukarno galt, demonstriert. Auf dem Lande und besonders in islamischen Kreisen machte sich der jahrelang gegen die »gottlosen Kommunisten« aufgestaute Haß in blutigen Verfolgungen Luft, die 200 000 Opfer oder mehr gekostet haben sollen. Die Zentralregierung, gespalten in Vertreter der alten und der neuen Ordnung, war anfangs nicht in der Lage, diesem Massaker Einhalt zu gebieten.

Eine gewisse Konsolidierung erfolgte am 11. März 1966, als Sukarno unter dem Druck militärischer Kreise General Suharto begrenzte Vollmachten zur Wiederherstellung der staatlichen Ordnung gab. Der Prozeß der Machtübertragung von Sukarno auf Suharto zog sich jedoch noch lange Zeit hin. Im März 1967 ernannte der Volkskongreß, das höchste legislative Organ des Staates, General Suharto zum Geschäftsführenden Präsidenten, im März 1968 zum Präsidenten der Republik. Sukarno starb 1970 in einer Art von innerem Exil. Der Nachfolger Suharto bemühte sich von Anfang an, die historische Kontinuität der Republik Indonesien zu wahren und seinen Vorgänger nicht vor ein Volksgericht zu stellen, wie es studentische und muslimische Aktivisten forderten. Dieser, von Teilen der Gesellschaft umstrittene Prozeß nationaler Aussöhnung erreichte einen Höhepunkt, als Präsident Suharto seinem Vorgänger im November 1986 posthum den Ehrentitel »Held der Unabhängigkeitsproklamation« verlieh. Dieselbe Ehrung wurde dem seinerzeitigen Co-Proklamator Hatta zuteil.

Nach fast 17jähriger Pause fanden am 3. Juli 1971 allgemeine Wahlen statt, denen ab 1977 alle fünf Jahre neue Wahlen folgten. Aus diesen Wahlen gingen zunächst das Parlament und anschließend der Volkskongreß hervor, dessen wichtigste Aufgabe die Wahl des Präsidenten und die Erstellung eines Langzeitprogramms der Regierung ist. Bei allen diesen Wahlen errangen die regierungsnahen Funktionellen Gruppen (Golkar) die Stimmenmehrheit. Das Ergebnis der Wahlen von 1992 sah folgendermaßen aus: Die Golkar erreichten 68 %, die Vereinigte (islamische) Entwicklungspartei PPP 17 % und die Demokratische Partei 15 % der Stimmen.

Die indonesische Regierung entschloß sich nach dem Ende der portugiesischen Kolonialherrschaft Ende des Jahres 1975 zur militärischen Intervention im Osten der Insel Timor, um den dort ausgebrochenen Bürgerkrieg aufzuhalten und der Gefahr der Entwicklung eines internationalen Krisenherdes zu begegnen. Dieses Eingreifen wurde auf internationaler Ebene völkerrechtlich verurteilt, jedoch toleriert, zumal nach der Lage der Dinge keine bessere Lösung gefunden werden konnte und sich die Mehrheit der Bevölkerung in einer Art von Plebiszit (siehe Kapitel Timor, S. 331) zur Integration Timors als 27. Provinz in die Republik Indonesien bekannte. In allen anderen außenpolitischen Fragen verhält sich die Regierung Suharto zurückhaltend. Sie bekennt sich zu den Prinzipien einer unabhängigen und aktiven Außenpolitik und erstrebt eine unverfälschte Blockfreiheit. Vorrang hat die Regionalpolitik im Rahmen der 1967 gegründeten Association of South East Asian Nations (ASEAN), zu der auch die Philippinen, Malaysia, Singapur und Thailand gehören. Entschieden antikommunistisch in der Innenpolitik, sollen die Beziehungen zu kommunistischen und ehemals kommunistischen Staaten gepflegt werden, soweit sich diese jeglicher Einmischung in die inneren Verhältnisse Indonesiens enthalten. Das frühere erhebliche Mißtrauen gegenüber Peking ist während der letzten Jahre abgebaut worden. Indonesien genehmigte sogar erste Investitionen für Großprojekte in der aufstrebenden Industrieregion in Südost-China.

Indonesien hat das Verhältnis zur einstigen Kolonialmacht völlig normalisiert und die 1963 von Sukarno eingeleitete Konfrontationspolitik gegen die Nachbarländer Malaysia und Singapur in eine Freundschaftspolitik umgewandelt. Jakarta ist in den Kreis der Vereinten Nationen und zahlreicher internationaler Organisationen zurückgekehrt. Es bemüht sich in der Weltpolitik um einen mäßigenden Einfluß, auch im Nord-Süd-Dialog. Vorrang hat die Innenpolitik und die Politik des wirtschaftlichen Aufbaus. Dabei versucht Indonesien, seinen eigenen Weg zu gehen.

Zeittafel zur Geschichte

2500–200 v. Chr.	Sporadische Einwanderung von paläomongoliden Völkerschaften aus dem Südosten von Festland-Asien, besonders Süd-China und Nord-Vietnam
100 n. Chr.	Beginn der hinduistisch-buddhistischen Periode
400 n. Chr.	Erste Hindu-Reiche in West-Java und Ost-Borneo
600 n. Chr.	Erstes buddhistisches Großreich von Srivijaya auf Sumatra
800	Verbindung des Großreiches von Srivijaya mit der auf Java herrschenden Dynastie der Shailendra. Bau der Tempelanlagen von Borobudur und Prambanan. Erstarken des Großreiches von Mataram auf Java
1200	Aufblühen des Reiches von Majapahit auf Java. Entstehung der Chroniken »Pararaton« und »Nagarakertagama«
1330–80	Aufstieg und Hochblüte des Reiches von Majapahit zur großen Seemacht Asiens unter den Königen Jayanegara und Haram Wuruk sowie deren Minister Gajah Mada
1478	Zusammenbruch des Großreiches von Majapahit und weiterer Auszug der hinduistischen Aristokratie Javas nach Bali; Islamisierung Indonesiens
1509	Erste portugiesische Expedition nach Sumatra
1522	Ausbeutung der Molukken durch die Portugiesen und Gründung eines Gewürzmonopols
1596	Beginn der niederländischen Kolonialisierung
1602	Gründung der Verenigde Oost-Indische Compagnieën

1622	Gründung Batavias
1629–66	Verschiedene Aufstände gegen die Niederländer
1740	Chinesen-Massaker von Batavia
1755	Niederschlagung der Aufstände und Aufteilung des Reichs von Mataram in die Fürstentümer Surakarta und Yogyakarta
1795	Gründung der Batavischen Republik
1799	Ende der Verenigde Oost-Indische Compagnieën
1811	Britische Invasion in Indonesien; Sir Stamford Raffles Generalgouverneur
1816	Nach dem Sturz Napoleons kommt es zur Rückgabe Ost-Indiens an die Niederländer
1816–1908	Zahlreiche Aufstände in allen Landesteilen gegen die niederländische Kolonialmacht
1908	Beginn der modernen Unabhängigkeitsbewegung
1918	Bildung des Volksraads als Quasi-Parlament
1927	Gründung der »Partai Nasional Indonesia« durch Sukarno
1942	Japanische Besetzung
1945	Ausrufung der Republik Indonesia, Verfassungsgebung und erstes Kabinett mit Sukarno als Präsidenten und Hatta als Vizepräsidenten;
	Landung alliierter Truppen;
	Rückkehr der Kolonialmacht;
	Beginn des indonesischen Widerstands gegen die niederländischen Polizeiaktionen; militärische Auseinandersetzungen
1949	Völkerrechtliche Anerkennung der Unabhängigkeit Indonesiens bis auf den westlichen Teil Neuguineas
1955	Parlamentswahlen
	Erste Afro-Asiatische Konferenz in Bandung
1959	Präsident Sukarno proklamiert sein Konzept der sogenannten »Gelenkten Demokratie«
1965	Putsch progressiv-revolutionärer Offiziere und Kommunisten
1966	Ermächtigung General Suhartos zur Wiederherstellung der staatlichen Ordnung
1967	Ernennung General Suhartos zum amtierenden Präsidenten durch den Volkskongreß
1968	Suharto wird Präsident
1970	Tod Sukarnos
1971	Allgemeine Wahlen, in denen Suharto als Präsident wiedergewählt wird
1983, 1988 und 1993	Wiederwahl Präsident Suhartos

Ein Bataker spielt auf einer Bambusquerflöte

Staat und Verwaltung

Verfassung und Regierungsform

Die am 18. August 1945 angenommene Verfassung legt in der Präambel die Staatsform als eine Republik mit Volkssouveränität fest. Der Staat soll auf folgenden Prinzipien beruhen: Glaube an den Einen Allmächtigen Gott; gerechte und entwickelte Humanität; Einheit Indonesiens; Demokratie, geleitet von der Einmütigkeit, die aus der Beratung von Repräsentanten entsteht; soziale Gerechtigkeit. Diese Verfassung gewährt dem Präsidenten der Republik hervorragende, jedoch nicht absolute Rechte. Die Minister sind ihm, nicht dem Parlament verantwortlich, so daß Indonesien als eine Präsidialdemokratie bezeichnet werden kann.

In den verfassunggebenden Beratungen, die noch in der japanischen Besatzungszeit stattfanden, hatte eine starke Fraktion dafür plädiert, in die Verfassung eine Verpflichtungserklärung für alle Anhänger des Islam aufzunehmen, den Gesetzen des Islam zu folgen. Diese Vorstellungen fanden ihren Niederschlag in der »Jakarta Charter«, die am 22. Juni 1945 von den prominentesten Unabhängigkeitskämpfern unterschrieben wurde, einschließlich des späteren Präsidenten Sukarno. Sie wurde jedoch, ihres pro-islamischen Charakters entkleidet, lediglich als Präambel der Verfassung vorangestellt. Die Forderung, den Staat islambewußter zu machen, schiebt sich jedoch von Zeit zu Zeit immer wieder in den Vordergrund der indonesischen Innenpolitik.

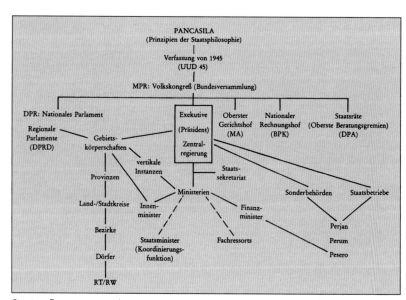

Staatsaufbau

Präsident Suharto mit seinem Kabinett am 19. 3. 1993 vor dem Präsidentenpalast in Jakarta

Staatsorgane

Nach der Verfassung von 1945 gibt es sechs höchste Organe:

1. Der beratende Volkskongreß ist die entscheidende legislative Körperschaft Indonesiens. Nach dem Artikel 2 von 1985 setzt er sich aus 500 Abgeordneten des Volksrepräsentantenhauses (Parlament) und ebenso vielen Vertretern der Provinzen, politischen und funktionellen Gruppen sowie der Streitkräfte zusammen. Von den 500 Abgeordneten des Parlaments werden 400 in allgemeiner, geheimer Wahl gewählt und 100 vom Präsidenten nach Abstimmung mit den relevanten Gruppen ernannt (75 Militärs, 25 zivile Vertreter). Die zusätzlichen 500 Abgeordneten des Volkskongresses setzen sich aus 147 gewählten Vertretern und 353 ernannten Vertretern zusammen. Der Volkskongreß amtiert für eine Periode von fünf Jahren. Er tritt gemäß der Verfassung mindestens einmal in dieser Zeit zusammen und ist für die Festlegung der großen Linie der Staats- und Regierungspolitik sowie für die Wahl des Präsidenten und des Vizepräsidenten der Republik verantwortlich.

2. Der Präsident ist das höchste exekutive Organ. Er wählt die Minister aus und ist nicht dem Parlament, sondern nur dem Volkskongreß gegenüber verantwortlich. Seine Wiederwahl ist nach abgelaufener Amtsperiode möglich.

3. Das Parlament beschließt sowohl über die Gesetzesvorlagen der Regierung, insbesondere den Staatshaushalt, als auch über die eigenen Ge-

setzesvorlagen. Bevor es Beschlüsse faßt, versuchen seine Mitglieder in Kommissionen Einmütigkeit über die zur Entscheidung anstehenden Punkte zu erreichen. Das Haus muß mindestens einmal im Jahr zusammentreten. Aufgrund der Wahlen vom 9. Juni 1992 setzt sich das Parlament wie folgt zusammen: Golkar-Fraktion (regierungsnahe Funktionelle Gruppen) 68%, Vereinigte Entwicklungspartei (Islam) 17%, Demokratische Partei (Nationalisten, christl. Parteien) 15%.

4. Der Oberste Gerichtshof stellt die höchste richterliche Instanz dar. Er ist in der Ausübung der richterlichen Gewalt, wie auch die anderen Gerichte, unabhängig von der Regierung. Organisation und Zuständigkeit der Gerichte werden durch Gesetz geregelt.

5. Die Oberste Beratende Körperschaft übernimmt eine alte Tradition. Diese in der Verfassung vorgesehene Institution stellt eine Art von Ältestenrat dar, der aus ernannten, erfahrenen und weithin anerkannten Persönlichkeiten besteht. Er übt lediglich beratende Funktionen aus.

6. Der Oberste Rechnungshof kontrolliert die Verwendung der Staatsfinanzen. Die Untersuchungsergebnisse des Rechnungshofes müssen dem Parlament vorgelegt werden.

Politische Struktur

Die überwiegende Mehrheit des indonesischen Volkes distanziert sich von den Strukturprinzipien westlicher liberaler parlamentarischer Demokratien ebenso wie von denen früherer östlicher, kollektiver und totalitärer Volksdemokratien. Es wird in der Innen- wie in der Außenpolitik ein dritter Weg gesucht, der den Bedingungen historischer Entwicklungen und gegenwärtiger Notwendigkeiten Rechnung trägt.

Demgegenüber kritisieren engagierte westliche Beobachter die Verfassungsgrundlage Indonesiens und die politische Praxis als unvereinbar mit den Geboten der Demokratie überhaupt. Die frühere scharfe Kritik Moskaus und Pekings ist nach dem Zusammenbruch des kommunistischen Systems freundlicheren Tönen gewichen, die von pragmatischen Großmachtinteressen geleitet sind.

Die Parteien nach westlichem Vorbild, die in die Anfänge des ersten Jahrzehnts unseres Jahrhunderts zurückreichen, haben während des Unabhängigkeitskampfes eine wichtige Rolle gespielt. Sie verloren schon in der späten Sukarno-Zeit an Bedeutung und treten als Elemente des politischen Entscheidungsprozesses heute noch weiter zurück. Dies besonders, seit alle Parteien und Massenorganisationen im Jahre 1985 verpflichtet wurden, die Staatsdoktrin *Panca Sila* als einziges Prinzip *(asas tunggal)* in ihre Satzungen aufzunehmen.

Unverkennbar sind im Zeichen der sogenannten »Neuen Ordnung« der Suharto-Zeit die Streitkräfte immer mehr in eine Führungsrolle hineingewachsen. Sie beanspruchen ein Mitspracherecht bei politischen Entscheidungen, weil sie sich seit dem nationalen Befreiungskrieg als eine militärische und soziopolitisch bedeutsame Repräsentanz begreifen. Daneben sind die Kräfte des politischen Islam nicht zu unterschätzen. Auch in diesem Zusammenhang nehmen die Streitkräfte eine stabilisierende und dynamisierende Kraft ein, die als ausgleichendes Moment im Spiel der Mächte nicht unterschätzt werden darf.

Es stimmt jedoch mit der Realität nicht überein, Indonesien als einen Militärstaat, geführt von einer Junta, zu kategorisieren. Dagegen spricht die zahlenmäßige Reduzierung der Streitkräfte in den letzten Jahren auf

*Marineinfanteristen beim Defilee am
5. Oktober, dem Tag des Militärs*

215 000 Mann in Heer, Marine und Luftwaffe bei einer Bevölkerung von 195 Mill. Menschen. Im Prozeß der wirtschaftlichen Konsolidierung sind zivile Technokraten führend. Präsident Suharto ist eher ein Mann des Ausgleichs, unverkennbar ein Vertreter des Militärs, jedoch nicht der diktatorischen Gewalt. Sein pragmatischer Führungsstil, der ganz auf die wirtschaftliche Entwicklung gerichtet ist, unterscheidet sich von dem mehr emotionalen Auftreten seines Vorgängers Sukarno. In den vergangenen Jahren förderte Suharto muslimische Kräfte, und es wird erwartet, daß der Islam bei den nächsten Präsidentschaftswahlen ins Zentrum der Macht rücken könnte.

Indonesien ist in 27 Provinzen gegliedert, die in Verwaltungseinheiten zweiter und dritter Kategorie unterteilt sind. Trotz gelegentlich auftauchender Schwierigkeiten, die im wesentlichen in der Ausdehnung des Inselreiches und der damit verbundenen Verkehrs-probleme liegen, konnte die staatliche Einheit gewahrt bleiben. Zentralistische und partikularistische Tendenzen stoßen zuweilen aufeinander. Das Hauptproblem liegt aber in der Bewältigung der sozialen Frage.

Nach der abenteuerlichen Außenpolitik des früheren Präsidenten Sukarno hat das heutige Indonesien seine Kontakte zur Welt wieder gefestigt. Die Republik gehört den Vereinten Nationen und ihren Sonderorganisationen an. Indonesien ist Mitglied des Internationalen Monetary Funds, der Weltbank, der Asian Development Bank und anderer vergleichbarer Organisationen sowie der OPEC. Die Zugehörigkeit zu Militärbündnissen lehnt Jakarta jedoch ab. Es konzentriert sich auf den Ausbau der seit 1967 bestehenden Association of South Asian Nations (ASEAN). Der Sitz des Generalsekretärs der ASEAN befindet sich in Jakarta. Indonesien zählt sich zu den blockfreien Ländern und räumt dem wirtschaftlichen Aufbau momentan große Priorität ein, was zu einer engen Zusammenarbeit mit der westlichen Welt und Japan geführt hat.

Rechtsordnung

In den Übergangsbestimmungen der Verfassung von 1945 wird festgelegt, daß alle bestehenden staatlichen Institutionen und Vorschriften so lange weiter gültig sein sollen, bis neue Organe und Gesetze in Übereinstimmung mit der Verfassung in Kraft treten. Das bezieht sich auch auf das in der Kolonialzeit (seit 1848) kodifizierte Recht (Burgerlijk Wetboek und Wetboek van Koophandel), das noch heute für die in Indonesien tätigen Europäer gilt. Diese Rechtspolitik beließ den Indonesiern ihr überliefertes Gewohnheitsrecht, *adat*. Jedoch wurden die Angehörigen der chinesischen Minderheit im Jahre 1855 wegen ihrer engen wirtschaftlichen Zusammenarbeit mit der Kolonialmacht ebenfalls dem europäischen Recht unterstellt.

Im Laufe der Entwicklung wurden das Zivil- und Handelsrecht sowie das Strafrecht kodifiziert. Ein Konzept zur völligen Unterstellung der Indonesier unter ein europäisches Zivilrecht scheiterte im Jahre 1920, wenn auch eine gewisse Anpassung, wie z.B. im Eherecht für christliche Indonesier, stattfand. 1915 wurde die gesamte Bevölkerung einem einheitlichen Strafrecht unterstellt.

Artikel 24 der Verfassung von 1945 legt fest, daß die richterliche Gewalt in den Händen des Obersten Gerichtshofes und ihm untergliederter Instanzen liegen soll. Gegenwärtig gibt es in Indonesien vier Zweige der Justiz: die allge-

Der Garuda-Adler, Staatswappen der Republik Indonesien, wurde aus der indonesischen Mythologie entlehnt

Die Flagge Indonesiens

meinen Gerichte, die für alle straf- und zivilrechtlichen Fälle zuständig sind; die religiösen Gerichte; die Militärgerichte; die Verwaltungsgerichte. An der Vereinheitlichung und Weiterentwicklung des Rechtes wird gearbeitet.

Flagge und Wappen

Die indonesische Flagge, die schon während des Unabhängigkeitskampfes geführt wurde, ist in den Farben Rot und Weiß horizontal gestreift.

Das Staatswappen besteht aus dem Garuda-Adler, einer Symbolfigur indonesischer Mythologie, die auf zahlreichen Tempeln zu finden ist. Jeder Flügel des Garuda besteht aus 17 Federn. Dazu treten acht Schwanzfedern und 45 Halsfedern, so daß das historische Datum der Ausrufung indonesischer Unabhängigkeit, der 17.8.1945, angedeutet wird. Das Wappenmotto, das der Garuda in den Fängen hält, lautet *Bhinneka Tunggal Ika* – Einheit in der Vielfalt. Die fünf im Wappen enthaltenen Symbole stehen für *Panca Sila*, die fünf Grundpfeiler, auf denen der Staat ruht. Der Stern steht für Glaube an Gott; der Büffelkopf für das Prinzip der Volkssouveränität und Demokratie; der Waringin (Banyan-Baum) für nationales Bewußtsein und Einheit; die in sich geschlossene Kette für Humanität; Reisähren und Baumwollzweige schließlich für Nahrung und Kleidung, die Grundlagen der sozialen austeilenden Gerechtigkeit.

Staatliche und kommunale Gliederung

Indonesien einschließlich Jakarta, das als Spezialregion Landeshauptstadt den Rang einer Provinz hat, ist in 27 Provinzen (Daerah Tingkat I) eingeteilt. Weitere Verwaltungseinheiten sind die Kreise (Daerah Tingkat II), die aus 56 Stadtkreisen (Kota Praja Kota Maja) und 241 Landkreisen (Kabupaten) bestehen.

Sodann folgen als unterste Verwaltungseinheiten (Daerah Tingkat III) 3625 Unterämter (Kecamatan), die zumeist mehrere Dörfer (Desa) umfassen und im Gegensatz zu den Kreisen und Provinzen, deren Leitung von der Zentralregierung eingesetzten Beamten obliegt, von vom Volk gewählten Dorfältesten verwaltet werden. Die Zentralregierung dehnt ihren Einfluß jedoch auch auf die untere Ebene aus. Der westliche Teil Neuguineas (Irian Jaya) wurde schon 1963 der indonesischen Verwaltung unterstellt, aber erst 1969, nach einer Volksbefragung, endgültig in das indonesische Staatsgebiet aufgenommen. Präsident Suharto kündigte noch im selben Jahr die Gewährung der inneren Autonomie für diese Region sowie die Amnestie für die zuvor rebellierenden Papua-Stämme an. Damit ist Irian Jaya ein Sonderstatus gewährt, wenn auch die Stammesstrukturen des Landes besondere administrative Maßnahmen erfordern.

Die Eingliederung der früheren portugiesischen Kolonie Ost-Timor erfolgte nach dem Zusammenbruch der Kolonialverwaltung Ende 1975, dem Ausbruch eines Bürgerkrieges und der Entsendung indonesischer Truppen. Die lokalen Behörden Ost-Timors erklärten sich 1976 für den Anschluß an Indonesien. Die Verbindlichkeit dieses Plebiszits wird allerdings auf internationaler Ebene, auch in der UNO, bestritten.

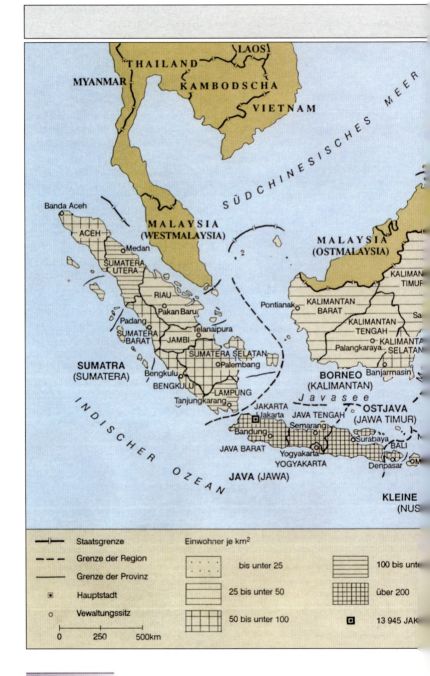

Verwaltungseinteilung und Bevölkerungsdichte

P H I L I P P I N E N

Celebessee

Manado

SULAWESI UTARA

Molukkensee

P A Z I F I S C H E R
O Z E A N

IRIAN JAYA
(WESTIRIAN, IRIAN BARAT)

SULAWESI
TENGAH

ESI
AN

MOLUKKEN (Maluku)

Jayapura
(Sukarnapura)

Kendari

Ambon

PAPUA-NEUGUINEA

SULAWESI
TENGGARA

MOLUKKEN (MALUKU)

EBES (SULAWESI)

B a n d a s e e

ARA

NUSATENGGARA TIMUR

Dilli

Kupang

LORO-SAE

SELN
RA)

A r a f u r a s e e

T i m o r s e e

A U S T R A L I E N

Wirtschaft

Allgemeines

Seit Präsident Suharto 1969 die Macht in Indonesien übernahm, sind die Perioden wirtschaftlicher Entwicklung wie folgt zu beurteilen: 1969–72 Rehabilitation und Stabilisierung der Wirtschaft als Folge des Sukarno-Erbes; 1973–83 Ölboom; 1983–88 Schockperioden durch den Ölpreis-Verfall; ab 1989 Konzentration auf nichtölorientierte Industrieproduktion. Indonesien ist ein rohstoffreiches Entwicklungsland, das etwa bis zum Jahr 2000 den Status eines Schwellenlandes erreichen will, d. h. ein jährliches Bruttoinlandsprodukt von 3 250 DM pro Einwohner und eine industrielle Produktion von mindestens 30 %. Seit Mitte der achtziger Jahre finden in Indonesien derart dynamische Wirtschaftsprozesse statt, daß jenes angestrebte Ziel als äußerst realistisch einzuschätzen ist. Symbol und sichtbares Zeichen des wirtschaftlichen Durchbruchs sind die überall in Jakarta entstehenden Hochhauspaläste. De facto ist in Indonesien eine Art Marktwirtschaft entstanden, in der Handelsbarrieren und bürokratische Hemmnisse stark abgebaut, Staatsbetriebe privatisiert sowie Importrestriktionen reduziert wurden. Das Paket wirtschaftlicher Maßnahmen der Regierung zeigt seit 1987 eine deutliche Wirkung, welche sich in wirtschaftlichen Erfolgszahlen niederschlägt. Seit 1988 zeichnen sich außerdem stabile Ölpreise und weitere Preissenkungen bei Grundnahrungsmitteln ab. Das Bruttoinlandsprodukt lag 1994 bei 142,6 US-$ und weist damit eine wirtschaftliche Steigerung von 6,5 % auf. Das nominelle Pro-Kopf-Einkommen lag Ende 1995 bei 780 US-$ im Vergleich zu 90 US-$ Mitte der sechziger Jahre und knapp 500 US-$ Mitte der achtziger Jahre. Die Inflationsrate konnte während der letzten zehn Jahre weitestgehend bei 10 % gehalten werden und lag Ende 1995 sogar bei 9,0 %. Kennzeichnend ist, daß die Regierung an der makroökonomischen Stabilitätspolitik festhält und weiterhin der exportorientierten Industrie Vorrang einräumt, wobei der Ausfuhr von Nichtöl- und Nichtgas-Produkten ein besonderer Stellenwert zugeschrieben wird. Bereits bis März 1993 entfielen 72 % aller Exporte auf Produkte, die nicht dem Öl- und Gassektor entstammten. Von den 24 Mrd. US-$ Exporterlösen fiel der Löwenanteil auf Textilien (7 Mrd. US-$), gefolgt von Holz (5 Mrd. US-$) auf Rang zwei und Schuhen, die mit 1 Mrd. US-$ den dritten Rang einnahmen. Bis Ende der neunziger Jahre hofft man, die Nichtöl- und Nichtgas-Produkte auf 65 Mrd. US-$ verdreifachen zu können, der Exportanteil von Öl und Gas hingegen soll konstant mit jährlich 10 Mrd. US-$ zu Buche schlagen.

Ein weiteres Paket von Deregulierungen soll verstärkt Auslandsinvestoren anlocken, wobei Japan und die vier sogenannten Tigerstaaten (Hongkong, Singapur, Taiwan und Korea) sich ohnehin schon stark in Indonesien engagiert haben. 1993 investierten die Japaner bereits 13,5 Mrd. US-$ in 520 Projekte, z. B. in Produktionsbetriebe, Leasing, Banken, Versicherungen usw., wobei Investitionen in der Erdöl- und Gasindustrie nicht berücksichtigt sind.

Kehrseite dieser Wirtschaftsexplosion ist der Trend zu Wirtschaftskonzentrationen, die zumeist mit den politischen Machtzentren in enger Verbindung stehen. Andere Probleme wie

Dorfgemeinschaft in Ost-Java bei der Reisernte (Panen)

Einkommensverteilung, eine strikte Geldpolitik, Anleihen des privaten Wirtschaftssektors und vor allem eine hohe Arbeitslosigkeit, die mit 29 Mill. Menschen – d. h. 38 % der arbeitsfähigen Bevölkerung – zu Buche schlägt, kennzeichnen die wirtschaftliche Entwicklung Indonesiens zusätzlich.

Landwirtschaft

Rund 36,5 Mill. Menschen (49 % aller Beschäftigten) arbeiten in der Landwirtschaft und nutzen etwa 11,5 % der gesamten Landfläche Indonesiens zur Bebauung, wobei im dichtbesiedelten Java die Nutzungsfläche sogar mehr als 50 % beträgt. Landwirtschaftliche Klein- und Kleinstbetriebe mit einer Anbaufläche von 0,1 bis 1 ha überwiegen, doch ein großer Teil der Bevölkerung besitzt kein Land und verdingt sich im Tageslohn. Auf 1,6 Mill. ha, das entspricht der Größe Thüringens, befinden sich Plantagenareale, auf denen Kautschuk, Ölpalmen, Kakao, Zuckerrohr, Nelken usw. angepflanzt werden. Neue landwirtschaftliche Flächen werden auf den dünnbesiedelten Außeninseln Kalimantan, Irian Jaya, Sulawesi und den Molukken erschlossen. Dennoch ist der gesamtökonomische Beitrag der Landwirtschaft auf knapp unter 20 % (1994) gesunken. Um für den nächsten Fünfjahresplan *(Repelita VI)* 1994 – 99 ein durchschnittliches Wachstum von 3,5 % zu erreichen, müssen in den Agrarbereich 25 Mrd. US-$ investiert werden.

Das wichtigste landwirtschaftliche Produkt ist Reis, der auf künstlich bewässerten Reisfeldern *(sawah)* gepflanzt wird und zwei (seltener drei) Jahresernten einbringt. Rund 11 Mill. ha, das sind etwa 4 % der Landfläche Indonesiens, sind von Naßreisfeldern bedeckt. Noch 1979 mußten zusätzlich zur eigenen Produktionsmenge von 18 Mill. t Reis 2 Mill. importiert werden, um den Konsumbedarf zu decken. Nach erheblichen Anstrengungen ist es 1985 gelungen, den wachsenden Eigenbedarf zu decken und sogar erhebliche Überschüsse zu erzielen, die zum Teil exportiert werden. Die 1994 erzielte Gesamtproduktion von 46,3 Mill. t Reis bedeutet statistisch gesehen 240 kg pro Kopf der indonesischen Be-

Sawah-Naßreisfelder in West-Java, wo im Durchschnitt zwei Reisernten pro Jahr erzielt werden

Teesträucher auf einer Plantage in West-Java

gnen in Europa zurückzuführen sind. Als starker Konsument von Zucker wird Indonesien voraussichtlich erst ab 1997 zum Selbstversorger. Von steigender Bedeutung ist der Aqua-Agrikultur-Sektor, der bereits 1991 für Krabben, Garnelen und andere Schalentiere Exporterlöse in Höhe von 760 Mill. US-$ (1986 270 Mill. US-$) erwirtschaften konnte. Mit einer Kaffee-Produktion von 462 000 t (1992) nimmt Indonesien auch im Exportgeschäft eine führende Position ein und liegt zur Zeit nach Brasilien und Kolumbien an dritter Stelle.

Forstwirtschaft

Die Waldfläche Indonesiens entspricht mit 1,1 Mill. km² (58 %) nahezu der dreifachen Größe Deutschlands. Der jährliche Waldverlust liegt bei rund 1 Mill. ha, wobei der Löwenanteil von 80 % auf das Konto von Brandrodungen, Brennholzbedarf, Holzkohle, Waldbränden usw. geht und »nur« 20 % durch kommerziellen Holzeinschlag vernichtet werden. Mehr als 500 konzessionierte Holzfirmen besitzen Rechte zur selektiven Abholzung auf Arealen, die etwa die Hälfte der gesamten Waldfläche ausmachen. Diese Konzessionsgebiete, im Schnitt 100 000 ha groß, sind den Holzfirmen in der Regel für 20 Jahre zur wirtschaftlichen Nutzung übertragen, wobei bestimmte Auflagen erfüllt werden müssen, zum Beispiel Wiederaufforstung, selektive Abholzung sowie die Abführung von 10 US-$ pro Kubikmeter an einen Regierungsfonds für staatliche Wiederaufforstungsprogramme. Diese theoretischen Vorgaben differieren zum Teil erheblich mit der praktischen Umsetzung, dessen sich die indonesi-

völkerung. Die beträchtlichen Produktionssteigerungen während der letzten 12 Jahre konnten hauptsächlich erzielt werden durch neues Saatgut (Kreuzungen), verstärkten Düngemitteleinsatz, Schädlingsbekämpfung, Ausdehnung der Anbauflächen usw. Als zweitgrößter Kautschukproduzent ist Indonesien mit 1,3 Mill. t an der gesamten Weltproduktion von 5,3 Mill. t beteiligt, wobei die steigende Produktionsmenge bei geringerer Nachfrage zwischen 1989 und 1993 zum Verfall der Preise von etwa 15 % führte. Die Produktionsmenge an Palmöl von 1,8 Mill. t (1993) soll auf 3 Mill. t (1998) ausgedehnt werden. Der einstmals wichtige Tabakexport verzeichnete während der letzten Jahre starke Rückgänge, die nicht zuletzt auf Nichtraucherkampa-

Bauern beim Brettsägen aus zugeschnittenen Stämmen in Nias

seneinnahmen von 5 Mrd. US-$ auf der Basis von 35 Mill. m² Holzeinschlag. Etwa 2 400 holzverarbeitende Betriebe wie Sägemühlen, Sperrholzfabriken usw., darunter auch 18 Spezialfirmen zur Herstellung von Eßstäbchen, verfügen über eine jährliche Produktionskapazität von 27 Mill. m³ Holz, die in den Wäldern operierenden Holzgesellschaften jedoch sogar über die doppelte Menge (54 Mill. m³).

Fischerei

Die Fischerei Indonesiens ist mit 7 % Anteil am landwirtschaftlichen Bruttoinlandsprodukt von untergeordneter Bedeutung. Nur etwas mehr als 300 Fischereifahrzeuge über 100 Bruttoregistertonnen (BRT) sind für die Meeresfischerei vorhanden. Von großer Bedeutung hingegen ist die Küstenfischerei, für die nahezu 500 000 Boote, davon rund 120 000 motorisierte, zur Verfügung stehen. Die gesamte Fangmenge betrug 1993 3,4 Mill. t, die sich zu 75 % aus Fängen von Seefisch und zu 25 % aus Süßwasserfisch (einschließlich

sche Regierung zwar bewußt ist, jedoch bislang keine sicheren Kontrollmechanismen schaffen konnte. Im Finanzjahr 1992–93 ergaben sich Devi-

Fischfanggerät mit integrierter Bambuskonstruktion an einer Flußmündung in West-Java

Fischkulturen) zusammensetzt. Da ausreichende Kühleinrichtungen fehlen, ist die industrielle Verarbeitung, außer bei Trocken- und Salzfisch, im großen und ganzen noch schwach entwickelt.

Bodenschätze

Indonesien ist außerordentlich reich an Bodenschätzen, wobei Erdgas, Erdöl, Kohle, Nickel, Kupfer, Bauxit, Eisen, Zinn und Edelmetalle wie Gold und Silber die bedeutendsten sind. Erdgas rückte in den Mittelpunkt des Interesses, nachdem der Ölpreis rapide gestiegen war und man Techniken zur Gasverflüssigung entwickelt hatte, die den Transport von Flüssiggas auf speziellen Tankschiffen ermöglichten. Indonesien ist mit 40 % Anteil der weltweit führende Exporteur von Flüssiggas (LNG = Liquid Natural Gas) und exportierte im Finanzjahr 1992/93 (1. 4. – 31. 3.) 23,9 Mill. t im Wert von 4,35 Mrd. US-$. 80 % der Exporte von Flüssiggas gehen nach Japan (60 %), Süd-Korea, Taiwan und Hongkong.

Während der letzten Jahre wurden neue riesige Gasfelder im Mahakam-Delta (Ost-Kalimantan) und vor der Küste der Natuna-Inseln im Chinesischen Meer entdeckt. Die hier geschätzten Vorkommen belaufen sich auf 45 Trillionen cubic foot, wobei die schwierigen Förderkosten von der Exxon auf 40 Mrd. US-$ geschätzt werden.

Im Rahmen der ehrgeizigen Industrialisierungspläne Indonesiens soll Erdgas in den kommenden Jahren eine wesentlich wichtigere Rolle spielen. Geplant ist der Ausbau eines nationalen Erdgasleitungsnetzes, um den wachsenden Energiebedarf zu decken.

Bei Erdölexporten nimmt Indonesien innerhalb der OPEC den 7. Rang ein. Um dem Preisverfall, bis 1993 etwa 20 %, entgegenzuwirken, sind die Fördermengen auf 1,3 Mill. barrel (1 barrel = ca. 159 l) gesenkt worden (in Spitzenzeiten waren es 1,7 Mill. barrel). Seit Mitte der achtziger Jahre geht die gesamtwirtschaftliche Bedeutung von Erdöl deutlich zurück. Die Erdölreserven Indonesiens werden auf

Fischfanghaltung in Bassins aus Netzen und Bambuskonstruktionen in Nord-Sulawesi

12 Mrd. barrel (rd. 1,9 Mrd. t) geschätzt. Rund 50 % der Ölförderungen stammen aus Süd-Sumatra, die übrige Menge aus Ost-Kalimantan, Irian Jaya und Java. Dank eines niedrigen Schwefelgehaltes (unter 1 %) und eines hohen Paraffinanteils zeichnet sich das indonesische Erdöl durch hohe Qualität aus. Um die Erdölstätten maximal auszuschöpfen, wurden neue Techniken entwickelt, indem Wasserdampf in die Lagerstätten gepreßt wird, um das Öl aufsteigen zu lassen. Durch diese Methode lassen sich ca. 25 % mehr Öl gewinnen. Die noch Mitte der achtziger Jahre mit 60 % den Staatshaushalt deckenden Einnahmen aus dem Ölexport wiesen 1993 einen Anteil von 25 % (mit abnehmender Tendenz) aus, wobei sich die Einnahmen zwischen 1994–99 auf die konstante Größe von 10 Mrd. US-$ pro Jahr einpendeln sollen.

Auch die Kohlevorkommen, deren Gesamtheit auf 30 Mrd. t geschätzt wird, spielen eine zunehmend wichtige Rolle. 1993 betrug die Fördermenge 27 Mill. t, und sie soll bald auf 30 Mill. t jährlich gesteigert werden. Die Exporte nach Japan, Taiwan und den Philippinen brachten allein 1992 Verkaufserlöse von 500 Mill. US-$, und bis Ende der neunziger Jahre erhofft man eine Vervierfachung der Einnahmen. Eine große Nachfrage bei Kohle besteht in der aufstrebenden Industrie Indonesiens, insbesondere auf dem Sektor der Stromerzeugung, wo eine Reihe neuer Kohlekraftwerke entstehen soll. Weitere Kohlevorkommen wurden 1993 auf der Insel Halmahera (Molukken) in der Region Patani entdeckt.

Eine der größten Kupfer- und Goldminen der Welt, die von den Amerikanern betriebene Mine »Freeport Indonesia« in Tembagapura (Irian Jaya), erbringt jährlich rund 300 000 t Kupfer und 18 900 kg Gold. In der noch unerschlossenen Grasberg-Mine lagern Vorkommen von 700 Mill. t Erzen, die rund 10 Mill. t Kupfer sowie etwa 84 000 kg Gold enthalten. Zur Verarbeitung der Vorkommen ist eine Kupferschmelze geplant. Von steigender Bedeutung ist die Ausbeute an Silber, Diamanten sowie Halbedelsteinen. Eine Reihe von australisch-indonesischen Joint-Venture-Unternehmen betreiben diverse Goldschürfprojekte insbesondere in Kalimantan und Irian Jaya.

Zinn ist ein anderes Metall, für das Indonesien schon seit langer Zeit bekannt ist. Die Zinnvorkommen liegen im Riau-Archipel (östlich von Sumatra), vornehmlich auf den Inseln Bangka und Billiton, wo der Hauptteil der Produktionsmenge von durchschnittlich 30 000 t jährlich gewonnen wird. Die größten Nickelerzvorkommen Indonesiens liegen in einer der schönsten Landschaften Sulawesis, in der Region der Seenkette Matana, Mahalona und Towuti. Dort wird seit 1968 in Soroako unter Federführung der Kanadier der Abbau von Nickel mit einer Produktionsmenge von 2,5 Mill. t (1992) vorangetrieben. Neue Nickelvorkommen von schätzungsweise 20 Mill. t wurden 1993 bei Maha auf der Insel Halmahera entdeckt.

Energie

Indonesien ist in der glücklichen Lage, auf eigene umfangreiche Energiequellen zurückzugreifen: Erdgas, Erdöl (Benzin, Diesel, Kerosin), Kohle, Wasserkraft, Solarinstallationen, vulkanische Erdwärme (Geothermik). In naher Zukunft soll Atomenergie erzeugt werden, 12 Kraftwerke sind geplant. Die größten Energieverbraucher sind die sich rapide entwickelnde Industrie (39 %), der Transportsektor (39 %) und die Privathaushalte (mehr als 20 %). Zur Zeit werden drei Viertel des Energiebedarfs durch Erdölprodukte abge-

Verkäufer in Zentral-Java, der kleine Zwischenmahlzeiten anbietet

deckt, wobei der überwiegende Teil in Form von Kerosin von den privaten Haushalten verbraucht wird. Nur 10% des Bedarfs werden durch Erdgas gedeckt, etwa 9% durch Elektrizität (zumeist dieselbetriebene Generatoren), weniger als 5% durch Kohlekraftwerke und nur ein geringer Teil durch Wasserkraft, Solarenergie und Geothermik.

Da der inländische Erdölverbrauch jährlich um etwa 10% steigt, die Ressourcen aber begrenzt sind, wollen die Indonesier künftig verstärkt die umweltfreundlichen Energiequellen Erdgas, Wasserkraft, Geothermik nutzen, allerdings auch Kohle und Atomenergie. Das geplante Atomkraftwerk Muria I in Zentral-Java soll eine Leistung von 600 Megawatt erbringen. Die bisherige Gesamtleistung indonesischer Kraftwerke beträgt rund 12 650 Megawatt (1993) mit einer Elektrizitätserzeugung von 48,8 Mill. Kilowattstunden. Während der nächsten zehn Jahre soll die Leistung um 24 000 MW vergrößert werden.

Industrie und Handwerk

Wichtigste Zweige der sich dynamisch entwickelnden Verarbeitungsindustrie Indonesiens sind Petrochemie, Fahrzeugbau (überwiegend Montage), Holzverarbeitung, Nahrungsmittelindustrie, Textilfabrikation und Lederverarbeitung. Von rund 14 700 Betrieben (1989) entfielen 29% auf den Bereich Nahrungs- und Genußmittel, 22% Textil- und Schuhindustrie, 13% chemische Industrie, 12% Holzverarbeitung (z. B. Möbelherstellung). Obwohl der überwiegende Teil der Beschäftigten in Kleinbetrieben tätig ist, werden mehr als drei Viertel der Wertschöpfung an industriellen Gütern von Großbetrieben erbracht. Das sektorale Wirtschaftswachstum 1993 betrug gegenüber dem Vorjahr 14%. Diese Zuwachsrate sank 1994 auf 11%, da Auslandsinvestitionen um etwa 25% auf insgesamt 6,7 Mrd. US-$ zurückgegangen sind. Besonders China und Vietnam treten zunehmend als Marktkonkurrenten auf und ziehen verstärkt ausländische Investitionen an. Der sich stark entwickelnde Tourismus hat zu einer beachtlichen Ausdehnung des Kunsthandwerks geführt, besonders in Bali und Java.

Außenhandel

Die wichtigsten Handelspartner Indonesiens sind Japan, die EU, die USA, Singapur, Süd-Korea und andere Länder. Von den indonesischen Exporten 1993–94 entfielen auf Japan 33 %, EU-Länder 18 %, USA 13 %, Singapur 8 %, Süd-Korea 6 % und übrige Länder 22 %. Bei den indonesischen Importen in Höhe von 30 Mrd. US-$ (1993) dominierte Japan mit 25 %, EU-Länder 16 %, USA 13 %, Singapur 7 %, Süd-Korea 6 % und übrige Länder 33 %. Die wichtigsten Ausfuhrgüter Indonesiens sind fossile Brennstoffe (Erdgas, Erdöl, Kohle) mit 33 %, industrielle Erzeugnisse (Sperrholz, Textilien, Leder- und Schuhwaren, Elektronik usw.) mit 60 % sowie Nahrungsmittel mit 7 %. Zu den wichtigsten Importgütern gehören Investitionsgüter sowie Fahrzeuge, Fertigwaren und chemische Erzeugnisse. Öl und Gas sind, für sich allein betrachtet, immer noch die Hauptdevisenbringer. Die stärksten prozentualen Zuwachsraten verzeichnet die industrielle Erzeugung bei Textilien, Sperrholz, Schuhen und elektrischen Geräten. Insgesamt haben sich 1993 die Exporte an industriellen Fertigungsprodukten um nahezu 27 % erhöht. Hauptabnehmer mit 57 % waren dabei ostasiatische Länder. 1994 wurde ein Exportüberschuß von 9,5 Mrd. US-$ erwirtschaftet.

Verkehr und Transport

Für Indonesien mit seinen 13 667 Inseln sind naturgemäß Schiffe und Flugzeuge die wichtigsten Transportmittel. Die Eisenbahn hat nur auf der Insel Java und in zwei Regionalbereichen auf Sumatra eine Bedeutung. Das Straßennetz ist besonders auf Sumatra (Trans-Sumatra Highway), Java, Bali und Sulawesi (Trans-Sulawesi Highway) gut ausgebaut. An inseldurchquerenden Straßensystemen in Kalimantan und Irian Jaya wird noch

Reisstrohtransportierende Tagelöhner in Ost-Java

gebaut. Insgesamt bestehen rund 300 000 km Straßen, wovon etwa 50 % asphaltiert sind und der übrige Teil aus Schotter- (45 %) und unbefestigten Straßen (5 %) besteht. Der zunehmende Verkehr macht sich besonders in den großen Städten bemerkbar und hat dort teilweise zu chaotischen Verhältnissen geführt. In Jakarta wurden zur Verkehrsentlastung einstöckige Überführungsstraßen gebaut, eine dreistöckige Nord-Süd-Autobahn ist geplant, wobei jeweils in einem Stockwerk eine Schnellstraße, eine Normal-straße sowie ein noch nicht näher bestimmtes Massen-Schnell-Transportsystem (MRT) aufgenommen werden soll. Die Baukosten sind auf 970 Mill. US-$ veranschlagt. Das Projekt soll bis Ende der neunziger Jahre fertiggestellt sein.

Schiffahrt

Für Indonesien mit rund 5 Mill. km^2 Territorialgewässern hat die Schiffahrt eine herausragende Bedeutung. Auf den zahlreichen Inseln befinden sich

rund 130 Häfen, die von größeren Schiffen angelaufen werden können, etwa 220 Häfen sind vorrangig für den interinsularen Schiffsverkehr bestimmt, weitere 45 lokale Häfen sollen für Hochseeschiffe ausgebaut werden. Die größten und wichtigsten Häfen Indonesiens sind Tanjung Priok (Jakarta), der als Containerhafen mit doppelter Kapazität ausgebaut werden soll, Tanjung Perak (Surabaya), Belawan (Medan) und Ujung Pandang. Insgesamt wurden in diesen vier Häfen 1992 Güter und Waren von 11,6 Mill. t geladen und 17,4 Mill. t gelöscht. Rund 70% des gesamten Güterverkehrs werden im interinsularen Schiffsverkehr bewältigt. Der Gesamtbestand an Handelsschiffen (über 100 BRT) lag 1992 bei 2 014 Schiffseinheiten mit zusammen 2,3 Mill. BRT, darunter 187 Tankschiffe mit rund 585 000 BRT. Die Binnenschiffahrt hat vornehmlich in Kalimantan auf den Flüssen Kapuas, Barito und Mahakam sowie in Sumatra auf dem Musi River eine Bedeutung. Mit Hilfe der Weltbank und der Asiatischen Entwicklungsbank werden 16 Seehäfen Indonesiens modernisiert, darunter die Häfen Benoa auf Bali und Asia Port auf der Insel Batam, wo ein neues Zentrum der Exportwirtschaft entsteht.

Luftverkehr

Die größte Fluggesellschaft der südlichen Hemisphäre ist die Garuda Indonesia, die zusammen mit ihrer Tochtergesellschaft Merpati und der aufstrebenden Privatgesellschaft Sempati den Flugverkehr innerhalb Indonesiens dominiert. Es bestehen 28 kleinere, mittlere und große Fluggesellschaften, die zusammen rund 600 Flugzeuge aller möglichen Typen besitzen, darunter überwiegend Propellerflugzeuge (mit abnehmender Tendenz). Von den 380 zivilen Flugplätzen gehören 12 (mit Landebahnen zwischen 2500 und 3500 m) zu den größeren, 62 (mit Landebahnlängen zwischen 1200 und 2400 m) zu den mittleren und 56 (Landebahnen bis zu 1100 m) zu den kleineren Einheiten. Bei den restlichen 250 handelt es sich überwiegend um Landepisten, die größtenteils von Missionsfluggesellschaften betrieben und unterhalten werden. Wichtigste Flughäfen sind der 1985 eröffnete Soekarno-Hatta Airport in Jakarta, Ngurah Rai in Den Pasar und Polonia in Medan. Neue Flughäfen sind in Medan (Nord-Sumatra) und Padang (West-Sumatra) geplant und bestehende wie in Palembang (Süd-Sumatra), Surabaya (Ost-Java), Ujung Pandang (Süd-Sulawesi), Ambon (Molukken) und Biak (Irian Jaya) sollen modernisiert werden. Die Modernisierung des Flughafens in Balikpapan (Ost-Kalimantan) wurde 1995 abgeschlossen. Hinsichtlich des Aufkommens an internationalen Fluggästen sind Jakarta (991 000), Den Pasar (886 000), Medan (185 000) und Surabaya mit 74 000 die wichtigsten Flughäfen in Indonesien.

Tourismus

1994 setzte Indonesien mit 4 Mill. Besuchern, im Vergleich zum Vorjahr ein Plus von 17,7%, einen neuen Meilenstein in seiner Tourismus-Geschichte. Gegenüber 1993, als 3,4 Mill. ausländische Besucher nach Indonesien kamen, darunter 133 000 aus Deutschland, 11 000 aus den Niederlanden, 35 000 aus der Schweiz und 17 000 aus Österreich, hat sich die Anzahl der Touristen um rund 18% erhöht. Nach Erdgas, Erdöl, Textilien und Holzprodukten nimmt der Tourismus mittlerweile Rang fünf in der Wirtschaftsskala ein. Wesentlich zum Erfolg der touristischen Entwicklung haben die Erschließung neuer Ferienziele, internationale Direktflugverbindungen nach Bali, erleichterte Visabestimmungen und eine verstärkte Werbung für den Tourismus beigetragen. In den kommenden Jahren hofft Jakarta auf jährliche Deviseneinnahmen zwischen 8,1 und 8,85 Mrd. US-$, wobei 1999 insgesamt 6,5 Mill. Besucher erwartet werden. Mit Abstand steht Bali in der Beliebtheitsskala an erster Stelle, es folgen Java, Sumatra und Sulawesi, während Irian Jaya und Kalimantan etwas exotischere Ziele sind.

Niederlassungs- und Steuerrecht

Die indonesische Haltung gegenüber Investoren ist grundsätzlich positiv. Die meisten Produktionsbereiche sind für Ausländer offen, jedoch ist in der Regel ein indonesischer Partner erforderlich. Bei Investitions-Beträgen über 50 Mill. US-$ gelten jedoch wesentlich kulantere Bestimmungen, und 100%ige Eigentumsrechte werden dann auch Ausländern eingeräumt. Im Normalfall wird ausländischen Investoren empfohlen, ihrem indonesischen Partner 20% einzuräumen. Voraussetzung ist in der Regel eine Investitionssumme von 1 Mill. US-$. Auch hier bestehen Ausnahmen: Wenn das Unternehmen zum Beispiel mindestens 50 Personen beschäftigt und zwei Drittel der Güter exportiert werden, genügt eine Summe von 250 000 US-$. Gleiches gilt, wenn bestimmte Warengruppen für den inländischen Markt erzeugt werden, dann allerdings muß der indonesische Kapitalanteil innerhalb von 20 Jahren auf 51% erhöht werden. Wichtig ist auch, wo sich der Investor niederlassen will. In den meisten Provinzen Ost-Indonesiens, in Kalimantan, den sumatranischen Provinzen Bengkulu und Jambi sowie in der Freihandelszone Batam (»Bonded Zones«) sind nur 250 000 US-$ erforderlich, vorausgesetzt, daß die Produktion in den Export geht. In allen Fällen

muß nach fünf Jahren der indonesische Anteil am Kapital mindestens 5% betragen und nach 20 Jahren dann auf mindestens 20% steigen. Steuerliche Investitionsanreize werden nicht gewährt. Dafür liegen die Steuern in Indonesien im allgemeinen niedriger als in anderen Ländern. Die wichtigste Rechtsgrundlage für Gemeinschaftsunternehmen ist das Gesetz Nr. 1 von 1967 über ausländische Investitionen sowie die Government Regulation 17, Artikel 1–8, von 1992. Um ein gemeinschaftliches Unternehmen zu gründen, bedarf es einer notariellen Beurkundung. Letzte Instanz für Genehmigungen ist die staatliche Planungsbehörde BKPM (Badan Koordinasi Penanaman Modal). Eine Arbeitserlaubnis für Ausländer wird nur dann erteilt, wenn der Arbeitgeber nachweisen kann, daß die entsprechende Tätigkeit nicht durch indonesische Mitarbeiter erbracht werden kann.

Streitkräfte

Die Vereinigten Streitkräfte der Republik Indonesia, Angkatan Bersenjata Republik Indonesia, kurz ABRI genannt, werden als Garant der politischen Stabilität und nationalen Souveränität betrachtet. Ihr oberster Schirmherr und Befehlshaber in Krisenzeiten ist Präsident Suharto, der selbst als General aus der Armee hervorgegangen ist. Laut »Military Balance«, London 1993, bestehen die Streitkräfte aus insgesamt 485 900 Mann, und zwar aus Heer (202 900), Marine (44 000), Luftwaffe (24 000) und Polizei (215 000). Dazu kommen Reserven von rund 400 000 Mann. Eine allgemeine Wehrpflicht besteht nicht, und die Streitkräfte setzen sich deshalb aus Freiwilligen zusammen. Die Militärausgaben belaufen sich auf ca. 1,5% (1994) des Bruttoinlandsproduktes von 171 Mrd. US-$.

Kulturelle Grundlagen

Allgemeines

Indonesien zeichnet sich durch eine alte, in die Urzeit menschlicher Existenz zurückreichende Kultur aus, die von außerordentlicher Vielfalt ist. Mehr noch als in anderen Bereichen der Gesellschaft gilt hier das Motto des Staates »Einheit in der Vielfalt«, das von einem Poeten der Majapahit-Ära im 15. Jh. geprägt wurde. Ein Charakteristikum der indonesischen Kultur ist die eigenwillige Verschmelzung fremder Kulturelemente, ein nuancenreicher Synkretismus, der noch heute weiterlebt. Die kulturelle Vielfalt erklärt sich u. a. durch die verschiedenen

Einwanderungswellen asiatischer Völker in den malaiisch-indonesischen Archipel. Besonders markant war der kulturelle Einfluß aus dem hindu-indischen Raum, der im ersten Jahrhundert n. Chr. einsetzte und dem im zweiten Jahrhundert der Buddhismus folgte. Gerade die Kunst der großen Reiche war stark von Indien her beeinflußt. Insbesondere die indonesische Plastik und Architektur lassen den indischen Stil der Guptazeit erkennen, die sich vom 4.–6. Jh. erstreckte und in der die buddhistische Kunst Indiens ihre hochklassische Ausprägung fand. Die als Pilgerstätten fungierenden Tempelanlagen auf dem javanischen Dieng-Plateau lehnen sich z. B. an Vorbilder aus dem südindischen Raum an. Gipfelpunkt der javanischen Plastik und Architektur ist die Regierungszeit der Shailendra-Herrscher im 8. und 9. Jh. Das früheste Bauwerk dieser Epoche, Candi Kalasan, ein Grabtempel, folgt nicht indischen Vorbildern, sondern interessanterweise der Kunst der

Der Candi Jago ist ein Grabmal für Vishnuvardhana aus der Singosari-Dynastie

*Ganesha, der dick-
bäuchige und mit
einem Elefantenkopf
versehene Gott der
praktischen Gelehr-
samkeit und aller
guten Unterneh-
mungen*

Khmer in Kambodscha. Auch der Candi Sari, ein buddhistisches Kloster, löst sich schon zu dieser frühen Zeit vom indischen Einfluß. Die an diesem Bauwerk als Giebelverzierungen dienenden Frauengestalten, meisterhafte Werke indonesischer Plastik, offenbaren erste eigenständige Stilelemente. Ihre Vollendung erreicht die indonesische Architektur in der Tempelanlage des Borobudur, einem gewaltigen Tempelberg in der Form einer großen, an die präkolumbischen Kulturen erinnernden Stufenpyramide. Hier zeigt sich deutlich der indische Einfluß. Nicht anders als in Indien wurden hauptsächlich Shiva, Vishnu und andere Gottheiten der indischen Götterwelt abgebildet. Besonders beliebt war in der javanischen Kunst die Darstellung des elefantenköpfigen Gottes der Gelehrsamkeit, Ganesha, von dem es eine eigenartige Skulptur gibt, die ihn als beschützenden und gleichzeitig als schrecklichen Gott zeigt, dessen Thron mit Totenschädeln verziert ist. Seit dem 13. Jh. treten dann mehr und mehr eigenständige indonesische Stil-

merkmale in der Kunst hervor. Der klassische Typus der Plastik wird eher malaiisch als indisch, und die Figuren werden auch weicher und geschmeidiger als ihre indischen Vorbilder. Candi Jago, ein Grabtempel der Singosari-Könige, stellt in seinen unteren Terrassenbauten ein altindonesisches Bergheiligtum dar, knüpft also an vorderindische Überlieferungen an. In der politischen Glanzzeit des Reiches von Majapahit baute man vorwiegend nicht mehr mit haltbarem Naturstein, sondern roten Ziegelsteinen, die leider rasch verfielen. Die wenigen erhalten gebliebenen Reste jener von 1220–1525 n. Chr. während Epoche lassen vorwiegend schlanke, zierliche Formen erkennen. Die Plastik beschränkte sich offenbar, wie die Ausgrabungen der letzten Jahre zeigen, auf die Herstellung gebrannter Terrakotten, die in großer Zahl gefunden wurden. Der Stil beginnt in seinem gesteigerten Raffinement dekadent zu werden und die kraftvolle Ursprünglichkeit früherer Epochen zu verlieren. Dies um so mehr, je stärker sich Archi-

Drei von sechs Vidyadhari-(auch Bidadari-)Nymphen am 1954 ausgegrabenen Badeplatz an der Elefantengrotte Goa Gajah auf der Insel Bali

tektur und Plastik von den indischen Leitbildern lösen und zu eigenen Formen zu finden versuchen. Hieran zeigt sich, wie stark die geistigen und künstlerischen Kräfte von Hinduismus und Buddhismus ausgingen und wie sie mit dem Schwund dieser beiden Religionen versiegten. Der aufkommende abbildfeindliche Islam begrenzte dann die auf Sumatra und Java sich manifestierende künstlerische Ausdruckskraft. Nur auf Bali, wo sich der Hinduismus bis in die Gegenwart erhalten hat, blieben die überlieferten Kunstformen noch mehrere Jahrhunderte hindurch ungebrochen bestehen.

Im Zuge der Islamisierung kamen arabische Sprache und Kulturelemente aus dem Nahen Osten ins Land. Seit Anfang des 16. Jh. wirkten europäische Einflüsse. Die Portugiesen, die in Indonesien nur kurzfristig Fuß fassen konnten, haben ein überraschend umfangreiches Erbe in Sprache, Kleidung und Musik hinterlassen. In den rund 350 Jahren Kolonialherrschaft der Niederländer dominierte deren Ausprägung europäischer Kultur. Sie brachten, wie auch immer die zeitbedingten Motive einer Kolonialmacht zu werten sind, Ansätze einer modernen Verwaltung sowie Technik, Straßenbau, Medizin, Schulwesen und sonstige sicher nicht

gering zu achtenden Elemente europäischer Werte mit, auf die auch das freie Indonesien nicht verzichten kann und will. Die Briten waren zu kurz im Lande, um einen nachhaltigen Einfluß zu hinterlassen, obgleich der Name des tatkräftigen Generalgouverneurs Sir Stamford Raffles, dem späteren Gründer von Singapur, jedem gebildeten Indonesier geläufig ist. Heute bemüht sich Indonesien um eine kulturelle Ausprägung, die den Bedingungen eigener Geschichte, Umwelt und Wertvorstellungen gerecht wird.

Die vielfältigen Einflüsse von außen haben zu der Frage geführt, welche kulturell-zivilisatorischen Leistungen aus früher Zeit als typisch indonesisch zu gelten haben. Der Wissenschaftler J. L. A. Brandes versteht darunter folgende zehn Elemente: das *wayang*-Puppenspiel, das Gamelan-Orchester, bestimmte Reim-Systeme, Web- und Färbtechniken sowie die Kunst der Batikherstellung, Tembaka-(Gelbkupfer-) Metallarbeiten, das Münzwesen, navigatorische und astronomische Kenntnisse, die Kultivierung von Naßreis sowie spezielle Formen und Prinzipien menschlichen Zusammenlebens.

Die aus der Vorzeit übernommenen und weiterentwickelten Vorstellungen leben heute noch in überraschender

Mannigfaltigkeit und Intensität fort. Das gilt auch für viele Bezirke in den großen Städten. Selbst in den Zentren des Tourismus kann man noch das selbstverständliche Befolgen des *adat*, des alten Brauchtums, finden.

Sprache

Die indonesischen Sprachen gehören zu der großen austronesischen Sprachgruppe, zu der auch die Sprachen von Polynesien, Melanesien und Mikronesien rechnen. Besonderes Interesse beansprucht die javanische Sprache, die in Zentral- und Ost-Java sowie in den Gebieten javanischer Siedler, die außerhalb ihrer Heimat leben, gesprochen wird. Sie besteht aus zwei Sprachstufen, *ngoko* und *kromo*, die sich teilweise in ihrem Wortschatz unterscheiden und je nach Rang des Sprechenden in der Familie und in der Gesellschaft unterschiedlich angewandt werden. Das Schriftsystem wurde von Süd-Indien übernommen. Eine reiche javanische Literatur ist auf Bali und teilweise auf Lombok nach dem Fall des Reiches von Majapahit erhalten geblieben und weiterentwickelt worden. Im 18. und 19. Jh. kam es an den Höfen von Yogyakarta und Solo zu einer Wiederbelebung klassischer javanischer Literatur.

Neben den Regionalsprachen entwickelte sich frühzeitig im Raum des Riau-Archipels (Ost-Sumatra) und Malakkas eine Art »lingua franca«, das sogenannte klassische Malaiisch, das sich bereits im 17. Jh. bis in die Küstengebiete der Insel Neuguinea verbreitet hatte. Die Sprache, in lateinischen Buchstaben geschrieben, wurde auf dem Jugendkongreß von 1928 als die nationale Sprache, Bahasa Indonesia, eines künftigen freien Indonesien gefordert. Seit der Proklamation der Republik im Jahre 1945 ist die Bahasa Indonesia ein wichtiger Faktor der Einigung in einer verwirrenden Vielfalt

von mehr als 250 Sprachen und Dialekten geworden. Viele Wörter sind anderen Sprachen entnommen, z. B. dem Sanskrit, dem Portugiesischen, dem Arabischen, dem Niederländischen sowie dem Englischen. Im Jahre 1972 fand eine Anpassung der Schreibweise der Bahasa Indonesia an das Malaiische statt, wie es in Malaysia und zum Teil auch in Singapur geschrieben wird. Die niederländischen Sprachelemente wurden zugunsten des Englischen zurückgedrängt.

Religion

Die überwiegende Mehrheit der Bevölkerung Indonesiens bekennt sich zum Islam. Trotzdem ist Indonesien kein Islamstaat, der auf den Gesetzen des Koran gegründet ist. Die Verfassung garantiert Religionsfreiheit. Der erste Pfeiler des Staatsprinzips *Panca Sila* verpflichtet zum Glauben an den Einen Allmächtigen Gott, nicht zum Bekenntnis zu einer bestimmten Religionsform. Gelegentlich zwischen den Angehörigen der verschiedenen Religionsgemeinschaften auftauchende Spannungen werden durch eine weitgehend gelebte religiöse Toleranz oder auch durch das Eingreifen des Staates überwunden.

Nach der offiziellen Statistik bekennen sich 87 % aller Indonesier zum Islam, 5,8 % zu den evangelischen Kirchen und 2 % zur katholischen Kirche. Der Rest verteilt sich auf Hindus, Buddhisten, Anhänger von Naturreligionen und anderen Gemeinschaften. Ein Teil der Bevölkerung Javas ist Anhänger spirituell-mystischer Glaubensbewegungen, die teils primitiven, teils sublim-theosophischen Vorstellungen folgen. Darin hat sich auch uraltes naturreligiöses Gedankengut erhalten. Ihre Zahl ist nicht zu schätzen, da die Anhänger dieser in Hunderte von Gruppen aufgeteilten Bewegung sich

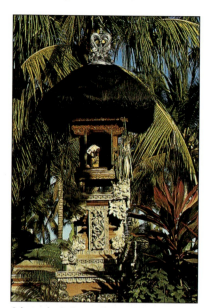

Schutzschrein Sanggah Pengijeng in einem balinesischen Privatgehöft

meist von den etablierten Religionsgemeinschaften nicht formell getrennt haben. In der Statistik erscheinen sie unter Islam.

Die Lehre des Islam kam seit dem 13. Jh., im wesentlichen durch friedliche Vermittlung, über Indien und Persien ins Land. Frühere Kontakte zu arabischen Ländern lassen sich noch heute in der Provinz Aceh in Nord-Sumatra deutlich nachweisen. Der indonesische Islam zeichnet sich überwiegend durch eine gewisse Liberalität aus, was u. a. in der Stellung der Frau zum Ausdruck kommt. Der Vollschleier wurde hier nie getragen. Viele Moscheen früherer Zeit sind in der Form heiliger Stätten des Hinduismus gebaut, ein Zeichen dafür, wie stark kulturelle und religiöse Vorstellungen aus dem indischen Bereich weiterwirkten.

Andererseits ist auch der militante Islam in Indonesien keineswegs unbekannt. Er hat sich in jüngster Zeit in der »Dar-ul-Islam-Bewegung« zur Errichtung eines Gottesstaates gezeigt. Diese religiös-politische Bewegung führt in einigen Regionen Indonesiens, so in Nord-Sumatra, West-Java, Sulawesi, einen erbitterten Guerillakrieg, anfangs gegen die nach dem Zweiten Weltkrieg zurückkehrende Kolonialmacht, später auch gegen die Zentralregierung der Republik. Obgleich diese Militanz fanatischer Gruppen seit etwa 1966 gebrochen ist, halten die Tendenzen an, den Staat islambewußter zu machen. Dabei kommt es gelegentlich auch zu gewaltsamen Aktionen, wie z. B. einem Bombenattentat auf den »heidnischen« Borobudur. Religiöse Triebkräfte spielen in der politischen Entwicklung Indonesiens also durchaus eine bedeutende Rolle. Die Christen treten trotz ihres zahlenmäßig geringen Anteils an der Gesamtbevölkerung im öffentlichen Leben stark hervor. Es gibt christliche Minister, Generäle und sonstige Prominente. Christliche Gottesdienste können überall im Lande ungehindert stattfinden, christliche Schulen und Krankenhäuser stehen Angehörigen aller religiösen Gruppen zur Verfügung. Protestanten und Katholiken arbeiten eng zusammen. Schwierigkeiten ergeben sich gelegentlich aus dem dogmatischen Eifer von Fundamentalisten, deren »Heidenmission« alten Stils den Widerspruch bewußter Heidenkreise herausfordert. Die christliche Mission begann bereits in der ersten Hälfte des 16. Jh., als die Portugiesen auf der Suche nach »Seelen und Gewürzen« in den malaiischen Archipel vorstießen. Der zum Kreis um den Begründer der Societas Jesu gehörende Franz Xaver predigte 1546 auf den Molukken. Im Jahre 1859 nahmen die Jesuiten im damaligen Batavia ihre Arbeit auf, wo sie auch jetzt noch neben den Steyler Missionaren aktiv tätig sind. Die evangelische Mission begann gleich mit der

Ankunft der ersten Niederländer in Indonesien. Die Rheinische Mission war und ist stark engagiert. Beide Konfessionen haben nicht nur auf seelsorgerischem, sondern auch auf erzieherischem und sozialem Gebiet hervorragende Arbeit geleistet. Dies wird von seiten des Staates anerkannt, zumal die Christen während des Freiheitskampfes auf der Seite der Nationalisten standen. Die christlichen Kirchen bemühen sich jetzt besonders um die Heranbildung einheimischer Priester im Zuge der generellen »Indonesianisierung« in allen Bereichen.

Hinduismus und Buddhismus, die vor dem Eindringen des Islam in Indonesien über tausend Jahre dominierten, spielen heute eine geringe Rolle. Nur auf Bali beherrscht der Hinduismus das gesamte Leben der Insel, nachdem der letzte Hindu-Herrscher Javas mit vielen Gefolgsleuten vor dem anstürmenden Islam nach Bali auswich. Der balinesische Hinduismus umfaßt Elemente des alten Ahnenkultes, des Animismus, des Spiritualismus und des Buddhismus und ist insofern ein typisches Beispiel für die charakteristische Verschmelzung verschiedener Denk- und Glaubensvorstellungen. Mehr noch als in anderen Regionen Indonesiens durchdringt und bestimmt die Religion auf Bali das gesamte Leben.

Zum Buddhismus bekennen sich heute nur noch einige hunderttausend Personen. Die Lehre Buddhas setzte sich zunächst in der strengen Form der Hinayana-Lehre durch und wandelte sich später, ab dem 8. Jh., zum vielgestaltigen Mahayana-Buddhismus, dessen Synkretismus den indonesischen Vorstellungen besser entspricht. Die Vertreter der konfuzianischen Ethik stammen fast durchweg aus Kreisen der chinesischstämmigen Minderheit.

Die sogenannten Primitivreligionen in den entlegenen Landesteilen spielen eine immer geringere Rolle.

Bildung

Der Bildungsstand Indonesiens ist verhältnismäßig hoch. Obgleich es nur widerspruchsvolle Zahlen über die des Lesens und Schreibens Kundigen gibt, wird der Prozentsatz der Analphabeten 1995 mit 15,6 % angegeben; 1971 waren es noch 40 %. Diese Entwicklung beruht auf dem von der Regierung ernst genommenen Verfassungsauftrag in Art. 31 der Verfassung, der allen Bürgern das Recht auf Bildung garan-

Eine ehemals von der christlichen Mission betriebene und jetzt von der indonesischen Regierung übernommene Schule in Yaniruma

tiert und die Einrichtung öffentlicher wie privater Schulen regelt. In den achtziger Jahren hat die Regierung besondere Anstrengungen unternommen, zu klein gewordene Schulen auszubauen und neue Schulen zu errichten. Die sechsjährige Schulpflicht beginnt offiziell mit dem achten Lebensjahr. Ab dem sechsten Lebensjahr kann ein Kind aber schon eingeschult werden.

Das Erziehungssystem sieht eine sechsjährige Grundstufe und eine sechsjährige Sekundarstufe vor, die ihrerseits in die Junior- und Seniorstufe gegliedert ist. Erste Fremdsprache ist Englisch.

Das früher vernachlässigte Berufs- und Fachschulwesen wurde in den achtziger Jahren weiterentwickelt, insbesondere die Ausbildung von Lehrern für die Primar- und für die Unterstufen der allgemeinen und berufsbildenden Sekundarschulen. Die Hochschulbildung vermitteln die staatlichen und privaten Universitäten in den großen Städten des Landes, hervorragende Anstalten, die am internationalen Standard, was ihr akademisches Niveau betrifft, zu messen sind. Dazu gehören u.a. die Staatliche Technische Hochschule in Bandung, die Gajah-Mada-Universität in Yogyakarta und die Universitas Indonesia in Jakarta. Die Unterrichtssprache ist Bahasa Indonesia. An den Universitäten werden aber auch Vorlesungen in der englischen Sprache gehalten. Der Besuch aller staatlichen Bildungsstätten ist im Prinzip unentgeltlich, aber meist mit erheblichen Aufwendungen für Schuluniform, Lernmittel und sonstige Zwecke verbunden.

Presse, Rundfunk, Fernsehen, Film

Die indonesische Presse ist überwiegend auf Jakarta und zu geringem Teil auf einige andere große Städte konzentriert. Die Gesamtauflage aller Tageszeitungen beträgt ca. fünf Millionen. Dazu kommen zahlreiche, vielfach wechselnde Wochenblätter und Magazine mit überwiegend unterhaltendem Charakter. Die wichtigste Tageszeitung in Bahasa Indonesia ist »Kompas«, unabhängig, regierungsfreundlich, gelegentlich kritisch. Die führenden Positionen in der Redaktion nehmen Christen ein. Ferner: »Pos Kota«, ein Boulevardblatt; »Merdeka«, entschieden nationalistisch; »Pelita«, islamisch kritisch; »Suara Karya«, die der Regierung nahestehende Zeitung der Funktionellen Gruppen Golkar; »Berita Buana«, regierungsfreundlich, der Armee nahestehend. Auch die »Harian Indonesia« in chinesischer Sprache steht der Regierung nahe. Die »Jakarta Post«, »Indonesia Times« und »Indonesia Observer« sind drei von Ausländern vielgelesene Tageszeitungen in englischer Sprache. Die nationale Nachrichtenagentur »Antara« hat ihren Sitz in Jakarta.

Die Presse arbeitet nach dem Leitwort »frei und unabhängig, aber verantwortlich«. Insofern besteht keine absolute Pressefreiheit westlichen Stils, jedoch auch keine totale Gleichschaltung der Presse nach diktatorischem Vorbild. Besonderes Aufsehen erregte das Verbot der angesehenen Nachmittagszeitung »Sinar Harapan« im Oktober 1986, wofür jedoch ein Ersatzblatt »Suara Pembaruan« erschienen ist. Ein Schlag für die Presse war der Entzug der Lizenz der politischen Wochenzeitschrift »Tempo« und zwei anderer Publikationen.

Die Bedeutung der Presse tritt hinter der Bedeutung des staatlichen Rundfunks zurück. Die Zahl der Rundfunkapparate (meist Transistorgeräte) wird auf über 30 Mill. geschätzt, die Zahl der Hörer dürfte das Mehrfache betragen. »Radio Republik Indonesia« strahlt sein

Szene des klassisch-javanischen Tanzes aus dem Ramayana-Epos

Programm vorwiegend in indonesischer Sprache über regionale Sendesysteme mit lokalen Sendern in alle Provinzen aus. Überdies existieren ca. 500 privat betriebene kleine Sender (auch von Universitäten, Missionsstationen usw.), die offiziell registriert sind. Wachsende Bedeutung gewinnt das staatliche Fernsehen. Neben den beiden von der Regierung kontrollierten Sendern TVRI und TVRI Programa 2 gibt es die fünf Privatstationen RCTI, SCTV, TPI, Indosair und AN-TV. Indonesien benutzt das deutsche PAL-Farbsystem. Ende 1995 gab es 21,5 Mill. Fernsehanschlüsse (9,1 Personen pro Fernsehgerät).

Tänze

In den Tänzen manifestiert sich vermutlich am besten die kulturelle Vielfalt Indonesiens. Ursprünglich eng bezogen auf Kult, Kampf, historische Ereignisse sowie Sagen, traditionelle Sitten und Vorstellungen, entwickeln sich heute die Tänze ständig weiter. Zum Teil sind sie eine Form öffentlicher, vielfach zwangloser Unterhaltung geworden, zum Teil berühren sie soziale und politische Themen. Die Tänze werden von Männern, Frauen und Kindern, allein wie auch gemeinsam, im Kostüm, mit und ohne Maske aufgeführt.

Tanz, religiöse Riten und Beschwörungen waren nicht nur früher eng miteinander verbunden, sie spielen auch noch heute eine große Rolle im gesellschaftlichen Leben. Jedes wichtige Ereignis im Leben des Einzelnen wie der Gemeinschaft, von der Geburt über die Beschneidung, von der Heirat bis zum Tod, erhält durch den Tanz seine Würde. Man feiert den Beginn der Pflanzzeit, aber auch jedes bemerkenswerte Geschehen im Zusammenhang mit der Durchführung eines Projektes, wie den Bau einer Moschee, einer neuen Bewässerungsanlage oder eines Industriewerkes.

Szene mit dem Affengeneral Hanuman aus dem Ramayana-Epos

In der geschichtlich überschaubaren Zeit seit den ersten Jahrhunderten n. Chr. entwickelten sich aus den sakralen Bezügen sowohl eine höfische als auch eine volkstümliche Ausprägung des Tanzes. Die Themen waren vor allen den indischen Epen »Mahabarata« und »Ramayana« sowie javanischen, besonders ost-javanischen Heldensagen entnommen. Bali ist ein Zentrum alter, verfeinerter Tanzkultur (S. 210 ff.), die ihre Entsprechung an den Höfen von Yogyakarta und Surakarta auf Java findet. Selbst die Vorführungen auf der Hotelterrasse lassen noch etwas von dem ursprünglichen Zauber der Tänze erkennen.

Der *kecak* oder Affentanz, bei Dunkelheit dargeboten, ist ein besonders faszinierendes Erlebnis (S. 212). Kaum weniger beeindruckend ist der *barong*, so genannt nach einem mythischen, löwen- oder drachenähnlichen Tier, das von zwei Tänzern unter einer gemeinsamen Maske dargestellt wird. Der Barong, das Prinzip des Guten, kämpft gegen die böse Hexe Rangda, die in einer furchterregenden Maske, mit langem Haar, Fangzähnen und klauenartigen Fingernägeln erscheint. Die Hexe besitzt ein weißes Zaubertuch; damit kann sie anstürmende, in Trance befindliche Kris-Tänzer zwingen, den Dolch gegen sich selbst zu richten. Bei den Tänzen siegt im allgemeinen das Prinzip des Guten, das Böse wird jedoch niemals ganz vernichtet und kann sich immer wieder von neuem erheben (S. 213).

Gamelan

Die traditionellen Tänze werden im allgemeinen von einem Gamelan-Orchester begleitet, einer Gruppe von Schlaginstrumenten, die eine Tonskala von fünf oder sieben Tönen besitzt. Ein vollständiges Gamelan-Orchester besteht aus 75 Trommeln, Xylophonen und bronzenen Kesseltrommeln, einem Saiteninstrument, einer Flöte, männlichen und weiblichen Einzelsängern sowie einem Chor. Die Instrumente, die vermutlich auf prähinduistische Zeiten zurückgehen, werden von etwa 30 Personen gespielt. Auch

Gamelan-Instrumente

1. Anklung
2. Hompret
3. Trawangsa
4. Gong
5. Kentang
6. Gambang Gangsa
7. Rebab
8. Bonang oder Kromo

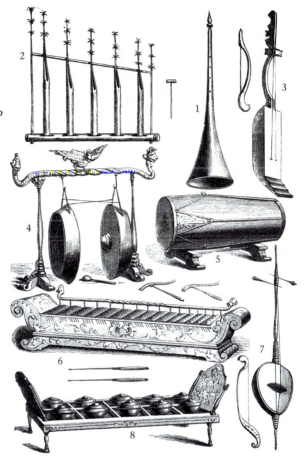

hier gibt es regionale Unterschiede. So ist das Bali-Gamelan lebhafter und farbiger als das javanische Gamelan mit tieferen Gongs. Ein Gamelan-Orchester alter Art wird nicht nur als eine Vielheit von Instrumenten verstanden, sondern als eine verehrungswürdige Ganzheit. Den Europäer fasziniert die Gamelan-Musik als ein lockender Ruf aus einer exotischen Welt.

In vorgeschichtlicher Zeit wurden große Bronzetrommeln als Zeremoniengeräte benutzt. Portugiesischer Einfluß ist in der Kroncong-Musik nachweisbar. Arabische Trommeln und Tamburine werden vor allem in Gegenden gespielt, in denen der Islam verankert ist. Die feierlichen Hymnen auf den Molukken erinnern an europäische Kirchenmusik. In West-Java erfreuen sich Angklung-Orchester aus Bambus besonderer Beliebtheit.

Wayang

Wie der Tanz der Menschen gehört auch der »Tanz der Puppen« (*wayang* = *wayang*-Puppe oder *wayang*-Spiel) zum

*Wayang-golek-Puppen im
Wayang-Museum in Jakarta*

Selbstverständnis der Menschen Indonesiens. Es gibt kaum fest lokalisierte *wayang*-Theater, es wird viel improvisiert, was sowohl für die Form als auch für den Inhalt der Darbietungen gilt. An der überlieferten Konzeption wird allerdings nichts Wesentliches geändert, die neuen Einschübe sind deutlich getrennt. Dabei kommt der Dorfklatsch ebenso zu seinem Recht wie die Familienplanung und die große Politik.

Der äußere Rahmen der *wayang-kulit*-Vorführung ist denkbar einfach: Ein großes weißes Tuch wird in ein Holz- oder Bambusgestell gespannt. Dahinter befindet sich der Vorführer *(dalang)*, der die kunstvollen, aus Büffelleder geschnittenen Figuren mit Hilfe einer Lampe *(belencong)* auf die Leinwand projiziert. Hinter dem *dalang* sitzen die Spieler des Gamelan-Orchesters mit ihren Instrumenten. Beiderseits der Leinwand lagern die Zuschauer, die dem Spiel der Schatten die

Nacht hindurch, von einigen Stunden nach Sonnenuntergang bis vor Sonnenaufgang, gespannt folgen. Dabei sind die Themen des Schattenspiels längst bekannt; sie stammen aus den großen hindu-javanischen Epen »Ramayana« und »Mahabarata«, vermischt mit Legenden einheimischer Prinzen.

Der *dalang* ist ein vielseitig gebildeter Mann, der die an beinernen Stäben befestigten Lederfiguren mit großer Geschicklichkeit bewegt. Für eine Vorstellung benötigt er mindestens 40 Figuren; die gesamte Ausstattung des *wayang* besteht aus über 150 verschiedenen Charakteren. Dazu rezitiert der *dalang* die Texte sämtlicher Akteure aus dem Gedächtnis und bedient mit dem rechten Fuß ein metallisches Instrument *(ketjrek)*, um dem Text Nachdruck zu verleihen. Schließlich gibt er mit einem Hammer *(kretok)* dem Gamelan-Orchester das Zeichen zum Einsatz.

Der Ursprung des *wayang*-Schattenspieles ist religiös-magischer Art und knüpft vermutlich an eine Beschwörung der Ahnen und Geister an. Selbst der aus einer anderen Welt kommende westliche Besucher kann sich des Reizes der flüchtigen Schatten auf der Leinwand nicht entziehen, wenn er auch gegen Mitternacht müde wird, während die einheimischen Zuschauer voller Interesse bis zum Morgengrauen ausharren.

Diesem *wayang-kulit-* oder *wayang-purwa*-Schattenspiel ist das *wayang-golek*-Spiel aus Holz geschnitzter Puppen eng verwandt. Die kunstvoll dreidimensional gearbeiteten, kostümierten Holzfiguren werden ebenfalls von einem geschickten *dalang* vorgeführt. Die Puppenköpfe werden durch eine zentrale Holzspindel, die Arme durch an den Armen befestigte Holzstäbchen bewegt. Die Themen sind dieselben wie beim *wayang*-Schattenspiel, allerdings gibt es auch zusätzliche Themen, die aus islamischen Überlieferungen stammen. Die musikalische und gesangliche Begleitung entspricht dem *wayang*-Schattenspiel. Daneben gibt es noch weitere *wayang*-Arten wie das *wayang-beber*, eine Erzählung zu Bildern, die auf eine Leinwand gemalt sind und abgerollt werden (ausgestorben) oder das *wayang-klitik (wayang-krucil)*, eine Vorführung mit flachen, aus Holz geschnitzten und buntbemalten Figuren mit beweglichen Lederarmen. Das *wayang-topeng* bezeichnet die Vorführungen von Tänzern und Tänzerinnen mit Masken. Im *wayang-orang* treten Tänzer ohne Maske auf.

Batik

Unter Batik wird die Kunst des Malens und Färbens mit Hilfe von Wachs verstanden, aber auch das Produkt dieses langwierigen Verfahrens. In keinem anderen Land ist diese überlieferte Kunst so entwickelt und in einem anhaltenden Prozeß weiterer Kreativität begriffen wie in Indonesien. Insofern spricht man von einer typischen Kunst Indonesiens oder besser der Insel Java.

Neben den seit Jahrhunderten überlieferten Motiven werden auch neue figürliche oder abstrakte Muster und Ornamente benutzt. Die Farben waren ursprünglich in dunkel-grün-braunen, rötlich-braunen, indigoblauen und

Manuk Dewata, Batikmuster eines Paradiesvogels

schwarz-blauen mit Weiß durchsetzten Tönen gehalten. Die Farben wurden aus Pflanzen gewonnen. Heute überwiegen hellere Farbtöne, besonders soweit der Verkauf an Fremde erstrebt wird.

Batiktücher dienen nicht nur zur Herstellung von Kleidungsstücken, dem *kain* oder *sarong* für Mann und Frau, sondern auch von Vorhangstoffen, Tischdecken usw. Heute werden auch attraktive Gemälde in traditioneller oder moderner Form mit Hilfe des Batikverfahrens hergestellt. Junge Künstler experimentieren und setzen neue Akzente.

Die Technik der Herstellung ist zeitraubend. Auf das weiße, ca. 2,5 m lange Baumwolltuch wird zunächst aus der freien Hand oder mit Hilfe einer Papiervorlage das gewünschte Muster gezeichnet. Dann werden diejenigen Teile des Musters, die von der ersten Färbung nicht betroffen werden sollen, mit flüssigem, sich später erhärtendem Wachs begossen. Dazu dient ein kupfernes Gießkännchen *(canting)*, in dem sich das flüssige Wachs befindet. Wenn die Farbe getrocknet ist, wird das applizierte Wachs in heißem Wasser ausgewaschen. Nun werden diejenigen Teile abgedeckt, die auch vom zweiten Färbevorgang nicht erreicht werden dürfen. Wieder wird das Tuch in Farbe getaucht, und wieder wird das Wachs entfernt. Dann schließt sich eine dritte, vierte bis zwölfte Färbung an. Dieser langwierige Herstellungsvorgang kann mehrere Monate dauern, wenn das Wachs nur mit der Hand aufgetragen wird.

Eine solche handgemalte, doppelseitig bearbeitete Batik heißt *batik tulis*. Sie ist kostbar, weil sich in ihr der Zauber einer exotischen Welt verdichtet, und das ist wohl der Grund dafür, daß kaum ein Tourist das Land ohne ein Batiksouvenir verläßt. Die Batikherstellung wird von jung und alt, reich und arm betrieben. Einst wetteiferten die Damen an den Sultanshöfen in der Herstellung besonders kostbarer und erfindungsreicher Stücke.

Zur Vereinfachung des Verfahrens werden seit rund 100 Jahren auch Handstempel für die *batik cap* benutzt. Diese Stempel, die kunstvoll aus Kupfer gestaltet sind, zeigen überwiegend Muster traditioneller Art: blühende Blumen, Ranken, Vögel, Fabelwesen und Charaktere aus den hindu-javanischen Heldenepen, die durch viele weiße Punkte miteinander verbunden sind. Das Stempelverfahren, das meist von Männern betrieben wird, ermöglicht es, eine größere Fläche gleichzeitig mit heißem Wachs zu versehen. Der weitere Vorgang ist derselbe wie bei der handgearbeiteten Batik.

Schließlich gibt es maschinelle Drucke, die ebenfalls die gewohnten Batikmotive zeigen, sich jedoch mit der echten Batik an Eigenart nicht messen können. Dafür sind diese Tücher sehr viel billiger.

Silberschmied in Yogyakarta bei der Arbeit

Eine von der Batikherstellung verschiedene, aber ebenfalls typisch indonesische Form der Bearbeitung von Stoffen besteht in der Technik des Knüpffärbens *ikat*. Bestimmte Fäden werden mit Pflanzenfasern verknüpft (abgebunden), um sie vor dem Eintauchen in die Farbe zu schützen. So können in einem äußerst mühevollen und komplizierten Verfahren Ornamente und Figuren herausgearbeitet werden. Zuweilen werden auch beim anschließenden Weben silberne oder goldene Fäden eingearbeitet.

Flechterei, Holzschnitzerei und Silberarbeiten

Sehr einfallsreich sind alle Arten von Flechtarbeiten wie Körbe, Hüte und die Dekorationen für die Opfer und die festlichen Begegnungen, besonders auf Java (Raum Tasikmalaya) und Bali. Hochwertige Flechtarbeiten findet man außerdem bei den Dayak auf Kalimantan (Matten, Körbe, Kindertragen).

Auch in der Holzschnitzerei gibt es eine kaum überschaubare Fülle von Schöpfungen für den profanen wie sakralen Bedarf. Die Motive unterscheiden sich in den verschiedenen Regionen. Auf Bali wird mit expressionistischen und sonstigen modernen Stilrichtungen experimentiert. Bekannt sind auch die *batak*-Kalender und -Zauberstäbe auf Nord-Sumatra. Das Zentrum der Schnitzerei von *wayang-golek*-Puppen befindet sich in West-Java. An Hölzern werden Eben-, Sandel-, Setan-, Sawo-, Jackfrucht- und Hibiskusholz verwendet.

Die Silberschmiedekunst ist hoch entwickelt und hat verschiedene charakteristische Zentren, unter denen das Dorf der Silberschmiede Kota Gede in unmittelbarer Nähe von Yogyakarta herausragt. Die dort praktizierte Technik besteht darin, daß Wachs auf eine Silberplatte aufgetragen und mit einem Muster versehen wird. Der Silberschmied bearbeitet dann mit einfachem Werkzeug (Hammer, Stahlnagel) das erhärtete Wachs und damit die Silberplatte. Zentren der Silberschmiede befinden sich auch auf Sumatra, Sulawesi, in den Küstengebieten von Kalimantan und natürlich auf der Insel Bali. Das Silber wird im allgemeinen durch Schlagen, Pressen und Schneiden bearbeitet. Neben schweren Silberarbeiten gibt es auch kunstvoll ziselierten Filigranschmuck.

Malerei

Über die Anfänge der Malerei in Indonesien ist wenig bekannt. Es wird angenommen, daß frühe Einflüsse von der *Dongson*-Kultur kamen, einer vorgeschichtlichen Kultur, benannt nach dem Dorf »Dong-son« in Vietnam, von der gravierte Bronzetrommeln, Beile,

Reisernte und Setzen von Schößlingen – Gemälde von Rejeb aus Ubud

und Dolche als markanteste Zeugnisse die Zeit überdauert haben. Die ältesten erhaltenen Fragmente beziehen sich ausschließlich auf religiöse und mythologische Themen. Der Künstler präsentiert seine Vorstellungen zweidimensional, vielfach im *wayang*-Stil.

Die früher sakral bestimmte Malerei erhielt moderne Akzente durch den Künstler Raden Saleh (1814 – 80), der einerseits erheblich von westlichen Vorbildern beeinflußt war, sich aber andererseits kritisch mit ihnen auseinandersetzte. Im Jahre 1937 wurden zwei Künstlergesellschaften gegründet, die westliche, europäische Maltechniken anwandten, sich aber zugleich um eine eigene Identität bemühten. Von ausländischen Künstlern, die es seit eh und je nach Bali zog, haben besonders Bonnet und Walter Spies einen starken Einfluß ausgeübt. Eine kleine Kolonie ausländischer Maler befindet sich in Ubud auf Bali.

Literatur

Über literarische Schöpfungen der Prä-Hindu-Periode ist nichts bekannt. Der früheste erhaltene Text, »Candracarana«, ein Handbuch für Gesang, stammt aus dem Jahre 778 n. Chr. Aus dem 10. und 11. Jh. liegen Gesetzesniederschriften sowie Übersetzungen indischer Epen vor (Bhagvad Gita). Aus dieser Zeit datieren auch die »Panja«-Erzählungen, die in ganz Südostasien bis Kambodscha bekannt sind.

Die javanische Version des Hindu-Epos »Mahabharata« wurde als »Bharatayudha« im Jahre 1157 von dem Poeten Mpu Sedah und seinem Bruder Mpu Panuluh publiziert. Das »Paraton« (Buch der Könige) wurde im Jahre 1481 von Mpu Tantula vollendet. Es ist neben dem bereits früher (1365) datierten Werk »Nagarakertagama« von Prapancha die wichtigste Quelle für jene Zeit.

Die Anfänge der modernen indonesischen Literatur werden gleichgesetzt mit dem malaiischen Poeten Abdullah bin Abdulkadir Munsji (1796–1854). Andererseits wird auch das Jahr 1908 genannt, und zwar unter Bezugnahme auf die Gründung der kulturellen Vereinigung »Budi Utomo« (Edles Bemühen). Einen besonderen Akzent setzte die Gründung des Verlagshauses Balai Pustaka im Jahre 1917, als die Entfaltung künstlerischen Schaffens mit der nationalen Erhebung einherging. Bedeutende Werke der Weltliteratur wurden in die indonesische Sprache übersetzt, so daß eine Zeitlang selbst so beliebte Erzählformen wie *hikajat* und *pantun* (vierzeiliges Epigramm) in den Hintergrund traten. Umgekehrt wurde auch moderne indonesische Belletristik in andere Sprachen, so auch ins Deutsche, übersetzt. Aus der großen Zahl indonesischer Schriftsteller ragt der Dichter-Philosoph Sutan Takdir Alisjahbana hervor. Einer der bekanntesten jungen Autoren ist u. a. der 1938 geborene Taufiq Ismail.

Die Autorengeneration aus der Zeit nach 1945 zeichnet sich durch eine realistische, oft sozialkritische Darstellungsweise aus, wobei sie Themen der Kolonialzeit wie der jüngsten Vergangenheit bearbeitet. In der »Gruppe der 66«, die sich 1963 durch die Unterzeichnung des Kulturmanifestes gegen die zensurartigen Restriktionen der Sukarno-Zeit hervortat, ist das sozialkritische Engagement besonders stark ausgeprägt. Die derzeit herausragenden Autoren, die auch internationale Anerkennung finden, sind Pramudya Ananta Toer, 1925 in Zentral-Java geboren, und Willibordus Surendra Rendra, 1935 in Solo auf Zentral-Java geboren.

Rhythmische Weisen ertönen auf der Fodrahisesolo-Trommel in Süd-Nias

Mensch und Gemeinschaft

Mentalität

Anderen Menschen in einem anderen Kulturkreis zu begegnen, ist ein Teil des Reisevergnügens oder -mißvergnügens. Es kommt ganz darauf an, mit welchen Vorstellungen man die Reise in ein anderes Land antritt. Wer annimmt, daß sich die Menschen des »armen Entwicklungslandes Indonesien« von großspurigem Gehabe beeindrukken lassen und daß sie nur darauf warten, belehrt und erzogen zu werden, der wird enttäuscht. Genauso ergeht es demjenigen, der sich in einem vielleicht gut gemeinten Sendungsbewußtsein überall anbiedert. Der Indonesier, auch und ganz besonders der sogenannte »einfache Mann«, besitzt eine natürliche Würde und Zurückhaltung, die er ebenso von dem Besucher

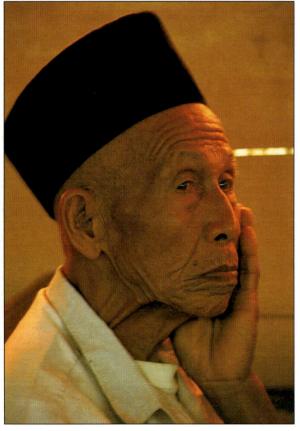

Älterer Buginese mit der traditionellen indonesischen Peci-Kopfbedeckung

erwartet. Dabei soll jedoch nicht verschwiegen werden, daß es auch unter jenen so gepriesenen Menschen gewisse Typen gibt, die der moderne Tourismus in all seinen Zentren produziert: dubiose Geschäftemacher, die darauf aus sind, den Neuling um die mehr oder minder harte Deutschmark zu erleichtern. Es ist manchmal schwierig, sich selbst der harmlosen Neugierde zu entziehen. Wer fest entschlossen ist, den Sonnenuntergang am Kuta-Strand auf Bali zu genießen und zum dreißigsten Mal gefragt wird, ob er »Antik« oder »Souvenir« kaufen will, dem bleibt nichts anderes übrig, als mit fester, wenn auch beherrschter Stimme zu sagen »Terima kasih. Saya sudah membelinya!« (Danke, ich habe es schon gekauft!) und ostentativ in ferne Weiten zu schauen.

Die in Indonesien lebenden Menschen sind anders als der Tourist, sie haben andere Sitten und Gebräuche,

Jüngstes Orchestermitglied im Sultanspalast in Bima

Dani-Krieger vom Dorfweiler Peago bei der Vorführung ihrer authentischen Tänze

andere Wertvorstellungen. Das sagt sich leicht, aber worin sind denn die Indonesier »anders«? Diese Frage ist um so schwieriger zu beantworten, als es in dem großen Inselreich mehrere hundert verschiedene Ethnien mit eigenen Sprachen und unterschiedlichen Verhaltensweisen gibt, vom hochgebildeten, feinnervigen Ästheten aus einem Palast in Zentral-Java über den in den USA ausgebildeten Wirtschaftsboß in Jakarta bis zum Dschungelbewohner, der sich in der Provinz Irian Jaya noch teilweise auf der Entwicklungsstufe der Steinzeit befindet.

Es gilt für alle Indonesier, daß sie größtenteils noch in einem hierarchisch gegliederten Gesellschaftssystem leben, das jedem seine Existenz, die persönlichen Pflichten und die menschliche Würde zuweist. Die Großfamilie ist meist noch intakt. Das führt gelegentlich zur Begrenzung individueller Freiheit, die traditionelle Institution bewährt sich jedoch in Zeiten der Not, in denen kein staatlicher Wohlfahrtsapparat zur Verfügung steht. Wer Indonesien nur aufgrund der Statistik oder der gelehrten oder reißerischen Darstellung landesferner Autoren begreifen will, geht an der Realität vorbei.

Die Schwierigkeiten, die aus der Begegnung verschiedener Wertvorstellungen und Verhaltensweisen entstehen, sollen nicht verharmlost werden. Da ist der rationell seinen Urlaub planende Reisende. Er betritt eine Welt, in der andere Vorstellungen gelten. Er trifft mit Menschen zusammen, die den Wert rascher, präziser Entscheidungen nicht kennen, die in einer Welt groß geworden sind, in der man stundenlang zur Beratung zusammensitzt, um schließlich ohne Abstimmung und ohne Befehl zu einer möglichst angenehmen, allseits akzeptierbaren Übereinkunft zu kommen. Das

ist die Essenz des indonesischen Verhaltensmusters von *musyawarah* mit dem Ergebnis *mufakat*.

Daraus entspringt auch der Begriff der »Gummizeit«, *jam karet*, die man je nach Erfordernis zusammenziehen oder ausdehnen kann. Das klingt amüsant, kann aber bei knapp bemessenen Terminen sehr wohl zu Kopfschmerzen führen. Sich über Gebühr aufzuregen, hilft da wenig. Merkwürdigerweise zeigt die Praxis, daß nach allerlei Hin und Her und eigentlich unnötiger Aufregung am Ende doch alles fast perfekt läuft. Moral und Nutzanwendung lauten: Termine niemals zu knapp kalkulieren, nicht ungeduldig werden, Gott hat uns das Gesicht gegeben, lächeln müssen wir schon gefälligst selber.

Manche Schwierigkeiten ergeben sich einfach aus der unterschiedlichen Bedeutung desselben Wortes. Ein indonesisches »Ja« muß keinesfalls immer aussagen: »Ja, ich werde das tun.« Es kann vielmehr ebenso bedeuten: »Ja, ich habe das verstanden«, mit der stillen Auslegung: »Ich muß mir das noch überlegen, ob ich dies tun kann oder überhaupt tun will.« Um die gepflegte Art des javanischen Jasagens zu ergründen, bedarf es eines langen Studiums. Und auch dann macht man noch immer Fehler in der Interpretation. Denn ein präzises »Nein« gilt als unhöflich, barbarisch und wird deshalb unter gebildeten Menschen kaum gebraucht. Peinlich kann die Sache werden, wenn man nach dem Weg fragt: »Das ist doch der Weg nach …?« Eine solche Frage fordert das »Ja« geradezu heraus, auch wenn der Angesprochene völlig unorientiert ist. Richtig ist: »Wo führt der Weg nach …?« Auch dann ist es zweckmäßig, in etlicher Entfernung noch zwei andere Personen, möglichst würdigen Aussehens, zur Kontrolle anzusprechen.

Das feine Protokoll ist in Europa, von Amerika ganz zu schweigen, außer

*Typische
balinesische
Reistafel*

Mode gekommen. In Indonesien macht man sich selber und anderen das Leben leichter, wenn man einige Dinge besser nicht tut. So schlägt man einem guten Freund zur Begrüßung nicht kräftig auf die Schultern. Man stellt sich auch nicht breitbeinig, beide Hände tief in den Hosentaschen vergraben oder auf die Hüfte gestützt, vor den Gesprächspartner, auch setzt man sich nicht mit weit übereinandergelegten Beinen ihm gegenüber. Das wird als anmaßend oder gar feindselig ausgelegt. Und als besonders taktlos gilt es, jemanden zur Begrüßung gedankenlos die linke Hand zu reichen. Denn wie in allen Islamländern ist die Linke »unrein«, sie dient der Hygiene auf dem WC.

Man deutet nicht mit dem Zeigefinger auf jemanden. Korrekt ist vielmehr, jemanden herbeizuwinken, indem man den Arm mit der Handfläche nach unten ausstreckt und die Finger so bewegt, als ob man zum Abschied winke. Enge Körperkontakte sind in der traditionellen Gesellschaft unüblich, auch ist das bei uns so beliebte Händeschütteln nicht verbreitet. Als ein Zeichen feiner Lebensart gilt die Andeutung des Ablegens der Schuhe beim Eintreten in ein gepflegtes Privathaus.

Erstes Gebot der Höflichkeit ist: Lächeln – niemals Zorn, Enttäuschung, Unmut zeigen. Das auch dann, wenn dauernde tropischfeuchte Hitze die Nerven strapaziert. Überbordende Gemütsbewegungen machen alles nur schlimmer. Wer schreit, hat in Indonesien eigentlich immer Unrecht, besonders dann, wenn die Kehle hinreichend mit Whisky oder Gin angefeuchtet wurde. Ein lallender Tourist unter Palmen ist sicher mal was Neues. Dem Indonesier ist so etwas ein Greuel.

Man erweckt als Tourist auch keinesfalls Bewunderung oder Zuneigung, wenn man sich aus ideologischer Verpflichtung bewußt nachlässig kleidet oder sich womöglich verschmutzt produziert. Dies um so weniger, als der Indonesier, ob reich oder bettelarm, täglich mehrfach badet und sauber in der Öffentlichkeit erscheint. Ein schlampiges Aussehen wird dem Touristen als Mißachtung ausgelegt.

»Der Fremde«, so wird dann gesagt, »glaubt wohl, er habe es in unserem Land nicht nötig, sich anständig anzuziehen.«

Andererseits wird die freundliche Begegnung zwischen Tourist und Gastgeber nicht gerade erleichtert, wenn sich der Besucher übertrieben extravagant kleidet und mit wertvollem Schmuck behängt. Die große Mehrheit der Indonesier lebt noch immer äußerst bescheiden. Da ist überhebliches Protzen mehr als nur eine Geschmacklosigkeit.

Dennoch kann die Begrüßung sehr herzlich sein, ja, bei gutem Verstehen sogar zur angedeuteten Umarmung in der Öffentlichkeit führen. Dabei warte man aber besser die Initiative des indonesischen Partners ab.

Zu den Werten, die auch in aufgeklärten und fortschrittlichen Ländern gelten, gehört es, einen Menschen nicht vor Dritten zu beschämen. In Indonesien, wie in anderen Ländern Asiens, kann es äußerst peinlich sein, jemandem »das Gesicht zu nehmen«. Es ist darum besser, strittige Fragen zu zweit auszutragen. Auch dabei gilt, daß ein bißchen Lächeln mehr wert ist als vieles Schimpfen.

Familie und Stellung der Frau

Die Familie, nicht zuletzt die Großfamilie, spielt in der überwiegend kleinbäuerlichen Bevölkerung noch immer eine wichtige Rolle. Daraus erklären sich auch die paternalistischen Strukturen im Staatsaufbau. Das mit der Übertragung hindu-indischer Kultur nach Indonesien gelangte Kastensystem besteht allerdings heute nur noch in einer sehr lockeren Form auf Bali und in den wenigen höfischen Kreisen Yogyakartas und Surakartas.

Die Stellung der Frau in der indonesischen Gesellschaft ist von alters her bedeutender, als man es in einem islamisch geprägten Land erwartet. Die Frauen Indonesiens trugen niemals den Schleier. Erst neuerdings, im Zeichen der weltweiten Islamisierung, wird aus ideologischer Gesinnung ein Halbschleier, der aber nur das Haar und die Ohren, nicht das Gesicht bedeckt, getragen, und das auch nur vornehmlich von Mädchen an islamischen Schulen und von Studentinnen als Ausdruck eines wachsenden Identitätsbewußtseins und einer bewußten Abgrenzung zu der vom Staat forciert betriebenen Ökonomisierung aller Gesellschaftsbereiche.

Traditionell ist die Frau ganz der Familie verbunden. Zu ihren Pflichten gehört die Kindererziehung ebenso wie große Teile der täglichen Arbeit zur Existenzerhaltung der familiären Gemeinschaft wie Tätigkeiten in Haus, Hof oder Geschäft, die alle zur Aufbesserung des schmalen Familienbudgets beitragen. Auch außerhalb der Familie trägt die indonesische Frau erheblich zur Erwirtschaftung des Bruttosozialproduktes bei. In allen akademischen Berufen ist sie tätig, bekleidet häufig sogar führende Ämter. Im Geschäftsleben hat sie sich hohe Managerposten erobert. Manche großen Konzerne werden von Frauen äußerst geschäftstüchtig geleitet und klug durch alle wirtschaftlichen Fährnisse geführt. Im Kabinett gibt es eine Sozialministerin sowie eine Staatsministerin für Frauenangelegenheiten. Im politischen, sozialen, wirtschaftlichen, religiösen und kulturellen Bereich wirken zahlreiche Frauenorganisationen. Diese Entwicklungen werden vom männlichen Teil der Bevölkerung auch widerspruchslos hingenommen. Dennoch sind die Frauen in vielen Bereichen nicht gleichberechtigt, sondern gesellschaftlich und juristisch benachteiligt. So z. B. im islamisch beeinflußten Eherecht, wonach der Mann immer noch bis zu vier Frauen heiraten darf, wenn er für sie sorgen kann. Wenn auch die erste Frau der Heirat weiterer Frauen zustimmen muß, so ist diese Regelung doch dadurch abgeschwächt, daß in vielen Fällen der Mann diese Zustimmung erpressen kann. Die Regierung versuchte zwar im Jahr 1974 die Stellung der Frau durch ein fortschrittliches Ehegesetz zu verbessern. Die Gesetzesvorlage stieß aber im Parlament auf erbitterten Widerstand. Militante islamische Jugendliche besetzten vorübergehend sogar den Plenarsaal, so daß diese die Frauen benachteiligenden Grundzüge des islamischen Rechtes bisher nicht überwunden werden konnten.

Ein wenig anders sieht es bereits im politischen Bereich aus. Artikel 27 der Verfassung von 1945 gibt Männern und Frauen grundsätzlich die gleichen Rechte. Frauen besitzen das aktive und passive Wahlrecht, von dem sie auch Gebrauch machen. Um die weitere Durchsetzung von Frauenrechten bemüht sich vor allem die Föderation KOWANI, ein Dachverband von über fünfzig Frauenorganisationen verschiedener Interessen. Dieser Verband wurde bereits in kolonialer Zeit, im Jahre 1928, gegründet. Frauen haben sowohl am Unabhängigkeitskampf vor 1945 als auch danach, in der Zeit bis zur völligen Anerkennung der Republik im Jahr 1949, aktiv Anteil genommen. Sie spielten auch bei dem Übergang von der »Alten Ordnung« Sukarnos zur »Neuen Ordnung« eine beträchtliche Rolle. Als Symbolfigur der modernen Frauenbewegung gilt Raden Ajeng Kartini (1879–1904), die Tochter eines javanischen Aristokraten, deren Buch »Briefe einer javanischen Prinzessin« den langen Weg der Durchsetzung von Rechten der Frau erkennen läßt. Ihr Geburtstag, der 21. April, wird als nationaler Gedenktag gefeiert.

Mutter und Kind in Zentral-Nias

Eine außergewöhnliche Rolle spielt die Frau im Gebiet der Minangkabau in West-Sumatra, wo noch matriarchalische Strukturen überliefert sind. Hier heiratet der Mann in die Familie seiner Frau ein. Er arbeitet nach der Eheschließung anfangs weiter für seine Mutter und deren Schwestern. Erst wenn die Ehe harmonisch verläuft, zieht der Ehemann in das Haus seiner Schwiegermutter. Häuser und Reisfelder werden an die Frauen vererbt. Das Matriarchat ist aber inzwischen gesellschaftlich abgeschliffen. Das Sprichwort sagt: »Die Frauen haben den Besitz, die Männer die Ehre«. Damit wird angedeutet, daß sie nicht einer direkten Frauenherrschaft unterliegen.

101

Indonesiens Beziehungen zu den deutschsprachigen Ländern

Kulturelle Beziehungen

Die Beziehungen zwischen den deutschsprachigen Ländern und Indonesien sind frei von politischen Gegensätzen und Spannungen. Deutschsprachige Besucher werden in Indonesien willkommen geheißen und ohne Voreingenommenheit empfangen. Nach Holländisch und Englisch rangiert die deutsche Sprache an dritter Stelle. Viele gebildete Indonesier sind mit den klassischen und modernen Werken der deutschsprachigen Literatur sowie der Musik und Kunst aus dem deutschsprachigen Raum durchaus vertraut. Auch werden die Leistungen auf den Gebieten der Naturwissenschaften und Technik sehr geschätzt. Dennoch ist die Zahl der in den deutschsprachigen Ländern sich in Ausbildung und Studium befindlichen Indonesier erheblich zurückgegangen und beträgt nur noch etwa 2 500. In umgekehrter Richtung zeigte sich in der Bundesrepublik Deutschland, Österreich und der Schweiz in den letzten Jahren ein merklich gestiegenes Interesse an dem Land Indonesien. Im Jahr 1993 besuchten 133 000 deutsche, rund 35 000 Schweizer und 17 000 österreichische Touristen die indonesische Inselwelt. Das sind etwa 5,5 % der insgesamt in Indonesien gezählten Besucher.

Die deutsch-indonesischen Beziehungen haben eine lange Tradition. Vermutlich waren die beiden Augsburger Kaufleute Johann Jacob Mayer und Balthasar Sprenger die ersten Deutschen, die mit einer portugiesischen Handelsexpedition im Jahr 1505 nach Indonesien kamen. Ihnen folgten viele, deren Namen heute vergessen sind. Sehr wohl weiß man aber noch von denen, die zur Erforschung Indonesiens beitrugen: So z. B. von dem 1628 in Hanau geborenen Georg Eberhard Rumpf, der sich im Stil der Zeit Georgius Everhardus Rumphius nannte und, als achtzehnjähriger Soldat nach »Ostindien« gekommen, als Kaufmann, Verwaltungsbeamter und schließlich als international anerkannter Naturforscher hervortrat. Auch der große preußische Gelehrte und Staatsmann Wilhelm von Humboldt (1767–1835), Bruder des großen Naturforschers Alexander von Humboldt, ist da zu nennen. Er zeichnete sich als Erforscher der altjavanischen Kawi-Sprache aus, über die er ein dreibändiges Werk schrieb. Adolf Bastian, 1826 in Bremen geboren, setzte das Wort »Indonesien«, welches ein britischer Gelehrter prägte, in der wissenschaftlichen Welt als allgemein verwendeten Begriff durch.

Aber nicht nur in der Vergangenheit, sondern auch heute ist die Republik Indonesien ein von deutschen Universitäten und wissenschaftlichen Instituten ernstgenommenes Forschungsgebiet. So führt das Goethe-Institut ein breitgefächertes kulturelles Informationsprogramm durch, bei dem Antworten auf aktuelle Fragen und Probleme in Seminaren, Expertenrunden und Podiumsdiskussionen zusammen mit Indonesiern erarbeitet werden. Landesweit betreut dieses Institut ca. 1 400 (1992) indonesische Deutschlehrer, die an rund 800 Oberschulen etwa 280 000 indonesische Schüler (von insgesamt 2,9 Mill.) in Deutsch als zweiter Fremdsprache unterrichten. In den drei Goethe-Instituten (Jakarta, Bandung, Surabaya) nahmen bis 1992 insgesamt 250 000 Indonesier an Deutschkursen teil.

Die Beziehungen der beiden Länder erschöpfen sich aber nicht nur im Austausch kultureller Programme und touristischer Besuche. Wesentliche Bedeutung kommt auch den Handelsbeziehungen der Länder zu, insbesondere seitdem die indonesische Regierung ihren Wirtschaftsprogrammen absoluten Vorrang einräumt.

Wirtschaftliche Beziehungen

Die privatwirtschaftlichen Verbindungen des deutschsprachigen Raums mit »Hinterindien« liefen bis zum Ende der Kolonialzeit vorrangig über die Niederlande und die dort bestehenden Handelshäuser. Einen weiteren Einstieg bot der im 19. Jh. aufsteigende, eine wirtschaftlich liberale Struktur aufweisende Handelsplatz Singapur.

Neben den deutschen Handelsfirmen engagierten sich schon frühzeitig auch Industrieunternehmen. So lieferte Siemens bereits im Jahre 1855 die ersten Telegrafengeräte nach Java. Gutehoffnungshütte, Ferrostaal und Krupp entwickelten auf Java und Sumatra das Eisenbahnwesen. Die Firmen des IG-Farben-Konzerns erschlossen weite Märkte. Bereits 1889 wurde die Deutsch-Asiatische Bank gegründet, aus der später die Europäisch-Asiatische Bank und 1986 die Deutsche Bank (Asia) hervorging.

Schwere Rückschläge brachten die beiden Weltkriege. Der Wiederaufbau der wirtschaftlichen Beziehungen erforderte besonderes Engagement und die Entwicklung neuer, partnerschaftlich orientierter Beziehungen. So gelang es Bremer Tabakfachleuten, unterstützt von einer Bremer Bankengruppe, schon 1958 ein Modell der Zusammenarbeit im Tabakhandel mit gleichen Rechten und Pflichten zu etablieren, das von der Deutsch-Indonesischen-Tabakhandelsgesellschaft und

der Bremer Tabakbörse getragen wird. Wenig bekannt ist auch, daß der frühere Reichsbankpräsident Hjalmar Schacht das in der modernen indonesischen Erdölwirtschaft erfolgreich durchgesetzte Prinzip des »production sharing« schon Anfang der fünfziger Jahre konzipierte, als er einer Einladung Sukarnos nach Indonesien Folge leistete.

Das bilaterale Handelsvolumen zwischen der Bundesrepublik Deutschland und der Republik Indonesien ist seit 1960 erfreulich angewachsen, jedoch gelten die Beziehungen als ausbaufähig. Deutsche Produkte machten 1994 bei den Einfuhren Indonesiens nur einen Anteil von 7,7 % aus, umgekehrt exportierten die Indonesier gerade 3,2 % ihrer Ausfuhrgüter nach Deutschland. 1994 ist den Statistiken zu entnehmen, daß deutsche Ausfuhren nach Indonesien um 18,5 % auf ca. 3,5 Mrd. DM anstiegen, indonesische Einfuhren dagegen um 12,5 % auf rd. 3 Mrd. DM. Ein starkes Export-Plus nach Deutschland konnten die Indonesier insbesondere bei Holzprodukten, Textilien, Schuhen, Kupfer und Kaffee verzeichnen.

Einen neuen Ansatz der Handelsbeziehungen bot die Hannover-Messe 1995, bei der Indonesien als Partnerland im Mittelpunkt stand und die Fachwelt mit Industrieprodukten wie Generatoren, Textilmaschinen, Warmwassergeräten usw. in Erstaunen versetzte. Nach Informationen der Deutsch-Indonesischen Handelskammer (Ekonid) in Jakarta sind seit 1994 verstärkt deutsche Anfragen zu beobachten, die allerdings mehr den Handel als eine Investitionsbereitschaft betreffen. Ausnahme bildet der spektakuläre Abschluß eines Deals der Deutschen Telekom mit ihrer indonesischen Partnerfirma P.T. Satelindo im Wert von 586 Mill. US-$. Mit der Übernahme von 25 % der Aktien hofft die

Telekom auf ein Anteilsgeschäft aus drei Millionen Telefonanschlüssen, wofür die indonesische Partnerfirma die Aufträge bereits erhalten hat. Die auf 15 Bill. Rupiah veranschlagten Installationskosten könnten erheblich zur Amortisation der deutschen Investitionssumme beitragen.

Der speziell in den achtziger Jahren starke Überhang deutscher Ausfuhren lag nicht zuletzt daran, daß die mit Abstand führenden indonesischen Exportgüter Erdöl, Erdgas und Holz fast ausschließlich in nahe Märkte, nach Japan, den Tigerländern (Taiwan, Hongkong, Süd-Korea, Singapur), den Philippinen, den USA (Westküste) und in Länder des pazifischen Raums exportiert wurden. Die traditionellen Ausfuhren von Rohstoffen aus Halbfertigwaren (Kautschuk, Zinn, Kupfer, landwirtschaftliche Produkte) unterlagen ferner weniger hinderlichen Mengen als vielmehr schädigenden Preisrückgängen. Dies hat sich in den neunziger Jahren zugunsten steigender Preise – vor allem für Kautschuk – geändert.

Die Schwankungen bei den deutschen Exporten beruhen vor allem auf dem Großanlagengeschäft, das unregelmäßig verläuft und von der jeweiligen Devisenlage Indonesiens abhängt. Dennoch ist die Bundesrepublik der wichtigste Handelspartner Indonesiens im EU-Raum. Steigerungsraten sind nach beiden Seiten gegeben, da sowohl die Bedarfslage auf gegenseitige Ergänzung drängt als auch alle sonstigen Voraussetzungen, wie z. B. Marktkenntnis, gegeben sind. Der indonesische Markt stellt ein riesiges Potential dar, wenn die gesamte Entwicklung des Landes zügig verläuft. In anderer Richtung können sich die Anstrengungen Indonesiens zur Forcierung der Exporte, die nicht Erdöl und Erdgas betreffen, positiv auswirken. Die erhebliche Steigerung der indonesischen Exporte in die Bundesrepublik während der letzten Jahre ist nicht zuletzt dem Absatz von Kleidung, Textilien (Garne und Gewebe) und elektrotechnischen Erzeugnissen zu verdanken.

Während die Handelsbeziehungen trotz saisonaler Schwankungen positiv verlaufen, ist der Durchbruch hinsichtlich deutscher Investitionen in Indonesien noch nicht erfolgt. Jakarta beklagt das Desinteresse deutscher Investoren. An den zwischen 1967 und 1992 genehmigten Investitionen von 63 Mrd. US-\$ ist Deutschland nur mit 1,85 Mrd. US-\$ (55 Projekte, überwiegend in der Chemie- und Metallindustrie) beteiligt. Der Grund wird in dem schwierigen Investitionsumfeld gesehen, das vor allem von deutschen mittelständischen Firmen nur schwer zu bewältigen ist, besonders während der Anlaufphase der Unternehmungen.

Ein Handelsabkommen nebst Protokoll über die Regelung von Zahlungen wurde bereits 1953 unterzeichnet (Aufnahme der diplomatischen Beziehungen 1952). Im Jahre 1968 kam es zum Abschluß eines Vertrages über die Förderung und den gegenseitigen Schutz von Kapitalanlagen. 1969 wurde ein Luftverkehrsabkommen geschlossen, das 1973 in Kraft trat. Weitere Abkommen folgten 1976 (Atomenergie), 1979 (Technologie und Forschung), 1984 (technische Zusammenarbeit), 1988 (kulturelle Zusammenarbeit), 1990 (Doppelbesteuerungsabkommen, seit 28. 12. 91 in Kraft) sowie ein am 25. 3. 93 in Kraft getretenes Abkommen über Zusammenarbeit in Umweltfragen. Ferner wurden seit 1968 ständig Abkommen über finanzielle Zusammenarbeit abgeschlossen.

Entwicklungspolitische Zusammenarbeit

Die entwicklungspolitische Zusammenarbeit besitzt bei allen deutschsprachigen Ländern einen hohen Stellenwert. Sie erfolgt bilateral und im Rahmen der unter der Leitung der Weltbank stehenden CGI (Consultative Group on Indonesia), die 1992 gegründet wurde, nachdem Indonesien aus politischen Gründen Entwicklungshilfe der Niederlande abgelehnt hatte, die bis dahin die (inzwischen aufgelöste) IGGI (Industrial Governmental Group on Indonesia) geführt hatte. Das neue CGI-Konsortium sprach Indonesien hohe Anerkennung für seine makroökonomischen Maßnahmen sowie das anhaltende wirtschaftliche Wachstum aus und bewilligte auf der CGI-Konferenz in Paris im Juni 1993 Finanzhilfe in Höhe von 5,1 Mrd. US-$. Die entwicklungspolitische Zusammenarbeit zwischen der Bundesrepublik und Indonesien geht in die fünfziger Jahre zurück, als der (im Februar 1994 verstorbene) deutsche Bankier Hermann Josef Abs, wesentlich an der Gründung des IGGI-Konsortiums beteiligt, die notwendig gewordene Umschuldung Indonesiens erfolgreich koordinierte. Seit Beginn der Suharto-Ära wurden mehrere Abkommen über Finanzielle Zusammenarbeit unterzeichnet, deren Zielsetzung die Entwicklung von bestimmten Projekten ist, die durch zinsgünstige Kredite finanziert werden. Die Schwerpunkte lagen dabei auf Projekten und Programmen zur Verbesserung der Infrastruktur der Sektoren Energie, Transport, Gesundheitswesen, Umweltschutz, Förderung kleiner und mittlerer Produktionsbetriebe, landwirtschaftliche Projekte in bestimmten Regionen (Sumatra, Kalimantan), Ausbildungswesen und andere.

Von 1950 bis Ende September 1992 wurden Indonesien von der Bundesrepublik Deutschland insgesamt 4,9 Mrd. DM an Mitteln zur Verfügung gestellt, davon 3,3 Mrd. DM im Rahmen Finanzieller und 1,6 Mrd. DM im Rahmen Technischer Zusammenarbeit.

Auch für die Schweiz gilt Indonesien als eines der Schwerpunktländer der Entwicklungsarbeit, wobei diese Projekte im Rahmen des Bundesgesetzes über internationale Entwicklungszusammenarbeit und humanitäre Hilfe betrieben werden. Sie beziehen sich vornehmlich auf die Trinkwasserversorgung und die Ausbildung von Fachkräften für Hotelbetriebe und den Tourismus.

Anreise und Verkehr

Reisen nach Indonesien

Flugverbindungen

Jakarta wird regelmäßig von zahlreichen Fluggesellschaften (Lufthansa, Garuda Indonesia, Swiss Air, British Airways, KLM usw.) angeflogen. Auch Medan (Nord-Sumatra) und Den Pasar (Bali) sind durch Direktflüge zu erreichen. Die Strecke München–Medan–Den Pasar wird von Garuda jeden Freitag geflogen, die Strecke zwischen den beiden zukünftigen Partnerstädten Berlin und Jakarta (mit Weiterflug nach Bali) bedient Garuda jeden Mittwoch. Lufthansa fliegt samstags die Strecke Frankfurt–Jakarta–Den Pasar. Die Entfernung Frankfurt–Jakarta (über Singapur) beträgt 11 189 km und wird von großen Passagierflugzeugen (bei einem Zwischenstopp) in insgesamt 16 Stunden bewältigt, die 12 269 km lange Strecke Frankfurt–Bali (zwei Stopps) in knapp 19 Stunden. Am kürzesten und schnellsten ist mit 9 908 km die Verbindung München–Medan, die nonstop in ca. 12 Stunden zurückgelegt wird.

Ankunft in Jakarta

Der internationale Flughafen von Jakarta, Soekarno-Hatta, liegt ca. 20 km westlich der Metropole, deren Zentrum mit dem Taxi in etwa ein bis anderthalb Stunden (je nach Dichte des Verkehrs) erreicht wird. Der ankommende Fluggast wird erstaunt sein über den goßzügig und geschmackvoll angelegten Flughafen. Eine Einreisekarte, die in der Regel bereits im Flugzeug ausgeteilt wird und auszufüllen ist, gilt als Grundlage für ein zweimonatiges Touristen- oder Geschäftsvisum. In der Gepäckausgabehalle befinden sich Geldwechselschalter, Hotelbuchungs- und Informationscounter sowie ein Automietservice. Die Kofferausgabe erfolgt in der Regel zügig, ebenfalls die Zollabfertigung. Der Weg führt dann weiter durch die allgemeine Vorhalle direkt zum Taxistand. Bis zum Stadtzentrum ist mit ca. 15 000

Der im Pendopo-Stil erbaute 1985 eröffnete internationale Flughafen Sœkarno-Hatta in Jakarta

Für den aktiven Indonesien-Reisenden befördert die staatliche indonesische Fluggesellschaft Garuda Indonesia für Sportausrüstungen zusätzlich 20 kg Freigepäck

Excess Baggage Voucher

for 20 KGS on GA-Flights
for 10 KGS on MZ-Flights

Valid only for Ticket No 126
This Voucher Guarantees the Holder of a. m. Ticket
to carry additional Free-Baggage (Sport Equipment)
All GA-flights + 3-digit MZ-flights (REF: PIN 074/1994)

Golfing ☐
Surfing ☐
Diving ☐
Bicycle ☐
☐

Garuda Indonesia

Rp. zu rechnen, wobei zusätzlich Gebühren für die Zollstraße nach Jakarta zu zahlen sind (Tarifkarte erhält man automatisch vom Aufsichtspersonal vor Abfahrt des Taxis). Die Taxigebühren betragen für den ersten Kilometer 900 Rp., für jeden weiteren 450 Rp. (Stand 1995). Im Halbstundentakt fahren moderne Busse der Gesellschaft DAMRI vom Flughafen zu verschiedenen Destinationen in Zentral-Jakarta (Gambir-Bahnhof), Süd-Jakarta (Blok M in Kebayoran) und Ost-Jakarta (Rawamangun und Halim-Airport). Die großen und zumeist internationalen Hotels unterhalten eigene Shuttle-Busse, die durch die jeweiligen Hotelrepräsentanten in der Ankunftshalle (außerhalb der Zollkontrolle) vermittelt werden. In der Kofferausgabehalle stehen in der Regel (gebührenfreie) Gepäckwagen.

Schiffsverbindungen

Die früher von europäischen Häfen aus beliebte Anreise per Schiff nach Indonesien ist infolge des starken Rückgangs der Passagierschiffahrt nur noch im Ausnahmefall möglich. Selbst die ehemals frequentierten Linien Ben Line, Blue Funnel und NSMO beschränken sich jetzt auf den Frachtverkehr. Immerhin bestehen aber Reisemöglichkeiten per Schiff, die vom Hamburg-Süd-Reisebüro (20457 Hamburg, Ost-West-Straße 59, Tel. 0 40/3 70 50) vermittelt werden. Zu den Ausnahmen

zählen Passagen auf den Schiffen der Polish Ocean Line, die auch Hamburg anlaufen. Seit einigen Jahren bieten Reisebüros (zum Beispiel Hapag Lloyd) Kreuzfahrten durch indonesische Gewässer an, die von Europa, Singapur oder Jakarta aus unternommen werden. Diese Fahrten, die teilweise mit Reisen per Flugzeug kombiniert werden, sind allerdings nicht ganz billig. Dafür werden auf diesen Routen aber nicht nur die üblichen, sondern auch die sonst schwer erreichbaren Plätze angesteuert.

Auto

Die indonesischen Vorschriften ermöglichen es zur Zeit nur Angehörigen des diplomatischen Korps als Residenten, Personenwagen einzuführen. Alle anderen Besucher sind auf den Kauf ausländischer Wagen im Lande angewiesen. Touristen ist es gegenwärtig nur erlaubt, sofern sie im Besitz eines Carnet de Passage sind, mit Jeeps, VW-Transportern und ähnlichen Fahrzeugen (nicht Personenwagen) einzureisen; sie müssen aber den Wagen wieder ausführen. Die Anreise kann über das Fährboot von Penang in Malaysia nach Belawan bei Medan in Nord-Sumatra erfolgen. Wegen möglicher Änderungen der Bestimmungen ist es auf jeden Fall ratsam, sich vor Antritt der Reise bei den indonesischen Auslandsvertretungen über den letzten Stand der Dinge zu informieren.

Reisen in Indonesien

Inlandflüge

Das Flugnetz Indonesiens ist in den letzten Jahren sehr gut ausgebaut worden und entspricht den normalen touristischen Anforderungen. Die nationale Fluggesellschaft Garuda Indonesia und ihr Tochterunternehmen Merpati (die das Freigepäck um 10 kg erhöht hat) fliegen 33 inländische Flughäfen an. Daneben wird ein umfangreiches Streckennetz von den Gesellschaften Sempati Air, Mandala Airlines und Bouraq angeboten. Garuda bietet für Touristen einen »Visit Indonesia Air Pass« mit stark ermäßigten Preisen auf den Inlandstrecken an. Buchungen für viel benutzte Routen, z. B. Jakarta – Bali, Yogyakarta – Bali oder Jakarta – Ujung Pandang, sollten 24 Stunden vor Reiseantritt noch einmal bestätigt werden. Es empfiehlt sich, bei der Anreise bis zum letzten Zielort durchzubuchen, auch wenn man vorher einige Tage woanders Halt macht.

Interinsulare Schiffahrt

Rund 60 Häfen in 24 Provinzen werden regelmäßig von sechs großen Passagierfähren der staatlichen Schiffahrtslinie Pelni bedient. Diese modernen, in Deutschland gebauten Schiffe können zwischen 1 000 und 1 700 Passagiere aufnehmen und verfügen über vier verschiedene Klassen, wobei die erste Klasse mit zwei Betten, Bad/WC, Klimaanlage und TV-Gerät ausgestattet ist. Rechtzeitige Buchungen sind unbedingt zu empfehlen.

Ein abenteuerliches Unterfangen für Wagemutige ist die Reise auf einem buginesischen Pinisi-Segelschoner. Mehrere dieser dickbauchigen Schiffe verkehren zwischen Jakarta sowie Surabaya und den Inseln Sumatra, Kalimantan und Sulawesi. Im alten Hafen von Jakarta, Sunda Kelapa, liegen die meisten dieser Schiffe, und bei Interesse sollten zum Beispiel dort die Schiffspassagen ausgehandelt werden.

Diverse regelmäßige Fährverbindungen gibt es zwischen den Regionalbereichen fast aller Inseln, z.B. zwischen Merak in West-Java und Bakauhuni in Süd-Sumatra, Ketapang in Ost-Java und Gilimanuk auf Bali, ferner zwischen Ujung Anyar bei Surabaya und Kamal auf Madura sowie Padang Bai auf Bali und Lembar auf Lombok. Auch im östlichen Indonesien bestehen zwischen den regionalen Inselbereichen recht gute Verbindungen mit kleinen und größeren Schiffen.

Durch die östliche Inselwelt Indonesiens läßt sich sogar eine Luxusreise

Auf einem buginesischen Pinisi-Segelschoner kann man eine abenteuerliche Fahrt zwischen den indonesischen Inseln unternehmen

mit der MV »Island Explorer« durchführen. Dabei erlebt man allerdings die meisten Inseln nur als dunklen Küstensaum und beschränkt sich auf den kurzen Besuch der touristischen Hauptattraktionen.

Eisenbahnen

Ein ausgedehntes Eisenbahnnetz besteht nur auf der Insel Java, während auf der Insel Sumatra weniger gute Schienenverbindungen zwischen Medan und Tanjung Balai an der Straße von Malakka und außerdem im Süden zwischen Palembang und Bandar Lampung vorhanden sind. In anderen Teilen Indonesiens gibt es keine Eisenbahnen.

Von Jakarta verkehren jetzt täglich vollklimatisierte Expreßzüge mit gutem Service zu mäßigen Preisen nach Zentral- und Ost-Java, so z. B. der Bima-Nachtexpreß. Die Fahrzeit beträgt von Jakarta über Yogyakarta nach Surabaya ca. 16 Stunden. Die Abteile erster Klasse haben zwei Betten und Waschbecken, die Abteile zweiter Klasse drei Betten. Abendessen und Frühstück sind im Fahrpreis inbegriffen, der sich 1995 auf 94 000 Rp. in der ersten und 50 000 Rp. in der zweiten Klasse belief. Ein weiterer, täglich verkehrender klimatisierter Nachtexpreß, Mutiara, erreicht Surabaya über Cirebon und Semarang in ca. 15 Stunden. Zwischen Jakarta und Bandung verkehren nichtklimatisierte Züge. Die Züge fahren im allgemeinen pünktlich ab, halten jedoch unterwegs zuweilen unprogrammgemäß. Es wird dringend geraten, die Fahrkarten schon am Tage vor Reiseantritt zu besorgen, und zwar am besten bei dem auf Bahnverkehr spezialisierten Reisebüro Carnation, Jl. Menteng Raya 24, Jakarta-Mitte. Die Zugabfahrten erfolgen von den Bahnhöfen Kota (Nachtexpreß/Tageszüge in Richtung Zentral- und Ost-Java), Gambir (Richtung Bandung und Bogor), Tanah Abang (West-Java und Süd-Sumatra) und Pasar Senen (lokale Züge in Richtung Zentral-Java).

Überlandbusverkehr

Ähnlich wie die Bahnhöfe, haben sich die drei Bus-Terminals auf Abfahrten in bestimmte Richtungen spezialisiert. Pulo Gadung in Ost-Jakarta: Cirebon, Semarang, Solo, Yogyakarta, Surabaya, Malang, Den Pasar (Bali). Cililitan in Süd-Jakarta: Städte und Ziele in West-Java, z. B. Bogor, Sukabumi, Bandung, Tasikmalaya. Kalideres in West-Jakarta: Orte im westlichsten Java, z.B. Labuan, Merak, Rangkasbitung und ganz Sumatra.

Es gibt unter den Bussen eine ganze Reihe, die mit Klimaanlage, WC und Video-Programmen ausgestattet sind.

Verstärkt bieten Gesellschaften individuellen Abholservice in Kleinbussen oder sogar Limousinen an, z. B. 4848 (Name des Taxiunternehmens) in Jakarta-Mitte, Jl. Kramat Raya 23, Tel. 35 76 56. Fahrzeuge aller Größen sind mit Fahrer am besten bei der Firma Bluebird Taxi, Jl. Cokroaminoto 107, Jakarta-Mitte, Tel. 3 14 30 00, 7 99 90 00, zu bestellen.

Leihwagen

Leihwagen können inzwischen auch in Jakarta gemietet werden. Der Tourist, der Land und Leute nicht kennt, sollte jedoch die geringen Mehrkosten für einen Fahrer aufwenden. Will er selbst das Steuer in die Hand nehmen, so benötigt er einen internationalen Führerschein. In Indonesien sollte auf jeden Fall eine Versicherung abgeschlossen werden, zumal man sich außer an den lebhaften Verkehr auch noch an den Linksverkehr gewöhnen muß. In Bali hat seit ein paar Jahren der Verkehr mächtig zugenommen. Es besteht die Möglichkeit, einen praktischen VW-Safari-Geländewagen mit oder ohne Fahrer zu mieten.

*Einer der letzten Becak-Fahrer
in Jakarta*

Über Hotels und Reisebüros stehen überall Taxis, jetzt auch mit Klimaanlage, zur Verfügung. Die Touristen, die der Landessprache und der Kunst des Aushandelns des Fahrpreises pro Stunde nicht mächtig sind, bitten zweckmäßigerweise einen Hotelangestellten um Vermittlung oder verlassen sich auf den eingeschalteten Taxameter. Falls die Einschaltung »vergessen« wird, sollte man sich nicht scheuen, den Fahrer freundlich lächelnd, aber nachdrücklich darauf hinzuweisen, um Wucherpreise zu vermeiden. Die Wagen sind außerhalb Jakartas und der Zentren des Fremdenverkehrs manch-

mal weniger komfortabel, was besonders für die nichtlizenzierten Taxis ohne Taxameter gilt.

Becak

Die Becak (Betscha), eine dreirädrige Fahrraddroschke, stellt für die meisten Bewohner Javas in größeren Orten und Städten noch immer das klassische Verkehrsmittel für kurze Entfernungen dar. Die oft mit farbenfreudigen Darstellungen der naiven Kunst geschmückten Fahrzeuge werden von jungen Männern bewegt, die meist vom Dorfe stammen und hoffen, in der großen Stadt Karriere zu machen. Sie mieten die Fahrzeuge gegen eine fixe Summe tageweise und arbeiten dann auf eigene Rechnung. Ein hartes und menschenunwürdiges Geschäft, das aber von den Becak-Fahrern nicht als solches empfunden wird. Trotz schwerer Arbeit sind die Fahrer selbstbewußt, sie halten untereinander fest zusammen und setzen sich gegen echtes oder vermeintliches Unrecht zur Wehr. Leider wurden die Becaks durch rigorose Maßnahmen der Stadtverwaltung in ganz Jakarta verbannt und sind seit 1989 nicht mehr im Straßenbild von Jakarta anzutreffen. Erstaunlich sind die Beförderungsleistungen einer Becak. Eine kleine indonesische Familie von sechs Personen oder ein Bauer, der mit etlichen Säcken Gemüse, zwei Dutzend Hühnern am Strick und einer Ziege zum Pasar fährt, sind nicht selten Fahrgäste einer einzigen Becak. Der Fremde bezahlt für kurze Entfernungen ca. 500 Rp. Der Fahrpreis wird vor Antritt der Fahrt ausgehandelt und am Ende derselben ausgehändigt. Andere Beförderungsmittel für den Nahverkehr sind das Bemo, ein motorisiertes Dreirad (= Becak-Mobil), das Helicak, ebenfalls ein motorisiertes Dreirad, das jedoch nur für zwei Personen Platz bietet, und das Oplet, ein Kleinbus auf vier Rädern, meist ehrwürdigen Alters und ständig überladen. (Oplet ist eine Verkleinerungsform von Opel.) Die Bemos leisten gute Dienste, wenn man viel Gepäck hat. Sie sind, wie die Helicaks, nur halb so teuer wie die Taxis. Die Benutzung eines Oplets, das im allgemeinen an eine feste Fahrroute gebunden ist, kann eine amüsante Sache sein, weil man, soweit es die Sprache zuläßt, sofort in ein interessantes Gespräch mit den eng gedrängt sitzenden Passagieren verwickelt wird. Die genannten Verkehrsmittel dürfen nicht im ganzen Stadtgebiet herumfahren, sondern sind an bestimmte Zonen gebunden, so daß man gegebenenfalls umsteigen muß.

Straßenverhältnisse

Die Straßenverhältnisse Indonesiens sind in den letzten Jahren sehr viel besser geworden, besonders auf Java und Bali. Großzügig ausgebaute Autobahnabschnitte sind entstanden, z. B. in West-Java (Jakarta – Karawang, Jakarta – Bogor – Puncak und Jakarta in Richtung Serang), in der Region Bandung oder zwischen Surabaya und Malang. Alle bisher durchgeführten und eingeleiteten Fünfjahrespläne geben der Entwicklung der Infrastruktur Priorität.

Auf Sumatra ist der Ausbau der Trans-Sumatra-Fernstraße inzwischen so weit fortgeschritten, daß man jetzt von Nord-Sumatra bis Bali mit dem eigenen Auto, aber auch mit verschiedenen Buslinien durchfahren kann.

Die berühmten Reiseziele Indonesiens, die Inseln Java und Bali, sind touristisch erschlossen. Hier ist es wahrlich kein Abenteuer mehr, per Bus, Eisenbahn oder Auto zu den Sehenswürdigkeiten der einzelnen Regionen vorzudringen. Etwas anderes ist es mit den sogenannten Außeninseln, die alle ihre besonderen Reize besitzen, aber dem auf sich selbst gestellten Touristen doch so manche Schwierigkeiten und Hindernisse in den Weg legen. Insofern müssen Reisen außerhalb von Java und Bali sorgfältig vorbereitet werden, will man dies nicht einem hierauf spezialisierten Reisebüro überlassen. Die Hauptprobleme liegen in den noch nicht hinreichend gelösten Verkehrsbedingungen, den zuweilen mangelhaften Unterbringungsmöglichkeiten und in der für weite Gebiete geltenden Unterentwicklung jeder touristischen Infrastruktur, was nicht das Schlechteste für die abgelegenen Naturlandschaften ist. Manche Gebiete erfordern sogar auch heute noch Vorbereitungen wie für eine Expedition, so zum Beispiel Reisen ins Innere von Kalimantan, Sulawesi und insbesondere von Irian Jaya.

Die Hauptstadt Jakarta

Lage und Größe

Jakarta, die Hauptstadt der Republik Indonesien, früher Batavia genannt, liegt südlich des Äquators auf 106° 48′ östlicher Länge und 6° 17′ südlicher Breite, wo mittags die Sonne nahezu keinen Schatten wirft. Die weitflächige Stadt an der Nordwestecke Javas hat sich im Laufe der Jahrhunderte ohne jede Planung von der Küste tief ins Hinterland ausgebreitet. Ihre Ausdehnung von Nord nach Süd beträgt heute fast 40 km und von West nach Ost rund 30 km. Auf einer Fläche von 670 km² leben nach offiziellen Angaben 8,9 Mill. (tatsächlich dürfte sich die Zahl auf 10 Mill. zubewegen) Menschen, von denen sich nur wenige auf die guten Wohnviertel mit den modernen Villen und Bungalows oder auf neue Sozialbauten verteilen. Im wesentlichen leben sie in den dorfähnlichen Siedlungen, *kampungs* oder *kampongs* genannt. Daneben gibt es provisorisch eingerichtete Elendsquartiere, die zwar immer wieder saniert werden, aber sich auch immer wieder unter armseligen Bedingungen wild ausbreiten. Zuzugssperre und Bevölkerungsplanung können den raschen Bevölkerungszuwachs nicht eindämmen. Trotz bemerkenswerter Fortschritte bei den Bemühungen um eine bessere Infrastruktur wird die Stadt noch lange Zeit benötigen, um mit ihrem Wachstumsproblemen fertig zu werden. Verschlammte Kanäle, verstopfte Straßen, unsaubere Märkte, überhaupt eine ungesunde Altstadt werden noch lange Zeit den Gouverneur von Jakarta mit immer neuen Aufgaben konfrontieren.

Der Fortschritt beim Aufbau der Hauptstadt kann nur im langfristigen Vergleich erkannt werden. Wo noch vor 20 Jahren Wasserbüffel weideten, stehen heute ein modernes Stadtzentrum mit Büro- und Verwaltungshochhäusern, Hotels, Industriezentren und neue Wohnbezirke. Der Bauboom während der letzten Jahre hat Jakarta mehr Hochhausgebäude beschert, als

Das moderne Jakarta ist von einer Vielzahl von Wolkenkratzern gekennzeichnet

die gesamte Bundesrepublik Deutschland vorzuweisen hat. Als Mittelpunkt Jakartas gilt der Freiheitsplatz, Medan Merdeka, der früher Koningsplein hieß. Die von dort in südlicher Richtung verlaufenden Verkehrsstraßen Jl. Thamrin und Jl. Sudirman sind zu einer Art Achse des modernen Jakarta geworden. Hier entstanden in den letzten 30 Jahren moderne Bauten für Büros, Restaurants, Banken und Hotels, denen gegenüber die Reste des alten Batavia immer mehr zurücktreten. Erst neuerdings werden die Relikte der Vergangenheit wieder gepflegt und nicht mehr im antikolonialistischen Eifer

abgerissen. So ist heute noch die nach altem niederländischem Muster gebaute, von grachtenartigen Kanälen durchzogene Altstadt, jetzt Glodok genannt und vorwiegend von Chinesen bewohnt, vorzufinden. Ebenso existiert noch der dem niederländischen nachfolgende Kolonialstil, der die erweiterte Altstadt prägt.

Östlich der das Zentrum Jakartas durchlaufenden Achse Jl. Thamrin liegt das offizielle Viertel, das heißt, hier konzentrieren sich die Botschaften und Vertretungen der ausländischen Staaten sowie die wichtigsten indonesischen Amtsgebäude und Resi-

denzen. Rund 10 km südlich und schon etwas höher gelegen, befindet sich der moderne Vorort Jakartas: Kebayoran Baru. Im übrigen besteht Jakarta aus zahlreichen, sich deutlich voneinander abhebenden Stadtvierteln, die man bei Tag gefahrlos besuchen kann, zu denen man aber besser, auch wegen der weiten Entfernungen, mit dem Taxi fährt.

Die Menschen Jakartas, die Orang Betawi (Betawi= abgeleitet von Batavia), haben eine besondere Identität und einen eigenen Dialekt entwickelt, obgleich ihre Vorväter vielfach aus anderen Teilen Indonesiens stammen. Sie sind beweglicher und aufgeschlossener als die meisten ihrer Landsleute. Andererseits bewahren viele ethnische Gruppen wie die der Aceher aus Nord-Sumatra, der Minangs aus West-Sumatra, der Javaner, der Balinesen, der Molukker usw. auch in der Stadt noch immer ihre Besonderheiten, vor allem was Kleidung und Brauchtum angeht. Am Ende des islamischen Fastenmonats ist es Ehrensache, die Verwandtschaft in der alten Heimat zu besuchen.

Jakarta ist das politische und wirtschaftliche Zentrum eines Landes mit großen Hoffnungen, aber auch mit großen Problemen, die hier zuweilen schärfer hervortreten als in den Provinzen. Wer denkt auch schon beim Betreten Jakartas, daß sich hier fast so viele Menschen drängen wie in Berlin, Hamburg, Bremen und München zusammen.

Geschichte

Der älteste Beleg für die Existenz einer Siedlung an der Mündung des in die Java-See fließenden Ciliwung ist ein Gedenkstein aus dem 5. Jh. n. Chr., der am Ostrand des heutigen Jakarta gefunden wurde. Darauf steht geschrieben, daß König Purnawarman, Herrscher des Hindu-Reiches Taruma Negara, einen Kanal graben ließ. Dieses Reich soll bis gegen das Jahr 700 n. Chr. bestanden haben. Das Dunkel der Geschichte lichtet sich erst wieder Anfang des 16. Jh. An der Mündung des Ciliwung hatte sich ein Hafen- und Handelsplatz, Sunda Kelapa, entwickelt, der zu dem Hindu-Reich von Pajajaran gehörte, dessen Hauptstadt in der Nähe des heutigen Bogor auf West-Java lag. Nach der einsetzenden Islamisierung Javas geriet das Königreich Pajajaran in Bedrängnis. Weiter östlich entstanden die Sultanate Cirebon und Demak und im Westen Banten. Der König von Pajajaran entschloß sich, mit den bis Malakka vorgedrungenen Portugiesen einen Vertrag abzuschließen, der den Fremden in Sunda Kelapa Handelsrechte gewährte. Dieser Vertrag wurde von portugiesischer Seite am 21. August 1512 durch Henrique Leme als Beauftragter von Afonso de Albuquerque, dem Generalgouverneur von Malakka, unterzeichnet. Als die Portugiesen allerdings fünf Jahre später in Sunda Kelapa einen befestigten Platz anlegen wollten, stießen sie auf den energischen Widerstand des islamischen Prinzen Fatahillah, der inzwischen in der Hafenstadt Fuß gefaßt hatte. Hinsichtlich des Lebenslaufes dieses Prinzen widersprechen sich zwar die portugiesischen und javanischen Historiker, aber festzustehen scheint, daß Fatahillah, im Jahre 1490 in Pasai auf Nord-Sumatra geboren, eine Pilgerreise nach Mekka unternahm und später in den Dienst des Sultans von Demak, an der Nordküste Javas, trat. Der Sultan gab ihm seine Schwester zur Frau und entsandte ihn zur Verbreitung des Glaubens nach Banten und Sunda Kelapa. Fatahillah starb im Jahre 1570 in Cirebon und wurde in der Nähe der Stadt beigesetzt. Er ist jedoch nach neuester Forschung nicht identisch mit Sunan Gunungjati, einem der neun Verbreiter des Islam (Wali) auf Java. Dagegen steht fest, daß Fatahillah den Portugiesen am 22. Juni 1527 eine Niederlage bereitete und die feindliche Flotte zum Abzug zwang. Dieser Tag wurde mit der Umbenennung von Sunda Kelapa in Jayakarta oder Yacatra (Stadt des Sieges) gefeiert. Das Datum gilt gemäß einem Beschluß des Stadtrates aus dem Jahr 1956 als offizieller Geburtstag der Hauptstadt Indonesiens.

Während die Portugiesen zurückgeschlagen wurden, gelang es später niederländischen und eine Zeitlang auch britischen Kaufleuten, sich an der Mündung des Ciliwung-Flusses festzusetzen. Im Jahre 1611 entstanden die befestigten Anlagen Nassau und Mauritius; am 20. Mai 1619 setzte sich der niederländische Generalgouverneur Jan Pieterszoon Coen im Auftrage der 1602 gegründeten Vereinigten Ost-Indischen Kompanie mit Waffengewalt durch.

Damit waren die Kämpfe aber noch nicht abgeschlossen. Sultan Agung von Mataram, der »Große Sultan«, griff die Stadt 1627 und 1629 mit einer mächtigen Streitmacht an. In den auf beiden Seiten verlustreichen Kämpfen behaupteten sich die Niederländer, zumal sie das Meer beherrschten. An das blutige Geschehen erinnert ein kolossales Schlachtengemälde im alten Stadhuis, das jetzt Museum Kota heißt.

Generalgouverneur Jan Pieterszoon Coen wollte nach dem Sieg der Niederländer dem im Aufbau befindlichen Kastell den Namen Nieuw Hoorn, nach seinem Geburtsort, geben. Er entschloß sich dann aber auf Rat von van Raay, einem Angehörigen der Vereinigten Ost-Indischen Kompanie, unter Bezugnahme auf den germanischen Stamm der Bataver, die zu Cäsars Zeiten im Gebiet der späteren Niederlande siedelten, für den Namen Batavia. Die Stadsgemeente Batavia wurde während der japanischen Besetzung im Jahre 1942 in Tokubetsu Shi Jakarta umgetauft, eine Konzession an die indonesischen Nationalisten. Nach der Proklamation der Unabhängigkeit wurde daraus Djakarta, während die zurückgekehrten Niederländer wiederum den Namen Batavia aufgriffen. Die offizielle Bezeichnung lautete dann Pemerintahan Nasional Kota Djakarta, nun, in der neuen Schreibweise seit 1972:»Daerah Khusus Ibukota Jakarta Raya« (Spezialregion Mutterstadt Großjakarta), Kurzform: DKI.

Stadtrundfahrt durch das alte Batavia

Eine lohnende Rundfahrt mit dem Taxi oder Minibus beginnt zweckmäßigerweise am nördlichen Ende der Jl. Merdeka Barat, weiter durch die Jl. Majapahit und Jl. Gajah Mada. An der Ecke Jl. Majapahit/Jl. Veteran stand bis 1985 das klassizistische Gebäude des früheren Clubs Harmonie, einst Zentrum des gesellschaftlichen und kulturellen Lebens der Kolonialgesellschaft. Da das Gebäude der verkehrstechnischen Modernisierung Jakartas im Wege stand, wurde es im Frühjahr 1985 abgerissen. Auf dem Gelände östlich der früheren Harmonie, in Richtung des Präsidentenpalastes, wurden die modernen Neubauten des Staatssekretariats (SEKNEG) errichtet.

Von diesem Ausgangspunkt führt unsere Rundfahrt in nördlicher Richtung, den 1648 angelegten Kanal **Molenvliet** entlang, der einst zum Transport von Bauholz und zu Bootsfahrten auf das Land benutzt wurde. Die Straße führt jetzt den Namen Jl. Gajah Mada. An ihrem Anfang befand sich früher das in ganz Ostasien bekannte »Hotel des Indes«, das aus einem 1781 erbauten Landhaus entstanden war. Der Hotelbau erhielt nach Erreichung der Unabhängigkeit Indonesiens den Namen

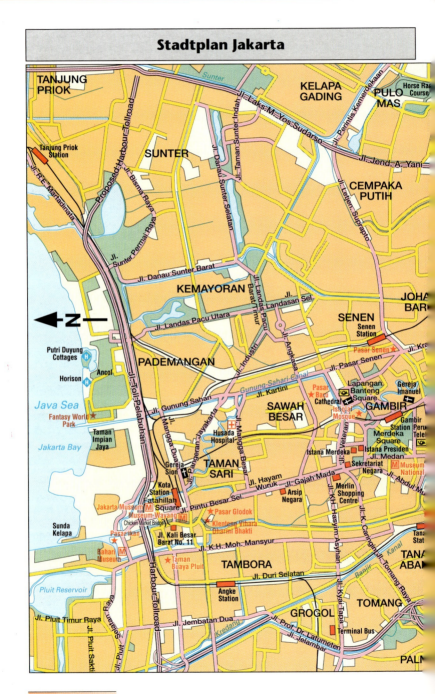

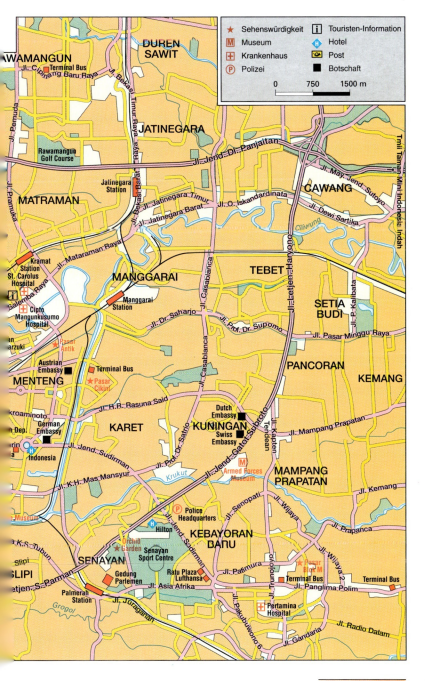

★	Sehenswürdigkeit	i	Touristen-Information
M	Museum	H	Hotel
+	Krankenhaus	✉	Post
P	Polizei	■	Botschaft

0   750   1500 m

Straße im alten Batavia

»Duta Indonesia«, wurde jedoch 1971/72 abgerissen, um dem modernen **Shopping Center Merlin** Platz zu machen. Geschichtsbewußte Bürger Jakartas wie auch Ausländer bedauern diesen Akt des Fortschritts.

Etwas weiter nördlich liegt auf der linken Seite mit der Hausnummer 111 der 1755 vom damaligen Gouverneur G. G. Reinier de Klerk im holländischen Barock erbaute Landsitz mit Gästepavillon und Quartieren für die Diener und Sklaven. Das schön wiederhergestellte Haus beherbergt seit 1925 Teile des Nationalarchivs, **Arsip Negara,** mit alten Urkunden der Ost-Indischen Kompanie. Eine Zweigstelle des Archivs befindet sich im südlichen Teil Jakartas, Cilandak, Jl. Kebong Binatang. Die inzwischen verbreiterte Jl. Gajah Mada führt an zahlreichen alten und neuen Geschäftshäusern, Hotels und Schulen vorbei, die eine Vorstellung von der jahrhundertealten Entwicklung vermitteln. Ziemlich am Ende der Jl. Gajah Mada zweigt scharf

links die Jl. Naga I ab, eine schmale Gasse, die direkt auf einen Basar führt. Die jetzt dichtbesiedelten, heruntergekommenen Quartiere galten einst im alten Batavia als bevorzugte ländliche Gegend. Hier befand sich ein großer Garten mit einer Sternwarte (1768) des deutschen Pastors und Amateur-Astronomen Johann Moritz Mohr, zu dessen naturwissenschaftlich interessierten Gästen der englische Weltumsegler James Cook und sein französischer Kollege Bougainville zählten. Daher hieß die Jl. Naga einst »Gang Torong«, wobei Torong für Turm, d.h. genau für »sterrentoren«, also Sternwarte steht.

Am Ende der Jl. Naga befindet sich der größte chinesische Tempel Jakartas, der **Klenteng Vihara Dharma Bhakti,** der, einst vernachlässigt, sich jetzt wieder farbenfroh präsentiert. Parkmöglichkeit vor dem Tempelhof. Im Tempelkomplex kann fotografiert werden, jedoch nicht innerhalb der Tempel, es sei denn mit spezieller Erlaubnis der Wächter. In dem sich hier ausbreitenden Stadtteil Glodok wohnen viele indonesische Geschäftsleute und Gewerbetreibende chinesischer Abstammung. Man findet hier sowohl Beispiele der Assimilation als auch des zähen Festhaltens am Kulturerbe.

Von hier geht es entweder zurück zur Jl. Gajah Mada oder, etwas kompliziert, aber sehenswert, weiter durch die enge Jl. Kemenangan III, an deren linker Seite sich der kleine chinesische Tempel **Vihara Dharma Wijara** befindet. Vor einer gesperrten Brücke zweigt man nach rechts ab und erreicht so die Jl. Toko III Seberang, die auf die Jl. Pintu Kecil und Jl. Kali Besar Barat führt (dieser Weg ist auf Karten meist nicht verzeichnet). Hier befindet man sich im kommerziellen Zentrum des alten Batavia, das auch heute noch voller geschäftlicher Aktivität und buntem Treiben ist.

Neben winkligen, verbauten Geschäften und Lagerhallen chinesischer Kaufleute sieht man hier in der Altstadt auch noch einige gut erhaltene Bauten, die ein typisch holländisches Aussehen haben, so **Jl. Kali Besar Barat 11**, ein auffallend roter Ziegelbau, der Mitte des 18. Jh. errichtet wurde. Bemerkenswert ist eine dem Fußgängerverkehr dienende, markante Zugbrücke, die **Chickenmarket Bridge,** die zur holländischen Zeit Hoenderpasarbrug, zu deutsch Hühnermarkt-Brücke, hieß.

Von der Zugbrücke aus wendet man sich nach rechts, durchquert die Jl. Nelajan Timur und biegt dann nach links, unter einer Eisenbahnbrücke hindurch, in die Jl. Tongkol, die geradeaus zum alten Seehafen **Sunda Kelapa** führt. Hier liegen noch immer die seegängigen Segelschiffe aus Süd-Sulawesi, die einen großen Teil des Warenverkehrs zwischen der Hauptstadt und den Außeninseln durchführen. Schöne Fotomotive!

Vor der Einfahrt in den Hafen Sunda Kepala überquert man links eine Brücke, an deren Ende ein alter Leucht- und Wachtturm steht, der zum Museum ausgebaut wurde. Etwas weiter parkt man zweckmäßigerweise den Wagen und durchstreift zu Fuß den Pasar Ikan einschließlich der Halle mit dem **Fischmarkt.** Es gibt hier Verkaufsstände für Waren aller Art, Andenken, lebende und tote Riesenschildkröten, Muscheln in der Größe einer halben Badewanne und vieles andere zu kulanten Preisen. Engagierte Umweltschützer sollten auf den Erwerb solcher »Souvenirs« allerdings verzichten. Ein großes, befestigtes Lagerhaus der VOC, errichtet 1718, ist jetzt als ein Marine-Museum (Musium Bahari) für Touristen zugänglich.

Vom Pasar Ikan erreicht man auf guten Straßen (Jl. Pakin und Jl. Gedung Panjang) die Jl. Bandengan Utara 27 mit einer Krokodil- und Waranfarm, **Taman Buaya Pluit.** Dort wird in einem kleinen Restaurant auch geröstetes Krokodil- und Schlangenfleisch *(sate ular)* für Feinschmecker angeboten. Schräg gegenüber, Jl. Bandegan 38, befindet sich ein kleiner chinesischer Tempel, Vihara Dewi Samudera.

Wer vom Fischmarkt direkt zur Stadtmitte zurückkehrt, macht am **Fatahillah-Square** halt, dessen Gesicht vom alten **Stadhuis** geprägt ist. Mit dem Bau dieses Gebäudes als administratives Zentrum Batavias wurde bereits 1619 begonnen. Umbauten fanden in den Jahren 1707–12 statt. Das von 1942 bis 1972 als Kaserne benutzte Stadhuis wurde inzwischen als ein sehenswertes Stadtmuseum restauriert. Schwärmer für die gute alte Zeit sollten einen Blick in das Gefängnis im Souterrain werfen. Gegenüber dem Stadhuis ist jetzt die alte portugiesische Kanone »Si Jagur« aufgestellt, ein heiliges Kanonenrohr, das einst, an einer einsamen Stelle plaziert, von kinderlosen

Das ehemalige holländische Rathaus von Batavia dient heute als Stadtmuseum von Jakarta

Frauen als Fruchtbarkeitssymbol verehrt wurde. Dabei soll der lokalen Überlieferung zufolge der Wächter des Platzes eine nicht unwesentliche Rolle gespielt haben. Eine nostalgische Atmosphäre findet man im Café Batavia (24-Stunden-Service mit Life-Musik), in dessen Gebäude aus dem Jahre 1805 Sir Stamford Raffles zeitweilig gelebt haben soll.

An der östlichen Seite des Fatahillah-Platzes wurde 1870 das Gebäude für den **Raad von Justitie** errichtet, in dem jetzt Kunstwerke ausgestellt werden, darunter Porzellane und Keramiken aus dem persönlichen Besitz des seinerzeitigen Vizepräsidenten der Republik, Adam Malik. Gegenüber, in der Jl. Pintu Besar Utara, sind einige schöne alte Hausgiebel von Speichern erhalten, die aus dem 18.Jh. stammen. Das Haus Jl. Pintu Besar Utara 27 beherbergt jetzt das **Wayang-Museum**, eine Sammlung javanischer Schattenspielfiguren aus Leder *(wayang kulit)* und sundanesischer Handspielpuppen *(wayang golek)*. Im Hof befinden sich Grabsteinplatten niederländischer Generalgouverneure, auch von Jan Pieterszoon Coen. Vom Fatahillah-Platz führt eine Einbahnstraße in südlicher Richtung zum Zentralbahnhof (Metro-

Das Café Batavia ist gleichermaßen nostalgisch und progressiv

politan, Jakarta Kota). Unmittelbar dahinter zweigt man scharf nach links ab (Jl. Jembatan Batu) und erreicht am Beginn der Jl. Pangeran Jakyakarta die sogenannte **Portugiesische Kirche** (Gereja Sion). Sie hat im wesentlichen die Gestalt bewahrt, die sie bei der Einweihung im Jahre 1695 erhielt. Ihr Name geht auf die indischen Sklaven zurück, die von den Niederländern bei Kriegszügen gegen die Portugiesen in Indien (Malabar, Coromandel usw.) gefangengenommen wurden. Die zum katholischen Glauben bekehrten Inder, die z. T. portugiesische Namen trugen, wurden nach Batavia gebracht und freigelassen. Sie konvertierten zum evangelischen Glauben und erhielten in der Portugiesischen Kirche ein religiöses Zentrum. Daher trägt die Kirche auch den Namen Mardykers-Kerk, eine Verstümmelung des Sanskritwortes Mardhika, was soviel wie »frei« heißt. Hier predigten früher auch deutsche Geistliche in portugiesischer Sprache. Noch heute finden in der Kirche regelmäßig Gottesdienste statt, u.a. für die vorwiegend chinesische protestantische Gemeinde »Sion«. Bis vor dem Zweiten Weltkrieg wurde hier einmal im Jahr die Matthäus-Passion aufgeführt. Die jahrhundertealte Orgel wird heute noch gespielt. Wenn der Haupteingang geschlossen ist, kann man die Kirche von einem Nebeneingang, rechts der großen Pforte, betreten. Dort befindet sich stets ein hilfsbereites Gemeindemitglied, das einem beim Abschied ganz legitim einen Klingelbeutel präsentiert.

Zurück zum Stadtzentrum wählt man den Weg durch die Jl. Hayam Wuruk, der auf den anderen, östlich des Kanals »Molenvliet« gelegenen Parallelstraße zur Jl. Gajah Mada. Der Straßenverkehr wird hier wieder sehr dicht und ist durch äußerst gewagte Überholmanöver schneller Fahrer gekennzeichnet.

Dieses Haus im holländischen Architekturstil beherbergt das Wayang-Puppen-Museum

Gedenkplatte im Wayang-Museum zur Erinnerung an den deutschstämmigen Generalgouverneur Baron von Imhoff

Sehenswürdigkeiten des modernen Jakarta

Wer Jakarta zum ersten Mal betritt und keine hilfsbereiten Freunde am Platz hat, beginnt zweckmäßigerweise mit der Stadtrundfahrt eines lokalen Reisebüros (Omnibusse auch klimatisiert). Später kann man sich eines Taxis bedienen, mit dem die Rundfahrt vorher, eventuell mit Hilfe des Hotelpersonals, abgesprochen wird. Das Stadtzentrum markiert der **Freiheitsplatz Medan Merdeka,** in dessen Mitte sich das 137 m hohe National-Monument (Monas) befindet. Es hat die Form eines Obelisken mit einem flammenartigen Abschluß, der mit 35 kg Gold überzogen ist. Ein Lift führt nach oben. Im Souterrain befinden sich Dioramen, plastische Schaubilder, über die indonesische Geschichte. Eintrittskarten sind an der nördlichen Seite des Monuments, in der Nähe des Reiterdenkmals des Prinzen und Freiheitskämpfers Diponegoro, erhältlich. Montags geschlossen.

An der Nordseite des Platzes dominiert der **Freiheitspalast Istana-Merdeka,** die offizielle Residenz des Staatsoberhauptes. Präsident Suharto benutzt den pompösen Bau jedoch nur zu wenigen offiziellen Amtshandlungen. Die Anlage entstand aus dem Landhaus eines reichen Holländers und diente später als Residenz der Generalgouverneure, soweit sie nicht in den klimatisch und landschaftlich besser gelegenen Platz von Buitenzorg in Bogor auswichen. Hinter dem Freiheitspalast befindet sich ein gepflegter Park mit alten Bäumen, an den sich (mit Haupteingang von der Jl. Veteran) der **Staatspalast Istana Negara** in einem ähnlich pompösen Baustil anschließt. Daneben wurde ein funktioneller Zweckbau errichtet, der Bina Graha, in dem Büros für die obersten Instanzen der Staatsführung eingerichtet sind. Auch Präsident Suharto hat hier ein Dienstzimmer. (Besichtigungen sind im gesamten Komplex nicht möglich. Vor dem Fotografieren des Freiheitspalastes zweckmäßigerweise die Wache fragen!)

Auf der südlichen Hälfte des Freiheitsplatzes befinden sich bis zur Verlegung auf ein größeres Gelände die Ausstellungshallen und Pavillons der Jakarta-Messe (Pekan Raya Jakarta), die jedes Jahr in den Monaten Juni/Juli abgehalten wird. Dort befinden sich auch ein kleiner Vergnügungspark (Taman Ria) und mehrere Kinos. Der Platz wird von zahlreichen älteren und modernen Gebäuden umrahmt.

Touristisches Interesse beansprucht auch die Ostseite des Platzes (Jl. Merdeka Timur) mit der Eisenbahnstation Gambir, gegenüber der sich die historische kalvinistische **Gereja Imanuel** (Immanuelkirche, früher Wilemskerk,

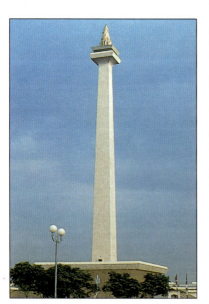

Das 137 m hohe Nationaldenkmal, kurz Monas genannt, auf dem Merdeka-Freiheitsplatz in Jakarta

Der Präsidentenpalast ist ein klassizistisches Bauwerk aus dem Jahr 1879

nach Wilhelm von Oranien) befindet. Sie wurde 1835 als Kirche der Generalgouverneure in einer für die damalige Zeit charakteristischen Kuppelbauweise erbaut.

An der Südseite des Platzes (Jl. Merdeka Selatan) liegt die Botschaft der USA und daneben der Dienstsitz des Vizepräsidenten der Republik Indonesien und die Zentrale Stadtverwaltung DKI (Hochhaus) mit Sitz des Gouverneurs.

An der Westseite des Platzes (Jl. Merdeka Barat), auf der sich das alte Staatssekretariat, das Verteidigungsministerium, das Informationsministerium, Radio Republik Indonesia und andere Dienststellen und Behörden befinden, liegt das **Museum Pusat,** das Nationalmuseum, wegen der Elefantenstatue vor dem Eingang, einem Geschenk des Königs von Siam, auch Gedung Gajah, »Haus des Elefanten«, genannt. Die Anfänge des Museums gehen auf die Initiative der Batavischen Gesellschaft für Kunst und Wissenschaften im Jahre 1778 zurück. Die Museumsgebäude befanden sich ursprünglich in der Altstadt. Die Übersiedlung in die Jl. Merdeka Barat erfolgte in den Jahren 1867/68. 1932 wurden Erweiterungen vorgenommen. Seit 1962 untersteht das Museum dem Ministerium für Erziehung und Kultur. Dieses Museum ist ein »Muß« für jeden, der sich sachkundig über die indonesische Kultur von den frühesten Anfängen bis zur Gegenwart unterrichten will. Wertvolle archäologische Funde aus Stein und Erz vermitteln einen Einblick in die Vergangenheit des Landes, besonders in die Hindu-Zeit Javas und Sumatras. Berühmt sind die Sammlungen chinesischer Porzellane und Keramiken sowie der Relikte aus der Frühzeit menschlicher Entwicklung (Javamensch). Die Ethnographische Abteilung stellt eine Fülle an Gegenständen der einzelnen Regionen Indonesiens aus: handwerkliche Erzeugnisse und Werkzeuge, Webereien, Batiken und Volkstrachten über die Jahrhunderte hinweg. Schöpfungen aus Stein, Holz, Bast, Leder und Metall, Modelle von Häusern und Kultstätten. In einer speziellen Schatzkammer werden erlesene Gold- und

Silberarbeiten gezeigt, dazu traditionsreiche Dolche (sogenannte Krise) und Zeremonialwaffen. Daneben gibt es eine umfangreiche Münz-, Bücher- und Dokumentensammlung. Beschriftungen auch in englischer Sprache. Öffnungszeiten: Di–Do und So 8.30–14.30, Fr 8.30–11, Sa 8.30–13 Uhr, Mo geschlossen. Nahe der Nordost-Ecke des Freiheitsplatzes liegt die **Istiqlal Mosque,** die größte Moschee Südostasiens. Die mächtige weiße Kuppel und das benachbarte Minarett geben dem Stadtzentrum eine besondere Note.

Der **Banteng Square** (Lapangan Banteng) ist mit dem Freiheitsplatz durch die Jl. Pejambom verbunden (Einbahnstraße). Diese Gegend wird von dem Neubau des indonesischen Außenministeriums beherrscht. Vor dem Außenministerium ist das Palais des Herzogs Bernhard von Sachsen-Weimar-Eisenach erhalten geblieben, der von 1849 bis 1854 Oberbefehlshaber der niederländischen Kolonialarmee auf Java war. Das Palais beherbergte in der Zeit zwischen den beiden Weltkriegen den indonesischen Volksrat.

Der Lapangan Banteng bietet eine bewegte Mischung vieler Stilrichtungen. In der Mitte steht das 1963 errichtete Denkmal »Befreites Irian Jaya«, die Statue eines mächtigen, vor Kraft strotzenden, imaginäre Ketten sprengenden Mannes im besten sozialistischen Realismus. An der Ostseite des Platzes befindet sich das jetzige Finanzministerium, das vom Generalgouverneur Herman Wilem Daendels (1801–11) als repräsentatives Bauwerk im kolonialen Empire errichtet wurde. An der Nordseite schließt sich die **Katholische Kathedrale** an, ein neugotischer Bau der Jahrhundertwende mit gußeisernen Türmen, während die Südseite des Platzes von dem modernen »Hotel Borobudur« beherrscht wird.

Das Kulturzentrum oder **Taman Ismail Marzuki,** ein zur Pflege traditioneller und moderner Kunst angelegter Gebäudekomplex mit Auditorium, Ausstellungshallen, Kino und Planetarium, liegt in der Jl. Cikini Raya 73.

Am Stadtrand, im Norden Jakartas, am Meer, zwischen der Altstadt (Kota) und dem Handelshafen Tanjung Priok, liegt das große Vergnügungs- und Unterhaltungszentrum **Ancol** (Ancol Jaya Dreamland, 137 ha groß). Es besitzt einen Freibadestrand, Süßwasserschwimmbäder, ein Ozeanarium sowie eine Sporthalle (4000 Personen) für das baskische Jai Alai-Ballspiel, das von Profis gespielt wird und ein willkommener Anlaß zum Wetten ist. In der Sporthalle befindet sich auch eine Kegelbahn. Im Freien sind schöne Tennis- und Golfplätze sowie ein Drive-in-Kino angelegt. Hier stehen das Komforthotel »Horizon« sowie das gepflegte, im traditionellen Stil gehaltene Bungalow-Hotel »Putri Duyung Cottages«. Abwechslung bieten außerdem das Copacabana, andere Restaurants und Nachtclubs, ein Kino sowie Massagesalons.

Im Osten des Ancol-Komplexes, in Richtung des Handelshafens Tanjung Priok, dehnt sich das indonesische Disneyland »Dunia Fantasi« aus, ein Amüsierpark – so offiziell – für Kinder zwischen 6 und 66 (und älter). Hinter dem holländischen Soldatenfriedhof hat sich ein kleiner **chinesischer Tempel** erhalten, dessen Geschichte in das 15. Jh. zurückreicht. Ein weiterer Tempel liegt östlich des Hafens von Tanjung Priok, in der Nähe des Dorfes Cilincing. In dessen Nähe, am Meer gelegen, befindet sich der Yachtclub Bahtera Jaya, Jl. Pantai Laut. Von hier sind Wassersport-, Tauch- und Bootsfahrten zu den sogenannten Tausend Inseln Pulau Seribu in der Bucht von Jakarta möglich.

In Jakarta gibt es Tausende von Mountain-Bike-Sportlern

Beachtlich ist das **Senayan Centre,** zu dem die Jl. Surdiman führt, die das Stadtzentrum in südlicher Richtung mit der Satellitenstadt Kebayoran Baru verbindet. Die rechts der großen Kleeblattkreuzung liegende weite Sportplatzanlage wurde anläßlich der Asiatischen Spiele 1962 eingeweiht. Im Hauptstadion können ca. 100 000 Menschen einen Sitzplatz einnehmen. Die Schwimm-, Tennis- und Golfmöglichkeiten stehen jedermann offen. Eine voll überdachte Sporthalle bietet 10 000 Zuschauern speziell für die in Indonesien populären Sportarten Federball, Badminton und Korbball Platz (Schlittschuhlaufen, Eingang Jl. Pintu Gelora VIII, täglich 9–24 Uhr). Ein **Orchideengarten** (Taman Ria Remaya) lädt zum Verweilen ein (Senayan, Eingang Jl. Pintu VII).

Hinter dem Senayan-Komplex liegen die **Parlaments-** bzw. **Volkskongreßgebäude,** Gedung Parlemen. Unmittelbar an Senayan schließt das **Hilton Hotel** mit dem »Indonesia Basar« an, in dem traditionelle und moderne Kunst sowie Batikarbeiten verkauft werden. Ein Bali-Theater mit Tanzvorführungen ist täglich abends, außer montags, geöffnet. Überdies umfaßt der Komplex verschiedene Restaurants.

Am Südrand Jakartas, in Rangunan, Stadtteil Pasar Minggu, befindet sich

Das Ramayana-Denkmal befindet sich an der nördlichen Einmündung zur Jalan Thamrin

der großflächig als Naturpark angelegte Zoologische Garten, **Kebon Binatang.** Er beherbergt, meist in Freigehegen, fast alle Arten der einheimischen Tierwelt, darunter Elefanten, Bären, Tiger, Banteng-Büffel, Tapire, Krokodile, Schlangen, den »Komodo-Drachen« und viele Arten von Affen und Vögeln in mächtigen Volieren. Es sind außerdem nichteinheimische Tiere zu bewundern, wie z. B. Giraffen und Zebras. Die ausgedehnte Anlage bietet dem Spaziergänger eine in Jakarta sonst äußerst seltene Möglichkeit, sich fern des großstädtischen Lärms zu erholen.

Ebenfalls am Südrand Jakartas, aber näher beim Flughafen Halim, wurde in den achtziger Jahren aufgrund einer Initiative der Ehefrau des Staatspräsidenten eine repräsentative Stätte aller indonesischen Provinzen errichtet, das »Schöne Indonesien in Miniatur«, **Taman Mini Indonesia Indah.** Der Komplex dehnt sich über 120 ha aus und umfaßt auch einen künstlichen See mit einem Modell des nationalen Hoheitsgebietes in der Form kleiner, maßgerechter Inseln. Jede Provinz ist mit einem Haus in charakteristischer Bauweise vertreten. Es gibt hier auch Anlagen und Pavillons für unterhaltende und kulturelle Veranstaltungen, daneben einen Orchideen- und Vogelgarten, Sakralbauten (Moschee, Kirchen, Stupa, Balitempel) sollen die religiöse Toleranz demonstrieren. Die Anlage vermittelt Einheimischen wie Ausländern eine lebendige Vorstellung von der Vielfalt des Inselreiches. Täglich geöffnet 9–20 Uhr.

Der »Pasar« (Basar, Markt) ist in Indonesien nach wie vor ein wesentlicher Teil des täglichen Lebens. Diese Stätten haben sich in der ursprünglichen Form selbst in der Großstadt Jakarta erhalten, so z. B. **Pasar Tanah Abang, Pasar Minggu** und viele kleinere Märkte, teils überdacht, teils im Freien, meist in drangvoller Enge, in allen Quartieren der Stadt. Hier wird der Preis der Ware noch mit dem Verkäufer ausgehandelt. Am Abend eines in jeder Hinsicht heißen Markttages sieht es dann noch immer pittoresk, aber freilich nicht sehr sauber aus.

So ist die Sanierung aus Gründen der Hygiene unumgänglich. Es entstehen immer mehr neue mehrstöckige Basare, die des alten fernöstlichen Charmes entbehren. Statusbewußte Bürger, die es sich leisten können, tätigen ihre Einkäufe im klimatisierten sterilen Supermarkt und Shopping Centre. Nachstehend einige interessante Plätze für Touristen.

Pasar Baru, in der Innenstadt, Nähe der Hauptpost, Jl. Pos. Hier befinden sich viele Ladengeschäfte alten und neuen Stils, die noch immer das traditionelle Einkaufszentrum der Einheimischen sind. Im Sarinah-Kaufhaus, zentral gelegen in der Jl. Thamrin 11, findet der Einheimische wie der Tourist alles, was er braucht. Das Warenangebot reicht vom Abendkleid bis zur Ziermuschel. Es gibt Bücher, Briefmarken (für Sammler), Bekleidung, Schuhe, jede Menge folkloristische Andenken in Bast, Holz, Leder, Metall, Porzellan und Stein, preiswerte Musikkassetten und ein großes Angebot von Batik, Silber- und Goldschmuck, nicht zu vergessen die erwähnten Ziermuscheln und Korallen. Der **Pasar Antik** (Flohmarkt), Jl. Surabaya, Stadtteil Menteng, weist zahlreiche Verkaufsstände für Andenken aus ganz Indonesien auf. Was wirklich »antik« ist, muß jeder selbst herausfinden. Es wird kräftig gehandelt. Täglich von ca. 9 Uhr bis nachmittags geöffnet. Die Märkte **Pasar Glodok** (in der Altstadt), **Pasar Senen** (im Osten), **Pasar Cikini** (Stadtteil Menteng), **Pasar Blok M** (Kebayoran Baru) werden von Einheimischen und Ausländern stark besucht. Ein großes Einkaufs- und Vergnügungszentrum mit Kino, Geschäften, Restaurants, **Ratu Plaza,** wurde Anfang 1981 in der Jl. Sudirman, vor dem Stadtteil Kagayoran Baru, in Betrieb genommen.

Ein Nachtleben gemäß westlichen Vorstellungen fand in Jakarta bis Anfang der achtziger Jahre kaum statt. Inzwischen ist der Fortschritt auch auf diesem Gebiet unverkennbar, ohne daß der Gipfel des Amüsements à la Bangkok erreicht wird oder auch nur erreicht werden soll. Engagierte islamische Kreise sind besorgt über das, was sie nach ihren Maßstäben als Sittenverfall empfinden. In diese Rubrik fallen schon die meist zweitklassigen Floor Shows der Nachtclubs. Große Aufregung mit Rufen nach Verbot verursachte Mitte 1993 die Show der California Dream Men, deren String-Hosen, die Hinterteile nicht genügend bedeckend, als sittliche Bedrohung empfunden wurden. Die Stadtverwaltung versucht, einen Mittelweg zu finden zwischen dem, was dem Touristen dient, und dem, was dem Puritaner frommt. Das zeigt sich besonders deutlich beim Glücksspiel. Die Behörde geht davon aus, daß der Spieltrieb dem Menschen innewohnt und daß es besser ist, selbigen kontrolliert gewähren zu lassen, womit auch dem städtischen Budget beträchtliche Einnahmen für dringende Sozialausgaben erschlossen werden. Anders denken die engagierten Muslime. Also ist das Fortbestehen der Glücksspiel-Kasinos umstritten. Noch viel heikler ist die vieldiskutierte Frage der Massagesalons neuen Stils. Wer als erlebnishungriger Tourist einschlägige Abenteuer sucht, sollte auf jeden Fall die Bekanntschaft nicht auf offener Straße suchen. Das kann bös enden. Die Adressen kulanter Massagesalons konzentrieren sich in der Altstadt, beispielsweise Jl. Mangga Besar, aber auch in den Hotels bietet man »Massagen aller Art« an.

Jakarta von A bis Z

Apotheken

Im Stadtzentrum und in den besseren Wohngegenden sind moderne Apotheken mit ausländischen und einheimischen Erzeugnissen ausreichend vorhanden. Drugstores gibt es auch in den führenden Hotels. Hervorzuheben ist die Jawa-Apotheke in der Jl. Hos Cokroaminoto (schräg gegenüber vom Hero-Supermarkt).

Automobilclubs

AA Club Indonesia, Jl. Lautze 31A, Tel. 37 56 56

Badestrände

Die nahe gelegenen Badestrände liegen auf den Tausend Inseln, den Pulau Seribu. Auskünfte im Vermittlungsbüro Pulau Seribu Paradise (»Paradies der Tausend Inseln«), Jl. K.H. Wahid Hasyim 69, Tel. 32 40 39. Vorzuziehen sind jedoch die weiten Sandstrände an der Westküste, knapp 4 Stunden Autofahrt (auch Linienbus) von Jakarta entfernt. Abfahrt der Omnibusse nach Labuan vom Busbahnhof Grogol, Stadtteil Grogol Petamburan, Jl. Kyai Tapa/Jl. Prof. Latumeten, gegenüber der Abzweigung nach der Ortschaft Tangerang.

Bahn/Bahnhöfe

Jakarta mit fünf Bahnhöfen ist Ausgangspunkt für Reisen nach West-, Mittel- und Ost-Java.

Jakarta Kota (Hauptbahnhof in der Altstadt), Jl. Stasiun 1. Abfahrten: Bima-Nachtexpreß (klimatisiert) nach Yogyakarta-Surabaya; Mutiara-Nachtexpreß (klimatisiert) nach Semarang-Surabaya; Gunung Jati nach Cirebon; Parahyangan nach Bandung

Gambir (Stadtmitte), Jl. Merdeka Timur. Abfahrten: Parahyangan nach Bandung; Senja Maja nach Yogyakarta-Madiun; Senja Utama nach Yogyakarta-Solo; Gaya Baru Selatan nach Yogyakarta-Surabaya; Fajar Utama nach Yogyakarta

Pasar Senen (östl. Stadtmitte), Jl. Stasiun Senen. Abfahrten: Gaya Baru Utara nach

Semarang-Surabaya; Cepat Solo nach Yogyakarta-Solo; Senja Utama nach Cirebon-Semarang

Tanah Abang (westl. Stadtmitte), Jl. Jatibaru. Abfahrt der Züge nach Merak (Fähre nach Sumatra)

Manggarai (südl. Stadtmitte), Jl. Stasiun Manggarai. Abfahrt des Schnellzuges nach Banjar (West-Java)

Banken

Geldwechsel ist bei der Deutschen Bank in der Jl. Thamrin 53, Wisma Kosgoro, Tel. 33 10 92, 3 90 47 92, Fax 33 52 52, sowie bei den Bankfilialen in den großen Hotels, dem Einkaufszentren und bei den autorisierten Geldwechslern im Stadtgebiet möglich

Batikgeschäfte

Sarinah-Warenhaus (Batik Keris) im Stadtzentrum, Jl. Thamrin 11

G.K.B.I. Batikgenossenschaft (Batik Semar), Jl. Sudirman 28, nahe dem Senayan Komplex. Eine große Filiale befindet sich auch auf der Jl. H.A. Salim 39

Srikandri, Pasar Cikini, in der Jl. Cikini 90, Stadtteil Menteng

Iwan Tirta, ein bekannter Batik-Designer in der Jl. Panarukan 25 im Stadtteil Menteng

Batik Hayadi, Jl. Palmerah Utara 46, im Westen

Batik Berdikari, Jl. Mesjid Pal. VII Palmerah Barat

Buchhandlungen

BPK Gunung Mulia, Jl. Kwitang 22, Tel. 37 22 08

Gramedia, Jl. Matraman Raya 46, Tel. 8 58 16 92

Gramedia, Jl. Pintu Air 72, Tel. 34 38 00

Immanuel Bookshop, Jl. Proklamasi 21

Times Bookshop, Plaza Indonesia (Erdgeschoß), Jl. Thamrin

Hilton Newsstand, Hotel Hilton, Jl. G. Subroto

Grand Hyatt Newsstand, Plaza Indonesia, Jl. Thamrin

Borobudur Newsstand, Borobudur Hotel, Jl. Lapangan Banteng Selatan

Fluggesellschaften

National

Bouraq, Jl. Angkasa 1 (Kemayoran), Tel. 6 29 51 50

Mandala, Jl. Garuda 76 (Kemayoran), Tel. 4 24 61 00

Merpati, Jl. Angkasa 2 (Kemayoran), Tel. 4 24 74 04, 4 24 36 08

Sempati, Borobudur Inter-Continental Hotel, Tel. 3 80 55 55

National/International

Garuda Indonesia, Wisma Dharmala, Jl. Jend. Sudirman 32, Tel. 5 70 61 06, 5 70 61 55

Garuda Indonesia, Hotel Indonesia, Jl. Thamrin, Tel. 2 30 03 56

International

British Airways, World Trade Centre Building, 10th Floor, Jl. Jend. Sudirman Kav. 29/31, Tel. 5 21 15 00

KLM, Plaza Indonesia, Jl. Thamrin, Tel. 3 10 76 66

Lufthansa, Panin Centre Building, Jl. Jend. Sudirman 1, Tel. 5 70 20 05

Singapore Airlines, Chase Plaza, Jl. Jend. Sudirman Kav. 21, Tel. 5 20 68 81

Silk Air, Chase Plaza, Jl. Sudirman, Tel. 52 06 80 23

Swissair, Borobudur Intercontinental Hotel, 3rd Floor, Jl. Lapangan Banteng Selatan, Tel. 4 15 14 70

Thai Airways, BDN Building, Jl. Thamrin 5, Tel. 3 14 06 07

Geschäfte

Die Geschäfte in Jakarta haben in der Regel von 8–13 oder 9–13 und von 17–20 Uhr geöffnet. Einige größere Geschäfte, Supermärkte, Andenkengeschäfte sind auch Sonntag vormittags offen, manche haben montags geschlossen. Basare können teilweise auch noch spätabends aufgesucht werden. Dabei Vorsicht vor Taschendieben! An Verkaufsständen und in kleineren Souvenirgeschäften wird gehandelt

Hotels

In Jakarta stehen ausreichend Hotels zur Verfügung, von der Rucksackherberge bis zum Hotel internationaler Spitzenklasse.

Stadtmitte

Fünf Sterne

Grand Hyatt, Jl. Thamrin Kav. 28–30, Tel. 3 90 12 34, Fax 3 90 64 26

Jakarta Hilton, Jl. Gatot Subroto, Tel. 5 70 36 00, Fax 5 73 30 89

Borobudur Inter-Continental, Jl. Lapangan Banteng Selatan, Tel. 3 780 44 44, Fax 3 80 55 55

Hotel Indonesia, Jl. M.H. Thamrin, Tel. 3 14 00 08, Fax 3 14 15 08

Mandarin Oriental, Jl. M.H. Thamrin, Tel. 3 14 13 07, Fax 3 14 86 80

Le Meridien, Jl. Jend. Sudirman Kav. 18, Tel. 5 71 14 14, Fax 5 71 16 33

Sahid Jaya, Jl. Jend. Sudirman 86, Tel. 5 70 44 44, 58 41 51, Fax 58 31 68

Aryaduta, Jl. Prapatan 44–48, Tel. 3 86 12 34, Fax 3 80 09 90

Sahid Jaya, Jl. Sudirman 86, Tel. 5 70 44 44, Fax 5 73 31 68

Shangri-La Hotel, Jl. Sudirman Kav. 1, Tel. 5 70 74 40, Fax 5 70 35 31

Vier Sterne

Sari Pan Pacific, Jl. M.H. Thamrin 6, Tel. 32 37 07, Fax 32 36 50

Da-Ichi Hotel, Jl. Senen Raya 135, Tel. 3 44 28 28, Fax 3 44 29 29

President Hotel, Jl. Thamrin 59, Tel. 2 30 11 22, Fax 3 14 36 31

Citraland Hotel, Jl. S. Parman, Tel. 5 66 06 40, Fax 5 68 16 16

Drei Sterne

Kartika Plaza, Jl. M.H. Thamrin 10, Tel. 3 14 10 08, Fax 3 90 53 01

Wisata Hotel, Jl. M.H. Thamrin (hinter dem Hotel Indonesia), Tel. 3 14 03 08, Fax 3 15 05 78

Sabang Metropolitan, Jl. Agus Salim 11, Tel. 3 44 03 03, Fax 37 26 42

Atlantic Hotel, Jl. Salemba Raya 26, Tel. 3 14 61 23-27, Fax 3 14 61 22

Atlet Century Park, Pintu Satu Senayan, Tel. 5 71 20 41, Fax 5 71 21 91

Zwei Sterne

Natour Transaera, Jl. Merdeka Timur 16, Tel. 35 13 73

Marco Polo, Jl. Teuku Cik Ditiro 19, Tel. 3 14 60 69, Fax 3 10 71 36

Sriwijaya Hotel, Jl. Veteran 1, Tel. 3 44 04 09, Fax 3 44 65 53

Indra International Hotel, Jl. Wahid Hasyim 63, Tel. 3 15 28 58, Fax 32 34 65

Ein Stern

Wisma Indra, Jl. Wahid Hasyim 63, Tel. 33 74 32

Sriwijaya, Jl. Veteran 1, Tel. 37 04 09

Einfache Hotels

Yannic International Guest House, Jl. Raden Saleh Raya 35, Tel. 3 14 00 12, Fax 32 70 05

Wisma Delima, Jl. Jaksa 5, Tel. 33 70 26

Borneo Hostel, Jl. Kebon Sirih Barat Dalam 35, Tel. 32 00 95

Altstadt und Nord-Jakarta

Vier Sterne

Horison, Jl. Pantai Indah (Ancol), Tel. 68 00 08, Fax 68 40 44

Jayakarta Tower, Jl. Hayam Wuruk 126, Tel. 6 29 44 08, Fax 6 29 50 00

Drei Sterne

Putri Duyung Cottage, Taman Impian Jaya Ancol, Tel. 68 01 08, Fax 68 36 14

Sanno Jakarta Airport Hotel, Jl. Pluit Raya Selatan, Block M, Tel. 6 60 60 60, Fax 6 60 49 44

Zwei Sterne

Djakarta, Jl. Hayam Wuruk 35, Tel. 37 77 09

Süd-Jakarta

Vier Sterne

Kartika Chandra, Jl. Gatot Subroto, Tel. 5 25 10 08, Fax 5 20 42 38

Drei Sterne

Kemang, Jl. Kemang Raya, Tel. 7 99 32 08, Fax 7 99 34 92

Garden, Jl. Kemang Raya, Tel. 7 99 58 08, Fax 7 89 07 63

Zwei Sterne

Interhouse, Jl. Melawai Raya 18–20,
Tel. 71 64 08, Fax 7 20 69 88

Ein Stern

Jusenny, Jl. Senayan B 1 S 3/29,
Tel. 7 20 65 65, Fax 7 20 83 04

Information

Visitor Information Centre, Jl. Thamrin 9
(Jakarta Theatre), Tel. 33 20 67, 36 40 93

Tourism Office (Jakarta City Government), Jl. Kuningan Barat 2, Tel. 51 10 73

Visitor Information Service (am Flughafen »Soekarno-Hatta«), Tel. 5 50 70 88

Directorate General of Tourism, Jl. Kramat Raya 81, Tel. 3 10 31 17

Jugendherbergen

Graha Wisata Mahasiswa Kuningan,
Jl. H. Rangkayo Rasuna Said Kunigan,
Jakarta Pusat, Tel. 51 69 22

Graha Wisata Remaja (Taman Mini Indonesia Indah), Jl. Pondok Gede, Kramat Jati, Jakarta Timur, Tel. 84 94 18

Graha Wisata Remaja Ragunan, Kompleks Gelanggang Olah Raga Jaya Raya, Ragunan, Pasar Minggu, Jakarta Selatan, Tel. 78 25 40

Graha Wisata Jaya Ancol, Jl. R.E. Martadinata, Jakarta Utara, Tel. 68 19 52

Krankenhäuser und Ärztezentren

Metropolitan Medical Centre (mit Fach- und Zahnärzten), Jl. H.R. Rasuna Said Kav. C 22, Kuningan, Tel. 5 20 10 34

Rumah Sakit St. Carolus, Jl. Salemba Raya 41, Tel. 4 21 44 26

Rumah Sakit Cikini, Jl. Raden Saleh 40, Tel. 33 69 61, 36 52 97

Rumah Sakit Pertamina, Jl. Kyai Maja 43, Kebayoran Baru, Tel. 7 20 02 90

Rumah Sakit Cipto Mangunkusumo (RSUP, Intensivstation), Jl. Diponegoro, Tel. 33 08 08, 88 28 29

Damajanti & Associates, Jl. Lombok 57, Menteng, Tel. 3 14 68 23

Kulturveranstaltungen

Taman Ismail Marzuki (TIM), Jl. Cikini Raya 73 (Jakarta-Mitte), Tel. 33 73 25; TIM ist Jakartas wichtigstes Kulturzentrum mit abwechslungsreichem Programm (traditionelle und moderne Musikdarbietungen, Volksdramen, indonesische Tänze, Ballett, Kunstausstellungen usw.)

Bharata Theater, Jl. Kalilio, täglich außer Mo und Do *wayang orang* und javanische Ketoprak-Tanzdramen (20 Uhr)

School of Folk Art (Schule für Volkskunst), Jl. Bunga 5 (Jatinegara), täglich außer So, Proben ab 11 Uhr

Pasar Seni (Kunstmarkt), Taman Impian Ancol (Nord-Jakarta)

National Museum, Jl. Merdeka Barat, geöffnet an wechselnden Sonntagen 20 Uhr

Wayang Museum, Jl. Pintu Besar Utara (Nord-Jakarta)

In beiden Museen *wayang-kulit*-Schattenspiel und *wayang-golek*-Vorführungen, geöffnet jeden Sonntag 10 Uhr

Taman Mini Indonesia Indah (TMII), im Südosten der Stadt gelegen, Musik- und Tanzdarbietungen jeden Sonntag

Museen und Kunstgalerien

National Museum, Jl. Merdeka Barat 12, Di–Do 8.30–14 Uhr, Fr 8.30–11 Uhr, Sa 8.30–13 Uhr, So 8.30–15 Uhr, Mo geschlossen

Jakarta Museum (Geschichte Jakartas), Jl. Taman Fatahillah 1

Maritime Museum (Seefahrt), Jl. Pasar Ikan 1

Wayang-Schattenspiel-Museum (hervorragende Sammlung von *wayang*-Puppen), Jl. Pintu Besar Utara (Nähe Taman Fatahillah)

Balai Seni Rupa (Haus der Bildenden Kunst) und Keramik-Museum, Jl. Taman Fatahillah 2 (Ausstellung von antikem Porzellan, Keramiken und Gemälden)

Textil-Museum (Sammlung alter Batiken und traditioneller Webkunst), Jl. K.S. Tubun 4 (in West-Jakarta hinter dem Pasar Tanah Abang)

Satria Mandala Museum (Militär),
Jl. Gatot Subroto 14 (gegenüber vom
Hotel Kartika Chandra)

Adam Malik Museum (persönliche Sammlung des ehemaligen Vizepräsidenten),
Jl. Diponegoro 29

Taman Mini Indonesia (Indonesien en
miniature), Jl. Pondok Gede Kramat Jati
(Ost-Jakarta), mit mehreren Museen (täglich 9–17 Uhr): Museum Indonesia, Museum für Briefmarken, Museum für Sport,
Museum Keprajuritan (Unabhängigkeitskampf), Asmat Museum (Kunst aus dem
Asmat-Gebiet in Irian Jaya), Museum Komodo (Dioramas über Fauna), Museum
Graha Widya (Öl/Gas)

Santi Fine Arts Gallery, Jl. Benda 4
(Cilandak Timur), Süd-Jakarta

Graha Gallery, Jl. Taman Margasatwa 48
(Ragunan), Süd-Jakarta

C-Line Gallery, Jl. Lobak IV/7 (Kebayoran
Baru), Süd-Jakarta

Öffnungszeiten: Mit geringen Abwei-
chungen sind die Museen zumeist von
9–13 Uhr geöffnet, am Freitag jedoch nur
bis 11 Uhr, am Sonntag bis 14 Uhr oder
länger; generell sind die Museen am Montag geschlossen

Nachtclubs und Diskotheken

Nachtclubs

Blue Moon, Jl. Gajah Mada 37

Dynasty, Glodok Plaza, 8. St., Jl. Pinangsia
Raya

Regent Space Palace, Glodok Jaya Building, 9. St., Jl. Hayam Wuruk

Samrocks, Copacabana Building, Jl.
Pantai Indah, Taman Impian Jaya Ancol

Hailai International Executive Club,
Hailai Building, Jl. Lodan (Ancol)

Diskotheken

Pitstop, Hotel Sari Pan Pacific,
Jl. M.H. Thamrin

Tanamur, Jl. Tanah Abang Timur 14

Hotmen, Hotel Menteng, Jl. Soeroso 28

Manhattan, Copacabana Building, Taman
Impian Jaya Ancol

Fire Diskotheque, Plaza Indonesia,
3. St., Jl. M.H. Thamrin Kav. 28–30

Oriental, Jakarta Hilton Hotel, Jl. Gatot
Subroto

Stardust, Jayakarta Tower Hotel,
Jl. Hayam Wuruk

Parkplätze

In Jakarta sind zur Zeit rund 1,5 Mill.
Motorfahrzeuge registriert. Parkplätze
sind entsprechend rar. Fast alle vorhandenen Parkplätze sind gebührenpflichtig, in
der Regel 300 Rp. Sie sind zu entrichten
an amtliche und freie Parkwächter, die
sich überall an Plätzen mit Parkmöglich-
keiten aufhalten.

Post

Briefe, Karten und Telegramme lassen
sich am schnellsten über die kleinen Post-
stellen in den großen Hotels befördern.
Die Hauptpost befindet sich in der Lapangan Banteng Utara (Nähe kath. Kathedrale). Meist herrscht dort starker Publikums-
verkehr. Die Gebühren für einen normalen Luftpostbrief betragen 1400 Rp.
(5–20 g), für eine Postkarte 900 Rp.

Reisebüros

Anta Express, Jl. Hayam Wuruk 88,
Tel. 6 39 59 08

Batemuri, Wisata International Hotel,
Tel. 32 08 07

Bhayangkara, Jl. K.H. Wahid Hasyim 31,
Tel. 33 60 33

Carnation, Jl. Menteng Raya 24,
Tel. 34 40 72 (spezialisiert auf Bahnreisen)

Ista, Hotel Indonesia, Tel. 3 21 09 09

Mitra, Orient Building, Jl. Thamrin 51,
Tel. 34 43 36

Musi Holiday, Jl. Cikini Raya 30,
Tel. 32 27 09

Natrabu, Jl. K.H. Agus Salim 29A,
Tel. 33 17 28

Nitour, Jl. Majapahit 2, Tel. 34 09 55

Pacto, Jl. Surabaya 8, Tel. 34 30 07

Pantravel, Jl. Dr. Saharjo 96A,
Tel. 8 29 10 08

Satriavi, Jl. Prapatan 32, Tel. 3 80 39 44

Restaurants

Die großen Hotels führen indonesische, europäische, amerikanische und zuweilen exotische Küchen. Daneben gibt es überall im Stadtgebiet zahlreiche Restaurants, von denen nachstehend nur eine Auswahl bekannter Lokale verschiedener Spezialitäten aufgeführt wird

Indonesische Küche

Indonesian Restaurant, Panin Bank Centre, Jl. Jend. Sudirman Kav. 7–8, Tel. 7 39 59 04

International Java House, Jl. K.H. Wahid Hasyim 75, Tel. 33 27 70

Senayan Satay House, Jl. Kebon Sirih 31A, Tel. 32 62 38; Jl. Cokroaminoto 78, Tel. 34 42 48; Jl. Pakubuwono VI/6, Tel. 71 58 21

Salero Bagindo, Jl. Kebon Sirih 79, Tel. 3 10 30 47; Jl. Cokroaminoto 76

Sari Bundo, Jl. Ir. H. Juanda 27, Tel. 35 83 43

Chinesische Küche

Angke Restaurant, Ketapang Indah Complex B1–1, Jl. K.H. Zainul Arifin

Brilliant Palace, Jl. Juanda 17, Tel. 36 08 13

Summer Palace, Tedja Buana Building, Jl. Menteng Raya 29, Tel. 33 29 69, 33 29 89

Thao Yuen, Jl. Raya Jagorawi, Cilandak, Süd-Jakarta, Tel. 7 50 06 98

Nelayan, Gedung Manggala Wanabhakti, Jl. Jend. Subroto, Tel. 5 70 02 48, 5 70 02 35

New Jade Garden, Jl. Blora 5–6, Tel. 33 41 04; Sim Yan, Gajah Mada Plaza, Jl. Gajah Mada 19–26, Tel. 35 36 55

Europäische Küche

George & Dragon, Jl. Teluk Betung 32, Tel. 32 56 25

Gandy Steak House, Jl. HOS Cokroaminoto 90, Tel. 33 32 92

Le Bistro, Jl. Wahid Hasyim 75, Tel. 36 42 72

Ponderosa Steak House, S. Widjojo Centre (Erdgeschoß), Jl. Jend. Sudirman 57,

Tel. 58 38 23; Arthaloka Building, Jl. Jend. Sudirman, Tel. 58 32 80

Oasis (ein besonders gutes Haus), Jl. Raden Saleh Raya 47, Tel. 32 63 97

Japanische Spezialitäten

Sakura, Garden Plaza, Landmark Centre, Jl. Jend. Sudirman 110, Tel. 5 78 01 71

Shima, Hyatt Aryaduta Hotel, Jl. Prapatan 44–46, Tel. 37 72 63

Sumibian Elite Food, Chase Plaza (25. St.), Jl. Jend. Sudirman Kav. 21, Tel. 5 70 01 96

Koreanische Spezialitäten

Korean Garden, Jl. Teluk Betung 33, Tel. 32 25 44

Korea Tower, Bank Bumi Daya Plaza (30. St.), Jl. Imam Bonjol 61, Tel. 33 03 11

Sea Food-Spezialitäten

Ju Nyan, Jl. Panglima Polim Raya 77, Tel. 7 39 62 42

Nelayan Seafood, Gedung Manggala Wanabhakti Building, Jl. G. Subroto, Tel. 5 70 02 48, 5 70 02 35

Kuningan Seafood, Jl. HOS Cokroaminoto 122, Tel. 33 16 01

Hailai International Executive Club, Hailai Building, Jl. Lodan (Ancol), Tel. 68 02 28

Souvenirs

Souvenirs verschiedener Art sind in den großen Einkaufszentren in der Jalan Gajah Mada (Duta Merlin, Gajah Mada Plaza), Jl. Thamrin (Sarinah, Indonesia Plaza), Jl. Sudirman (Ratu Plaza) und Blok M in Kebayoran Baru (Aldiron, Sarinah u.a.) erhältlich. Daneben bestehen Geschäfte, die sich spezialisiert haben:

Arjuna Craft Shop (Antiquitäten), Jl. Mojopahit 16a, Tel. 34 42 51

Banka Tin Art Shop (Andenken aus Zinn), Jl. K.H. Wahid Hasyim 178

Danar Hadi (Batiken), Jl. Raden Saleh 1a, Tel. 34 23 90

Batik Kris (Batiken), Ratu Plaza, Jl. Jend. Sudirman 9

Djelita Art Shop (Batiken, Malereien, Schnitzereien usw.), Jl. Palatehan I No. 37

Garuda N.V. (Antiquitäten),
Jl. Majapahit 12, Tel. 34 27 12

GKBI (handgemalte und gedruckte
Batiken), Jl. Sudirman 28, Tel. 58 10 22

Pigura Art & Gift Shop (Antiquitäten,
Zinn, Silber usw.), Jl. Palatehan I No. 41

Flohmarkt, Jl. Surabaya

Taxis

Es stehen ausreichend Taxis zur Verfügung, die entweder vom Hotelportier besorgt oder auf der Straße herangewinkt
werden können. Die Tarife sind günstig.
Die Gebührenzähler beginnen mit 1500
Rp. pro erstem Kilometer, jeder weitere
550 Rp. Empfehlenswert sind die blaufar-
bigen Blue Bird Taxis. Es ist unbedingt
darauf zu achten, daß der Gebührenzähler angeschaltet wird. Taxifahrer erwarten
ein Trinkgeld

Telefonate, Telefaxe, Telegramme

Während der letzten Jahre sind überall in
Jakarta (sowie in ganz Indonesien) private
Telefon-Büros (Kantor Telekomunikasi,
abgekürzt Wartel, Warnostal oder Warpar-
postel) eingerichtet worden, von wo man
problemlos, auch ins Ausland, direkt und
ohne Vermittlung zu normalen Zeittakt-
Tarifen Telefonate führen und Telefaxe
aufgeben kann (Öffnungszeiten normalerweise 7–22 Uhr, manchmal auch 24 Std.).
Hauptamt Tempat Telekomunikasi
(24 Std. geöffnet): Skyline Building, Jl.
M. H. Thamrin 9 (Eingang beim Jakarta
Theatre Building). Es können auch Telexe
aufgegeben werden. Ferngespräche vom
Hotel aus sind teurer.

Telegramme werden im Telegrafenamt
(Gedung Telekomunikasi), Jl. Merdeka
Selatan 12, Tel. 34 94 37, aufgegeben

Vorwahl Jakarta: 0 21

*Zusammenfluß der Verkehrsströme an der
Selamat Datang-Statue in Jakarta*

*Nächste Doppelseite:
Panoramablick auf die hinduistische Tempelanlage Prambanan in Zentral-Java*

Java

Java

Allgemeines

Die Große Sunda-Insel Java im Malaiischen Archipel umfaßt mit der zugehörigen 5 470 km² großen Insel Madura 134 703 km². Damit rangiert die bedeutendste der Großen Sunda-Inseln flächenmäßig weit hinter den übrigen. Die Insel ist 1 060 km lang und nur zwischen 55 und 200 km breit. Verwaltungsmäßig ist Java in fünf Provinzen eingeteilt: West-Java mit seiner Hauptstadt Bandung, Zentral-Java mit seiner Hauptstadt Semarang, Ost-Java mit seiner Hautpstadt Surabaya und die Stadtgemeinde Groß-Jakarta sowie der Sonderbezirk Yogyakarta. Obwohl die kleinste der Großen Sunda-Inseln, bildet Java das Zentrum und Herzstück Indonesiens. Hier konzentrieren sich fast zwei Drittel der Gesamtbevölkerung. Die zentrale Bedeutung Javas wird noch deutlicher, wenn man den Bevölkerungsanteil und die Fläche der Insel in Beziehung zu den beiden Größen ganz Indonesiens setzt: Danach leben knapp 70 % der Bevölkerung auf nur etwa 7 % der Gesamtfläche Indonesiens.

Die Assoziation Javas mit landschaftlich tropischer Schönheit, gepflegten Reisfeldern, aktiven Vulkanen, exotischen Dörfern, in denen noch altüberkommene Traditionen und Religionen gepflegt werden, sowie mit mächtigen Baudenkmälern aus längst versunkenen Zeiten ist richtig, aber unvollständig, wenn man nicht die schwerwiegenden Entwicklungsvorhaben und damit zusammenhängenden Bevölkerungs- und Sozialprobleme, an denen die Insel krankt, in die Gesamtbetrachtung einbezieht. Das noch so heitere Bestreben der Menschen Javas zum Ausgleich und zur Harmonie überdeckt nicht die großen und schweren Risse, die die beginnende Neuzeit in das bisher ruhig und unerschütterlich dastehende Sozialgefüge geschlagen hat.

Geologisch gehört Java zu dem erdgeschichtlich jungen Sunda-Gebirgssystem, das die Sunda-Platte im Westen und Süden umzieht. Der südliche und nordöstliche Teil der Insel besteht überwiegend aus tertiären Kalken und Mergelböden, die Mitte aus vulkanischen Ablagerungen und der Norden überwiegend aus Schwemmland. Hohe Einzelvulkane wie ganze Vulkangruppen sind keine Seltenheit. Viele sind noch tätig. Der höchste Vulkan ist mit 3 676 m der Semeru, der mit seiner riesigen Caldera sehenswerteste ist in Ost-Java noch tätige Bromo (2 378 m). Besuchenswert ist auch im Süden das Gunung Sevu, das Tausendgebirge, eine Kalktafel mit bizarren Formen tropischen Kegelkarstes, wie man sie sonst nur selten zu sehen bekommt.

Die zumeist felsige und steile Südküste mit ihrer schweren Brandung und gefährlichen Strömung ist nicht sehr besucherfreundlich. Die schönen Strände liegen im Westen und Norden. Nur noch etwas mehr als 20 % der Fläche der Insel ist mit Wald bedeckt. Tropischem Urwald begegnet man allenfalls noch an den höheren Hängen der Berge. Der größte Teil der landwirtschaftlichen Anbaufläche wird mit Reis bestellt. In Ost- und Zentral-Java ist der Maisanbau weit verbreitet. Im feuchteren West-Java und auch im Osten der Insel trifft man auf Tee-, Kautschuk-, Zuckerrohr- und, insbesondere im Osten, auch auf Kaffeeplantagen. In Zentral- und Ost-Java befinden sich weite Tabakfelder. Eine Be-

*Reisterrassen-
landschaft in Java*

sonderheit ist der Anbau von Chinarinde in West-Java, im Pranger-Hoch-
land, um Bandung herum. Die großen
Baudenkmäler der vergangenen Kulturen konzentrieren sich auf Zentral-Java. Die eingesessene Bevölkerung Javas
reiht sich in die zu den Mongoliden
zählende Bevölkerungsgruppe ein. Die
Javaner sind in der Regel Muslime. Zu
unterscheiden sind die orthodoxen
Santri von den moderaten Abangan,
deren Glaubensvorstellungen viele
Elemente aus hindu-javanischer Zeit
enthalten. Fast 80 % aller Javaner leben
außerhalb der großen Städte vorwiegend als Kleinbauern und Handwerker.
In Überschwemmungsgebieten sind

ihre Häuser auf Pfählen errichtet und
bestehen aus Holz und Bambus. Die Javaner haben sich als Goldschmiede
und geschickte Weber wie Färber *(batik)* hervorgetan. Die Kleidung der
Frauen besteht aus einem rockartig ge-
tragenen Tuch *(kain)* mit einer Jacke
(kebaja) und einem Schultertuch *(slen-
dang)*. Die Männer tragen heute fast
durchweg Hemd und Hose, die streng-
gläubigen Muslime noch immer vielfach den *sarong* und als Kopfbedeckung den schwarzen, fezartigen *peci*
(petschi). Die Mekkapilger sind an einer weißen Kopfbedeckung zu erkennen. Die Javanerinnen tragen im Gegensatz zu anderen islamischen Frauen
keinen Schleier, auch sind sie in ihrer
Bewegungsfreiheit nicht beschränkt.

West-Java

Allgemeines

Der westliche Teil Javas umfaßt rund ein Drittel der gesamten Fläche der Insel und beherbergt auch etwa ein Drittel der Inselbevölkerung. Landschaftlich unterscheidet er sich nicht wesentlich vom Mittel- und Ostteil. Sehr wohl besteht dagegen ein Unterschied zwischen den West-Javanern oder Sundanesen und den Menschen Zentral-Javas. Ohne unzulässigen Pauschalisierungen das Wort zu reden, können die West-Javaner gegenüber ihren östlichen Nachbarn als die dynamischeren und bestimmter auftretenden Menschen angesehen werden. So ist nicht untypisch, daß West-Java die Heimat des Spiels mit den handfesten *wayang-golek*-Puppen ist, während in Zentral-Java das flüchtige Schattenspiel des flächigen *wayang-kulit* bevorzugt wird. So sind auch von ihrer Statur her die West-Javaner meist etwas kräftiger, während die Menschen Zentral- und Ost-Javas, insbesondere in der Gegend um Yogyakarta, eher eine zierliche und graziöse Gestalt auszeichnet.

In West-Java hat sich im Gegensatz zu den anderen Teilen der Insel die hindu-indische Tradition weniger stark erhalten. So gibt es im Westen der Insel so gut wie keine alten Bauwerke und monumentalen Tempel aus der großen hindu-buddhistischen Periode. Dagegen tritt der Islam stärker in Erscheinung, der in diesem Teil der Insel auch verstärkt nationalistische Kräfte löst, die sich gelegentlich mit sozialre-

volutionärem Gedankengut aufladen. So haben von West-Java schon wiederholt in die Geschichte Indonesiens eingegangene Rebellionen und Aufstände ihren Ausgang genommen.

Dem Erholungsuchenden bieten sich insbesondere an der Nord- und Westküste der Insel herrliche Sandstrände sowie eine von Tauchern sehr geschätzte Inselwelt mit Riffen und bunter Unterwasserfauna an.

Die Bucht von Jakarta

Die Gruppe der Tausend Inseln, **Pulau Seribu,** in der Bucht von Jakarta besteht aus 110 kleinen und kleinsten Eilanden, die sich fast durchweg durch schönen Sand- oder Korallenstrand auszeichnen. Hier gibt es für den Sonnenhungrigen noch ein Südseeparadies zum Schwimmen, insbesondere aber auch zum Tauchen und Schnorcheln sowie Segeln und Windsurfen. Die Inselwelt wird in zwei- bis vierstündiger Bootsfahrt von Jakartas Yachthafen Tanjung Priok erreicht. Auf **Pulau Putri** stehen geschmackvolle Bungalows und auf **Pulau Air** einfache Unterkünfte zur Verfügung. Rechtzeitige Anmeldung für Feiertage ist ratsam (S. 127). Ausrüstungen sind auf Pulau Putri erhältlich. Die Inselwelt kann auch mit Kleinflugzeugen in ca. 20 Minuten vom alten Flughafen Jakarta aus erreicht werden. Das Flugzeug landet auf der Nachbarinsel Pulau Panjang, so daß nur eine kurze Bootsfahrt nach Pulau Putri notwendig ist.

Die verhältnismäßig nahe an Jakarta gelegenen Inseln **Pulau Nirwana** und **Pulau Monjet,** die wegen ihrer halbzahmen Affen bekannt sind, werden an Sonn- und Feiertagen stark besucht. Auf der Insel **Ontrust** befand sich früher eine Schiffswerft. Auf den entfernteren Inseln kann sich jeder Tourist noch sein Eiland in der Sonne aussuchen. Bei Bootsfahrten am Abend

Die Pulau Seribu in der Bucht von Jakarta

★ See-Garten
P Herberge
K Zeltplatz
::::::: Natur-Reservat
—— Touristenschiff
········· Fähre
—·— Schiffahrt

P. Dua
P. Gosong Rangat
P. Jagung
P. Ringgit
P. Sebaru
P. Antuk
Kelurahan
P. Sabtu Pulau Kelapur
P. Melinju
P. Petundang
P Melintang
P. Putri
P. Genting
P. Bira
P. Panjang
P. Kelapa
P. Opak br.
P. Kotok kc.
Kelurahan Pulau Panggang
P. Simpit
P. P. Panggang
P. Lang
P. Ayer
P. Tidung
P. Payung
Kelurahan
P. Kohgsi
Pulau Tidung
P. Pari
Kelurahan Pulau Jawa
Schnorcheln
P. Lancang kc.
Vogelgebiet
P. Laki
Sonntagsmarkt
P. Damar br.
P. Bokor
P. Untung
P. Rambut
Jawa
P. Damar kc.
P. Ayer besar
Tanjung Kait
P. Nyamuk kc
Kapal
P. Kelor
Oricus
P. Bidadari
P. Nyamuk b
Tanjung Pasir
Picir
Tanjung Priok
N
Kamal
Airport
Cengkareng
10 km
Ancol
Jakarta

139

ist wegen der kühlen Brise warme Kleidung mitzunehmen. Wegen der scharfen Korallen sollte man auch Badeschuhe nicht vergessen. Sehr schön ist die Insel Bidadari, die von Ancol im Norden von Jakarta aus schnell erreicht werden kann.

Route 1: Zur Westküste
Tangerang – Serang – Banten –
Tasikardi – Cilegon – Merak –
Anyer – Batu Kuwung – Labuan –
Ujung Kulon
(Karte zur Route 1 auf Seite 142)

Tangerang

Rund 30 km westlich von Jakarta, über die Ausfahrt des Stadtteils Slipi, gelangt man zu dem alten Handelszentrum Tangerang, welches als Hauptattraktion einen alten chinesischen Tempel, **Kelenteng**, beherbergt. Der Weg zu ihm führt, wenn man von Jakarta kommt, beim Omnibusbahnhof über eine große Brücke, hinter der man sogleich scharf nach rechts abbiegt. Sodann geht es ca. 2 km auf asphaltierter Straße bis zu einer Gabelung, an der man abermals rechts abzweigt. Einige hundert Meter danach findet sich der Tempel auf der linken Straßenseite. Bei Cengkareng, zwischen Jakarta und Tangerang, liegt der neue internationale Flughafen von Jakarta, Sukarno-Hatta.

Serang

Etwa 50 km weiter westlich von Tangerang gelangt man zu dem Verwaltungszentrum (Kubupaten) Serang, von dem aus eine rund 10 km lange Straße zu dem Fischerdorf **Banten** führt. Dieses war im 16. und 17. Jh. Mittelpunkt eines Sultanats und bedeutender Handelsplatz, wo sich Kaufleute aus China, Indien und Arabien trafen. Am 22. Juni 1596 landete hier der holländische Kapitän Cornelis de Houtman mit vier Schiffen, um neben den bereits Handel treibenden Chinesen, Indern, Arabern, Engländern und Portugiesen auch den Niederländern Einfluß zu verschaffen. An halbverfallenen Zeugen einer großen Vergangenheit sind nur noch die steinernen Wälle vom Kaibon-Palast, **Istana Kai-**

Posten der PPA-Wildhüter auf der Insel Panaitan im Wildschutzreservat Ujung Kulon in West-Java

bon, die aus dem 17. Jh. stammenden Ruinen eines portugiesischen Forts, **Pakuwonan** und eine große Moschee, **Mesjid Agung** zu bewundern, in der sich ein kleines, aber sehenswertes **Museum** befindet. Mit ihrem Bau wurde 1559 begonnen. Gegenüber einem chinesischen Tempel liegen die Ruinen des 1682 begonnenen niederländischen **Forts Speelwijk.** In dem 3 km südwestlich gelegenen **Tasikardi** ist ein künstlicher See mit einer kleinen Insel zu sehen, auf der in früheren Jahren die ungetreuen Konkubinen der Sultane interniert wurden. In einer ca. halbstündigen Bootsfahrt läßt sich von Banten aus die Vogelinsel Pulau Dua erreichen.

Cilegon

Etwa 20 km nordwestlich von Serang liegt die Ortschaft Cilegon, in deren unmittelbarer Nachbarschaft die Industriezone Krakatau unter erheblicher Beteiligung deutscher Firmen aufgebaut wurde. Die Restaurants New Saiki, in der Ortsmitte auf der Hauptstraße, und Roda, an der Ortsausfahrt, bieten gute Küche.

Merak

11 km nördlich von Cilegon stößt man auf Merak, von wo zweimal täglich eine Autofähre in vierstündiger Fahrzeit nach Sumatra verkehrt. Dicht vor die-

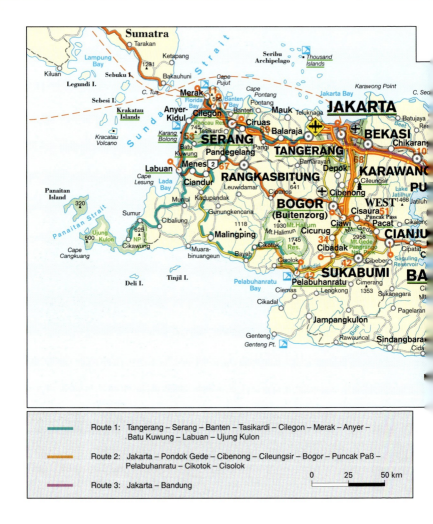

Route 1: Tangerang – Serang – Banten – Tasikardi – Cilegon – Merak – Anyer – Batu Kuwung – Labuan – Ujung Kulon

Route 2: Jakarta – Pondok Gede – Cibenong – Cileungsir – Bogor – Puncak Paß – Pelabuhanratu – Cikotok – Cisolok

Route 3: Jakarta – Bandung

0   25   50 km

ser Hafenstadt liegt das Ramayana-Strandhotel, dahinter die an Sonntagen stark besuchte Florida-Bucht, von der aus sich schöne Bootsfahrten arrangieren lassen. In einer eineinhalbstündigen Bootsfahrt kann man von Merak aus Bakauhuni und in 4 Std. Srengsem erreichen.

Anyer

Wenn man vor der Einfahrt in den älteren Teil des Krakatau-Komplexes bei Cilegon nach Südwesten abzweigt, kommt man über eine schöne Uferstraße mit freiem Badestrand zu einem alten Leuchtturm und der Ortschaft Anyer. Dort gibt es ein für jedermann zugängliches Bungalow-Hotel und Restaurant der Ölgesellschaft Pertamina.

Westlicher Teil Javas

Weiter in südlicher Richtung gelangt man zu dem **Felsentor Karang Bolong,** neben dem sich der Carita Beach mit dem Bungalow-Hotel ausbreitet. Wendet man sich vom Felsentor in östlicher Richtung, so führt die Straße über den Badeort **Batu Kuwung** mit seinen warmen Quellen wieder zurück nach Serang. Die Fahrt geht durch ein hügeliges Gelände. Rechts und links der Straße breiten sich große Reisfelder

aus. In südlicher Richtung gelangt man dagegen zu den Sambol Seaside Cottages, 15 km vor dem Fischerdorf **Labuan.** Sowohl von der Carita-Bucht als auch von Labuan aus lassen sich ausgedehnte Bootsfahrten zu den Inseln der Sunda-Straße, nach Krakatau und zu dem Naturschutzpark und **Wildreservat Ujung Kulon** unternehmen. Dieses Wildreservat, 41 120 ha groß, im äußersten südwestlichen Zipfel Javas gelegen, ist der letzte Zufluchtsort seltener Tiere wie dem einhornigen Rhinozeros, dem Banteng-Büffel und dem Zwerghirsch *(kancil)*. Die Halbinsel wurde schon 1921 von den Niederländern zum Naturschutzgebiet erklärt und kann auch heute nur mit einer Spezialerlaubnis betreten werden, die das Directorate of Forest Development in Bogor, Jl. H. Juanda 9, Bogor 76, erteilt. Unterkünfte und Aussichtstürme erlauben einen intensiven Beobachtungsaufenthalt in diesem Gebiet, dessen beste Besuchszeit in den Monaten April bis Oktober liegt.

Die von Labuan ausgehenden Bootsfahrten können über C.V. Santosa, H. Mamak Maimun, Labuan, Jl. Caringin 70, Tel. 21 41, gebucht werden. Je nach der Qualität des Bootes dauern z.B. die Fahrten zur Krakatau-Insel zwischen 3 und 6 Std., wobei das Wetter auch noch eine Rolle spielt. Für Klettereien auf der Vulkaninsel sind feste Schuhe angebracht. Viel Getränke mitnehmen! Es gibt am Krakatau kein köstlich kaltes Bier.

Zum Fischerdorf Labuan führt auch eine Straße von Sereng nach Süden über den Ort Pandegelang und von dort dann in westlicher Richtung durch eine abwechslungsreiche Landschaft nach Ciandur und Labuan. In Ciandur kann man nach Süden abzweigen und über eine sehr schlechte Straße nach Malingpin und von dort, vorbei an dem Goldbergwerk Cikotok, in östlicher Richtung nach **Pelabuhanratu** (S. 148), dem Hafen der Königin der Südsee, fahren. Das Komforthotel Samudera Beach, Tel. 4 10 23 (Reservierung auch über Hotel Indonesia in Jakarta, S. 129), bietet gute Übernachtungsmöglichkeiten. In der Regenzeit ist wegen der schlechten Straßenverhältnisse die Anfahrt über Bogor vorzuziehen, da man sonst in den sumpfigen Niederungen steckenbleiben kann. Beim Baden Vorsicht wegen der starken Strömung!

Route 2:
An die Südküste West-Javas
Jakarta – Pondok Gede – Cibenong – Cileungsir – Bogor – Puncak-Paß – Pelabuhanratu – Cikotok – Cisolok
(Karte zur Route 2 auf Seite 142)

Bogor

Diese ca. 60 km südlich von Jakarta gelegene Stadt wird am schnellsten über die mautpflichtige Schnellstraße Jakarta – Bogor erreicht, die von den beiden großen Umgehungsstraßen (Bypass) der City in südlicher Richtung abzweigt. Man kann ebenfalls über die etwas langsamere, dafür aber interessantere alte Route nach Bogor kommen. Zu ihr gelangt man über Jakarta-Bypass, Kebayoran Lama oder über Jakarta Kebayoran Baru (Block A), und zwar, indem man bis zum Krankenhaus Ibu Fatmawati fährt. Die Fahrzeit beträgt über 1 Std.

Noch im Stadtbereich von Jakarta-Süd, hinter Kebayoran Baru, aber noch vor der Abzweigung am Krankenhaus Ibu Fatmawati, passiert man das spirituelle Zentrum einer dort ansässigen Bruderschaft, Wisma Subud. Die alte Straße führt in südlicher Richtung (15 km) zum Dorf **Pondok Gede**. Ein Hinweisschild führt links zum **Pancasila-Sakti-Denkmal**, welches zur Erinnerung an die Offiziere errichtet wurde, die an dieser Stelle (Krokodilsgrube, Lubang Buaya) in der Nacht zum 1. Oktober 1965 ermordet wurden. In unmittelbarer Nähe davon, auf der anderen Straßenseite, befindet sich der Komplex **Indonesia Indah** (Schönes Indonesien), eine Parkanlage, die im Kleinformat die 27 Provinzen des Landes, jeweils durch ein Haus in der traditionellen Architektur repräsentiert, vorstellt (S. 126).

Der Präsidentenpalast in Bogor

Die Hauptstraße nach Bogor führt in südlicher Richtung zunächst zur Ortschaft **Cibenong.** Hier gibt es eine Abzweigung nach **Cileungsir** und einen für seine Feuerzeremonien berühmten Chinesentempel. Während dieser Zeremonien laufen in Trance befindliche Menschen barfüßig über glimmendes Feuer, ohne sich zu verletzten. Von Cibenong aus führt die Straße sodann direkt in südlicher Richtung nach Bogor.

Die Stadt **Bogor** (290 000 Einw.) zeichnet sich durch ein angenehmes Klima aus, auch wenn es viel regnet. Ihr Hausberg ist der 2 211 m hohe Salak. Etwa zwei km nach der Ortseinfahrt liegt inmitten eines großen Parks mit Hunderten von Rehen der nur noch zu besonderen offiziellen Veranstaltungen benutzte Präsidentenpalast. 1745 von dem damaligen niederländischen Generalgouverneur van Imhoff als Rasthaus erbaut, später erweitert und Buitenzorg genannt, was soviel wie »Sorgenfrei« bedeutet, wurde die Anlage im Laufe der Jahre mehrfach von Erdbeben zerstört und wieder aufgebaut. Erst 1870 erhielt sie die offizielle Bezeichnung »Residenz der Generalgouverneure«. Besichtigungsmöglichkeit über das Bogor Tourist Office, Jl.

Amorphophallus titanum, ein Aronstabgewächs mit bis zu zwei Meter langen Blütenständen

145

Schirmbaum im Park des Präsidentenpalastes in Bogor

Juanda 38 A. An den Palast schließt sich der 110 ha große und außerordentlich schöne **Botanische Garten** an, der auf Veranlassung des britischen Generalgouverneurs Sir Stamford Raffles im Jahre 1817 von dem deutschen Professor Caspar Georg Reinwardt angelegt wurde. Er beherbergt zur Zeit mehr als 15 000 verschiedene Pflanzen aller Arten und gibt daher dem Besucher einen hervorragenden Einblick in die Blumen- und Pflanzenwelt Indone-

Strahlenförmiges Wurzelwerk eines Ficus-Baumes

siens. Zur Erklärung der einzelnen Pflanzen stehen am Eingang Führer zur Verfügung. Dem Garten sind zudem eine naturwissenschaftliche Sammlung und eine Bibliothek angegliedert.

Hotels

Pangrango, Jl. Pangrango 23, Tel. 32 86 70
New Mirah, Jl. Megamendung 2, Tel. 32 80 44
Elsana Transit, Jl. Sawojajar 36, Tel. 32 25 52

Botanischer Garten

Jl. Juanda, geöffnet täglich 8 – 16 Uhr

Zoologisches Museum

Jl. Juanda 2, geöffnet Mo 9 – 16 Uhr, Di – Do 8 – 16 Uhr, Fr 8 – 11 Uhr, Sa u. So 8 – 16 Uhr

Tourist Information

Dinas Pariwisata, Jl. Juanda 38A, Tel. 32 13 50

Zentrale Forstbehörde PPA

Jl. Juanda 100 (links vor dem Haupteingang des Botanischen Gartens); wichtig bei Genehmigungen für den Besuch von Nationalparks

Telefon

Vorwahl Bogar: 02 51

Am Ortsausgang in Richtung Puncak-Paß, vor den dort befindlichen Kasernen, führt eine Straße rechts ab zu einer bescheidenen Anlage, in der eines der ältesten Denkmäler des Landes, der **Batu Tulis,** aufbewahrt wird. Es handelt sich um einen Stein mit zwei Fußabdrücken, der rund 1500 Jahre alt ist und die Inschrift trägt: »Dies sind die Fußabdrücke des heldenmütigen Eroberers der Welt, seiner Majestät Sang Purnawarman, des Königs von Tarumanegara, vergleichbar den Fußabdrücken von Vishnu, dem Gott.« Direkt gegenüber liegt ein moderner Bungalow, der dem früheren Präsidenten Sukarno eine Zeitlang als Stätte des inneren Exils diente. Ein weiterer beschrifteter Stein, Batu Tulis, befindet sich rund 15 km westlich von

Bogor in der Nähe der Ortschaft Ciampea (einstündiger Fußweg vom Dorf).

Die Straße von Bogor in südlicher Richtung zum Puncak-Paß führt durch eine abwechslungsreiche, bergige Landschaft mit Bambushainen, Reisterrassen, Dörfern, Wochenendhäusern und Teegärten schließlich in die 12 km entfernte Ortschaft **Ciawi,** von der eine Nebenstraße nach rechts zu einer **Gedenkstätte des deutschen Ostasien-Geschwaders** aus dem Ersten Weltkrieg abzweigt. Hier liegen auch gefallene Soldaten deutscher U-Boote, die während des Zweiten Weltkrieges in Jakarta einen Stützpunkt hatten. In der Nachbarschaft von Ciawi, bei dem Dorf **Tapos,** liegt eine große **landwirtschaftliche Versuchsstation** (Viehzucht) mit einem Landhaus des Präsidenten Suharto. Hinter Ciawi, in **Cibulan,** befindet sich ein öffentliches Schwimmbad. Wenige Kilometer weiter, im Dorf **Tugu,** kann man in einem staatlichen Gasthaus übernachten (im Dorf rechts ab, unmittelbar vor der Moschee). Schöne Spaziergänge durch die ausgedehnte Gunung-Mas-Teeplantage!

Der Puncak-Paß

Von Bogor aus führt die Hauptstraße über das eben erwähnte Tugu hinaus langsam ansteigend zur Paßhöhe. Unmittelbar vor der Paßhöhe selbst, in 1 500 m Höhe, besteht links an der Hauptstraße eine Parkmöglichkeit. Der Fußweg führt in wenigen Minuten zu dem von Dschungel umgebenen **See Telaga Warna.** Sodann geht es mit dem Wagen hinauf zum Puncak-Paß, auf dem sich ein wegen der schönen Aussicht vielbesuchtes Restaurant befindet. Dicht hinter der Paßhöhe lädt das Puncak-Hotel mit Bungalows zum Übernachten ein. Die Straße schwingt dann in einem großen Bogen hinab zu der Ortschaft **Cimacan,** in der man scharf rechts abbiegt und, den Schildern **Cibodas** folgend, auf mäßiger Straße nach rund 4,5 km eine ausgedehnte parkähnliche Abteilung des Botanischen Gartens von Bogor auf ca. 1400 m Höhe erreicht. Wegen ihres angenehmen Klimas sind auch die Orte **Cipanas, Sindanglaya** und **Pacat,** die in nur 1000 m Höhe rund 9 bis 15 km hinter dem Paß liegen, beliebte Ausflugsziele, besonders an den Wochenenden. Sehenswert ist der große Gemüse- und **Blumenmarkt** in Sindanglaya. In Cipanas befindet sich ein Landhaus des Präsidenten, das allerdings nur zu offiziellen Anlässen benutzt wird. Kurz vor dieser Ortschaft können Familien in dem Kloster Santa Jusup übernachten, das links von der Straße liegt. Das Gebiet beiderseits des Puncak-Passes bietet überhaupt viele Möglichkeiten zu bequemen Spaziergängen, ausgedehnten Wanderungen und auch anstrengenden Bergbesteigungen. Eine dieser schönen Wanderungen geht z. B. vom Autoparkplatz des Botanischen Gartens in Cibodas auf zunächst guten, später aber etwas schlechter werdenden Wegen leicht aufwärts, durch abwechslungsreichen Regenwald in ca. 1 Std. zu einer Weggabelung, an der man rechts abbiegt und in knapp einer halben Stunde zu dem **Wasserfall Cibareum** kommt. Weit schwieriger, und möglichst nur unter Zuhilfenahme einheimischer Träger und Führer durchzuführen, ist die Besteigung der **Doppelgipfel Gunung Gedé** (2958 m) und **Gunung Pangrango** (3019 m), die bei klarer Sicht selbst von Jakarta aus zu sehen sind. Zu Anfang nimmt die Besteigung hier den gleichen Weg wie zum Cibareum-Wasserfall. An der besagten Weggabelung biegt man dann nach links ab und folgt nun schwierigeren, in ca. 2 Stunden zu heißen Quellen führenden Pfaden. Von den heißen Quellen geht es sodann in einem einstündigen,

steil aufwärts führenden Anstieg zur Schutzhütte Badak (Rhinozerosstall, wegen der hier früher in freier Wildbahn lebenden Rhinozerosse). An diesem Punkt empfiehlt sich ein Biwak im mitgebrachten Zelt. Die Schutzhütte liegt schon außerhalb des Sattels zwische dem Gedé und dem Pangrango. Die beiden Gipfel können nun in einem rund eineinhalbstündigen Aufstieg erklommen werden. Es ist dabei eine ca. 10 m hohe Steilwand mit Hilfe eines herabhängenden Seils zu überwinden. Während der Gedé noch vulkanische Tätigkeit zeigt, ist der Pangrango erloschen. In einem beschwerlichen Fußmarsch von rund 7 Std. kann der Gedé übrigens auch vom Süden her begangen werden, und zwar von der Ortschaft Selabintana, ca. 7 km vor Sukabumi, aus.

Pelabuhanratu

Die südliche Ortsausfahrt von Bogor zweigt ca. 8 km vom Stadtzentrum nach rechts ab. Nach ca. 23 km wird der »Lido« mit Schwimmbad und Raststätte erreicht. Bei der Weiterfahrt passiert man nach 6 km die Abzweigung zu dem wenig besuchten Schwimmbad Cimelati (rechts am Berghang). Die Hauptstraße führt weiter zur Ortschaft Sukabumi. Etwa 7 km oberhalb liegt das Touristenhotel Selabintana. Unmittelbar vor der Ortschaft gabelt die Straße nach rechts zum vielbesuchten **Sandstrand von Pelabuhanratu,** rund 165 km von Jakarta entfernt. Hier bietet das Samudera Beach Hotel erstklassigen Komfort. Es kann über das Hotel Indonesia schon in Jakarta (S. 129) gebucht werden. Außerdem gibt es hier einige kleine Bungalow-Hotels, die vorzügliche Fischspezialitäten anbieten. Beim Baden im Meer ist wegen der starken Strömung Vorsicht geboten. Wer zu weit hinausschwimmt, kann vom Sog erfaßt und

❖ Treten und getreten werden ❖

*P*ak Anwar muß kräftig strampeln, um sich, seine Frau und sechs Kinder am Leben zu erhalten. Der Zweiundvierzigjährige ist Fahrer eines Becaks in Bandung, der Millionenstadt in West-Java. Becaks nennt man in Indonesien die Fahrradrikschas. Die mit Muskelkraft betriebenen Dreiräder sind populäre Gefährte im öffentlichen Nahverkehr: umweltfreundlich, fast lautlos; ein rollender Arbeitsplatz, der seinen Mann schlecht und recht ernährt. Pak Anwar bewohnt mit seiner Familie zwei Kammern in einer Baracke am Stadtrand, die von mehreren Familien geteilt wird. Alle Männer arbeiten hier als Becakfahrer. Von der Decke im dämmrigen Raum baumelt eine Glühbirne, doch der Anschluß ist gesperrt, weil Pak Anwar die Stromrechnung nicht hat bezahlen können. Der Boden besteht aus gestampfter Erde; Bambusmatten dienen als Wände. Eine quirlige Kinderschar hatte mich draußen empfangen; Neugier, Lachen, Erstaunen in Dutzenden dunkler Augen ob dieses ungewöhnlichen Gastes in der Armensiedlung, wo, sagt Pak Anwar, noch nie ein Europäer aufgekreuzt sei. Gelegentlich steige so ein Weißer in sein Becak und lasse sich durch die Innenstadt kutschieren, aber hier, wo die Wege nicht einmal asphaltiert seien ... Pfiffig gibt Pak Anwar zu, daß er und seine Kollegen bei Ausländern den Preis für eine Tour ein paar Rupien höher ansetzen als bei Einheimischen. An guten Tagen ist Pak Anwar mit seinem Becak zwanzig Kilometer unterwegs. Von Sonnenaufgang bis spät nachts tritt er in die Pedalen. Jede Rupie wird dringend gebraucht. Seit Monaten konnte das Schulgeld für die Kinder nicht mehr bezahlt werden. Miete, Essen, Kleidung sind wichtiger.

Pak Anwars Frau heißt Oneh. Sie lächelt das duldsame Lächeln der armen Leute. Vierunddreißig ist sie und strahlt noch immer etwas von der Schönheit ihrer Jugend aus; doch es ist, als läge ein Schleier der Entbehrung darüber, der die Blüte rasch welken läßt.

»Lieben Sie das Leben?« frage ich Pak Anwar. Er zögert. »Das Leben ... also, wer liebt schon das Leben, wenn er so leben muß wie ich? Ab und zu möchte ich auch, wie manche anderen Leute, meine Familie glücklich machen, eine eigene Wohnung haben, ein eigenes Becak. Aber das ist bisher noch unerreichbar. Vielleicht später. Als Mieter kann ich nur Miete zahlen, solange ich arbeiten kann. Aber wenn ich alt bin, kann ich nicht mehr arbeiten. Dann können wir auch hier nicht mehr bleiben. Wohin dann mit uns? Die einzige Hoffnung wäre, daß unsere Kinder uns später unterstützen können. Wir bekommen ja keine Rente.«

In Bandung und in anderen indonesischen Städten werden die Becaks in die Vororte verdrängt und auf den Hauptstraßen ganz verboten. Becaks halten den automobilen Fortschritt auf, der sich auch in Bandung schon selbst im Wege ist. Es wird immer schwieriger, mit einem Becak seine Familie zu ernähren. Andere Jobs sind kaum zu bekommen. Und dann argumentieren Politiker und Planer in ihren klimatisierten Büros, diese Becaks seien Ausbeutung des Menschen durch den Menschen und deshalb abzuschaffen. Ich frage Pak Anwar nach seiner Meinung. Es ist die einzige Frage in unserem langen Gespräch, deren Sinn er nicht versteht. Das Becak sei seine Arbeit, wenn er die verliere, wisse er nicht mehr, wie er seine Familie versorgen könne. Ausbeutung? Er schaut mich ungläubig an. Über so etwas habe er noch nie nachgedacht.

Dem Besitzer seines Becaks muß Pak Anwar jeden Tag 750 Rupien Miete bezahlen. Wenn er genügend Kunden fahren kann, erstrampelt er sich an guten Tagen 3000 Rupien Verdienst. So viel kostet mich im Bandunger Hotel eine Flasche Bier.

Rüdiger Siebert

ins offene Meer getrieben werden. Die Fischer erzählen sich die naive Geschichte, die Königin der Südsee (wie sie den Indischen Ozean nennen) Nyai Loro Kidul ziehe besonders kühne Schwimmer mit blauer oder grüner Badehose in ihr kühles Reich hinab, wobei umstritten ist, ob aus Liebe oder als Strafe für die frevelhafte Wahl der majestätischen Meeresfarben Blau und Grün. Pelabuhanratu bietet sehr schöne kleine Spazierfahrten landeinwärts. So lassen sich eine kleine Wagentour zu den Gold- und Silberminen von **Cikotok** unternehmen oder die heißen Schwefelbäder von **Cisolok** besuchen. Alle näheren Informationen sind in den Hotels erhältlich. Für Ethnologen äußerst interessant, aber nur mit Spezialerlaubnis über das Kantor Kabupaten von Rangkasbitung zu erreichen, ist das **Gebiet des Badui-Stammes** nördlich von Cikotok, welches man am besten über den Rangkasbitung be-

tritt. In diesem sehr schwer zugänglichen Gebiet lebt noch ein Stamm von rund 4000 Menschen, der sich von der übrigen zivilisierten Umwelt nahezu völlig abgeschlossen hat. Das tägliche Leben dieser Menschen ist noch von vielen Tabus bestimmt. Zwar bemühen sich die Behörden um die schwierige Integration und Entwicklung dieses geheimnisumwitterten Stammes, dessen Angehörigen magische Fähigkeiten zugeschrieben werden, aber noch leben sie in diesem Reservat äußerst zurückgezogen. Touristen sind unerwünscht. Von Jakarta ist Rangkasbitung in südwestlicher Richtung zu erreichen.

Hotels

Samudra Beach (Reservierungen über Hotel Indonesia in Jakarta, Tel. 3 14 00 08)
Pondok Dewata, Jl. Kidang Kencana 22

Route 3: Nach Bandung und Umgebung
Jakarta – Bandung
(Karte zur Route 3 auf Seite 142)

Bandung, Hauptstadt der Provinz West-Java

Unser dritter Routenvorschlag macht den Reisenden mit dem östlichen Gebiet der Provinz West-Java vertraut, der Region »Preanger« mit dem Zentrum Bandung. Die weitflächig angelegte, 180 km von Jakarta entfernte Stadt Bandung hat ca. 2,3 Mill. Einwohner. Mit einer Höhe von 770 m über dem Meer besitzt sie ein angenehmes, wesentlich leichter als die feuchtheiße Schwüle von Jakarta zu ertragendes Klima. Die Stadt ist per Flugzeug, Eisenbahn oder mit dem Auto, 3 – 4 Stunden Fahrt über den Puncak-Paß, schnell und gut zu erreichen. Wer allerdings lieber Landschaft genießen möchte, der nehme die etwas weitere Route über Kerawang und Purwakarta, die an schönen Reisfeldern und Bergen vorbeiführt.

Empfohlen werden kann auch die gute Straße von Jakarta über Bekasi und Krawang nach Jatiluhur zum **Jatiluhur-Stausee**. Diese Straße führt durch ein ausgedehntes Reisanbaugebiet, in dem Reis bester Qualität geerntet wird. Der Stausee bietet gute Wassersportmöglichkeiten (Schwimmen, Bootfahren, Wasserski). Ein Hotel mit Bungalows sorgt für komfortable Unterbringung, es kann schon von Jakarta aus über das Kantor Jatiluhur, Jl. Agus Salim 69, Tel. 3 45 2 39, gebucht werden. Der Name Bandung leitet sich von den Worten *bendung* oder *bendungan* ab, die beide unser Wort Damm bedeuten. In vorgeschichtlicher Zeit soll sich an ihrem heutigen Platz ein gro-ßer See befunden haben. Nach einer anderen Version wird Bandung »Stadt der Blumen« genannt. In Zusammenhang mit der ersten Bedeutung gibt es auch eine Legende, die gleichsam die westjavanische Version der Ödipussage darstellt. Danach lebten einst ein Prinz mit Namen Sangkuriang, einziges Kind seiner Mutter Dajang Sumbi, die in Wirklichkeit eine Fee war und so ihre jugendliche Schönheit bis ins Alter bewahren konnte. Mutter und Sohn wurden durch ein unglückliches Geschick getrennt und wieder zusammengeführt, ohne sich zu erkennen. Sie verliebten sich ineinander und beschlossen zu heiraten. Da wurde die Königin der Feen aber plötzlich an einer Narbe gewahr, daß ihr Geliebter der längst verschollen geglaubte Sohn war. Um die Heirat zu verhindern, ohne dem Sohn und Geliebten weh zu tun, griff die Fee zu einer List. Sie machte die Einwilligung zur Heirat davon abhängig, daß Sangkuriang den Fluß Citarum in einer Nacht eindämme, damit sie dann gemeinsam ein Boot besteigen könnten. Der Prinz ging mit ungestümer Energie an die Arbeit und hatte das Werk kurz vor Morgengrauen fast vollendet. Die Mutter und Geliebte, die ihre List scheitern sah, erflehte daraufhin die Hilfe der Götter, die auch sofort das Ende der Nacht durch das Krähen der Hähne verkündeten. Sangkuriang, der sein Werk gescheitert sah, stieß aus Wut das bereitstehende Boot von sich, so daß es umstürzte. Es ward zum Berg Tangkuban Prahu, »dem umgestürzten Boot«, das man sich noch heute beim Anblick des Hausbergs von Bandung mit einiger Phantasie vorstellen kann.

Nach Ansicht der Historiker bestand im Raume des heutigen Bandung einst eine Siedlung des Hindu-Reiches Pajajaran. Es gibt jedoch wenig beweiskräftige Quellen für diese These. Um so bemerkenswerter war die Entdeckung eines kleinen Shiva-Tempels aus dem 8. Jh. im Dorfe Cangkuang, ca. 30 km südlich von Bandung, im Distrikt Leles, der 1966 ausgegraben wurde.

In kolonialer Zeit gewann Bandung durch den Bau der Trans-Java-Straße unter dem tatkräftigen Generalgouverneur Wilhelm Daendels (1808–11) an Bedeutung. 1862 wurde die Stadt sodann Sitz des Regenten des traditionellen Preanger-Gebietes. Es gab sogar Pläne, den Hauptsitz der Verwaltung von Niederländisch-Indien aus dem heißen Batavia in die gesundheitlich sehr viel angenehmere Stadt Bandung zu verlegen. Während des Unabhängigkeitskampfes stand Bandung in Flammen, woran ein in ganz Indonesien noch heute oft gesungenes Lied »Hallo, hallo Bandung« erinnert. Durch die erste Afro-Asiatische Konferenz im Jahre 1955, die sogenannte Bandung-Konferenz der »blockfreien Nationen«, wurde die Stadt weltweit bekannt. Obwohl drittgrößte Stadt Indonesiens, hat Bandung eine so stürmische Entwicklung wie Jakarta mit all ihren Nachteilen nicht mitgemacht. Trotzdem wurden erhebliche Fortschritte beim Aufbau so wichtiger Unternehmen wie das der Fernmeldetechnik, der Textilindustrie, des Verkehrswesens und auch der Luftfahrt erzielt. Die Straßen sind allerdings noch verstopfter als in Jakarta. In nächster Umgebung spielt die Plantagenwirtschaft, besonders von Tee und Chinarinde, eine bedeutende Rolle. Bandung beherbergt verschiedene angesehene Hochschulen, darunter die Technische Hochschule, die schon 1920 durch eine Stiftung ins Leben gerufen wurde. Seit 1961 besteht zwischen Bandung und Braunschweig eine intensiv gepflegte Partnerschaft.

Das Zentrum liegt um die **Jalan Braga,** die traditionelle Haupt- und Einkaufsstraße. Hier konzentrieren sich vor allem die Geschäfte, Andenkenläden, Warenhäuser und Buchhandlungen sowie die Kinos und Restaurants.

Besuchenswert und interessant ist die westjavanische, d. h. sundanesische Musikschule, die **Yayasan Paksi,** im Gang Sukasirnja 41/138 B, Nähe Jl. Yani, die nachmittags und auch abends aufgesucht werden kann. In ihr wird die für dieses Gebiet so typische Angklung-Musik gelehrt, die auf Bambusinstrumenten verschiedenster Größen und Klangformen gespielt wird.

Der Gouverneurspalast, volkstümlich Gedung saté genannt, in Bandung

Wayang-golek-Puppen findet man fast überall in Indonesien; diese stammen aus West-Java

Hotels

Grand Hotel Preanger, Jl. Asia-Afrika 81,
Tel. 43 16 31
Panghegar, Jl. Merdeka 2, Tel. 44 77 51
Istana, Jl. Lembong 21, Tel. 43 30 25
Guntur, Jl. Iskandardinata 20, Tel. 44 37 63
Grand Hotel Lembang, Jl. Raya Lembang,
Tel. 28 66 71

Restaurants

Queen (chin.), Jl. Dalem Kaum 53A
King's Garden (chin.), Jl. Gardujati 83
Tjoen Kie (chin.), Jl. Sudirman 64
Braga Permai (Café & Restaurant),
Jl. Braga 74

Museum

Museum Geologi, Jl. Diponegoro 57
Mo–Do 9–14 Uhr, Fr 9–11 Uhr,
Sa 9–13 Uhr

Information

Kanwil Depparpostel Jawa Barat,
Jl. Penghulu Hasan Mustafa 22
Tourist Information Centre, Nähe alun-alun
an der Jl. Asia-Afrika, Tel. 4 20 66 44

Kulturelle Veranstaltungen

Yayasan Pusat Kebudayaan, Jl. Naripan 7,
wayang golek (mehrere Vorstellungen in der
Woche)
Rumentag Siang, Jl. Baranang 1,
sundanesische Tänze und *wayang golek*
Pak Ujo, Jl. Padasuka 118, Angklung-Musik,
Tel. 7 17 14

Telefon

Vorwahl Bandung: 0 22

Ausflüge in die nähere Umgebung von Bandung

Die geschäftige Provinzhauptstadt Bandung ist ein idealer Ausgangspunkt für zahlreiche Ausflugsmöglichkeiten verschiedenster Art in die landschaftlich abwechslungsreiche Umgebung. Da bieten sich Autotouren in die schönen Küstenebenen des Nordens von West-Java oder Fußwanderungen in die gebirgigen Regionen des Hinterlandes und des Südens an. Es können vom Tourismus wenig berührte Gebiete erkundet werden, man kann in heißen Quellen baden, durch Reisfelder wandern und fast erloschene Vulkane besteigen. Bei allen Unternehmungen empfiehlt es sich, möglichst früh damit zu beginnen, um der heißen Mittagszeit und dem üblichen Mittagsregen zu entgehen. Den zischenden und blubbernden Solfataren soll man nicht zu nahe kommen, da der mürbe Boden einbrechen kann. Festes Schuhwerk, ein Regenmantel oder besser ein Regenschirm, etwas Proviant und Tee sind die richtige Ausrüstung.

Um einen ersten Eindruck von der Lage Bandungs zu erhalten, lohnt ein Ausflug zum **Dago-Teehaus,** rund 6 km vom Stadtzentrum entfernt. Sowohl mit dem Auto als auch mit dem Bus ist dieser Aussichtspunkt leicht und bequem zu erreichen. Besonders am späten Nachmittag hat man einen wunderbaren Ausblick auf die Stadt und das umliegende, landschaftlich sehr schöne Preanger Land. Wem dies noch nicht reicht, der kann von dem am Dago-Teehaus gelegenen Wasserfall zu Fuß in rund 10 Min. zum nahe befindlichen Golfplatz gehen und von dort nach links zum Chikapundung River abbiegen, über den sich eine Bambusbrücke spannt. Von ihr glangt man in einem 2^1/$_2$stündigen Fußmarsch, der auf dem letzten Stück steil aufwärts geht, zu dem **Erholungsge-** lände **Maribaya** auf 1 150 m Höhe. Hier laden heiße Quellen zum Baden ein, hier gibt es Restaurants und gute Übernachtungsmöglichkeiten. Das Erholungsgelände ist bequemer von Bandung über die Ortschaft Lembang mit dem Auto direkt (ca. 22 km) zu erreichen.

Wer sich dafür interessiert, die Herstellung der Bambusinstrumente für die Angklung-Orchester zu sehen, der kann einen Ausflug in das Dorf **Padasuka** unternehmen und sich dort auch eine Angklung-Vorstellung anhören.

Zu den bekanntesten Touren gehört eine Auto- oder Busfahrt zum **Kraterrand des Tangkuban Prahu** auf rund 1 830 m Höhe. Sie führt von Bandung, vorbei am Bosscha-Observatorium, zum Dorf Lembang (Grand Hotel mit Swimmingpool, Tennisplätzen, Tel. Bandung 28 66 71). Nach dem Besuch eines schönen Früchtemarktes, gleich hinter dem Hotel, geht es weiter in nordöstlicher Richtung nach Subang. In Lembang macht die Straße eine auffällige Rechtskurve, knapp 300 m danach befindet sich das Junghuhn-Denkmal, zu dem man links abzweigt. Nach 50 m steht es auf der rechten Seite der Straße. Franz Wilhelm Junghuhn, ein deutscher Arzt und Wissenschaftler, hat sich in der Mitte des 19. Jh. als Geograph und Botaniker einen Namen gemacht und mehrere anerkannte Werke über naturwissenschaftliche und kulturgeschichtliche Themen veröffentlicht. Die Kultivierung des Chinarindenbaums in Indonesien geht im wesentlichen auf ihn zurück. Fährt man sodann weiter auf der Straße nach Subang, passiert man ca. 24 km nach Bandung ein Mauthaus. Dort zweigt ein Weg nach links ab und führt nach 6 km zu einem Parkplatz und zu einem Restaurant. Von hier hat man einen sehr schönen Einblick in den Krater. Wer sich die Kraterränder näher ansehen möchte, der muß einen wenig begangenen Wanderweg auf über 2000 m Höhe nehmen. Der Aufstieg nimmt rund 3 Std. in Anspruch. Auf dem Parkplatz wird der Ankömmling von Scharen emsiger Fremdenführer bedrängt, die kleinere Touren anbieten. Man kann durchaus darauf eingehen, sollte aber den Preis vorher aushandeln.

Die Weiterfahrt geht danach zurück zur Hauptstraße und sodann in nordöstlicher Richtung zu den **heißen Quellen von Ciater** (ca. 35 km von Bandung). An der Straße liegt ein gutes Motel. In Ciater findet man den Badeplatz, wenn man bei der im Ort liegenden Teefabrik rechts abbiegt. Das Wasser ist schwefel- und eisenhaltig. Für denjenigen, der im Ort übernachten möchte, sind eine einfache Herberge und ein Restaurant vorhanden.

Von Ciater aus kann man auf der Straße nach Subang weiterfahren und nach 15 km Fahrt von der Ortschaft Segelaherang aus noch einen anderthalbstündigen Fußweg zu den heißen Quellen des Dorfes **Ciracas** unternehmen.

Weitere lohnende Ausflugsziele befinden sich südlich von Bandung, also gegenüber dem Tangkuban Prahu im südlichen Malabar-Hochland, mit meilenweiten, gut gepflegten Teeplantagen. Die Straße führt von Bandung am Immanuel-Krankenhaus vorbei nach der Ortschaft Dayeuhkolot (12 km von Bandung). Sie steigt dann über Banjaran nach dem Ort **Pengalengan** (43 km von Bandung). Hier hat man einen wunderbaren Blick auf Bandung und den Tangkuban Prahu. In unmittelbarer Nähe von Pengalengan befinden sich zwei empfehlenswerte Rasthäuser, das Gästehaus Malabar der dazugehörigen Teeplantage Malabar und das Gästehaus Patenggang der Teeplantage Ciwidey, für die man sich unbedingt vorher anmelden sollte, und

zwar in Bandung bei P. T. Perkebuan XIII, Jl. Juanda 99, und P. T. Perkebuan XII, Jl. Cikapundung Barat 1. Zweigt man an der Ortseinfahrt von Pengalengan, von Bandung aus gesehen, nicht nach links, sondern nach rechts ab, gelangt man nach knapp 5 km zu dem See Situ Cileunca, der ca. 1420 m hoch liegt. In abwechslungsreicher Fahrt über die Ortschaft Pasirmalang und den Cipanunjang-See geht es sodann zurück auf die Hauptstraße, auf die man westlich von Pengalengan stößt. Eine weitere Ausfahrt von Pengalengan führt zu der Teeplantage Kertamanah und von der Plantage, bei dem Ort Rancamanyar, zu Fuß zu den dort gelegenen heißen Quellen. Hinter dem Teepflückerdorf Kertamanah führt ein ca. halbstündiger Fußweg zum **Krater Kawah Wayang** in 1897 m Höhe mit noch tätigen Solfataren. In dieser Gegend können auch weitere Krater besichtigt werden, deren Wege man sich am besten bei den beiden genannten Gasthäusern erfragt. Sehr reizvoll ist eine Autofahrt durch die gepflegten Teegärten, vorbei an den Teefabriken von Malabar, Santosa und Sedep. Die Fabriken können auf Anfrage bei den jeweiligen Verwaltungsstellen besichtigt werden. Diese Fahrt endet einige Kilometer hinter dem Teepflückerdorf **Cibatura,** nachdem die Straße zuvor schon schlechter geworden ist. In Cibatura lasse man den Wagen stehen und gehe rund 1 1/2 Stunden durch weite Kohlfelder zum Kraterrand des noch tätigen Vulkans **Papandayan** (2662 m). Vorsicht beim Aufstieg! Die Straße, auf der man den Wagen hat stehen lassen, führt von Citabura weiter nach **Garut.** Nach Garut gelangt man auch direkt von Bandung aus (ca. 60 km).

Ebenfalls sehr lohnend ist ein Ausflug zu der südöstlich von Bandung gelegenen Halbinsel **Penanjung,** die man über Nagreg, Garut, Tasikmalaya,

Banjar, Kalipucang und Pangandaran (220 km) erreicht. Auf dieser Insel erstreckt sich ein weiter Sandstrand und ein mit Aussichtstürmen ausgestattetes Wildreservat, in dem noch der Bantengbüffel in freier Wildbahn beobachtet werden kann. Übernachtungsmöglichkeiten sind vorhanden.

Eine weitere Alternative bietet die Fahrt nach Nordosten zu dem 130 km von Bandung entfernten **Cirebon,** einst ein bedeutendes Fischerei- und Handelszentrum und im 16. Jh. sogar Zentrum eines großen Islamstaates. Dort befindet man sich unmittelbar an der Java-See. Zu besichtigen sind alte, ein wenig heruntergekommene, aber noch an die einstige Pracht erinnernde Sultanspaläste mit Waffen, Kostümen, Krönungswagen und dergleichen, so z. B. der Kraton Kanoman, Kasepuhan und Kacirebonan. Die Verwaltung ist bemüht, diesem Ort seine alte Fischerei- und Handelsbedeutung zurückzugewinnen. Das wird aber noch einige Zeit dauern. Etwa 4 km außerhalb der Stadt liegt am Hang des Gunung Jati ein sehenswerter Friedhof, in dem sich das noch immer verehrte Grab des Sunan Gunungjati, eines der neun Weisen und Bringer des Islam *(Wali Songo),* befindet. Auf dem Weg nach Cirebon kommt man, 40 km nach Bandung, an der Ortschaft **Sumedang** vorbei, die eine interessante Moschee ihr eigen nennt. Das Dach ist wie das eines Balitempels geformt, was die für Java typische Verschmelzung der verschiedenen Stilelemente bestätigt. Etwa 8 km außerhalb von Sumedang befindet sich eine große Inschriftenstele, der Batu Peringatan, mit einer an das alte Pasudan-Reich erinnernden Inschrift.

Hotels in Cirebon

Cirebon Plaza Hotel, Jl. Kartini 54, Tel. 20 20 62

Newland Grand Hotel, Jl. Siliwangi 98, Tel. 20 86 23

Patra Jasa Cirebon (Pertamina Motel), Jl. Tuparev 11, Tel. 37 92-3

Omega, Jl. Tuparev 8, Tel. 30 72-3

Information

Kantor Pariwisata, Jl. Siliwangi, Nähe Gua Sunyaragi

Telefon

Vorwahl Cirebon: 0231

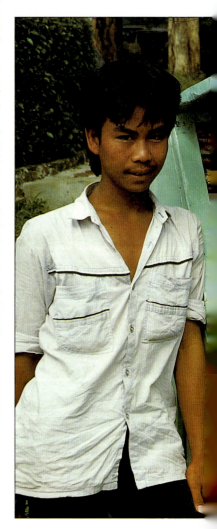

Etwa 7 km südlich von Cirebon, in der Nähe der Ortschaft Plered, liegt das Batikdorf **Trusmi,** in dem die sehr schönen Cirebon-Batiken, die sich durch chinesische Stilelemente auszeichnen, in kleinen Werkstätten preiswert angeboten werden. Die Häfen an der javanischen Nordküste zwischen Cirebon und Semarang waren während vieler Jahrhunderte Einfallstor friedlicher und kriegerischer Völker wie die der Inder, Chinesen, Araber, Japaner und der Europäer.

*Straßenkiosk
eines jungen Mannes
in Cirebon*

Zentral-Java

Alte Zuckerfabrik in Zentral-Java

Allgemeines

Der Bereich Zentral-Java ist eines der klassischen Reisegebiete, da sich hier die geschichtliche und kulturelle Hinterlassenschaft des alten Java konzentriert. In diesem Gebiet trifft der Reisende auf die steinernen Zeugen der großen hinduistisch-buddhistischen Epochen, auf die beeindruckenden Denkmäler des großartigen menschlichen Versuchs, die Auffassung der Welt, die in Java, Indien und Kambodscha herrschende Theo- und Kosmogonie in Stein zu fassen. Unter ihnen besticht der Borobudur, das Symbol des Zentrums der Welt und engster Verbindungsort zu den Göttern. Unverkennbar ist hier der indische Einfluß, selbst die differenzierte javanische Sprache läßt noch ihre Herkunft aus dem Sanskrit erkennen. Unverkennbar aber auch, daß eigene Schöpferkraft und Adaption aus dem hinterindischen Raum gerade in Zentral-Java eine eigenständige, abgrenzbare Kulturlandschaft entstehen ließen, die sich sowohl von dem stärker islamisch geprägten West-Java als auch von dem weniger introvertierten und aktiveren Ost-Java unterscheidet. Selbst der Islam besitzt in Zentral-Java in verstärktem Maße mystische Züge *(kebatinan)*.

Zentral-Java war das Kerngebiet mehrerer großer Reiche, von denen das der Shailendra-Herrscher im 8. und 9. Jh., das der Singosari-Könige im 13. Jh. und vor allem aber das glanzvolle Reich von Majapahit, welches sich vom 13. bis zum 16. Jh. erstreckte, herausragten. Das Einflußgebiet des Reiches von Majapahit überschritt teilweise das heutige Staatsgebiet Indonesiens.

Die Landschaft Zentral-Javas ist gebirgig. Ein großes Problem dieser Region ist die Bevölkerungsdichte, die erhebliche wirtschaftliche und soziale Belastungen mit sich bringt. Das Land ist noch überwiegend in landwirtschaftlichen Kleinbesitz aufgeteilt. Eine entwickelte Industrie gibt es noch nicht, wohl aber verschiedentlich eine großräumige Plantagenwirtschaft. Ohne die große Sorgfalt, mit der die Bauern ihre Länder und Felder bestellen, ohne die kunstvoll, bis auf Höhen von 1500 m angelegten Reisterrassen, wäre die Versorgung der Bevölkerung mit Nahrungsmitteln gefährdet. Grundlagen der Landwirtschaft sind die fruchtbaren Lavaböden, die eine intensive Bebauung erlauben. An landwirtschaftlichen Produkten dominieren Reis, Gemüse, Erdnüsse, Knollenfrüchte, Zwiebeln, Bohnen und Kohl. Rund 10 % der landwirtschaftlich genutzten

Eine alte, noch funktionstüchtige Dampfmaschine in der Zuckerfabrik

Die Herstellerfirma der Dampfmaschine läßt sich noch entziffern: »Brunswyk Duitschland 1898«

Fläche dient dem Anbau von Industriepflanzen wie Zuckerrohr, Tabak und Faserpflanzen. Ohne Zweifel gehört Zentral-Java zum Herzland Indonesiens und zum Schönsten, was Java zu bieten hat.

Anreise

Die Städte Semarang, Surakarta und Yogyakarta sind an das innerindonesische Flugnetz angeschlossen. Die Flugzeit beträgt von Jakarta aus jeweils rund eine Stunde. Ebenso ausgebaut, nur natürlich billiger, sind die Eisenbahn- und Busverbindungen. Zu empfehlen sind die in Ost-West-Richtung verkehrenden, klimatisierten Schnellzüge. Für den Autofahrer bieten sich drei Routen an. Die schnellste Verbindung geht von Jakarta über Cirebon (direkt oder über Bandung) – Tegal – Pekalongan – Semarang (das heißt dicht an der Java-See entlang) über Magelang – Yogyakarta oder Semarang nach Surakarta. Abwechslungsreicher ist dagegen die Mittelroute über Bogor – Bandung – Garut – Tasikmalaya – Ciamis – Banjar – Majenang – Wangon – Banyumas – Banjarnegara – Wonosobo (Dieng-Plateau) – Temanggung – Magelang – Yogyakarta oder Magelang – Salatiga nach Surakarta und die Südroute, die von Jakarta über Wangon – Sumpyuh – Kebumen – Purworejo – Yogyakarta geht. Straßen und Brücken sind bis auf gelegentliche, reparaturbedingte Unterbrechungen oder Engstellen fast durchweg in gutem Zustand.

Semarang, Hauptstadt der Provinz Zentral-Java

Semarang, rund 500 km östlich von Jakarta gelegen, ist die fünftgrößte Stadt Indonesiens und seit dem Ausbau der Container-Kais mit modernen Verladevorrichtungen 1985 ein wichtiger Hafen an der Nordküste Javas. Dem Touristen bietet die Altstadt das geschäftige Leben auf den Basaren, so z. B. auf dem **Pasar Johar,** Jl. Pemuda, früher Jl. Bojong. In der Jl. Letjen Suprapto steht eine der ältesten christlichen Kirchen des Landes, die 1753 erbaute **Gereja Blenduk** mit ihrem großen, domartigen Kupferdach. Biegt man am westlichen Ortseingang bei einer Pertamina-Tankstelle scharf nach links ab, erreicht man nach ca. 2 km einen der größten chinesischen Tempel, **Sam Po Kong** oder Gedung Batu genannt. In seiner malerischen Anlage befindet sich ein Erinnerungsstein an den chinesischen Admiral Cheng Ho (Sam Po Kong), der im Auftrag der chinesischen Ming-Kaiser im 15. Jh. ausgedehnte Seereisen in ganz Südostasien unternahm (»Seidenstraße zur See«). Überdies sind in der Anlage ein heiliger Anker und eine weihrauchgeschwängerte Grotte zu besichtigen. Ein weiterer, aus dem Jahr 1772 stammender, pittoresker **chinesischer Tempel** (Kelenteng) befindet sich in einer Nebenstraße der Jl. Pekojan (Gang Lompok), in der auch eine ganze Reihe chinesischer Speiselokale besucht werden können.

Hotels

Metro Grand Park Hotel, Jl. Agus Salim 2–4, Tel. 54 73 71

Sky Garden, Jl. Setiabudi 5, Tel. 31 27 33

Natour Hotel Dibya Puri, Jl. Pemuda 11, Tel. 54 78 21 (kolonialer Stil)

Siranda Tourist Hotel, Jl. Diponegoro 1, Tel. 31 32 71

Candi Baru, Jl. Rinjani 21, Tel. 31 52 72

Information

Kanwil VII Depparpostel Jawa Tengah, Jl. A. Dahlan 2, Tel. 31 11 69

Diparda, Jl. Pemuda 171

Telefon

Vorwahl Semarang: 0 24

Ausflüge in die nähere Umgebung von Semarang
(Karte zum Ausflug S. 186)

Eine Route führt nach Osten, die Küste entlang, zu der Ortschaft **Demak** (26 km) mit der ältesten Moschee Zentral-Javas (1428). Der Bau dieser Moschee geht auf die »Neun Walis«, die Bringer des Islam, zurück. In ihrer Anlage befinden sich noch heilige Gräber. Darüber hinaus gibt es in Demak allerdings nicht viel zu sehen, da die einstige Hauptstadt eines mächtigen Sultanats heute politisch und wirtschaftlich

Typische Reisfelder in Zentral-Java

kaum noch Bedeutung hat. So geht die Fahrt weiter nach **Kudus** (ca. 24 km), in dem wiederum eine interessante Moschee mit einem Minarett, welches hinduistische und islamische Baustile vereint, zu besichtigen ist. Um Kudus drängt sich die javanische Kretek-Zigarettenindustrie, die ihren Erzeugnissen geriebene Gewürznelken beimengt. In Kudus verläßt man sodann die große Straße nach Surabaya und wendet sich nach links der Ortschaft **Jepara** zu (ca. 35 km), dem Geburtsort der in Indonesien bekannten Frauenrechtlerin R.A. Kartini (1879–1903). Ihr Grab befin-

det sich in Ost-Java, 18 km südlich der Stadt Rembang. Seit alters her werden in Jepara kunstvolle Holzschnitzarbeiten gefertigt. Werkstätten findet man in und um Jepara, z.B. in dem Dorf Taunan. Billige Einkaufsmöglichkeiten!

Ein anderer Ausflug führt ebenfalls die Küste entlang nach Westen zu der Stadt **Pekalongan** (ca. 95 km), ein Zentrum der **Batikherstellung,** in dem sich auch ein **Batikmuseum** befindet. Wer allerdings die typische Pekalongan-Batik kennenlernen möchte, ohne die knapp 100 km zu fahren,

Alte Lokomotive im Eisenbahnmuseum in Ambarawa

der suche in Semarang die Batik-Ge-
nossenschaft GKBI in der Jl. Pemuda
auf.

Ein beliebtes, an Wochenenden
stark frequentiertes Ausflugsziel ist
Bandungan, 45 km südlich von Semarang. Man erreicht es über die Orte Ungaran, Bawen und Ambarawa. Ganz
dicht bei Ambarawa, an der Straße
nach Magelang (Jambu Secang), tut eine sehr altertümliche Eisenbahn noch
ihre guten Dienste am touristischen
Kunden. In **Ambarawa** ist ein Eisenbahnmuseum mit alten Lokomotiven
zu besichtigen. Interessant und lohnend, wenn auch strapaziös im Anstieg, sind die am Hang des hier aufragenden Berges Gunung Ungaran
(2 050 m) errichteten 9 **Shiva-Tempel**
(Candi Gedongsongo), deren Bau auf
die Jahre um 927 zurückgeht. Die auf
Höhen zwischen 1 350 und 1 800 m liegenden Tempel erreicht man von der
Ortschaft Darum, 3 km hinter Bandungan, aus. Sportlich engagierte Natur-
freunde suchen gern die halbwegs zwischen Semarang und Surakarta gelegenen Orte **Salatiga** und **Kopeng** auf,
um hier zu wandern, zu schwimmen,
zu reiten oder andere Sportarten auszu-
üben. Etwa 1300 m hoch gelegen, verfügen beide Orte über ein angenehmes, gut erträgliches Klima.

Zu einer interessanten Begegnung
mit einem althinduistischen heiligen
Bezirk kommt es bei einem Ausflug
von Semarang oder den zuvor genannten Ausflugszielen nach **Wonosobo**
(ca. 120 km von Semarang, 75 km von
Ambarawa) und von dort zum nahe
gelegenen Dieng-Plateau. Wonosobo,
der Ausgangsort für die Ausflüge auf
das Dieng-Plateau, ist auch von Magelang oder von Jakarta (580 km) auf der
mittleren Autoroute über Bandung
und Banjarnegara zu erreichen. An
Übernachtungsmöglichkeiten gibt es
das Hotel Bhima, Jl. Yani 4, Tel. 2 33,
und das Hotel Nirwana, Jl. Tanggung
34, Tel. 66. In der Nähe des Marktes in
der Jl. Kawedanan 35, liegt das gut ge-
führte Restaurant »Asia« mit einer ausgezeichneten chinesischen Küche.

Dieng-Plateau

Über eine 16 km lange, enge, aber gut
ausgebaute Straße erreicht man von
Wonosobo in ca. 30 bis 40 Min. das sogenannte Dieng-Plateau, eine 1,4 km^2
große, etwa 2 000 m hohe Ebene, die
auch zu Fuß, zu Pferd oder mit dem
Jeep erkundet werden kann. Bei diesem Plateau handelt es sich um eine
durch die Jahrtausende hinweg verwit-
terte Kaldera, also einen kesselartigen

Das Dieng-Plateau

1	Museum
2	Gästehaus
3	Taxi
4	Information
5	Pilzzucht
6	Quelle
7	Botanischer Garten
8	Hindu-Tempel
a	Candi Semar
b	Candi Arjuna
c	Candi Srikandi
d	Candi Puntadewa
e	Candi Sembadra
f	Candi Gatotkaca
g	Candi Bima
h	Candi Dwarawati

9	Semar-Höhle
10	Jimat-Höhle
11	Gandradimuka-Krater
12	Sileri-Krater
13	Si-Kidang-Krater
14	Sibanteng-Krater
15	Warna-See
16	Pengilon-See
17	Cebong-See
18	Terus-See
19	Merdada-See
20	Swiwi-See
21	Jelatunda-See
22	Nila-See
23	Dringo-See

--- Fußpfad
— Befahrbarer Weg bzw. Straße

Krater, der nach einem mächtigen Vulkanausbruch zurückgeblieben ist. Aus diesem Grund finden sich hier noch heiße Quellen, Krater, Solfataren, Geysire, Seen und Höhlen. Der mythenbildende vulkanische Charakter dieses Plateaus hat wohl auch dazu geführt, daß die Ebene schon früher ein religiöser Bezirk war, wahrscheinlich schon zu einer Zeit, als die Megalithkultur in höchster Blüte stand. Zu Beginn der Hindu-Ära wurde das Plateau zu einem religiösen Zentrum. Auf ihm stehen die ältesten, wahrscheinlich noch vor der Dynastie der Shailendra-Herrscher erbauten Hindu-Tempel Javas. Ihre Datierung dürfte ungefähr in die Mitte des 8. Jh. fallen. Sie waren dem Gott Shiva geweiht, dem Gütigen, einem der Hauptgötter des Hinduismus, zu dessen Symbolen neben dem Lingam (Säulenstumpf, Phallus), seinem Reittier, dem Stier Nandi, der Berg *(Kailas)* als sein Wohnsitz gehört. Später erhielten die Tempel Namen, die auf die großen Heroen des Mahabarata-Epos zurückgehen. So hießen z. B. die Tempel der zentralen Gruppe Arjuna, Puntadewa, Sumbadra, Srikandi, der einzige mit figürlichen Darstellungen (Shiva, Brahma, Vishnu), Semar und die etwas abgelegenen Tempel Gatotkaca, Bima und Dorowati. Innerhalb der Dreiteilung symbolisieren das Tempelfundament die Verderbnis der Welt, der Tempelkern das Bewußtsein dieser Verderbnis und das Streben nach dessen Überwindung und das Tempeldach den Sitz der Götter, das ewige Sein. Die unterirdischen Drainagerohre sind verfallen. Beeindruckend ist die Goa-Semar-Höhle. Die großartige Szenerie mit ihren archäologischen Resten aus längst vergangenen Zeiten gehört zu

Hindu-Tempel aus dem 8. Jahrhundert auf dem Dieng-Plateau

einem der attraktivsten Ausflugsziele auf Java. Im Pasanggrahan-Gästehaus kann man auch übernachten (Pullover mitnehmen). Auf dem Plateau befinden sich ansonsten noch eine geothermische Experimentierstation, eine Anlage zur Zucht von Champignons und ein kleines archäologisches Museum.

Surakarta

Surakarta, auch Solo oder Sala genannt, die Stadt, »die niemals schläft«, dehnt sich über eine Fläche von 45 km² aus und besitzt über eine halbe Mill. Einwohner. Sie ist von Semarang (ca. 100 km) oder von Yogyakarta (ca. 60 km) auf guten Straßen mit dem Auto schnell zu erreichen. Überdies bestehen auch bequeme Eisenbahn- und Flugverbindungen.

In Surakarta hat sich die kulturelle Eigenart des alten Java besser erhalten als in den übrigen Städten Indonesiens. Dabei ist die Stadt nicht älter als rund 200 Jahre. Das Leben verläuft in ihr immer noch gemächlich nach menschlichem Rhythmus, ihre Silhouette wird noch von keinen protzigen Hochhäusern zerrissen, in denen japanische, amerikanische oder europäische Geschäftsleute ein- und ausgehen. Die Stadt ist andererseits nicht frei von sozialen Problemen. Das heißt aber nun nicht, daß die Straßen nicht bis spät in die Nacht von Scharen von Menschen eher heiterer Lebensart bevölkert sind. In der abendlichen Kühle kann sich der Besucher unbeschwert unter die Einwohner mischen.

Surakarta beherbergt kleine, aber sehr interessante Museen, z. B. das Museum Radyapustaka in der Jl. Slamet Ryadi, ferner Kunst- und Musikakademien. Sehenswert sind die beiden Sultanshöfe, der **Kraton Susuhunan** oder Kasunanan und der **Kraton Mangkunegaran,** die jeden Vormittag zu wechselnden Zeiten geöffnet sind. In ihnen sind Relikte aus der Vergangenheit, Waffensammlungen und Gegenstände des einstigen höfischen Lebens zu besichtigen. Die Bauten selbst sind eher bescheiden, aber voller Symbolik. Die großen, offenen, in harmonischen Proportionen angelegten Hallen stellen eine charakteristische Eigenart javanischen Baustils *(pendopo)* dar. Auch wenn die Namen der Herrscher, die einst in diesen Palästen residierten, nicht gerade großes Understatement verrieten – Pakubuwono, der Name der einen Dynastie, heißt »Nabel der Welt« –, trat doch die bauliche Prachtentfaltung hinter dem Stre-

Kostbare Elfenbein-schnitzerei vor einem buntfarbigen Palast-fenster in Surakarta

ben nach architektonischer Ausgewogenheit zurück.

Seine Bedeutung erhielt Surakarta erst im Jahr 1745, als nämlich der Herrscher des Reiches von Mataram aus der besagten Familie, Pakubuwono III, den Hof *(Kraton)* nach der Zerstörung der alten, etwa 8 km westlich von Surakarta gelegenen Metropole, Kartasura, in das zu jener Zeit noch unwirtliche Gebiet des heutigen Surakarta verlegte. Vorausgegangen waren dabei heftige kriegerische Zusammenstöße zwischen dem Großen Sultan von Mataram (Susukunan) mit den Niederländern, die, die Rivalitäten zwischen den zerstrittenen lokalen Fürsten ausnutzend, ihr Einflußgebiet ständig ausdehnten und schließlich, nach sehr wechselvollen Kämpfen, die alte Hauptstadt des Reiches von Mataram, Kartasura, 1743 zerstörten. Zehn Jahre später zerbrachen die Niederländer auch noch die restliche Macht dieses alten Reiches, indem sie neben der Dynastie der Pakubuwono noch ein zweites Herrschergeschlecht in Surakarta, und zwar im Kraton von Mangkunegaran inthronisierten und das Reich dann unter diesen beiden Kratons aufteilten. Gemäß dieser Politik des »teile und herrsche« besitzt Surakarta noch heute zwei nunmehr politisch irrelevante Höfe.

Im **Sriwidari-Volkspark,** Jl. Slamet Riyadi, finden jeden Abend Vorführungen traditioneller Tänze statt. Surakarta ist aber auch Mittelpunkt javanischen Kunsthandwerks und der Batikherstellung.

Basar

Pasar Trewiri, im Zentrum der Stadt, der Flohmarkt Surakartas

Batikgeschäfte

Danahardi, Jl. Dr. Rajiman 164

Keris, Jl. Kom. Jos. Sudarso 37

Parto, Jl. Slamet Riyadi 103

Semar, Jl. R. M. Said 148

Srimpi, Jl. Bhayangkara 2

Hotels

Kusuma Sahid Prince Hotel, Jl. Sugiyopranoto 22, Tel. 4 63 56

Cakra Hotel, Jl. Slamet Riyadi 201, Tel. 4 58 47

Solo Inn, Jl. Slamet Riyadi 318, Tel. 3 60 75

Mangkunegaran Palace Hotel, vor dem gleichnamigen Kraton, Tel. 3 56 83

Dana Hotel, Jl. Slamet Riyadi 286, Tel. 3 38 91

Information

Tourist Information Centre, Jl. Slamet Riyadi 275, Tel. 4 65 01, 4 14 35, Taman Sriwidari (wichtig für aktuelle Kulturveranstaltungen)

Kulturelle Veranstaltungen

Klassische Hoftänze: Kraton Mangkunegaran, Mi 10–12 Uhr

Gamelan-Musik, *wayang kulit, keroncong:* RRI
(Radio Republik Indonesia), nur an bestimmten Tagen des Monats

wayang orang: Taman Sriwidari, Jl. Slamet
Riyadi, Mo–Sa 20–22.30 Uhr

Museum

Stadtmuseum Radyapustaka, Jl. Slamet
Riyadi (Sammlung von Masken, *topeng,*
javanischen Dolchen, *kris,* Schattenspielfiguren, *wayang kulit,* usw.)

Restaurants

Diamond (chin.), Jl. Slamet Riyadi 394

Boga (chin., indon.), Jl. Slamet Riyadi 235

Mataram (chin., indon.), Jl. Slamet
Riyadi 262

Telefon

Vorwahl Surakarta: 02 71

Ausflüge in die nähere Umgebung von Surakarta

In der Nähe von Surakarta liegt eine in
der anthropologischen Forschung berühmt gewordene Fundstätte menschlicher Fossilien. Es ist dies das 18 km
nördlich gelegene **Sangiran** am Cemoro River. Hier fand der deutsche Pa-
läontologe von Königswald 1937 dicht
am Flußufer einen vollständig erhaltenen weiblichen Schädel aus den mit-
telpleistozänen Trinilschichten, das
heißt aus einer Zeit vor rund 500 000
Jahren oder mehr. In den Jahren 1952
bis 1972 gelang es indonesischen For-
schern, an dieser Stelle weitere Knochenfunde frühmenschlicher Existenz
freizulegen. Diese Entdeckungen stehen in einer ganzen Kette für die Erforschung der Herkunft des Menschen be-
deutsamer Funde. Schon im Jahr 1883
hatte der niederländische Anatom
Eugène Dubois in Ost-Java, bei Trinil
am Solo River, das weltberühmte Schä-
deldach des aufrecht gehenden Affen-

*Der wegen seiner erotischen Darstellungen berühmte Sukuh-Tempel am Fuß des
Lawu-Gebirges in Zentral-Java*

menschen Pithecanthropus erectus entdeckt. Dem folgte 1936 der weitere Fund eines Kinderschädels, dessen Alter auf rund 1,9 Mill. Jahre bestimmt wurde. Neben diesen frühmenschlichen Fossilien fand man auch solche von Tieren aus der gleichen Zeit. Ein Teil dieser Beweise frühmenschlicher Existenz auf Java befindet sich im **Museum von Sangiran,** ein Teil im Zentralmuseum von Jakarta.

Eine andere Route führt nach Osten zu der Ortschaft **Karanganyar,** in der man dicht hinter dem Markt nach links abbiegt und dann einen schönen **Hindu-Tempel** aus dem 14. Jh. erreicht. Von diesem Tempel geht es nach Karanganyar zurück und auf der alten Straße weiter nach Osten, über den Ort Karangpandan hinaus, bis an den Hang des Lawu-Berges (35 km von Surakarta). Dort erhebt sich der **Sukuh-Tempel,** berühmt wegen seiner in Stein gehauenen freimütigen erotischen Darstellungen. Der Tempel ist in Form einer Stufenpyramide erbaut,

Darstellung von werdenden Menschen im Uterus – eines der Bildwerke am Sukuh-Tempel

ähnlich den Maya-Tempeln in Guatemala oder auf der Halbinsel Yucatan in Mexiko. Der Stil der Bildwerke demonstriert eine anmutige Schönheit. Ihre Abstraktion nimmt ihnen trotz der erotischen Darstellung jede niedere Triebhaftigkeit. Die Figuren erscheinen dem Betrachter in einer Art sinnlicher Meditation erstarrt zu sein. Die hohe künstlerische Qualität der Arbeiten der alten Meister hat hier einen ganz und gar unpornographischen Tempel entstehen lassen, den man sich ansehen sollte. Wer sich dagegen in die kühlen Fluten des Indischen Ozeans stürzen möchte, der fahre von Surakarta über Wonogiri und über die Ortschaften Wuryantoro, Pracimantoro, Baturetno und Pacitan an die touristisch noch nicht erschlossene Südküste. Wegen der Strömung sei noch einmal zur Vorsicht beim Baden gemahnt.

Yogyakarta

Die Stadt Yogyakarta, ca. 600 km von Jakarta, und ihre Umgebung bilden mit einer Bevölkerung von ca. 3,3 Mill. Einwohnern auf einer Fläche von ca. 3143 km² das Spezial-Territorium Yogyakarta im Rang einer Provinz. Mit dieser Sonderstellung sollen die Verdienste des regierenden Herrschers Sri Sultan Hamengkubuwono IX. beim Kampf um die Unabhängigkeit Indonesiens gewürdigt werden. Unmittelbar nach der Proklamierung der Republik (17. August 1945) war Yogyakarta sogar einige Jahre Hauptstadt Indonesiens.

Die Stadt ist mit der Eisenbahn, dem Flugzeug und dem Auto von überall her leicht zu erreichen. Auch wenn der Tourismus zugenommen hat, bewahrt sie noch immer ihren besonderen Reiz und ihre Identität als die »Wiege der javanischen Kultur«. Im kulturellen und wissenschaftlichen Leben des Landes nimmt sie einen hervorragenden Platz ein. Die Gajah-Mada-Universität, die vielen Lehrerbildungsstätten, die islamische Hochschule, ein katholisches Studienzentrum, Kunstakademien und sonstige Schulen machen die Stadt zu einem Mittelpunkt des geistigen Lebens Javas. In einer weiten Ebene gelegen, wird Yogyakarta von dem noch tätigen Vulkan Merapi (ca. 2900 m), über dem fast ständig eine Rauchfahne steht, beherrscht. Gelegentlich wälzen sich sogar Lavaströme die Hänge hinab.

Die Stadt liegt zudem inmitten einer der faszinierendsten Kulturlandschaften dieser Erde. Zahlreiche kleine und große Tempel *(candi)* aus der vorislamischen Epoche schmücken ihre Umgebung, darunter das große Denkmal der buddhistischen Kunst, der Borobudur, der sich majestätisch aus der Ebene zum Himmel erhebt.

Die **Jl. Malioboro** bildet gleichsam die Achse der Stadt. Im Süden wird sie vom Hof des Sultans, dem Kraton, im Norden von der sie im rechten Winkel kreuzenden Jl. Diponegoro begrenzt. Ihr Name Malioboro ist eine verstümmelte Form des Namens des britischen Herzogs und Feldherrn Marlborough (1650–1722), der von Sir Stamford Raffles, dem ehemaligen Generalgouverneur des vorübergehend von den Briten besetzten Niederländisch-Ostindien, nach der Zerstörung des Kraton demonstrativ gewählt wurde, um ihr sogleich den britischen Stempel aufzudrücken. Die im Norden rechtwinklig zu ihr verlaufende Jl. Diponegoro (Jl. Panglima Sudirman) führt in östlicher Richtung, vorbei am Ambarrukmo-Hotel und dem dahinter liegenden gleichnamigen Sultanschloß, zum Flughafen und sodann weiter nach Surakarta.

Die Errichtung des **Kratons** begann 1755 mit der Dynastie der Hamengkubuwono. Er wurde ständig erweitert, so daß er heute aus einer Vielzahl von Höfen, Hallen *(pendopo)* und Pavillons (Goldener Pavillon im Zentrum) be-

Stadtplan Yogyakarta

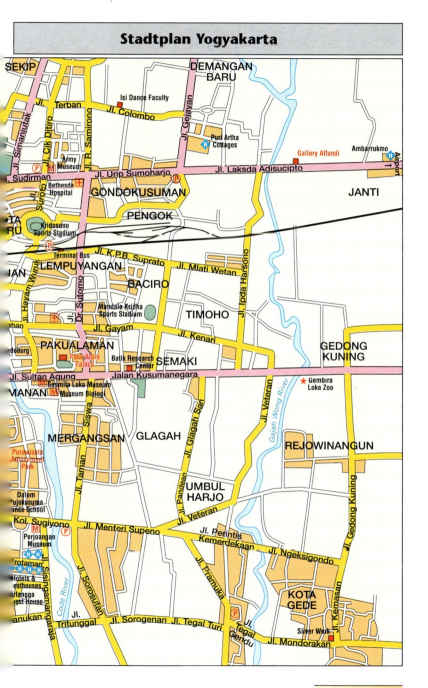

Gebäude für das höfische Gamelan-Orchester im Wasserschloß Taman Sari in Yogyakarta

steht. Ein Teil des Hofes dient noch heute dem Sultan Hamengkubuwono IX. und seiner Familie als Residenz. Das weitflächige Anwesen wird von einer festen Mauer (Seitenlänge 1 km) mit Toren umgeben. In seinem Innern sind einige Repräsentationsräume und ein Museum mit Sammlungen alter Möbel, Waffen und Kunstgegenständen zu besichtigen. Interessant ist die Ausstellung von *wayang*-Puppen und von einem heiligen Gamelan-Orchester, recht kurios das Sammelsurium von bescheidenen Geschenken europäischer Potentaten an die Sultane. Darunter befinden sich auch gußeiserne Ritterfiguren aus Brabant. Der Kraton ist jeden Vormittag geöffnet. Gelegentlich finden dort auch Tanzvorführungen oder das *wayang*-Puppenspiel statt.

Dicht westlich des Kratons liegt das **Wasserschloß Taman Sari,** welches dem Sultan und seinem Hofstaat einst zur Erholung und als Badeplatz diente. Ein inzwischen verschütteter unterirdischer Gang soll bis zur Südküste am Indischen Ozean geführt haben. In den ehemaligen Schlafgemächern konnten die Steinbetten je nach Witterung mittels Kohleglut angewärmt oder durch die Ader einer Wasserquelle gekühlt werden. Das teilweise verfallene Schloß

wird wieder restauriert. In diesem Bereich befinden sich mehrere kleine Läden und ein pittoresker Vogelmarkt mit bunten tropischen Vögeln.

Das **Sonobudoyo-Museum** an der nordwestlichen Seite des Vorplatzes vom Kraton (Alun Alun-Platz) beherbergt eine sehenswerte Sammlung kulturgeschichtlicher Exponate, Waffen, Buddhadarstellungen, von Gamelan-Instrumenten und dergleichen (Mo geschlossen). Ebenfalls sehenswert sind zwei weitere kleine Museen, das historische **Armeemuseum** an der Ecke Jl. Kusumanegara und Taman Siswa und das **Sasono Wirobowo-Museum** in der ehemaligen Residenz des Prinzen und Freiheitskämpfers Diponegoro (1785–1855) im Kratongelände. Im übrigen verteilen sich eine Reihe von Kunstgalerien und Studios von Malern, Batikherstellern, Holzschnitzern und Silberschmieden auf das ganze Stadtgebiet. Die **Akademie der Schönen Künste** ist in der Jl. Gampingan. Ihr gegenüber, Jl. Gampingan 42, befindet sich die Kunstgalerie Yogya. Das Studio des in Indonesien bekannten Malers Affandi liegt in der Jl. Solo, an einer Brücke, unweit vom Hotel Ambarrukmo. Nicht versäumen sollte man das Batik-Forschungszentrum (Balai Batik) in der Jl. Kusumanegara 2.

Als besondere Touristenattraktion gelten die drei Garabeg-Feierlichkeiten, die jedes Jahr auf den Plätzen und Straßen Yogyakartas zeremoniell begangen werden: Garabeg Maulud zur Feier des Geburtstages des Propheten Mohammed, Garabeg Sawal am Ende der islamischen Fastenzeit und Garabeg Besar am Beginn der Pilgerfahrt nach Mekka. An diesen Tagen werden abends in der Nähe des Busbahnhofs Volkstänze aufgeführt. Nicht versäumen sollte man eine Stadtrundfahrt in einer Pferdedroschke und einen Gang durch Kota Baru, das alte holländische Viertel im Kolonialstil. Es liegt, nach Osten versetzt, im Winkel zwischen der Jl. Mangkubumi und Jl. Sudirman.

Yogyakarta von A bis Z

Basar
Pasar Beringharjo, Jl. Malioboro

Batik- und Kunstgalerien
Batik Winotosastro, Jl. Tirtodipuran 34
Galerie Yogya, Jl. Gampingan 42 (Lurik-Handwebereien)
Saptohudojo Art Gallery, Jl. Adisucipto km 9
Soelardios Gendals Giri Batik Arts House, Jl. Tjokroaminoto 11A
Soemihardjos Giri Kenja Batik Atelier, Jl. Mangkuyudan 15A
Studio Rarajongrang, Tirtodipuran 6A (südlich des Kraton) und Surykencana MD VII/98
Tjokrosuharto Arts and Crafts, Jl. Panembahan 58 (östlich des Kraton)

Busbahnhof
Station Jl. Gondomanan

Einkaufen
Hauptgeschäftsstraße Jalan Malioboro
Yogyakarta Craft Centre, Jl. Adisucipto (gegenüber vom Ambarrukmo Hotel)
Batikwerkstätten und Verkaufsläden: Jl. Tirtodipuran
Batikmalerei: Taman Sari (Wasserschloß)

Hotels
Ambarrukmo Palace Hotel, Jl. Adisucipto, Tel. 8 84 88 (Luxushotel)
Garuda Hotel, Jl. Malioboro 72, Tel. 6 63 53 (restaurierter Kolonialstil)
Puri Artha Cottages, Jl. Cendrawasih 9, Tel. 6 32 88 (javanisch-balinesische Atmosphäre)
Mutiara Hotel, Jl. Malioboro 18, Tel. 45 31
Sri Manganti, Jl. Urip Somoharjo 63, Tel. 28 81
Airlanga Guest House, Jl. Prawirotaman 4 (südlich des Kraton), Tel. 6 33 44 (javanische Atmosphäre)

Information
Tourist Information Centre, Jl. Malioboro 16, Tel. 6 60 00
Kanwil VIII, Depparpostel D.I. Yogyakarta, Jl. Adisucipto km 7–8, Tel. 8 78 99

Kulturelle Veranstaltungen
Klassische javanische Tänze: Dalem Pujokusuma, Jl. Brigjen Katamso 45, Mo, Mi, Fr 20–22 Uhr
Gamelan: Kraton, Mo u. Mi 10–12 Uhr
wayang-kulit: Agastya Art Institute, Jl. Gegong Kiwo, täglich außer Sa 15–17 Uhr
Ramayana-Ballett: Prambanan-Tempel, Mai bis Oktober (Vollmondnächte), Beginn 19 Uhr

Kunstgalerien
Affandi (gilt als der bekannteste Maler Indonesiens), Jl. Solo 167, täglich 8–16 Uhr
ISI (Indonesia Institute of Art), Jl. Gampingan
Amri Galerie, Jl. Gampingan 42 (gegenüber ISI)

Museen
Museum Sonobudoyo, Jl. Trikora 3, Di–Do 8–13 Uhr, Fr 8–11.30 Uhr, Sa 8–12.30 Uhr, So 8–12 Uhr, Mo geschlossen
Kraton, täglich 8.30–13 Uhr (außer Fr 8.30–11 Uhr)

Telefon
Vorwahl Yogyakarta: 02 74

Ausflüge in die Umgebung von Yogyakarta

Eine schöne Aussicht auf Yogyakarta genießt man von dem Aussichtspunkt Plawangan auf 1 275 m Höhe am Hang des Vulkans Merapi. Die Anfahrt erfolgt über den Erholungsort Kaliurang, ca. 25 km nördlich von Yogyakarta.

Die anstrengende Begehung des Vulkans **Merapi** (2 911 m) beginnt mit der Anfahrt per Auto oder Bus auf der großen Straße nach Surakarta bis zu der Ortschaft Kartasura (8 km). Im Ort biegt man nach links ab und fährt weiter über Boyolali zum Dorf Selo in dem Sattel zwischen dem Merapi und dem weiter nördlich aufragenden Vulkan Merabu (3142 m). Hier befindet sich der Beobachtungsposten des Vulkanologischen Dienstes. Von Selo geht man nun zu Fuß (möglichst mit einheimischen Bergführern) hinauf zum Kraterrand. Für diesen Ausflug benötigt man

❖ *Mutter Natur und ihre stillen Töchter* ❖

*D*er Korb ist randvoll mit Flaschen gefüllt. Auch Whiskyflaschen sind dabei. Das europäische Auge erkennt sie sofort. Doch die junge Frau in den Straßen von Yogyakarta hat keinen Tropfen Alkohol im Korb, den sie auf dem Rücken trägt und mit einem Batiktuch umschlungen hält. Gelb und braun und grün schillern die Flüssigkeiten. Ohne Hast ist die Frau in der mitteljavanischen Stadt unterwegs, trippelnd und beschwingt, als ignoriere sie ihre schwere Last. Den Indonesiern eine vertraute Erscheinung, wie Hunderte ihrer Kolleginnen in Yogyakarta und Hunderttausende in ganz Java. Allesamt sind sie traditionell gekleidet, mit knöchellangem Batiksarong, gemusterter Bluse, einem hellen Tuch über den Schultern und einem spitzen Strohhut auf dem Kopf. Traditionell ist auch der Inhalt ihrer Flaschen, ob die nun westlich anmuten oder nicht. Jamu ist darin. Jamu ist der indonesische Sammelbegriff für Heil- und Vorsorgemittel, die ausschließlich aus natürlichen Stoffen hergestellt werden: aus Blättern, Samen, Hölzern, Rinden, Blüten. Jamu hat in Indonesien den Klang eines Zauberwortes.

Heiter macht die Frau die Runde bei ihren Kunden. Vor diesem Anwesen läßt sich die Großmutter aus verschiedenen Flaschen ein Getränk mischen; im Garten eines anderen Hauses schlürft der Vater drei Wässerchen nacheinander; an einer Ecke kippen zwei junge Männer die Jamu-Säfte ihrer Wahl in schnellen Schlucken. Bitter schmecken sie und süß und säuerlich, ein bißchen klebrig, beißend oder würzig. Alles hat die Jamu-Frau in ihrem Korb. Extrawünsche werden erfüllt. Etwas gegen Husten, etwas für die Potenz. Während die Kunden trinken, lächelt die Heilbringerin sanft und wissend. Im Gegensatz zu anderen Straßenhändlern, die mit Tellergeschepper, Rufen oder Glockenklang auf ihre Waren aufmerksam machen, hin und zurück ca. 7–8 Std. Es versteht sich von selbst, daß man hierzu zweckentsprechende Kleidung und festes Schuhwerk braucht.

Auf Reste alter Zeugnisse des vergangenen großen Reiches von Mataram stößt man bei einer Fahrt von Yogyakarta in südöstlicher Richtung zu dem 6 km entfernt gelegenen **Kota Gede,** einst zeitweise Residenz der Herrscher des Zweiten Reiches von Mataram (1586–1755). Rund 500 m vom Basar des Ortes entfernt finden sich noch Mauern des Palastes und des Grabes des Fürsten Senopati, der die ehemalige Stadt 1579 gegründet hatte. Etwa 1 km weiter kann ein neuer, von der Hamengkubuwono-Dynastie angelegter Friedhof besichtigt werden.

Eine zweite Route führt in das 17 km südlich von Yogyakarta gelegene **Imogiri.** Bei Bantul gelangt man auf enger Straße zu der **Begräbnisstätte des Großen Sultans von Mataram**

bleibt die Frau mit Jamu stumm. Jedermann kennt ihr Angebot. Die Jamu-Frauen sind Abgesandte von Mutter Natur.

Die Wurzeln von Jamu reichen tief in die kulturelle Vergangenheit Indonesiens. In diesen Heilmitteln vermischen sich die Einflüsse, die im Laufe der Geschichte aus China und aus dem indischen Subkontinent in die Inselwelt Südostasiens gelangten. In den meisten Städten Javas bietet irgendwo entlang der Geschäftsstraßen ein chinesischstämmiger Händler seine würzig duftenden Rohstoffe an, aus denen seine Kunden ihre Hausmittel zur Stärkung von Lebenslust und Lebenskraft mischen. Auch weiblicher Liebreiz wird mit Jamu erhalten. Die Händlerin hält eine Vielzahl kosmetischer Artikel feil; die meisten Indonesierinnen haben ganz individuelle Tinkturen, auf die sie schwören.

Längst werden Jamu-Produkte auch industriell gemixt. Markennamen wie »Jamu Jago«, »Air Mancur«, »Nyonya Meneer« kennt jedes Kind. Die Hauptbetriebe sind in Solo und Semarang. Einer javanischen Vorstellung gemäß werden die pulverisierten Präparate nur in Tütchen mit je sieben Gramm verpackt. Die Sieben gilt als magische Zahl, javanisch pitu; und im javanischen Wort für Hilfe – pitulungan – taucht das Wort auch auf.

Die Jamu Frau in den Straßen von Yogyakarta, die wir ein Stück begleiten, hat mit den Fabriken nichts zu tun. Die Elixiere, die bei jedem ihrer Schritte in den Flaschen schwappen, sind nach altüberlieferten Familienrezepten selbst gebraut. Jede der ambulanten Händlerinnen hat sorgsam gehütete Spezialitäten in ihrem Korb. Alle offerieren Wohlbefinden, Gesundheit und gesteigerte Liebesfähigkeit – oder zumindest den Glauben daran.

Rüdiger Siebert

(1654) und denen der meisten seiner Nachfolger, einschließlich der Dynastien von Yogyakarta und Surakarta. Der von einer Mauer umgebene Friedhof liegt auf einem Hügel und ist über 345 aufwärtsführende Stufen zu erreichen. Gleich vorn liegen die Gräber der Fürsten des Reiches von Mataram und links bzw. rechts dahinter die der Sultane von Surakarta und Yogyakarta. Der Friedhof ist nur vormittags, nicht aber jeden Tag geöffnet. Es ist daher ratsam, sich vor der Abfahrt in Yogyakarta zu erkundigen, ob man den Friedhof betreten kann. Geht man um den Friedhof herum, den Hügel hinauf, so hat man einen herrlichen Blick auf die weite Ebene von Yogyakarta und den rauchenden Merapi.

Eine weitere Tour führt zur Südküste über Bantul zum Dorf Kreteg am Opak River und schließlich nach Parangtritis und Samas mit malerischen dunklen Sanddünen. Seit jeher finden in Parangtritis einmal im Jahr feierliche Zeremonien zu Ehren der Göttin der Südsee, Nyai Loro Kidul, statt. Sie gehen auf eine Legende zurück, wonach der Ahnherr des Herrscherhauses von Yogyakarta, Senopati, mit der Göttin verheiratet gewesen sein soll. Eine andere Version berichtet, daß er einen Vertrag mit der Göttin geschlossen habe, der für immer zu den jährlichen Tributen verpflichte. So bringt auch heute noch der residierende Sultan Sri Hamengkubuwono IX am Labuhan-Tag in Parangtritis der Göttin die gebührenden Geschenke dar.

Die wesentlichen Tempel (Candi) um Yogyakarta

Rund 40 km westlich von Yogyakarta, auf gut ausgebauter Straße in rund einer Stunde zu erreichen, liegt der um 800 n. Chr. unter der Shailendra-Dynastie von einem Heer von Arbeitern erbaute **Borobudur**: ein künstlicher, terrassenförmiger Berg, der den Stupa mit der Vorstellung der Buddhisten vom Weltberg Meru verbindet. Das harmonisch in einer weiten Ebene konzipierte Bauwerk, von einem Vulkan überragt, gilt als ein Symbol der Weltschau des Mahayana-Buddhismus, das heißt einer Darstellung des menschlichen Seins auf dem Weg zum Frieden der Seele. Der Bau ist als gewaltiges magisches Diagramm gedacht, ein mythisches Abbild des Kosmos. Je höher der Pilger die Terrassen und die Stufen des Heiligtums emporsteigt, desto mehr vollzieht er symbolisch den Aufstieg der Seele aus der Welt der Begierde in eine Welt geistiger Vollendung und Vereinigung mit dem kosmischen Buddha.

Indonesische Wissenschaftler führen die Geschichte des Borobudur auf eine frühe Stätte der Ahnenverehrung zurück, die das Element der megalithischen Stufenpyramide kannte. Die gesamte Anlage hat die Form eines Stupa, also eines stufenförmig aufgebauten Kultmals, das die drei Sphären des buddhistischen Weltbildes darstellt, nämlich *kamadhatu*, die Sphäre der Wünsche und Begierden, *rupadhatu*, die Sphäre der Form, und *arupadhatu*, die formlose geistige Sphäre. Kern des Bauwerkes ist ein natürlicher Hügel, der umbaut wurde. Die Anlage erhob sich in dieser Form zu einer Höhe von 42 m. Das nachgebende Erdreich des Hügelkernes zwang die frühen Baumeister, den Fuß der Anlage mit einem Steingürtel zu befestigen, obgleich dadurch die bereits fertiggestellten Basisreliefs dem Auge entzogen wurden. Diese Ummauerung wurde erst 1885 von holländischen Wissenschaftlern entdeckt und durch partielle Freigung bewiesen. Die heutige Höhe des Tempelbaus beträgt 33,5 m, die Seitenlänge des an der Basis quadratischen Baus 123 m. Das Bauwerk erhob sich ursprünglich in zehn, nach oben kleiner werdenden Terrassen. Die unterste, jetzt größtenteils umbaute Terrasse zeigt auf Steinreliefs die Sphäre der weltlichen Wünsche, *kamadhatu*. An der südöstlichen Basis sind sechs Reliefbilder freigelassen worden. Jetzt erheben sich auf dieser Basis fünf quadratische Terrassen, *rupadhatu*, die Sphäre der Formen, die in prächtigen Reliefs das Leben des Prinzen Siddharta zeigen, ehe er Buddha wurde. Diese Szenen vermitteln ein lebendiges Bild vom täglichen Leben in jenen fernen Zeiten, vom Familienleben, der Arbeit, der Feste mit Musik und Tanz, von Kriegszügen mit Elefanten und Schiffen. Die Reliefs haben insgesamt eine Länge von 2,5 km, es wurden ca. 55 000 m³ Stein verbaut. Der Gläubige, der das Heiligtum erstieg, bekam aus dem Leben des Shakyamuni erzählt, so wie es in dem »Lalitavistara« geschildert wird. Die Szenen beginnen mit den Jataka-Legenden, die sich auf die frühe Existenz Buddhas beziehen, sie zeigen sodann seine Geburt als Prinz Siddharta und erreichen ihren Höhepunkt mit seiner ersten Predigt im Tierpark von Benares. Dieser Reihe folgt die Geschichte des Maitreya, des Buddha des künftigen Weltalters, der auf seine Wiedergeburt als Messias des Buddhismus wartet. Die Bilderserie endet mit den mystischen Dhyani-Buddhas, die die letzten, nicht mehr beschreibbaren Wahrheiten verkörpern. Über diese Galerien, der Sphäre der Formen, *rupadhatu*, erheben sich drei kreisförmige Terrassen des *arupadhatu*, die keine Reliefs, sondern 72 gitterartig durchbrochene Stupas schmücken. Als Höhepunkt des ganzen Tempels wird das Bauwerk von einem großen verschlossenen Stupa gekrönt, der das letzte Geheimnis, die höchste Wahrheit symbolisiert.

Jeder der kleinen Stupas enthält die Figur eines in der Haltung des Yogin sitzenden Buddhas, der die Hände in

Reliefdarstellung an den Tempelwänden des Borobudur

der Geste des Lehrens *(dharmacakramudra)* hält. Das »Drehen des Rades der Lehre« besagt symbolisch, daß sich die Lehre Buddhas, einmal verkündet, durch alle Zeiten fortsetzen wird, so wie sich ein in Bewegung gesetztes Rad ständig weiterdreht. Durch den obersten Stupa, der eine unfertige Buddha-Figur enthielt, ursprünglich aber wohl gänzlich leer gelassen worden war, wird der letzte kosmische Buddha repräsentiert, dessen Wesen das gesamte Universum miteinbezieht. Der Aufbau des Bauwerkes gleicht einem riesigen Mandala, einem magischen Diagramm, das die buddhistische Auffassung der letzten Wahrheit zum Ausdruck bringt.

Die gesamte Anlage mit 1 600 Reliefs und 505 Buddha-Figuren ist sowohl ein Dokument damaligen Lebens als auch eine Widerspiegelung ewiger Weisheit. Die Figuren sind nicht mas-

kenhaft starr, sondern menschlich weich. In allen Reliefs zeigt sich die grundlegende Opfergesinnung Buddhas.

Der Name Borobudur wird von dem Sanskritwort *bhumisanbharabudhara* abgeleitet, was soviel wie »Der Berg der Anhäufung der Tugend in den zehn Phasen des Bodhisattvas« bedeutet. Bodhisattva ist jemand, der bereits den Zustand des *bodhi*, des Heils, erreicht hat und an der Schwelle zum Nirwana steht, der aber auf den Eingang in diesen Zustand verzichtet, um anderen Lebewesen beizustehen. Eine andere Erklärung des Wortes Borobudur geht auf das Sanskritwort *boro*, Versammlung der Gläubigen, Kloster, und auf das javanische Wort *budur*, Hügel, zurück.

Man nimmt an, daß zur Glanzzeit des Buddhismus (8./9. Jh.) große Prozessionen in der Tempelanlage stattfanden. Heute werden nur noch in kleinem Umfang Prozessionen am Waicak-Tag, dem Tag der Geburt und des Todes des Prinzen Siddharta, abgehalten. Mit dem Niedergang der Shailendra-Dynastie und der Verlagerung der staatlichen Macht nach Ost-Java im 10. Jh. verlor der Mahayana-Buddhismus seine Bedeutung. Im Einklang damit wurde der Borobudur aufgegeben. Er geriet in völlige Vergessenheit und wurde vom Dschungel überwuchert. Erst 1814 leitete der britische Generalgouverneur Sir Stamford Raffles die Wiederentdeckung dieses Bauwerks ein. Zwanzig Jahre später verfügten die Holländer noch nicht über

Gesamtbild des Borobudur-Tempels in Zentral-Java

Dyhani-Buddha in der formlosen Sphäre des ewigen Seins, des Arupadhatu

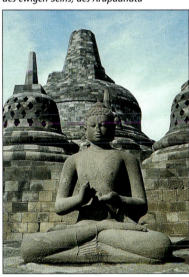

mehr als eine Fotografie und eine Zeichnung von der sehr zerstörten Anlage. Erst um die Jahrhundertwende brachten Wissenschaftler und Institutionen wie die »Batavische Gesellschaft für Wissenschaften und Kunst« den Borobudur in das Bewußtsein der gebildeten Welt. Es wurden erste Restaurierungsarbeiten eingeleitet, an denen der Holländer Theodor van Erp wesentlichen Anteil hatte. Er erkannte als erster, daß das Hauptproblem in der vollständigen Entwässerung des Bauwerks liegt, dessen Quader nicht durch den Mörtel oder Klammern, sondern allein durch statische Ausbalancierung der Steinmassen zusammengehalten werden. Das Wasser hatte zum einen viel Erdreich ausgespült, so daß sich Mauern und Quader senkten, zum an-

deren aber auch den Stein direkt angegriffen, der zum Teil aufgequollen und zum Teil von der ihn überwuchernden Vegetation zerstört worden war.

Nach den Wirren des Zweiten Weltkrieges erkannte man, daß nur noch eine schnelle und gründliche Restaurierung den Borobudur vor der völligen Zerstörung retten konnte. Eine internationale Bewegung »Rettet den Borobudur« wurde ins Leben gerufen, an der sich außer Indonesien die UNESCO und einige Industriestaaten, wie zum Beispiel die Bundesrepublik Deutschland, beteiligten. 1973 begann die aufwendige Totalrestaurierung. Stein für Stein, Relief für Relief und Statue für Statue wurden abgetragen, gesäubert, präpariert und nach Einzug eines modernen Drainagesystems wieder an ihrem Platz eingesetzt. Seit dem Frühjahr 1984 sind alle Restaurierungsarbeiten abgeschlossen. Im Februar 1985 zerstörten regierungsfeindliche islamische Fanatiker durch einen gezielten Sprengstoffanschlag neun Stupas auf den oberen Terrassen. Inzwischen sind die Schäden völlig beseitigt.

Ohne Zweifel drängt sich dem Beschauer des Borobudur der Vergleich mit den großartigen Tempelanlagen von Angkor in Kambodscha auf, die ausgedehnter und mannigfaltiger, aber rund 300 Jahre jünger sind und vom Borobudur, wie selbst der unermüdliche Konservator von Angkor, Professor Bernhard Groslier, eingesteht, an Schönheit und Ausgewogenheit eher übertroffen werden.

Die Tempel **Candi Mendut** und **Candi Pawon,** beide in unmittelbarer Nähe des Borobudur und etwa zu gleicher Zeit erbaut, sind weniger imposant, stehen aber zu dem größeren Bauwerk in einem engeren Bezug. Sie erfüllen die Funktion vorbereitender Sakralhandlungen der buddhistischen Pilger für die Prozession zum Haupttempel. Der Candi Mendut hat nunmehr, nachdem ein ihn krönender Stupa zerstört ist, eine Höhe von 26,5 m. Die Basis ist quadratisch. In Abweichung zum Borobudur enthält er eine Kammer, in der sich drei aus je einem Stück gearbeitete Steinstatuen befinden. In der Mitte steht eine drei Meter hohe Buddha-Statue, deren Ausstrahlungskraft man sich nicht entziehen kann – soweit es die Touristenschwärme zulassen. Zwei kleinere Figuren, deren Bedeutung man noch nicht enträtselt hat, flankieren ihn. Vermutlich führte einst eine Zeremonienstraße von dem Candi Mendut zum Borobudur. Die Rolle des kleineren Candi Pawon, der dem Mendut ähnelt und exakt auf der Ost-West-Linie zwischen dem Mendut und dem Borobudur steht, ist noch unbekannt. Auch wenn

die beiden kleineren Tempel nicht die gewaltigen Ausmaße des Borobudur haben, sind sie doch gerade in ihrem Kontrast zu diesem Bauwerk sehr sehenswert.

In Zusammenhang mit der Entstehung der indonesischen Reiche entwickelte sich eine Kunsttradition, deren Bindung an die damals bestehenden Herrscherhäuser unverkennbar ist. Daraus hat sich eine herrschaftliche, höfische Kunst entwickelt, deren eines Merkmal darin besteht, Monumentalwirkung zu erzeugen, Monumente zu errichten, die in Erinnerung behalten werden sollen und die infolgedessen den Charakter von Einmaligkeit besitzen. Individualität wird ein die höfische Kunst prägendes Merkmal. Die ersten Zeugnisse dieser Kunstrichtung sind aus der Zeit von 400 n.Chr. herrührende Stelen und Tafeln mit Inschriften von Herrschern und Göttern. Von dieser Zeit ab nimmt die Kunst Indonesiens ein Geschichts- und Individualitätsbewußtsein in sich auf, das bis dahin nicht vorhanden war. Zu den tradierten Elementen, wie der Darstellung kosmischer Ordnung in Fabelwesen und Symboltieren, die beibehalten werden, treten Darstellungen benannter individueller Götter, erkennbar an ihrer Haltung und an ihren Gesichtszügen. Die Plastik wird durch Bauwerke ergänzt, die anfangs als Verehrungstempel für diese Götter dienen (Tempel auf dem Dieng-Plateau), später aber selbst den Kosmos symbolisieren und das irdische wie erhabene Leben von Religionsstiftern (Borobudur, Mendut, Pawon), Göttern und göttlichen Inkarnationen. Mit aufsteigender Machtfülle der staatlichen Ordnungen verknüpfen sich die Bauwerke mit den Namen politischer Führer, die sie erbauen ließen, sie werden auch zu Totentempeln. Wie stark der Herrscher im Mittelpunkt stehen kann, läßt sich an der **Tempelanlage von Prambanan,**

Der Prambanan ist das größte hinduistische Heiligtum Südostasiens

Das heilige Reittier Nandi des Gottes Shiva

Der elefantenartige Gott Ganesha, Sohn des Shiva und der Göttin Durga

der Lara- oder Loro-Jonggrang-Gruppe, ca. 16 km nordöstlich von Yogyakarta, schön nachweisen. Der Bau der in einem weitflächigen Komplex angelegten Tempelanlage begann vermutlich im 9. Jh. Seine sich nach oben verjüngende dreistufige quadratische Umfassung bestand aus 234 Baueinheiten. Die 110 m im Quadrat messende Innenterrasse enthält drei Göttertempel, den ca. 46 m hohen Lara-Jonggrang-Tempel, dem Gott Shiva geweiht, und die ihn umgebenden Tempel für Brahma im Süden und Vishnu im Norden. Dieser Tempelreihe stehen drei kleine Tempel gegenüber, von denen der mittlere, der zu dem Shiva geweihten Tempel gehört, die ausdrucksstarke steinerne Figur von Shivas Reittier, dem Stier Nandi, birgt. Die beiden anderen, Vishnu und Brahma geweihten Tempel zeigen deren Reittiere, den mythischen Garuda-Vogel und die Gans *(hamsa)*. Beherrscht wird die gesamte Anlage von dem Shiva-Tempel mit seinen vier im obersten Abschnitt angelegten Zellen und den darin aufgestellten Statuen von Shiva als *maha deva* (mächtiger Gott), Shiva als *maha guru* (großer Lehrer), von Shivas elefantenförmigem Sohn Ganesha und von Shivas weiblichem Prinzip Durga, zugleich seine Frau. Die Reliefs und Figuren von Menschen, Tieren, Fabelwesen, Pflanzen und Ornamenten erzählen die Ramayana-Legende, eine Art indische Odyssee. Die Bilder schreitet man am besten, vor dem zweiten Treppenaufgang zur Hauptcella des Shiva beginnend, von links nach rechts ab. Bei dieser Legende handelt es sich um die romantische Geschichte, wie der Königssohn Rama seine Gattin Sita, die ihm der dämonische Riese Rhawana geraubt und nach der Insel Lanka jenseits des Ozeans entführt hat, mit Hilfe des Königs der Affen und seines Ministers Hanuman wiedergewinnt.

Interessant ist nun, daß der Mittelpunkt der Anlage nicht etwa von einem Tempelgebäude eingenommen wird, sondern vom Fuß der Treppe zum Shiva-Tempel, an dem sich, wie Ausgrabungen ans Tageslicht brachten, ein Bronzegefäß mit der Asche eines Toten befand, sehr wahrscheinlich die sterblichen Überreste des Erbauers Prambanans. Hier zeigt sich die Verbindung von Verehrungs- mit Totentempel.

Überall im Gelände stehen überdies Lingam-(Phallus-)Symbole Shivas, des Zerstörers und Schöpfers. Es handelt sich hier um ein Hindu-Heiligtum, bei dem sich schon buddhistische Charakteristika offenbaren, denn alle Hindu-Götter werden hier als ein in verschiedenen Erscheinungsformen auftretender Buddha dargestellt. Darin, in dem Nebeneinander von Lingam und buddhistischem Stupa, zeigt sich das die ganze indonesische Kultur durchdringende Element synkretistischen, das heißt verschiedene Formen miteinander verschmelzenden Denkens.

Die Tempelanlage wurde im 16. Jh. durch ein Erdbeben schwer in Mitleidenschaft gezogen. Die erste Phase der Restaurierung zwischen 1937 und 1953 lag in holländischer Hand. Seitdem haben sich indonesische Archäologen mit Erfolg um die Wiederherstellung der Anlage bemüht, die heutzutage eine großartige Kulisse in der javanischen Landschaft darstellt. Das an der Tempelbasis immer wiederkehrende Relief, welches in einer Nische einen Löwen, flankiert von Kinnaris, Himmelsnymphen mit einem halben Frauen- und einem halben Vogelkörper, unter einem Lebensbaum enthält, wird als das sogenannte »Prambanan-Motiv« bezeichnet. Die Tempelanlage wurde aus vulkanischem Andesit erbaut, einem festen Gestein, das in den nahe gelegenen Flüssen zu finden ist.

Vor dem Prambanan-Komplex wurde Anfang der sechziger Jahre ein Amphitheater gebaut, in dem während der Trockenzeit (Juni – Oktober) freie tänzerische Bearbeitungen aus dem Ramayana-Epos mit Hunderten von Akteuren in farbenprächtigen Gewändern dargeboten werden. Die Kulisse des Lara-Jonggrang-Tempels bildet einen beeindruckenden Hintergrund, der künstlerische Wert der Aufführun-

Haupttempel der buddhistischen Tempelanlage von Sewu

gen ist umstritten. Karten sind in den Hotels in Yogyakarta zu bekommen.

Die flächenmäßig größte buddhistische Tempelanlage Javas liegt nur etwa 2 km nördlich des Prambanan-Komplexes. Es handelt sich um die dem Prambanan-Komplex ähnliche **Tempelanlage von Sewu,** die hier vermutlich Ende des 8. Jh., zur Zeit der Shailendra-Dynastie, entstand. Auf einem 24 ha großen, von einer Ringmauer umgebenen Gebiet stehen 246 Tempelruinen. Die zwei Eingänge zu der Anlage werden von je zwei 3 m hohen,

mit Keulen bewaffneten Wächterfiguren eingerahmt. In der Mitte befindet sich der Haupttempel mit seinen vier Treppenaufgängen um den Eingang an der Ostseite. Die übrigen Seiten sind durch Anbauten mit je einem Innenraum erweitert, die dem Haupttempel die Form eines Kreuzes geben. An den Haupttempel schließen sich mehrere Quadratreihen mit einer Vielzahl von Nebentempeln an. Haupt- wie Nebentempel sind überreich verziert. In ihren Außenwänden standen einst Figuren. Im Haupttempel soll eine riesige

Bronzefigur eines Buddhas aufgestellt gewesen sein. Die noch erhalten gebliebenen Buddha-Figuren sind im Museum von Jakarta zu bewundern.

1 $^{1}/_{2}$ km, rund 20 Min. zu Fuß in östlicher Richtung vom Sewu-Komplex entfernt, liegt der einem aufgefundenen Inschriftenstein zufolge um 850 n. Chr. von dem Shailendra-Herrscher Rakai Pikatan erbaute **Candi Plaosan,** der von einem Erdbeben im Jahre 1867 stark zerstört wurde. Diese buddhistische Anlage ist in fünf in nord-südlicher Richtung parallel verlaufende Sektoren gegliedert. Der zweite Sektor enthält in seiner Mitte zwei große, durch eine Ringmauer getrennte, einander gleichende Tempel, die wiederum von zwei Steinmauern umschlossen werden. Vor den Eingängen stehen Wächterfiguren. Beide Tempel, mit acht Stufen als Aufgang und einem Eingang im Westen, sind mit Ornamenten und Figuren reich geschmückt. Vor dem Eingang des einen Tempels befindet sich eine Art von Vestibül. In seinem Innern sind drei Kammern, die früher einmal die Standbilder eines Buddhas und zweier ihn flankierender Bodhisattvas enthalten haben müssen. Die darauf hinweisenden Lotussitze sind noch vorhanden. Der Haupttempel war zweigeschossig, wie noch erkennbare Vertiefungen zum Einlassen der Balken zeigen.

In Sichtweite der Straße von Yogyakarta nach Surakarta, rund 14 km von Yogyakarta entfernt, liegt rechter Hand der **Candi Kalasan** (Kalasan-Tempel). Er ist der älteste sicher datierte Tempel Zentral-Javas, da bei ihm eine Steintafel in der nordindischen Nagarni-Schrift, welche die Buddhisten beim Abfassen von Sanskrit-Texten auf Steinen benutzten, gefunden wurde. Sie besagt: »Als 700 Jahre der Cakra-Ära (778 n. Chr. vorbei waren, stiftete der Fürst zur Huldigung für seinen geistigen Lehrer *(guru)* einen Tara-Tempel.

Das Dorfgebiet Kalasa wurde dem Tempel geschenkt.« Jener Fürst war der Shailendra-König Sri Rakai Panangkaran. Der Name Tara bezieht sich auf eine Göttin Tara und vermutlich auch auf die Gemahlin des Fürsten, die ebenfalls Tara hieß. Die Tafel erwähnt zudem die Statue einer Göttin und einen Versammlungsort für Mahajana-Mönche, der auch in der Tat unmittelbar neben dem Tempel gefunden wurde. Steinerne Säulenreste und -sockel lassen auf einen solchen Bau schließen. Der Tempel selbst mißt 14,2 m. Er besitzt an jeder Seite einen Vorsprung von 7,1 m Breite und 3,55 m Tiefe, so daß er die Form eines Zwanzigecks annimmt. Er ist überreich mit Steinreliefs und Ornamenten verziert. In seinem Innern befinden sich vier Kammern, in denen früher 22 Figuren, vermutlich aus Bronze, gestanden haben sollen. Um den Tempel herum befinden sich verstreut Reste von Stupas. Hier wurden auch Steinkisten mit Schmuckstücken, Spiegeln, magischen Steinen und bronzenen wie tönernen Urnen gefunden. Ein Grab konnte nicht entdeckt werden.

Nur knapp 1 km nordöstlich vom Candi Kalasan liegt der **Candi Sari,** ein rechteckiger, früher zweigeschossiger Bau, der wohl als eine Art von Kloster und nicht als Tempel diente. In seinem Innern befinden sich in jedem Stockwerk drei Räume. An den Rückwänden der unteren Kammern fand man Reste von Altären. Vermutlich führte von der südlichen Kammer eine Treppe zum oberen Stockwerk. Außen ist der Tempel reich mit Girlanden und Rosetten geschmückt. Neben den Fenstern finden sich Figuren männlichen und weiblichen Geschlechts, die schwer zu identifizieren sind, möglicherweise Bodhisattvas, vielleicht auch niedere Gottheiten. Im ganzen gesehen ist dieser Tempel einer der besterhaltenen Bauten in dieser Ruinenzone.

Als letzte Route sei noch ein Abstecher zu dem **Ratu Baka-Palast** empfohlen. Die Straße führt von Yogyakarta in Richtung Surakarta bis zum Prambanan-Tempel. In den beim Prambanan-Komplex befindlichen Dorf biegt man hinter der Brücke über den Opak River scharf nach rechts ab und folgt der Straße noch rund 2 km bis zum Fuß eines linker Hand liegenden Hügels.

Von dort geht es zu Fuß einen alten, mit verschobenen Steinplatten belegten Weg zu einem Plateau hinauf und weiter, sanft ansteigend, zu den Ruinen des alten Palastes. Besonders nachmittags bietet sich bei untergehender Sonne ein sehr schöner Blick über die weite Ebene von Yogyakarta, im Hintergrund der Vulkan Merapi.

Junge aus einer islamischen Pesantren-Internatsschule

Ost-Java

Allgemeines

Die Provinz Ost-Java, so groß wie Niedersachsen, ist mit rund 33,6 Mill. Einwohnern die volkreichste Provinz Javas. Das Land wird von überwiegend kleinbäuerlichen Betrieben intensiv bestellt. Daneben gibt es auch eine ausgedehnte Plantagen- und Forstwirtschaft, große Staatsbetriebe. In der Forstwirtschaft spielt das Teakholz eine große Rolle, da sich über die Hälfte aller javanischen Teakholzwälder in Ost-Java befinden. Zunehmend haben sich auch gewerbliche und industrielle Betriebe wie Zuckerfabriken und tabakverarbeitende Betriebe in Ost-Java niedergelassen. So kommen etwa 75 % der indonesischen Zuckerproduktion aus Ost-Java. Flußregulierungen und neue Staudämme sorgen für eine Kontrolle der Bewässerung und für elektrische Energie. In der Provinzhauptstadt Surabaya ist eine Industriezone mit moderner Schiffswerft im Aufbau. Die Ansiedlung von Textil- und Zementfabriken geben der Wirtschaft Ost-Javas neue Impulse. Touristisch ist Ost-Java mit seinen Stränden, Bergen und Wäldern vielfach noch unerschlossen und daher für den Liebhaber des Ursprünglichen von besonderem Reiz. Auch wenn große Tempelkomplexe vorhanden sind, so erheben sie sich doch vereinzelt und ohne die faszinierende Ausstrahlung eines Borobudur oder Prambanan. Von dem einst hier residierenden Reich Majapahit sind nur noch wenige Relikte vorhanden. Heute lebt in Ost-Java eine arbeitsame Bevölkerung, die mit ihren wirtschaftlichen und aus dem hohen Bevölkerungszuwachs resultierenden sozialen Schwierigkeiten fertig werden muß, was nicht immer gelingt. In der Vergangenheit haben sich wiederholt in dieser Region soziale, politische und religiöse Spannungen entladen.

Surabaya, Hauptstadt der Provinz Ost-Java

Die Hauptstadt der Provinz Ost-Java, Surabaya, ist von Jakarta (ca. 800 km) aus mit dem Auto, Linienbus, der Eisenbahn und dem Flugzeug gut zu erreichen. Die Anreise von Jakarta ist auch mit dem Schiff möglich. Mit dem Auto bieten sich drei Routen an: 1. von Jakarta über die Stadt Semarang immer die Nordküste entlang; 2. von Jakarta über Semarang, Blora und Bojonegoro nach Surabaya; 3. von Jakarta über Surakarta, Maduin und Mojokerto nach Surabaya. Surabaya ist mit geschätzt 4 Mill. Einwohnern die zweitgrößte Stadt Indonesiens. Sie wurde im 13. Jh. von dem Herrscher Kertanegara von Singosari gegründet, woran eine Statue vor dem Amtssitz des Gouverneurs erinnert. Die Bedeutung des Namens Surabaya und seine Herkunft sind umstritten. 1625 wurde die Stadt von dem großen Sultan von Mataram in Zentral-Java unterworfen. Im Bewußtsein der Indonesier von heute ragt die Stadt als historischer Schauplatz der Schlacht von Surabaya im November 1945 hervor. Nach der Kapitulation der Japaner im Zweiten Weltkrieg entsandten die alliierten Mächte im Oktober 1945 militärische Einheiten unter dem politisch instinktlosen Namen »Allied Forces Netherlands East Indies« in das von Japanern besetzte Gebiet, um diese zu entwaffnen und die eigenen Kriegsgefangenen zu befreien. Auf die indonesischen Patrioten, die schon zwei Monate zuvor, am 17. August, die Kolonialherrschaft abgeschüttelt, die Republik ausgerufen und die Japaner interniert hatten, wirkte dieser Einsatz, an dem auch noch niederländische Einheiten beteiligt waren, wie eine ungeheure Beleidigung. Die indonesischen Behörden bestanden auf Verhandlungen, die sich aber immer mehr in Mißverständnisse, Zwischenfälle und vor allem Provokationen der sich als Befreier fühlenden alliierten Invasoren verrannten. Im November kam es dann zu Straßenkämpfen zwischen den alliierten Truppen und den schlecht bewaffneten indonesischen Streitkräften, die am 10. November ihren Höhepunkt erreichten. Während auf britischer Seite nur rund 400 Soldaten fielen, starben auf indonesischer Seite 15 000 – 16 000 Freiheitskämpfer. Die Indonesier mußten sich anfangs zwar zurückziehen, hatten aber ein Beispiel ihres nicht zu brechenden Freiheitswillens gegeben, der sie schließlich nach jahrelangen Kämpfen mit der zurückgekehrten Kolonialmacht zum Sieg führte.

Hotels

Hyatt RegencySurabaya, Jl. Basuki Rachmad 124 – 128, Tel. 51 12 34

Elmi, Jl. Panglima Sudirman 42 – 44, Tel. 47 15 71

Garden und Garden Palace, Jl. Pemuda 21, Tel. 47 00 01, Tel. 47 92 50

Mojopahit, Jl. Tunjungan 65, Tel. 4 33 51

Mirama, Jl. Raya Darmo 72 – 74, Tel. 6 95 01

Cendana Indah, Jl. Duryat 8, Tel. 4 22 51

Restaurants

New Bima Garden (chin.), Jl. Pahlawan 102

Chez Rose (westl., chin.), Jl. Panglima Sudirman 12

Oriental (chin.), Jl. Nasution 37

Einkaufen

Haupteinkaufsstraßen: Jl. Tunjungan/Basuki Rachmat

Information

Diparda Tk I Tourist Office, Jl. Darmokali 35

Diparda Jawa Timur, Jl. Pemuda 118, Tel. 47 25 03

Kanwil IX Depparpostel Jawa Timur, Jl. A. Yaui 244, Tel. 81 53 12

Museen

Ost-Java-Museum, Jl. Pemuda 3

Museum Mpu Tantular (hist./archäol.), Jl. Mayangkara 6, geöffnet Di – Do 8 – 13, Fr 8 – 10.30, Sa 8 – 12, So 9 – 14 Uhr, Mo geschlossen

Telefon

Vorwahl Surabaya: 0 31

Vergnügungspark

Taman Hiburan Rakyat, populäre Tanzaufführungen von Ludruk-Dramen, in denen auch die weiblichen Rollen von Männern gespielt werden

Zoo

Surabaya Zoo (Kebun Binatang), Jl. Setail 1

Route 4: Auf den Spuren des alten Reiches von Majapahit

Surabaya – Mojokerto – Trowulan – Madiun – Pacitan – Blitar – Panataran – Malang – Surabaya
(Karte zur Route 4 auf Seite 186)

Von der Hauptstadt Ost-Javas, Surabaya, nimmt man die gut ausgebaute große Straße nach Süden und biegt an der Gabelung bei der Ortschaft Waru nach rechts, in Richtung der Ortschaft **Mojokerto** (51 km) ab. In Mojokerto gibt es ein kleines Museum zu besichtigen, aus dessen Sammlung die Statue eines Herrschers, als Gott Vishnu auf

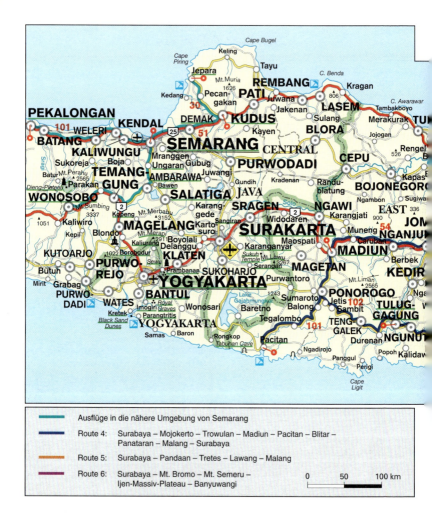

▬▬	Ausflüge in die nähere Umgebung von Semarang
▬▬	Route 4: Surabaya – Mojokerto – Trowulan – Madiun – Pacitan – Blitar – Panataran – Malang – Surabaya
▬▬	Route 5: Surabaya – Pandaan – Tretes – Lawang – Malang
▬▬	Route 6: Surabaya – Mt. Bromo – Mt. Semeru – Ijen-Massiv-Plateau – Banyuwangi

0   50   100 km

einem Garuda (Adler) sitzend darge-stellt, als besonders schönes Stück her-ausragt. Mit einem kleinen Abstecher nach Süden können bei der Ortschaft Pare zwei Tempel aus dem 14. Jh., der Candi Tegowangi und der Candi Suro-wono, besichtigt werden, von denen allerdings nur noch die mit Steinreliefs verzierten Basen übriggeblieben sind.

Ebenso bescheiden machen sich die baulichen Überreste der einstigen Hauptstadt des mächtigen Reiches von Majapahit in **Trowulan,** der näch-sten Station auf der Fahrt nach We-sten, aus. Ein kleines Museum birgt ei-ne Sammlung hier gefundener Stein- und Tonrelikte aus jener Zeit. Eine La-gekarte der alten Hauptstadt gibt eine Vorstellung von ihrem Grundriß und Aufbau. Unweit des Museums stehen dann noch zwei schon ein wenig ver-witterte Tempel, der Candi Tikus

Östlicher Teil Javas

(Maustempel) und der Candi Bajangratu, ein schlankes Bauwerk.

Von Trowulan geht die Fahrt sodann weiter, über die Orte Jombang und Kertosono zur Stadt **Madiun**, Ausgangspunkt mehrerer Touren in ihre nähere und weitere Umgebung. Madiun selbst ist nicht von besonderem touristischem Interesse. Die Stadt war 1948 Zentrum eines kommunistischen Aufstandes. Zur einfachen Übernachtung bietet sich das aus der Kolonialzeit stammende Merdeka-Hotel an.

Madiun ist Ausgangspunkt für eine Fahrt zum **Berg Lawu** (3 265 m) und dem an seiner Westseite, also in Richtung Surakarta liegenden Höhenort **Serangan** (1 300 m). Um die sehr steile Paßstraße zu vermeiden, kann der Umweg über Ngawi gewählt werden. In Serangan gibt es einfache, aber gute Übernachtungsmöglichkeiten. Der Ort

Kala-Kopf eines Abwehrdämons über dem Eingang des Jahreszeitentempels im Panataran-Komplex in Ost-Java

ist wunderbar gelegen und ideal für schöne Fußwanderungen und Ausritte zu Pferd.

Der anthropologisch Interessierte kann von Madiun aus den Ort **Trinil** am Solo-Fluß aufsuchen, ähnlich wie der schon beschriebene Ort Sangiran (S. 166), Fundstätte des Homo Pithecanthropus, des fast 2 Mill. Jahre alten Affenmenschen. In einem Museum sind die Fossilien dieser Vorform des heutigen Menschen zu sehen. Die Fahrt geht von Madiun nach Norden zu der Ortschaft Ngawi, in deren unmittelbarer Nachbarschaft sich das Dorf Trinil befindet. Die Straße von Madiun nach Ngawi führt dann in einem großen weiten Bogen um den Berg Lawu herum nach Surakarta.

Von Madiun wird in südlicher Richtung über Ponogoro und Badegan die Ortschaft **Pacitan** an der Südküste erreicht. In deren Nähe liegt die **Tabu-han-Grotte** (Goa Tabuhan) mit schönen Stalaktiten. In nordwestlicher Richtung besteht auch hier wieder ein Anschluß nach Surakarta, und zwar über den Ort Wonogiri. Diese Route wird nicht nur wegen der schönen Landschaft, sondern vor allem wegen der vielen idyllisch gelegenen Dörfer gern benutzt.

Eine weitere große und schöne Route führt von Madiun über Ponorogo geradeaus über die Orte Trenggalek und Tulungagung zur Stadt **Blitar.** Von dort wird die 11 km nördlich, am Fuße des Vulkans Kelud in 450 m Höhe gelegene **Tempelanlage von Panataran** erreicht, einer der besonders sehenswerten Tempelkomplexe in Ost-Java. Die Anlage besteht aus drei hintereinander liegenden Umfriedungen, in denen einst mehrere Bauwerke standen. Teilweise sind nur noch die Grundmauern erhalten. Sowohl die Anordnung der Bauten als auch zum Teil ihr Aufbau ähnelt den Tempelanlagen auf Bali. Der Aufbau, der zur Zeit der Singosari-Könige im 13. Jh. begonnen wurde, zog sich rund 250 Jahre hin, also bis in die Zeit des großen Majapahit-Reiches.

Auf dem ersten Hof, dessen Eingang von zwei Wächterfiguren bewacht wird, steht der restaurierte und relativ gut erhaltene Jahreszeiten-Tempel, der das Datum aus dem *caka*-Jahr 1291 trägt (1291 = 1369 unserer Zeitrechnung). Er ist ein gutes Beispiel für einen typisch ost-javanischen Tempel. Im zweiten Hof, ebenfalls von zwei Wächterfiguren bewacht, steht linker Hand in der Mitte des Platzes der Naga-Tempel, so benannt, weil sich um seinen Sockel ein Relief mit einer großen Schlange *(naga)* herumzieht. Im dritten Hof stößt man endlich auf den eigentlichen Haupttempel, der sich einst über drei Terrassen erhob. Der Unterbau mit seinen drei sich verjüngenden Terrassen ist restauriert worden. Die Hauptfront an der Westseite besitzt an ihren beiden Flügeln zwei Treppenaufgänge, die sich bei den folgenden Terrassen auf eine Treppe verringern. Vor den Aufgängen stehen auf beiden Seiten Shiva-Statuen.

Die Paneele, die sich um die Basis des Tempels ziehen, tragen herrliche Reliefs mit Motiven aus dem Ramayana-Epos. Sie schildern den Heerzug des Affenkönigs Hanuman zum Palast des Riesen Rahwana auf der Insel Lanka, um die Gemahlin des Königssohns Rama, Sita, zu retten, darüber hinaus seine Gefangennahme, Flucht und schließlich die große Schlacht, die mit dem Tod des Riesen endet. Abwechselnd mit den Reliefs zieht sich eine weitere Kette runder Medaillons die Basis entlang, auf denen Tiere mit rankendem Laubwerk dargestellt sind. Auf der zweiten Terrasse befindet sich ein Reliefband, welches Szenen aus dem Krishnayana zeigt, den Legenden um den mythischen indischen König Krischna (der Schwarze), seinen Hel-

Jahreszeitentempel beim Panataran-Komplex

dentaten und Liebesabenteuern. Die naturalistisch-lebendigen Darstellungen gehören zu dem Schönsten, was in Ost-Java an Reliefkunst erhalten blieb. Die Wand der dritten Terrasse ist mit plastisch gearbeiteten Fabeltieren, Adlern und geflügelten Löwen verziert.

Rund 100 m südöstlich vom Haupttempel existiert noch ein Bad, zu dem steinerne Stufen herabführen. Das Bassin ist mit Darstellungen von Tierfabeln geschmückt, von denen einige bekannt, einige aber noch unbekannt sind.

Auf halbem Weg zurück nach Blitar befindet sich auf einem früheren Militärfriedhof die zu einem Denkmal ausgebaute Grabstätte des ersten Präsidenten der Republik, Sukarno, der 1970 starb. Von Blitar kann man sodann in östlicher Richtung wieder die große Straße benutzen, die ab Kapanjen über die Stadt **Malang** zurück nach Surabaya führt.

Route 5: Ins Reich der Könige von Singosari
Surabaya – Pandaan – Tretes –
Lawang – Malang – Insel Madura
(Karte zur Route 5 auf Seite 186)

Die Hauptstadt Ost-Javas verläßt man wieder auf der gut ausgebauten Straße gen Süden. Sie führt über die Ortschaft Waru geradeaus, an Sidoarjo vorbei bis Gempol. In der Ortschaft Gempol folgt man nun der alten Straße, aber nicht nach Osten, dem Meer entlang, sondern nach rechts, in Richtung Pandaan. In **Pandaan** zweigt man abermals nach rechts in Richtung Tretes ab. Wenige Kilometer nach Pandaan (55 km) befindet sich der **Candi Jawi,** eine ausgedehnte Tempelanlage zu Ehren des Königs Kertanegara von Singosari (1268–92). Gleich in ihrer Nachbarschaft liegt das neue **Amphitheater Taman Candra Wilwatikta,** in dem vor der grandiosen Bergkulisse des Gunung Pananggungan Szenen aus dem Ramayana-Epos in einer spektakulären Schau an Vollmondnächten in der Zeit von Mai bis Oktober dargeboten werden. Im Tempelkomplex befinden sich Bungalows, so daß man hier auch übernachten kann.

Information
Sekretariat Taman Candra Wilwatikta,
Jl. Progo 14, Surabaya, Tel. 16 82, oder in Pandaan, Tel. 42

Vom Amphitheater aus zweigt eine Abfahrt zu dem Höhenkurort **Tretes** ab, der auf 800 m Höhe liegt, über gute Hotels und Restaurants und, unter Zuhilfenahme ortskundiger Führer, auch über ein reichhaltiges Angebot an ausgedehnten Bergwanderungen, u.a. zu Relikten von Tempelbauten und Ba-

deanlagen, verfügt (Auskünfte in den Hotels Tanjung und Bath).

Als nächster Ort auf der Straße nach Malang ist **Lawang** zu nennen, das mit dem Hotel Niagara über ein schönes, im alten Stil gehaltenes Hotel verfügt. Von Lawang geht es sodann über Singosari nach **Malang,** einer Stadt von 200 000 Einw., mit angenehmem Klima und einem interessanten Basar in der Nähe des *alun alun* (Zentralplatz) mit seinen schönen alten Kirchen und der Moschee. Um Malang liegen zwischen großen Apfelplantagen besuchenswerte Ausflugsorte wie Batu, das nur 20 km in nordwestlicher Richtung von Malang entfernt, in einer Talsohle zwischen den Bergen Gunung Butak und Gunung Arjuno liegt. Auch der Ort Selecta, 27 km von Malang entfernt, ist so ein landschaftlich schön gelegenes Ausflugsziel. In beiden Orten gibt es sehr gute Übernachtungsmöglichkeiten. Wer sich typische ost-javanische Tempel ansehen möchte, dem sei Malang als Station und Ausgangsort für diese Touren empfohlen.

Hotels
Tugu Park Hotel, Jl. Tugu 3, Tel. 6 38 91
Regent's Park, Jl. Jaksa Agung Suprapto 12–16, Tel. 6 33 88
Pelangi, Jl. Merdeka 3, Tel. 6 51 56
Splendid Inn, Jl. Mojopahit 2–4,
Tel. 6 68 60

Information
Tourist Information Centre, Jl. Tugu (neben Balai Kota, dem Rathaus)
Diparda, Jl. Semern 2

Restaurants
Toko Oen (altkoloniales Café und Restaurant), Jl. Basuki Rachmat 5 (gegenüber Sarinah)
New Hong Kong (chin.), Jl. A. Rachman Hakim

Telefon
Vorwahl Malang: 03 41

Der während der Singosari-Dynastie um 1260 erbaute Tempel Candi Kidal

Der erste der um Malang liegenden interessanten Tempel ist der **Candi Singosari.** Zu ihm fährt man die Straße nach Surabaya zurück bis zur Ortschaft Singosari. In Singosari biegt man an einem Kino nach links, in westlicher Richtung ab. Nach rund 600 m steht man vor dem Tempelkomplex, der mit dem König Kertanegara, dem letzten, 1292 von Rebellen getöteten König der Singosari-Dynastie, in Zusammenhang steht. Eine Steininschrift aus dem Jahr 1351 gibt eine Anbetung

der Priester wieder, die zusammen mit dem König getötet wurden. Eine weitere historische Quelle besagt, daß ein Teil der Asche des Königs hier beigesetzt wurde. Der Tempel war dem Gott Shiva geweiht. Wahrscheinlich war der Tempelkomplex später, das heißt Anfang des 14. Jh., ein Staatstempel der Könige von Majapahit, in dem ihr berühmter Ahne, König Kertanegara, als Inkarnation des Gottes Shiva verehrt wurde. Leider ist nur ein Tempel übriggeblieben, ein reich verzierter Terrassenbau. Auf einem vierkantigen Sockel steht der Tempel mit angebauten Flügeln, die ihm die Form eines griechischen Kreuzes geben. Im ehemals zweigeschossigen Innern befinden sich eine Zentralkammer mit Platz für sechs Statuen und zwei Seitenkammern mit je einem kleinen Zugang. Verzierungen und Ornamente finden sich nur an den oberen Teilen des Tempels, so daß der Rückschluß erlaubt ist, die Künstler und Kunsthandwerker von einst haben oben und nicht unten mit der Arbeit begonnen und sind nicht mehr dazu gekommen, ihre Arbeit zu vollenden. So sind auch die sogenannten *kala*-Köpfe über den Türen unfertig. Bei diesen handelt es sich um stilisierte Köpfe von Dämonen *(kala)*, die durch ein Bandwerk mit zwei elefantfischähnlichen Köpfen von Tieren aus der indischen Mythologie *(makara)* verbunden sind. Die *kala* ähneln einem stilisierten Löwenkopf mit hervorquellenden Augen und aus dem Maul ragenden Hauern. Die ost-javanischen *kala*-Köpfe sind im übrigen gewaltiger als die an den zentral-javanischen Tempeln. Im Innern des Tempels befindet sich ein Bild, und zwar das des Agastya, des Lehrers von Shiva. Westlich des Tempels erstreckt sich ein freier Platz, in Java *alun alun* genannt. Hier stehen zwei riesige, 3 m hohe Wächterfiguren *(raksasa* = Riese und *dvarapla* = Wächter) mit den für den hindu-javanischen Stil typischen dicken Augenbrauen, hervorquellenden Augen und wulstigem Mund mit Fangzähnen, die linke Hand auf eine Keule gestützt, während die rechte eine drohende Gebärde vollzieht. Sie sind mit Schlangen und Köpfen verziert und wirken gegenüber den zentral-javanischen Wächterfiguren grausamer und furchteinflößender.

Ebenfalls über die nördliche Ausfahrt von Malang, aber in Richtung Tumpang, also in östlicher Richtung,

Kolossale Raksasa-Wächterfigur im Tempelbezirk von Singosari

kommt man zum **Jago-Tempel.** Man muß in Tumpang kurz vor dem Markt, dem Basar, nach links abbiegen. Der Candi Jago ist ein Grabmal (wir haben es also wieder einmal mit einem Totentempel zu tun) vom Vater des Königs Kertanegara, Vishnuvardhana mit Namen, dem bedeutendsten Fürsten der Singosari-Dynastie. Auf einem rechteckigen Unterbau mit zurückweichendem Mittelsockel erhebt sich ein nach hinten versetzter, quadratischer Tempel, zu dessen Terrassen je zwei Treppen führen. Durch die Nische im Westen geht ein Gang in die Zentralkammer, in der drei Statuen standen. Seine Aufmerksamkeit sollte der Besucher unbedingt den Reliefs zuwenden, die sich hier in vier Serien, eine am Sockel, eine oberhalb der ersten Terrasse, eine am zweiten und eine am dritten Sockel um den Tempel ziehen. Darüber hinaus gibt es noch reliefartige Paneele am eigentlichen Tempelgebäude, die Vorgänge aus dem Leben des mythischen indischen Königs Krischna erzählen. Alle Reliefs an den ost-javanischen Tempeln sind in Stein gehauene Illustrationen der bekannten Epen und Legenden, Bilderbücher der großen Literatur, die auch jeder Analphabet lesen konnte. Typisch für die javanische Art der Darstellung ist, daß sowohl die Helden und Heroen in den Darstellungen erscheinen als auch ihre Gefährten und Diener. Auf diese Weise wurden die Heldentaten in den Augen des Gefolges gespiegelt und damit zugleich erhöht, ein Prinzip, dem man auch im javanischen Schattenspiel, dem *wayang*, wiederbegegnet. Die einzelnen Darstellungen in den Reliefreihen am Jago-Tempel sind nur zu einem kleinen Teil erklärbar. Auf der ersten Terrasse soll es sich wohl um eine Fabel handeln, auf der zweiten um die Ramayana-Legende und auf der dritten um Szenen aus der Arjuna-Wiwaha-Legende. Genaues weiß man aber nicht. Aus der großen Ähnlichkeit zwischen dem Jago-Tempel und dem Candi Singosari schließen die Archäologen auf eine gleiche Bauzeit.

In unmittelbarer Nachbarschaft zum Jago-Tempel steht der ebenfalls erwähnenswerte **Candi Kidal,** auch ein Grabmonument, ein Totentempel, diesmal für den zweiten König der Singosari-Dynastie mit Namen Anusapati, der 1240 starb. Mit seinem hohen Unterbau und dem pyramidenartig aufsteigenden Tempelbau, ein schlank wirkender typisch ostjavanischer Tempel. Die ornamentale Verzierung ist auffallend reich. Wunderbar plastisch kommen die *kala*-Köpfe über den Türen zur Geltung, die als ein wesentliches Motiv des ostjavanischen Baustils angesehen werden müssen und als ein Element der Abwehr von Dämonen gelten.

Die Insel Madura

Von Surabaya verkehrt eine Personen- und Autofähre zur Insel Madura. Die Insel ist stellenweise nur wenig fruchtbar. Insofern spielen neben der Landwirtschaft vor allem die Gewinnung von Salz aus dem Meerwasser und die Fischerei eine bedeutende Rolle. Die Hauptstadt der Insel heißt **Pamekasan.** Die im Osten der Insel gelegene Stadt **Sumenep** (200 km von Surabaya) besitzt ein kleines Museum mit einer Sammlung von Relikten aus ihrer großen Vergangenheit, als die Stadt noch Zentrum des Königreichs von Sumenep war, das häufig an den auf Java stattfindenden Kriegen teilnahm. Etwa 20 km nördlich der Stadt lädt ein schöner Sandstrand zum Baden ein.

Die touristische Attraktion Maduras sind die in der Zeit von August bis Oktober, vornehmlich im Ostteil der Insel stattfindenden **Stierrennen** *(kerapan sapi).* Hierbei werden zwei besonders kräftige Stiere mit einem Holzgeschirr zusammengebunden, an dem ein Querbalken angehängt ist. Der Lenker des Gespanns steht auf diesem Querbalken, der auf dem Boden nachschleift, und muß dieses gleich einem römischen Wagenlenker sicher als erster ins Ziel bringen. Die Rennstrecke beträgt zwischen 110 und 140 m. Nach dem Rennen in den einzelnen Dörfern treffen sich die jeweiligen Sieger zu den Ausscheidungskämpfen in der Hauptstadt Pamekasan. Auch die 8 km von der Stadt Sumenep entfernt gelegene Ortschaft Ambunten ist eine der Hauptaustragungsplätze dieser Rennen. Die einheimischen Besucher zieht im übrigen nicht nur das sportliche Ereignis des Rennens an, sondern auch die großartige Gelegenheit zum Wetten. Vor dem Rennen werden die Tiere prächtig geschmückt und dann in einer großen Parade dem Publikum vorgeführt.

Unterkünfte

Pamekasan: Hotel Trunojoyo, Jl. Trunojoyo 48
Sumenep: Wijaya, Jl. Trunojoyo 47, Tel. 2 14 33

Route 6: Die Vulkane und Naturschutzgebiete im Osten Javas
Gunung Bromo – Gunung Semeru – Ijen-Massiv-Plateau – Banyuwangi
(Karte zur Route 6 auf Seite 186)

Gunung Bromo

Zu dem 2392 m hohen, noch aktiven **Vulkan Bromo** im Tengger-Gebirge geht die Fahrt von Surabaya nach Süden, immer die Küste entlang, über die Stadt Pasuruhan (60 km) hinaus, bis man entweder in der Ortschaft Tongas oder, besser, ca. 1,5 km vor der nächsten Stadt Probolinggo (97 km) an eine Abzweigung (95,5 km) kommt. Hier biegt man nach rechts ab und fährt zum Dorf Sukapura (23 km) hinauf. Von diesem geht es weiter zu dem 1800 m hoch gelegenen Dorf **Ngadisari.** Hier kann man auf dem halben Weg zum Krater im Hotel Bromo Permai oder notfalls auch unten beim Bürgermeister *(lurah)* übernachten. Der Aufstieg zum Kraterrand dieses landschaftlich faszinierenden Vulkans beginne man des herrlichen Sonnenaufgangs wegen möglichst früh, auch nehme man sich zu diesem Ausflug Zeit. Zu Fuß braucht man von Ngadisari gerechnet mindestens 3–4 Std., mit dem Pony kann man es in etwas mehr als 1 Std. schaffen.

Eine andere, abwechslungsreichere, aber auch strapaziösere Route führt von Surabaya nach Pasuruhan und von dort, scharf rechts, in Richtung Malang abzweigend, zum Dorf **Tosari,** wo man in bescheidenen Unterkünften übernachten kann. Von Tosari geht es nun in einem vierstündigen Ritt zu Pferd weiter zum Mungga-Paß (2340 m) und zum Sandmeer. Man kann

Caldera-Landschaft mit den Bergen Bromo, Batuk und Semeru im Hintergrund

auch über die eine Route zum Kraterrand hinaufsteigen und über die andere Route den Rückweg antreten.

Bevor man zum eigentlichen Kraterrand kommt, muß man zunächst das sogenannte **Sandmeer** durchqueren, eine 2 km weite, unwirtliche, wüstenartige Fläche, die von einem erloschenen Krater herrührt. Am Fuße des Kraterrandes steigt sodann eine steil nach oben führende, in 251 Stufen zementierte Treppe hinauf zum Kraterrand. Nach all der Mühsal eröffnet sich für den Besucher ein grandioser Einblick in den Schlund des Kraters, in dem es brodelt, dampft und aus dem Schwaden schwefelhaltiger Dämpfe aufstei-

gen. Es ist gefährlich, auch nur zu versuchen, in den Krater hinabzusteigen. Ein Sturz in die Tiefe wäre tödlich. Die scharfkantigen, ausgewaschenen Sand- und Steinformationen um den Krater vermitteln den Eindruck einer eigenartigen, bizarren Mondlandschaft. Ebenso fremd wie die Natur sind auch die Bewohner des Tengger-Gebirges, rund 300000 an der Zahl. Man nimmt an, daß es sich um Nachkommen jener Hindus und Buddhisten handelt, die sich vor dem in Java eindringenden Islam in dieses unwirtliche Gebirge zurückzogen, während die anderen Anhänger dieser Religionen nach Bali auswichen. Am 14. Tag des 12. Monats *(kasada)* des alten javanischen Kalenders, der auf dem Mondjahr basiert, ziehen die Einwohner der

umliegenden Gebirgsdörfer um Mitternacht in feierlichen Prozessionen zum Bromo, um Opfergaben, wie Reis, Früchte, Gemüse und Blumen, in den Krater zu werfen. Priester *(dukun)* entzünden Weihrauch, sprechen Gebete und nehmen Wünsche der Dorfbewohner an den höchsten Gott entgegen. Danach werden die Opfer dargebracht.

Um die eigenartige Landschaft des Vulkans haben sich verständlicherweise Mythen und Legenden gebildet. Die Legende von der Entstehung des Sandmeers ähnelt in ihrem Schluß ein wenig derjenigen um den Namen von Bandung. Nach der sich hier abspielenden Legende verliebte sich einst ein ungeschlachter Riese in eine zarte Prinzessin, die ihm, um seinem ungestümen Werben Einhalt zu gebieten, eine schier unlösbare Aufgabe stellte. Er sollte mit einer Kokosnußschale in einer einzigen Nacht vor dem Bromo einen großen See anlegen. Wenn ihm das gelänge, wäre sie sein. Kurz vor Morgengrauen näherte sich das Werk seiner Vollendung, worauf die Prinzessin erschrocken zu einer List griff. Sie befahl ihren Dienerinnen, noch vor Sonnenaufgang mit dem Stampfen des Reises zu beginnen. Dies hörten die Hühner und Hähne, die darauf im Glauben, der Tag sei angebrochen, zu gackern und zu krähen anfingen. Der einfältige Riese sah sich darauf von der Zeit überrundet, gab die Arbeit auf und hinterließ einen See von Sand. Die Prinzessin aber war frei.

Hotels

Grand Bromo (gehobenes Hotel), Sukapura (14 km bis Ngadisari und 18 km bis Cemara Lawang), Tel. 71 18 02
Bromo Permai I (auf dem Caldera-Rand), Cemara Lawang (auch Cemoro Lawang) – Reservierungen über Bromo Permai II, Jl. Sudirman 237, Probolinggo, Tel. 2 22 56

Telefon

Vorwahl Bromo: 03 35

Gunung Semeru

Zum Gunung Semeru, dem mit 3 676 m höchsten Berg Javas, gelangt man am besten von der 89 km südlich von Surabaya gelegenen Stadt Malang aus, von wo man nach Osten über die Ortschaft Tumpang zum Dorf Kunci abzweigt. Der Aufstieg auf den Semeru ist anstrengend und schon etwas für erfahrenere Bergwanderer. Auch diese sollten sich auf jeden Fall einem einheimischen Bergführer anvertrauen.

Ijen-Massiv-Plateau

Ganz im Osten Javas befindet sich das unberührte Ijen-Massiv-Plateau mit den beiden Vulkanen Gunung Raung

(3 332 m) und Gunung Merapi (2 800 m), der nicht mit dem Merapi bei Yogyakarta zu verwechseln ist. Von Surabaya fährt man die gute Küstenstraße über Pasuruhan, Probolinggo bis zum Badeort Besuki mit schönem Sandstrand. In Besuki biegt man nach Süden ab und fährt auf einer kleineren Straße nach Bondowoso. Dort wendet man sich vor der in Nord-Süd-Richtung verlaufenden Eisenbahnlinie nach links und fährt wiederum in nördlicher Richtung zum Ort Wonosari, von dem es nun nach rechts ab, zum Dorf Sempol und zu der Ortschaft **Jampit** geht. Hier kann man übernachten. Um Jampit dehnen sich ringsherum weite **Kaffee-Plantagen** aus. Der Ort ist Ausgangspunkt eines nunmehr langen Ritts zu einem **türkisblauen Schwefelsee** und zum Massiv. Diesen Ausflug kann man übrigens auch von Banyuwangi, ganz an der Ostküste, gegenüber von Bali gelegen, aus machen. In diesem Fall fährt man zur Plantage im Dorf Kaliklatak, wo man nur nach vorheriger telefonischer Anmeldung auch übernachten kann (Tel. Banyuwangi 4 18 96 beim Besitzer oder direkt im Gästehaus 4 10 61, Vorwahl 03 33). Von der Plantage geht es dann wiederum zu Fuß oder besser zu Pferd hinauf ins Massiv.

Die Naturschutzgebiete um Banyuwangi

Von der Hauptstadt Surabaya führt der Weg die schon bekannte Küstenstraße entlang. Man passiert Pasuruhan (60 km), Probolinggo (97 km), Situbondo (198 km), übernachtet eventuell in dem Badeort Besuki oder in einem der Bungalowhotels von Pasir Putih mit seinem feinen Sandstrand. Von Situbondo geht es sodann in einem großen Bogen nach Süden, die Küste entlang bis nach **Ketapang** (280 km), dem Ort, von wo mehrmals täglich die Fähre nach Gilimanuk, an der Westspitze Balis, hinüberfährt. Von Ketapang bis nach **Banyuwangi** sind es dann nur noch 8 km.

Unterkünfte

Wisma Blambangan, Jl. Wahidi 4, Tel. 2 15 98
Manyar Hotel, Jl. Gatot Subroto 110,
Tel. 2 47 41 (ca. 1 km südich der Fähre in Ketapang)

Im Nordostbogen zwischen Situbondo und Ketapang liegen die großen **Naturschutzgebiete von Baluran, Maelang und Meru.** Die Einfahrt befindet sich in der Ortschaft **Wonorejo,** 253 km von Surabaya oder ca. 35 km nördlich von Banyuwangi. Im Naturschutzgebiet selbst geht die Fahrt rd. 12 km mit dem Jeep weiter nach **Bekol,** wo sich ein Rasthaus und ein Beobachtungsturm befinden und von wo aus man schöne Geländefahrten und Ausritte in das Naturschutzgebiet unternehmen kann. Hier leben noch vereinzelt so seltene Tiere wie der schwarze Panther und der wilde Büffel, der Banteng. Es ist zu empfehlen, sich vor dem Besuch dieser Naturschutzreservate eine Besuchserlaubnis beim Kantor Nasional Baluran, PHPA, Jl. A. Yani 108, Tel. 4 11 19, Banyuwangi, einzuholen oder sich darum bei einem qualifizierten Reisebüro zu kümmern, wie z.B. Nitour, Jl. Raya, Banyuwangi. Alle in den Reservaten lebenden Tiere sind von der Ausrottung bedroht. Die Naturschutzgebiete geben daher dem Besucher die seltene Gelegenheit, die hier noch erhaltene Wildnis in ihrer unberührten Schönheit beobachten und fotografieren zu können.

Unterkünfte

Wisma Blambangan, Jl. Wahidi 4, Tel. 2 15 98
Manyar Hotel, Jl. Gatot Subroto 110, Tel. 4 17 41 (ca. 1 km südich der Fähre in Ketapang)
Telefon
Vorwahl Banyuwangi: 03 33

Eine weitere abwechslungsreiche Fahrt führt von Banyuwangi zuerst in südlicher Richtung und dann westlich nach **Jember** (105 km), dem Zentrum eines großen **Plantagengebietes,** besonders für den Anbau von Tabak. Etwa 14 km von Jember entfernt liegt Rambangan, ein kleiner Ort, der zu einer guten Unterkunft zum Aufenthalt einlädt. Auf dem letzten Drittel dieser Strecke kommt man durch dichten Urwald, den letzten großen zusammenhängenden Regenwald Javas.

Sehr interessant ist eine Fahrt von Banyuwangi nach Süden, bei der man aber nicht den Bogen nach Jember mitmacht, sondern direkt an die Südküste abzweigt. Auf dieser Fahrt geht es durch das große **Natur- und Wildreservat Meru** zu dem Dorf **Sukamade** (120 km) am Indischen Ozean. Hauptattraktion dieses Gebietes sind die hier ihre Eier ablegenden **Riesenschildkröten.** Zur Regenzeit sind die Straßen stellenweise nicht befahrbar.

Hotels in Jember

Safari, Jl. Dahlan 7, Tel. 8 18 81
Bandung Permai, Jl. Hayam Wuruk 39, Tel. 2 19 16
Vorwahl: 03 31

Unterkunft in Meru Betiri

Rajegwesi PPA-Gästehaus (nach vorheriger Anmeldung im PHPA-Büro in Banyuwangi)

Unterkunft in Baluran

PPA-Unterkunft im Park (Anmeldung in Banyuwangi beim PHPA, Jl. A. Yani 108), Tel. 4 11 19

Nächste Doppelseite:
Blick von Iseh aus auf den 3 142 m hohen heiligen Vulkanberg Gunung Agung

Bali

Bali

Allgemeines

Über Bali ist so viel geredet und geschrieben worden, daß der Besucher die Insel ein wenig skeptisch und mißtrauisch betritt. Ist doch nach Ansicht alter Bali-Kenner die »Insel der Götter und Dämonen« oder die »Insel des Lächelns« schon seit langer Zeit nicht mehr das, was sie einmal war, als Vicky Baum ihren Roman »Liebe und Tod auf Bali« schrieb. Dennoch haben sich von der zweifelsohne immer noch faszinierenden Ausstrahlungskraft der Insel allein 1994 mehr als 1 Mill. Besucher in den Bann ziehen lassen. Der Tourismus auf der »Insel der Götter und Dämonen« boomt. Magnetisch ist die Wirkung ihrer einzigartigen Kultur, eingerahmt in landschaftliche Schönheit und in jüngster Zeit gepaart mit ausgezeichneter touristischer Infrastruktur. Bali hat sich während der letzten beiden Jahrzehnte zu einer riesigen Freilichtbühne entwickelt, auf der die Rollen herkömmlich nach Akteuren und Zuschauern verteilt sind. Hinter den Kulissen sitzen die verantwortungsbewußtesten Hausherren und versuchen Negativeffekte des Tourismus so gut es geht zu neutralisieren, was angesichts wachsender Touristenheere und Einflüsse indonesischer Zentralstaatlichkeit einem Drahtseilakt gleicht. Als »Wundermittel« gegen allzu Negatives wurde das abseits gelegene Touristenzentrum Nusa Dua auf der Halbinsel Bukit geschaffen, wo Touristen internationalen Hotelkomfort und balinesische Kultur im Stil ei-

Die Vulkankette Batur, Abang und Agung

ner Agfa-Show genießen und bewundern können.

In romantischer Verklärtheit bildeten während der zwanziger und dreißiger Jahre erste Bali-Besucher aus dem fernen Westen Namensschöpfungen wie »Insel der 10 000 Tempel«, »das letzte Paradies auf Erden« oder »Insel der Götter und Dämonen«. Spöttische Zeitgenossen ergänzen diese heutzutage um »Insel der 10 000 Touristenherbergen«, »Insel der idealistischen Bewahrer und kommerziellen Dämonen« oder »Mallorca des Fernen Ostens«. Wie dem auch sei, der ernsthafte Besucher wird auf der Götterinsel symbolisch mit Kneippschen Wechselbädern, mal heiß, mal kalt, konfrontiert und steckt ganz unbewußt mitten in den Prinzipien des Dualismus, die die Philosophie Balis charakterisieren: Wo etwas Positives herrscht, ist auch das Negative anzutreffen – und umgekehrt.

Im Spannungsfeld dieser Gegensätze steht der Mensch und versucht durch spirituelle Kräfte, durch Hingabe an die Religion, Opfergaben usw. zu verhindern, daß das eine oder das andere die Überhand gewinnt. Andernfalls würde die Welt aus den Fugen geraten, und davor fürchten sich die Balinesen. Konsequenterweise ersannen sie »Instrumente der Ausbalancierung« wie Opfergaben, Gebete, Tempelfeste, Prozessionen, Gamelan-Musik, Tänze oder Totenzeremonien.

Geographie und Klima

Die allgemeinen Daten über Bali lassen sich schnell zusammenfassen: Sie ist die westlichste der Kleinen Sunda-Inseln, liegt südlich des Äquators auf 115° östlicher Länge und 8° südlicher Breite, ist 5 623 km² groß, von rund 3,1 Mill. Menschen bewohnt und steht im Rang einer Provinz der Republik Indonesien mit der Hauptstadt Den Pasar. Die größte Ausdehnung von West nach Ost beträgt 145 km, von Nord nach Süd 85 km. Eine Kette von teilweise noch aktiven Vulkanen durchzieht die Insel von Westen nach Osten mit dem 3 142 m hohen heiligen Gunung Agung als höchster Erhebung. Im Westen von Bali liegt, nur durch eine schmale Meeresenge begrenzt, die Insel Java, nördlich breitet sich die Java-See aus, südlich der Indische Ozean und im Osten, durch einen Tiefseegraben getrennt, der gleichzeitig die imaginäre Wallace-Linie bildet, liegt die Insel Lombok.

Im wesentlichen wird Bali durch vier Landschaften geprägt: In der westlichen und nur spärlich besiedelten Region Jembrana breitet sich ein rund 70 000 ha großes Primärwaldgebiet aus, wo bis 1941 noch Tiger lebten. Im Norden, in der flächenmäßig größten Region Buleleng, verläuft ein schmaler, aber fruchtbarer Schwemmlandstreifen. Im Süden hingegen ist die aus Korallenkalksteinen bestehende Halbinsel Bukit Badung trocken und un-

An den südlichen Hängen der Zentralberge sind die Böden besonders fruchtbar

fruchtbar. Die sanft nach Süden abfallenden Hänge der Zentralen Bergkette bilden das landwirtschaftliche Kerngebiet Balis. Vulkanisches Material und Sedimente der Flüsse machen die Böden hier äußerst fruchtbar, so daß hochwertiges Kulturland entstehen konnte, welches intensiv genutzt wird. Seit vorgeschichtlicher Zeit werden hier Naßreiskulturen, *sawah*, angebaut. Das Wasser aus hochgelegenen Seen, Bergquellen, Flüssen und Bächen wird durch kunstvolle Bewässerungsanlagen so nutzvoll verteilt, daß im Jahr bis zu drei Ernten möglich sind. Bali erscheint in diesem landschaftlichen Bereich wie ein einziger grüner und blühender Garten.

Bali liegt im Monsungebiet und weist deshalb eine Trocken- und eine Regenzeit auf. Die regenarme Zeit dauert von Mai bis September, wenn der Südostpassat weht und trockene Luft aus der Weite der australischen Wüste mitbringt. Während einer Übergangsperiode, zumeist von Oktober bis November, flaut der Südostpassat ab, und durch aufsteigende Luftmassen kann es zu starken Niederschlägen und Gewittern kommen. Von November bis März wirkt sich der Westmonsun aus; er ist gekennzeichnet durch frische Winde und reichlich Regen. Der Wind kann so heftig werden, daß sich selbst Palmen biegen und der hohe Wellengang das Anlanden von Schiffen unmöglich macht. Es ist jedoch eine falsche Vorstellung, daß es in der Regenzeit ständig regnet und der Himmel trübe ist. Nach zumeist heftigen Regenschauern ist der Himmel wieder blau und klar.

Religion und Weltbild

93 % aller Balinesen bekennen sich zur hinduistischen Religion Agama Hindu oder Hindu Dharma, rund 6 % zum Islam (mit steigender Tendenz) sowie rund 1 % zum Christentum und Buddhismus. Im Prinzip ist die vom Shivaismus und Mahayana-Buddhismus stark beeinflußte Hindu Dharma eine

Historische Reminiszenzen

Wer Bali mit der Seele sucht, denkt nicht an Haß und Gewalt. Da erhebt sich die Vision einer märchenhaften Welt mit sanftäugigen Menschen von schöner Gestalt – einer Welt, die heute vielleicht durch Händler und Touristen verfälscht ist, aber noch immer von wunderbarer Harmonie und schönen Träumen überstrahlt wird. Wer strebend sich bemüht, mag diese zauberhafte Idylle finden. Aber die große, fruchtbare und furchtbare Polarität allen Geschehens will es, daß neben den Göttern Balis die Dämonen stehen. Die Geschichte der Insel kennt Widerspruch und Gewalt, Aufbegehren und Unterdrückung, wie sie in allen Ländern der Welt zu verzeichnen sind. Ja, es scheint, daß verborgene Leidenschaften hier gelegentlich vernichtender hervorbrechen als anderswo.

Mitte der sechziger Jahre hatten in der Landeshauptstadt Jakarta die Kommunisten und sogenannte »progressiv revolutionäre« Offiziere (am 30. September 1965) die führenden Generäle der Armee ermordet. Der blutige Putsch jedoch schlug fehl. Die Lage blieb undurchsichtig, bis ein damals unbekannter General Suharto, der spätere Präsident der Republik, schrittweise Ordnung schaffte.

Bali wurde von diesem Ereignis nicht unmittelbar betroffen, aber auch hier gab es, wie im übrigen Indonesien, jahrelang ferngesteuerte Kampagnen für eine kommunistische Machtergreifung, die im Sprachgebrauch jener Zeit »revolutionäre Gymnastik« hießen. In der traditionellen Gesellschaft Balis wirkten jene Ideen weniger sozialrevolutionär als antireligiös. Es ist ein Unterschied, ob kommunistische Parolen auf einer Hauswand oder auf einer Tempelmauer erscheinen. Hammer und Sichel auf steinernen Sitzen der Götter sind Provokation und Gotteslästerung zugleich.

Einige Wochen vor dem Putsch konnten westliche Besucher erleben, wie kommunistische Jugendliche in dem damals von Touristen noch ziemlich verschonten Dorf Kuta Kampflieder anstimmten, während ihnen keine hundert Meter entfernt unter den suggestiven Klängen des Gamelan die Hexe Rangdadem Barong im traditionellen Tanz gegenüberstand. Die alten Leute des

Der Batur-See im ersten Morgenlicht, im Hintergrund der Gunung Abang

Dorfes, so schien es, schauten zwar ein wenig unwirsch auf die exaltierte Jugend, die sich um den Dorfschulmeister gruppiert hatte. Bali-Liebhaber wollten aber darin, erfüllt vom Zauber der Insel, keinen Gegensatz sehen und redeten sich ein, hier manifestiere sich wieder einmal die Vermählung des Gestrigen mit dem Heutigen, hier zeige sich der große Synkretismus, der das religiöse Leben Indonesiens bestimmt.

Diese Vorstellungen waren ebenso gefühlselig wie naiv. Mehrere Monate nach dem Putsch erfuhr man am selben Schauplatz, daß der Lehrer mit seiner Gruppe samt allen Familienmitgliedern das Dorf verlassen habe. Es sei sicher, daß niemand zurückkehre! Das war die Formel, mit der Ende 1965 das Verschwinden einer großen Zahl von Menschen erklärt wurde, die nicht so sehr als »Kommunisten«, sondern als »Verächter der Götter« von ihren eigenen Dorfgenossen getötet worden waren, meist mit der dumpfen Ergebung der Opfer in den »Sühnetod«. Alle damals befragten Gewährspersonen, darunter entschieden kritische Beobachter, stimmten in der Meinung überein, es habe sich nicht um befohlene Exekutionen gehandelt, sondern um eine von den Göttern inspirierte Abrechnung der Dorfgemeinschaften.

Der Blick zurück erfaßt die Zeit des Kolonialismus. Die Holländer hatten an der Nordküste Balis zwar schon in der zweiten Hälfte des 19. Jh. Fuß gefaßt, sie fanden jedoch im Südteil der Insel erst Anfang des 20. Jh. eine Chance zur Ausweitung ihrer Interessen. Im Mai 1904 war ein kleines chinesisches Handelsschiff, die »Sri Kumala«, an der Küste von Sanur gestrandet. Die Küstenbewohner retteten zwar die Schiffbrüchigen vor dem Ertrinken, aber sie plünderten das Schiff, wie sie es für ihr gutes, überliefertes Recht hielten. Der Schiffseigentümer machte die holländische Kolonialbehörde verantwortlich, verlangte eine Entschädigung in Höhe von 3000 Silberdollar und die Bestrafung der Strandräuber. Die Holländer leiteten die Forderung an den Territorialherrn von Badung, den Raja Agung Made, weiter. Dieser weigerte sich zu zahlen. Die Verhandlungen zogen sich zwei Jahre hin, bis am 15. September 1906 ein holländisches Expeditionskorps am Strand von Sanur, unweit der Stadt Den Pasar, an Land ging. Niemand nahm die Affäre anfangs ernst. Eine Militärkapelle gab ein Standkonzert mit flotten Weisen, die den Beifall der Einheimischen – Strandräuber oder nicht – fanden. Einige Tage später griffen Krieger des Raja Agung Made die gelandeten Gruppen unvermittelt an. Dabei fanden Hunderte der Angreifer den Tod. Nun marschierten die Holländer auf Den Pasar vor. Die Schiffsartillerie deckte den Angriff, im Palast des Raja brach Feuer aus. Panik entstand. Die Kämpfe der Vortage hatten gelehrt, daß die primitiv bewaffneten Bali-Krieger dem Feind im offenen Kampf hoffnungslos unterlegen waren.

In dieser verzweifelten Lage beschloß der Raja den Opfergang bis zum bitteren Ende – den *puputan*. 2000 der letzten Getreuen, dazu die Frauen und der Hofstaat, legten die besten Gewänder an. Sie ergriffen kostbare, mit Gold und Edelsteinen verzierte Speere und Dolche, ihren ererbten *kris*. Dann setzte sich der Zug gegen den mit modernen Feuerwaffen ausgerüsteten Feind in Bewegung. Der Aufforderung, sich zu ergeben, folgten Hohn und Spott. Alle, an der Spitze Agung Made mit seinen Frauen, den Prinzen und Prinzessinnen, wurden getötet oder brachten sich selbst um. Auf holländischer Seite gab es einen Toten, einen Feldwebel, der von einer Frau des Hofstaates niedergestochen wurde.

Solche erschütternden Szenen des *puputan* wiederholten sich an anderen Plätzen. Im Jahre 1914 galt Bali als »befriedet« – etwas mehr als 300 Jahre, nachdem die Holländer das erste Mal auf der Insel gelandet waren, zunächst als Gäste, mit denen

Der Puputan-Opfergang brachte 2000 Getreuen des Rajas Agung Made 1906 in Bali den Tod

Geschenke ausgetauscht wurden. Dem Holländer Heemskerk soll im Jahre 1601 ein wunderschönes Balimädchen präsentiert worden sein, wie Miguel Covarrubias in seinem hervorragenden Buch über die Insel Bali zu berichten weiß.

Was immer gegen das Vorgehen weißer kolonialer Eroberer zu sagen ist – es bleibt die Frage offen, ob vor dem Eintreffen der Holländer weniger Blut auf Bali geflossen ist. Und die geschichtliche Wahrheit erfordert den Hinweis, daß die einheimischen Fürsten Balis schon im 18. Jh. die weiter östlich gelegene Insel Lombok erobert und die dortigen Bewohner, die Sasak, in koloniale Abhängigkeit gebracht hatten. Dies wiederum eröffnete den Holländern später die Möglichkeit, Balinesen und Sasak gegeneinander auszuspielen. Ein Spiel, das man bekanntlich Diplomatie nennt.

Bali ist von der östlichen Nachbarinsel Lombok durch eine schmale Meeresstraße getrennt. Es wird auch von der westlich vorgelagerten, wesentlich größeren Insel Java nur durch einen Meeresarm geschieden. Java und Bali liegen sich auf Sichtweite gegenüber, ihre Beziehungen reichen in Zeiten zurück, die geschichtlich nicht belegt sind. Die erste der verfügbaren Quellen berichtet von einem Bali-Fürsten Udayana, der mit einer javanischen Prinzessin Mahendradatta verheiratet war. Beiden wurde im Jahre 991 ein Sohn namens Erlangga geboren, der weite Teile Javas und Balis in einem Reich zusammenfaßte. Nach 30 Jahren weiser Regierung, so sagen die Annalen, entsagte er dieser Welt und zog sich in bester Hindu-Tradition als Eremit in die Einsamkeit zurück.

Spätestens unter König Erlangga (auch: Airlangga) begann die reiche Kultur Javas auf dem Boden Balis festen Fuß zu fassen.

Java gab das Kulturerbe Indiens in abgewandelter Form weiter. Auf Bali vereinten sich Elemente des Hinduismus, Buddhismus und Hindu-Javanismus mit überlieferten Formen der Verehrung von Naturgottheiten zu einer einzigartigen Synthese. Die immer wieder ausbrechenden kriegerischen Auseinandersetzungen zwischen Herrschern Javas und Balis änderten an dieser kulturellen Entwicklung nur wenig.

Nach Zeiten der Unabhängigkeit wurde Bali in das große Reich von Majapahit integriert. Von dem mächtigen Staatskanzler Gaja Mada ist überliefert, daß er Mitte des 14. Jh. auf Bali javanische Niederlassungen errichtete. Als das Reich von Majapahit gegen Ende des 15. Jh. dem Ansturm abtrünniger, zum Islam konvertierter Vasallen erlag, siedelte der letzte Herrscher mit seinem Hofstaat, seinen Priestern und vielen seiner Handwerker und Künstler auf das sichere Bali über. Daraus erwuchsen dem Eiland neue kräftige Impulse für die eigene Kulturentwicklung, die dank einem gütigen Schicksal weder durch Eiferer des Islams noch des Christentums zerstört wurde.

Es liegen wenig verbürgte Nachrichten über den kulturellen Einfluß von chinesischer Seite vor. Jedenfalls waren die Inseln im südlichen Meer dem Reich der Mitte wohlbekannt. Kublai Khan sandte im Jahre 1293 eine Flotte nach Ost-Java, um seine Lehnshoheit zu demonstrieren. Die Insel Bali wurde nicht erreicht. Das chinesische Expeditionskorps konnte nach anfänglichem Erfolg in ebenso intrigenreichen wie blutigen Kämpfen vertrieben werden.

Nach einem Jahrtausend überlieferter Geschichte ist der Traum von Bali noch nicht zu Ende – ein Traum freilich, der nicht nur Schönheit und Harmonie kennt.

Rolf O. G. Roeder

monotheistische Religion, die den Einen Allmächtigen Schöpfer des Universums verehrt, Sang Hyang Widi Wasa (göttliche Herrschaft über das Schicksal) oder Sang Hyang Tunggal. Die zahlreichen Götter, *dewa*, und Göttinnen, *dewi*, des balinesischen Pantheons werden als »Heilige Strahlen« des Einen Gottes interpretiert. *Dewa* oder *deva* entstammt dem Sanskritwort *dev* und bedeutet Strahl. Die wichtigsten »göttlichen Strahlen« manifestieren sich in der Trinität *trimurti*, den drei Göttern Brahma (dem Schöpfer), Wishnu (Erhalter) und Shiva oder Siva (Zerstörer und Wiedererzeuger). Ihnen zur Seite stehen sogenannte Gemahlinnen, bei Brahma ist es Sarasvati

(Göttin der Gelehrsamkeit), bei Wishnu sind es zwei, die Reisgöttin Dewi Sri sowie die Göttin der geistigen Glückseligkeit, Dewi Lakshmi, und schließlich bei Shiva drei: Dewi Durga (sie bestraft die Sünder), Dewi Uma (sie belohnt jene, die überwiegend gute Taten begangen haben) und Dewi Paravati (Berggöttin und Beschützerin derjenigen, die sich von weltlichen Fesseln befreien wollen).

Als Symbol für den Hinduismus im Allgemeinen und im Besonderen für die Trinität steht die heilige Silbe OM, gesprochen a-u-m, wobei a für Brahma steht, u für Wishnu und m für Shiva. Diese heilige Silbe steht am Anfang aller religiösen Texte, so auch in den »Vedah Cirah« oder »Catur«, die in den heiligen Veda-Schriften Indiens ihren Ursprung haben. Die »Vedah Cira« sind in Kawi geschrieben, einer Sprache auf Basis des Sanskrits und altjavanischer Elemente, die nur von den balinesischen Pedanda-Priestern beherrscht wird.

Ein wesentliches Ziel der Hindu-Dharma-Religion besteht darin, in der menschlichen Seele Frieden und Ruhe sowie im materiellen Leben Harmonie zu erreichen. Durch die praktische Ausübung des Glaubens versuchen die Balinesen, ein spirituelles Gleichgewicht zwischen *tattwa* (Philosophie), *susila* (Verhaltensweise und Moral) und *upacara* (Rituale) zu realisieren. Das Tattwa besteht aus fünf Prinzipien *panca crada*: 1. Brahman, dem Glauben an den Einen Allmächtigen Gott; 2. Atman, Glaube an die Seele und den Geist; 3. Samsara, Glaube an die Reinkarnation; 4. Karma, Glaube an das Gesetz wechselseitiger Taten (der Mensch wird nach der Bilanz seiner guten und schlechten Taten beurteilt und erfährt ein entsprechendes Schicksal bei seiner Wiedergeburt); 5. Moksha, Glaube an die Erlösung aus dem Kreislauf der Wiedergeburten.

Das *susila*-Prinzip legt den Schwerpunkt auf drei Zielsetzungen: reine Gedanken zu haben, ehrlich zu sprechen und gute Taten zu begehen. Praktisch zusammengefaßt werden diese Ziele in der Formel »tat-twan-asi«: »Du bist wie ich bin« – mit anderen Worten: »Behandle andere Menschen so, wie du selbst behandelt werden möchtest«.

Die *upacara* (gesprochen Upatschara) unterscheidet fünf heilige Opferrituale: Dewa Yadna für die Götter und vergöttlichten Ahnen; Rsi Yadna für die Brahmanen-Priester, besonders bei der Weihung; Pitra Yadna für die Toten; Butha Yadna zur Neutralisierung unheilstiftender Geister und Dämonen; Manusia Yadna für die Menschen, z.B. bei Schwangerschaft, Geburt, Namensgebung, erster Menstruation, Zahnfeilung, Heirat usw.

All diese Prinzipien, die speziell von den Priestern umgesetzt und vorgelebt werden, dienen dazu, die kosmische Ordnung im Gleichgewicht zu halten, denn kosmische Störung führt Krankheiten, Tod und anderes Unglück herbei. Kehrt sich das kosmische Ordnungsprinzip nach »links«, also dem Chthonischen zu, so interpretiert der Balinese dies als Schwarze Magie, deren schrecklichste Erscheinung der Werwolf Leyak ist. Er ist der extreme Widersacher der Götter, und um ihn abzuwehren, wendet man sich an den Vertreter der Weißen Magie, den Balian.

Die Zeremonien leitenden Priester unterscheidet man in den *pedanda siva* (äußeres Kennzeichen ist sein zu einem Knoten zusammengebundenes Haar), der auf die uranische und somit gottbezogene Welt in der östlichen Bergrichtung des heiligen Gunung Agung spezialisiert ist, und den *pedanda bodha* (sein äußeres Kennzeichen ist sein lang herabhängendes Haar), der in Richtung Meer zelebriert, analog der chthonischen Welt im Westen, wo die

*Straßenszene
mit Dorftempel und
Banyan-Baum*

Geister und Dämonen ihren Ursprung haben.

Einfache Methoden zum Verständnis und zur Vertiefung des komplexen Hindu-Glaubens sind volkstümliche Darstellungen in Form von Schattenspiel-Vorführungen, *wayang kulit,* Maskendramen, *wayang topeng,* Holzpuppenspielen, *wayang golek,* und Zeremonialtänzen sowie klassischen Tanz-Balletten. Am populärsten sind *itihasa*-Epen wie Ramayana und Mahabarata.

Die Dorfgemeinschaft

Die überwiegende Mehrheit der Balinesen lebt in rund 2 000 Dörfern, deren soziale Organisation einzigartig ist. Das Dorf bildet eine kommunale Einheit, die man fast als eine Familie bezeichnen könnte. Die besondere Verbundenheit der Menschen ergibt sich aus dem Band ihrer intensiv praktizierten und gelebten Hindu-Religion. Das typische Dorf weist normalerweise drei größere Tempel auf. Der Dorftempel, *pura desa,* liegt in der Regel im Zentrum des Dorfes und wird zumeist von einem heiligen Banyan-Baum (Ficus oder Würgefeige) überragt, in dessen Ästen die für Bali typische Schlitztrommel *kulkul* hängt. Sie wird bei Ereignissen wie Tod, Gefahr oder wichtigen Zu-

sammenkünften der Dorfgenossenschaften, *banjar,* geschlagen. Als *banjar* wird eine kommunale Einheit in einem Dorf bezeichnet, die Zeremonien wie Tempelfeste, Hochzeiten, Verbrennungsfeste usw. auf Basis gegenseitiger Nachbarschaftshilfe, *gotong royong,* ausrichtet. Ein großes Dorf kann aus mehreren *banjar*-Genossenschaften bestehen. Spezieller Treffpunkt genossenschaftlicher Versammlungen ist die ebenfalls im Dorfzentrum liegende Versammlungshalle, *bale banjar,* deren Dach von Pfeilern gestützt wird und die zumeist nach drei Seiten hin offen ist. Im nördlichen Dorfbereich, in Richtung des heiligen Vulkanberges Gunung Agung, befindet sich der den vergöttlichten Ahnen und ihrem vererbten Land gewidmete uranische Tempel, *pura puseh.* Am unteren Dorfende, in Richtung Meer, liegt der Tempel der Toten, *pura dalem.* Dieser Tempel ist den Seelen der kürzlich Verstorbenen gewidmet. Die drei Tempel symbolisieren Geburt *(pura puseh),* Leben *(pura desa)* und Tod *(pura dalem).*

Der Reisanbau

Überall in Bali sind die kunstvoll angelegten *sawah*-Reisterrassen in die liebliche Insellandschaft eingebettet. Die

Für die Bepflanzung hergerichtete und überflutete Reisterrassen

Diese Sawah-Naßreisfelder sind gerade erst bepflanzt worden

Reisfelder sind nicht vom Regen abhängig, sondern künstlich bewässert und können deshalb das ganze Jahr über in allen Stadien der Bearbeitung und des Wachstums angetroffen werden. Von den Vorarbeiten bis zu den Verrichtungen nach der Ernte benötigt der Reisbauer drei bis vier Monate, so daß in den fruchtbaren Regionen bis zu drei Ernten im Jahr erzielt werden können. Damit sich der Boden von Zeit zu Zeit regenerieren kann, werden Zwischenanpflanzungen angelegt, wobei für die Stickstoffanreicherung besonders Sojabohnen, Paprika und Tabak geeignet sind.

Eine herausragende Rolle bei der Bewässerung der Reisfelder spielen die *subak*-Genossenschaften, von denen es in Bali rund 3 500 gibt und die nachweislich in der altbalinesischen Epoche im 2. Jh. n. Chr. von Bedeutung gewesen sind. Der Leiter einer *subak*-Genossenschaft zeichnet sich durch lange Erfahrung in der Feldbewässerung aus, und er weiß, wer, wann, wo wieviel Wasser auf den komplexen Arealen der Reisfelder benötigt. Die größten Probleme tauchen auf, wenn Hochwasser die Dämme der Reisfelder zerstört und die früheren Grenzen und Besitzverhältnisse wiederhergestellt werden müssen. Ein weiteres Problem bei

Hochwasser ist das Faulen der Reis-
pflanzen und das daraus resultierende
Wachstumshemmnis. Überall in den
Reisfeldern sind kleine Opferschreine
zu sehen; sie sind der Reisgöttin Dewi
Sri gewidmet. Vier Reissorten unterscheidet man in Bali: den täglichen
Reis, *beras putih* (gekocht heißt er *nasi
putih*), den schwarzen Reis, *injin,* den
roten Reis, *gaga,* und einen besonders
lang wachsenden und sehr delikat
schmeckenden Reis, genannt *ketan.*
Aus Reis lassen sich Delikatessen zau-
bern, so z. B. Reiswein, *brem,* schwarzer
Reispudding, *jajo injin,* und eine Reihe
von Reiskuchen, *jajan.* Im Gegensatz
zu Java, sind in Bali allein die Männer
mit dem Setzen der Reisschößlinge be-
traut, an der Ernte jedoch nehmen
auch Frauen teil.

Tempel

Bali wird auch die »Insel der Tempel«
genannt. Das ist richtig, da jeder Haus-
halt seinen eigenen, meist bescheidenen Schrein besitzt. Jedes Dorf hat we-
nigstens drei Tempel: *pura desa, pura puseh* und *pura dalem,* nämlich den Dorftempel, in dem die allgemeinen religiösen Zeremonien nach Hindu-Bali-
Brauch vollzogen werden, ferner den
Tempel des Ursprungs, in dem die Ahnen verehrt werden, und schließlich
den Tempel für die Toten (S. 207). Das
heißt aber nicht, daß die Tempel Balis
traurig stimmen. Der Tod ist nur der
Übergang in eine andere Welt, eine Feuerbestattung ist deshalb kein Trauerfest.

Die Tausende von Tempeln sind
Stätten der Begegnung von Menschen

Kastenwesen, Sprachen und Namen

Erste Berührung mit dem Kastenwesen erfuhr Bali nach der Eroberung durch das javanische Reich Majapahit im 14. Jh. Als 200
Jahre später, nach seinem Untergang, die
hinduistische Führungsschicht Javas nach
Bali überwechselte, wurde die Zugehörigkeit der Balinesen zu einer der vier Kasten
bindend. Nur einige entlegene Dörfer, darunter Tengana und Trunyan am Batur-See,
konnten sich der Kastenzuordnung entziehen und behielten ihre altbalinesische Tradition bei. Mehr als 90 % aller Kastenzu-
gehörigen gehören zur niedersten Gruppe
der Sudra, die mit jener in Indien keine Ge-
meinsamkeit aufweist. Die Angehörigen
der drei höheren Kasten Triwangsa sind
Nachkommen der Eroberer und Flüchtlinge
des untergegangen Majapahit-Reiches. Aus
der höchsten Kaste Brahmana entstammt
die Priesterschaft, die ihre Herkunft auf den
mythischen Priester Rau zurückführt. Alle
Brahmana zeichnen sich durch den Na-
menstitel Ida Bagus aus. Die zweite Kaste
der Satria mit dem Titel Anak Agung oder
Cokorde (gesprochen Tschokorde) bildete
bis zur Unabhängigkeit der Republik Indonesien die Schicht der regierenden Fürsten

(Anak Agung) und adligen Großgrundbesit-
zer (Cokorde). Die dritte Kaste Wesia mit
der Titelbezeichnung Gusti besteht aus
dem ehemaligen niederen Adel, der sich
überwiegend aus Hofbeamten und Kriegern
zusammensetzte und heute zumeist die
Vertreter der modernen Führungsschicht
stellt.

Die Angehörigen der Triwangsa sprechen eine Hochsprache, die ursprünglich
an javanischen Höfen gesprochen wurde
und stark vom Sanskrit beeinflußt ist. Die
Angehörigen der vierten Kaste hingegen
sprechen die niedere Sprache der Sudra, die
linguistisch der austronesischen Sprachfamilie zuzuordnen ist. Ein Sudra sollte im
Idealfall die Hochsprache gegenüber einem
Mitglied der oberen Kasten benutzen, und
dieser sollte in der niederen Sprache antworten. Bei Unklarheit über die Kastenzugehörigkeit zwischen Gesprächspartnern
wird eine mittlere Sprache benutzt. Das von
Sanskrit und altjavanischen Sprachelemen-
ten durchsetzte Kawi wird hingegen nur
von den Priestern beherrscht und verwendet. Es ist die Sprache religiöser Texte, der
Dichtung und klassischer Literatur. Als
fünfte und offizielle Sprache in Bali dient
die Bahasa Indonesia, die Nationalsprache
der Indonesier.

und Göttern, unerläßlich für Riten und Zeremonien. Die Tempel lassen sich in folgende Gruppen einteilen:

Nationaler oder Muttertempel von Besakih, am Hang des Gunung Agung, des höchsten Berges der Insel, des balinesischen Olymp; hier fühlen sich alle Gemeinden repräsentiert.

Tempel verschiedener Fürstentümer; zu dieser Gruppe gehören auch die Tempel der Dörfer und Genossenschaften der Dörfer, so der Wasserbaugesellschaften *(subak)*.

Tempel verschiedener Kasten der freien Vereinigungen, genannt *pura pemaksan.* Familientempel heißen *pemerajan* oder *sanggah;* in ihnen haben sich die Reste des uralten Ahnenkultes erhalten. Bali-Tempel sind nicht düster und den Fremden verschlossen. Sie bestehen im allgemeinen aus einem, zwei oder drei Höfen, die von einem niedrigen Wall umgeben sind. Der Tempel wird durch ein hohes, in der Mitte geteiltes Tor, *candi bentar,* betreten. Ähnliche Tore, zuweilen mit steinernen Wächtern, führen von Innenhof zu Innenhof, die jeweils mehrere Hallen, Pavillons, Schreine und pagodenähnliche Türme, *meru,* beherbergen. Das in der Mitte gespaltene Tor ist ein Symbol der Polarität allen Geschehens. Die Türme sind drei- bis elfstufig gebaut, die höchsten sind Shiva gewidmet. Es gibt in den größeren Tempeln männliche und zuweilen auch weibliche Tempelwächter.

In den meisten Tempeln wird ein kleiner Beitrag zur Erhaltung der Anlage gefordert, den man natürlich ohne Handeln und Feilschen entrichtet. Es empfiehlt sich auch, ein Stück Brokat oder farbigen Stoff bei sich zu führen, um eine Art Zeremonialschärpe beim Betreten der Tempel um die Hüfte zu legen, wenn man nicht besser eine solche Schärpe von Fall zu Fall beim Tempelwächter gegen eine kleine Gebühr entleihen will. Bei einigen wenigen Zeremonien besteht Fotografierverbot. Blitzlicht wird bei Originalzeremonien nicht geschätzt, abgesehen natürlich von Vorführungen, die speziell für Touristen angesetzt sind. In den Tempeln soll man nicht höher stehen als die Priester und natürlich nicht halbnackt erscheinen. Die Zeremonien werden keinesfalls als bloße Unterhaltung verstanden, sondern als Teil der Dharma-Hindu-Religion, die darauf zielt, den Frieden der Seele und die Harmonie im Alltag zu erlangen.

Tänze

Indonesien ist reich an Tänzen aller Art; Bali zeigt spezifische Formen, die stärker als anderswo das tägliche und das zukünftige Leben des einzelnen wie der Gemeinschaft bestimmen. Es war und ist der religiöse und soziale Bezug des Tanzes, der auf Bali eine Reduzierung auf den höfischen Bereich verhindert hat, so wichtig die Höfe der Herrscher für die kultivierte Weiterentwicklung von Tänzen waren.

Man unterscheidet einen nordbalinesischen und einen südbalinesischen Stil: kräftiger Tanzausdruck im Norden, verfeinerter im Süden. Aber die Unterschiede sind nicht fundamental. Was heute den Bali-Tanz charakterisiert, sind lebhafte, oft energische Bewegungen, einschließlich der Bewegung der Augen, die man im höfischen Tanz von Surakarta und Yogyakarta in dieser Weise nicht findet. In gewisser Hinsicht spiegeln die Bali-Tänze die dynamische Gamelan-Musik wieder, welche die Tänze begleitet und leitet. Der javanische Gamelan ist weicher und schockt nicht, der balinesische Gamelan ist dramatischer und metallisch-vibrierender. Einige Bali-Tänze werden nur von Frauen, einige nur von Männern, andere gemeinsam getanzt. Sie alle sind äußerst vielfältig und reichen vom sakralen und rituellen Tanz über

*Die im Barong-Tanz von der Hexe
Rangda verzauberten Menschen richten
den Kris gegen sich selbst*

den Tempeltanz, den Kriegstanz, die
getanzte Legende bis zum Unterhaltungstanz und zu den jüngsten Tänzen
der Bauern und Fischer.

Die klassischen und rituellen Tänze
erfordern eine lange und intensive
Ausbildung. Die Nuancierung macht
es dem ausländischen Zuschauer oft
schwer, die Feinheiten zu verstehen,
was den ästhetischen Genuß indessen
nur wenig mindert. Aus der Vielzahl
der Darbietungen können hier nur einige der bekanntesten Tänze vorgestellt werden:

Legong-Tanz

Ein klassischer Tanz, der früher besonders am Hofe vorgeführt wurde. Als
Tänzerinnen treten drei kleine
Mädchen in farbenprächtigen Gewändern auf. Das Tanzmotiv ist einer Legende um den König Lasem entnommen, der die Prinzessin Langkasari begehrt, bedrängt, entführt. Der Vater
der Prinzessin tritt in Aktion, die Gei

ster greifen in den Kampf ein, die Geschichte endet in verschiedenen Versionen, aber nicht immer mit einem
Happy-End. Die Tänzerinnen dürfen
das Kindesalter nicht überschritten haben.

Pendet-Tanz

Ursprünglich ein Tanz zur Präsentation von Opfergaben an die Götter, zum
Willkommen der Götter, jetzt oft zur
Einführung des Legong-Tanzes oder
überhaupt zur Begrüßung von Gästen
getanzt, und dies auch auf der Hotelterrasse. Der Tanz endet damit, daß die
grazilen Tänzerinnen mit den Fingerspitzen Blüten des Kambodscha-Baumes (Frangipani) auf die Gäste schnipsen. Pendet-Tänzerinnen sollen unverheiratet sein.

Sanghyang = Dedari-Tanz
(Engelstanz)

Er wird ausgeführt von einem oder
zwei Mädchen im Kindesalter, die
durch Musik und Räucherwerk in
Trance versetzt werden. Man sieht darin das Herabsteigen eines guten Gei

Der populäre Kecak-Affentanz, dem als Motiv das Ramayana-Epos zugrunde liegt

stes, der auch die Bewegungen der Tänzerinnen leitet, die für diesen Tanz nicht eigens ausgebildet werden. In einigen Dörfern wird dieser Tanz von einem Männerchor begleitet.

Kebyar-Tanz

Er wird, einst von dem berühmten Tänzer I Mario aus Stilelementen des *legong* und des *sanghyang* entwickelt, in einer sitzenden Position getanzt.

Janger-Tanz

Ein verhältnismäßig neuer Tanz, der von 20 jungen Männern und Mädchen, formiert in vier Reihen, getanzt wird. In der Mitte befindet sich der Leittänzer, der singend die Geschichte von Arjunas Bemühen um den Magischen Bogen vorträgt, mit dessen Hilfe das Böse vernichtet werden soll.

Baris-Tanz

Ein traditioneller balinesischer Tanz, der den Mut und die Tapferkeit der Krieger versinnbildlichen soll. Die Tänzer erscheinen in Kostümen, die eine Art Panzer symbolisieren, daher die merkwürdig hochgezogenen Schultern.

Kecak-(Ketjak-)Tanz

Er ist der bei Touristen populärste Tanz. Über hundert Männer, nur mit einem Sarong bekleidet, sitzen im Kreis um eine Öllampe. Sie stellen die braven Affenkrieger des Hanuman dar und begleiten als Chor die inmitten des Kreises ablaufende Handlung der Helden des Ramayana-Epos durch taktmäßige, vielfach modulierte *tjaktjak*-Schreie (daher der Name *ketjak* oder *kecak*). König Rama erscheint auf der Suche nach seiner vom Schurken Rahwana entführten Ehefrau Sita. Der Affengeneral Hanuman hilft, die beiden Liebenden zu vereinen. Alles deutet auf ein Happy-End, so eine der vielen von einfachen Bauern gespielten Versionen. Aber der stolze und wohl auch ein wenig überhebliche Rama bezweifelt die eheliche Treue seiner Ehefrau während der Entführung. Sita besteht daher auf einer Feuerprobe. Sie durchschreitet unverletzt den Feuerkreis und verläßt darauf den kleinmütigen Gatten, der es gewagt hatte, an ihrer Treue zu zweifeln.

Barong oder Kris-Tanz

Bei diesem Kampf zwischen dem vierbeinigen Fabeltier Barong, einer Art Drache, der von zwei Männern gespielt wird, und der Hexe Rangda in einer furchterregenden Maske mit lang heraushängender Zunge ringen das Gute und das Böse miteinander. Der Barong scheint dem bösen Feind zu erliegen. Eine Schar in Trance versetzter Kris-Tänzer mit gezogenem Dolch stürzt in die Arena, um den Barong zu unterstützen. Doch die Rangda ist durch das Schwenken eines magischen Tuches imstande, die Kris-Tänzer zu zwingen, die Waffe gegen den eigenen Körper zu richten. Es entbehrt nicht der makabren Groteske, wenn die turbulente Szene unterbrochen wird, weil Dorfgenossen demonstrieren, daß es unmöglich ist, die mit verkrampften Armen gegen die eigenen Körper gehaltenen Dolche durch Klopfen mit einem kleinen Holzhammer in den Leib der Kris-Tänzer zu treiben. Schließlich erwachen die Tänzer aus der Trance, nachdem sie von Priestern durch Besprengen mit geweihtem Wasser wieder in die Wirklichkeit zurückgerufen wurden. Oft dauert das bei der Hexe Rangda etwas länger. Sie wird in den Tempel gebracht und zur Weissagung aufgefordert. Dieser Tanz wird in vielen Variationen aufgeführt und erscheint auch unter dem Namen *calong arang*. Wenn der Tanz zur bloßen Schau dargeboten wird, ist er weniger dramatisch als im Dorf.

Joged Bumbung

Ein sehr heiterer Tanz zwischen Mädchen und Männern. Bei Vorführungen für Touristen kommt es vor, daß die Tänzerinnen ins Auditorium gehen und mit einem Fächer einen männlichen Zuschauer auffordern, mit auf die Bühne zu kommen, um an dem graziösen Tanzspiel zwischen Tänzerinnen und Tänzern teilzunehmen. Das Berühren der Tänzerin ist verboten. Im übrigen soll man sich nicht vor der freundlichen Aufforderung drücken, auch wenn man dann beim Tanz das Gefühl nicht los wird, sich im Vergleich zur grazilen Tänzerin wie ein hopsender Elefant mit mehreren Tonnen Lebendgewicht zu bewegen.

Feste

Das balinesische *uku*-Jahr zählt 6 Monate zu je 35 Tagen. Die Feste werden überwiegend nach diesem Kalender bestimmt, so daß die Daten gemäß dem westlichen Kalender von Jahr zu Jahr wechseln. Jedenfalls gibt es auf Bali keinen Tag, an dem nicht irgendwo ein Fest gefeiert wird, sei es eine vorher geplante oder eine aufgrund der Umstände und gunstigen Voraussetzungen spontan anberaumte Feier. Unter einem *odalan* wird der Geburtstag oder Jahrestag eines Tempels verstanden. Das Dorf und die Tempelanlage werden gereinigt und geschmückt. Am ersten Tag bringen die Frauen des Dorfes in farbenfroher Prozession die Opfergaben vom Tempel, die dort vom Priester gesegnet und am Ende des Festes zum Verzehr wieder abgeholt werden. Während dreier Tage vergnügt man sich mit Schmauserei, Spiel und Unterhaltung, man geht zum Hahnenkampf und wird von der Wettleidenschaft gepackt, was von den indonesischen Behörden nicht gern gesehen wird.

Das *galungan*-Fest *(hari raya galungan)* gilt als wichtigstes Ereignis, an dem die Schöpfung der Welt und der Sieg des Guten über das Böse gefeiert werden. Jedermann kleidet sich fest-

Das Barong-Fabeltier verkörpert die Weiße Magie

lich, Häuser und Tempel werden mit kunstvollem Flechtwerk und Blumen geschmückt. Man besucht einander, man opfert, man fühlt sich eins mit der Gemeinschaft. Das Fest dauert zehn Tage. Am Ende des *galungan* wird *hari raya kuningan* gefeiert. Dabei wird der Seelen der Ahnen und der hervorragenden Männer des Dorfes gedacht, ähnlich Allerheiligen bei uns. Man begeht auch eine Art Bußtag, *ciwa latri*, an dem um die Vergebung begangener Sünden gebetet wird. Das Fest *soma rimek* wird zu Ehren der Reisgöttin Batari Dewi Sri gefeiert. Es gibt festliche Tage, an denen den Pflanzen Opfer gebracht werden, dem Handwerkszeug, den Fahrzeugen, Autos und Motorrädern eingeschlossen.

Das *nyepi*-Tempelfest dient zur zeremoniellen Begrüßung des neuen Jahres nach dem *saka*-Mondkalender, an der Frühjahrs-Tag-und-Nachtgleiche. Am Abend des ersten Festtages werden die bösen Geister mit einem Höllenlärm vertrieben, am zweiten und zuweilen auch am dritten Tag soll absolute Ruhe herrschen und kein Mensch auf der Straße erscheinen. Damit werden die bösen Geister getäuscht, sie sollen annehmen, daß es auf Bali gar keine Menschen gibt, die man ängstigen könnte. Schwer übersehbar sind die Feiern und Riten, die mit den menschlich individuellen Entwicklungsstadien verbunden sind, die sich gleich Gliedern in der Kette der Wiedergeburt in vielen Stufen aneinanderreihen. Das beginnt mit dem Kind im Mutterleib und endet mit der Feuerbestattung, in der die Seele vom Leib befreit wird. Die Familienfeste kennen auch den Tag der Zahnfeilung, an dem die Schneidezähne, die man als menschenunwürdig und tierisch empfindet, stumpf gefeilt werden. Frauen dürfen während der Menstruation keinen Tempel betreten. Große Schilder vor den Tempelanlagen weisen auch Touristen in englischer Sprache darauf hin.

Kunst und Malerei

In früheren Zeiten waren es balinesische Fürstenhöfe, die künstlerische Werke wie Malereien, Skulpturen, Dekorationen usw. in Auftrag gaben. Im 19. und 20. Jh. kamen die Holländer als neue Herren, die Macht der Fürsten schwand, und das blieb nicht ohne Auswirkungen auf die Kunst. Impulsgeber für eine Wiederbelebung der balinesischen Kunst waren insbesondere westliche Maler, ihnen voran Walter Spies, Rudolf Bonnet und später Arie Smit. Zusammen mit balinesischen Malern gründeten Spies und Bonnet 1936 die Vereinigung der Maler »Pita Maha«. Inländischen Kunstausstellungen folgten bald internationale in

Verbrennungszeremonie Pangabenan

Zu den nachhaltigsten Eindrucken auf Bali zählt die Teilnahme an einer Verbrennungszeremonie *pangabenan,* die die javanischen Einwanderer im 16. Jh. einführten. Man sollte sich jedoch bewußt sein, daß diese Ereignisse heutzutage von der Touristikindustrie teilweise schamlos ausgenutzt werden, und es gibt bei sensiblen Bali-Besuchern kaum engagiertere Debatten als die über Verhaltensweisen von Touristen während einer Totenzeremonie. Die Kremation von Toten ist nach dem Glauben der Balinesen erforderlich, um ihrer Seele den Eingang in den göttlichen Himmel und die Reinkarnation zu ermöglichen. Da der Aufwand und die Kosten für ein *pangabenan* außerordentlich groß sind, werden die Zeremonien oft erst viele Jahre nach dem Tod der verstorbenen Person durchgeführt, die zwischenzeitlich auf dem Friedhof bestattet worden ist. Oft findet aus Kostengründen für mehrere Verstorbene eine einzige Verbrennungszeremonie statt. Der *pedanda*-Priester bestimmt mit Hilfe des balinesischen Kalenders einen günstigen Tag für die Kremation. Die Balinesen glauben, daß die Totenseele so lange Unheil stiften kann, bis der menschliche Körper nicht mehr besteht. Durch Purifizierungsriten sollen unreine Verbindungen der Seele zur Erde unterbunden werden, so daß sie in reinem Zustand die Himmelsgottheit erreichen kann. Mit großem Aufwand wird ein *bade* bzw. *wadah,* ein Leichenturm, hergestellt, dessen Plattform die Erde und die bis zu elf *meru*-Dächer die höchste Gottheit symbolisieren. Elf Dächer sind Angehörigen des Fürstenhauses vorbehalten. Am Tag der Kremation setzt sich ein großer Zug von Menschen zum Verbrennungsplatz in Bewegung. Dutzende von Männern tragen das Bambusgerüst mit dem darauf befestigten Leichenturm. Die Klänge des Gamelan-Orchesters gehen auch dem Unbeteiligten durch Mark und Bein. Im Gefolge befindet sich auf einer zweiten Plattform der stilisierte Sarg in Gestalt eines mythologischen Tieres, je nach Kastenzugehörigkeit ein weißer oder schwarzer Stier für die Brahmana, für die fürstliche Kaste der Ksatrias ein geflügelter Löwe und eine Art Reh für die dritte Kaste, die Wesia. Die untere Kaste der Sudra mußte sich in früheren Zeiten mit einem einfachen Holzsarg zufriedengeben. An Wegkreuzungen wird der Leichenturm gedreht, oft dramatisch schwankend, um der Totenseele die Orientierung zu nehmen. Am Verbrennungsplatz wird der Tote in den hohlen Körper des Tiersarges umgebettet. Mit Hilfe von festen und (heutzutage) flüssigen Brennstoffen wird der Sarg in Flammen gesetzt. Ist der Verbrennungsprozeß abgeschlossen, wird die Asche des Toten gesammelt und in einer Kokosnußschale verwahrt. Die von einer Prozession der Verwandten und Freunde zum Meer oder an einen Fluß gebrachten Aschenreste werden ihrem Ursprungselement zurückgegeben.

Während des späteren *memukur*-Rituals wird der vor der Kremation angefertigte Seelenbehälter eingeäschert. Der Aschebehälter wird zuammen mit Beigaben in ein weißes Tuch gehüllt, in eine Silberschale gelegt und nach Rezitation der heiligen Kawi-Texte durch *pedanda*-Priester als *puspa* (Blüte) dem Meer oder einem Fluß übergeben. Die Angehörigen praktizieren eine Reihe von weiteren Ritualen für den Verstorbenen, so lange, bis die letzten Bande des Toten mit der Erde gelöst sind und er in den göttlichen Ahnenstand erhoben werden kann. Damit ist die Fähigkeit zur Inkarnation in einem Neugeborenen der betroffenen Familie gegeben.

Holland, Frankreich, England und Amerika.

Vier Arten balinesischer Malerei sind besonders bemerkenswert. Die klassische Malerei von Kamasan, deren sogenannter *wayang*-Stil bereits im 11. Jh. nachzuweisen ist und der im 17. Jh. in Kamasan seine Blütezeit erfuhr, basiert auf *wayang*-Geschichten aus den hinduistischen Epen Mahabarata und Ramayana, die mit einfachen Eisenwerkzeugen in Lontar-Palmenblätter eingeritzt und später mit schwarzer Farbe nachgezogen werden. Bei der in Ubud entwickelten Malerei dominiert der Einfluß westlicher Maler. Vordergründiger Ausdruck sind harmonische Proportionen, Anatomien, Perspektiven, Schattierungen usw. Den Stil der jungen Maler beeinflußte insbesondere der Holländer Arie Smit, der sich zu Beginn der sechziger Jahre in der Nähe Ubuds niederließ und dort junge Leute in der Malkunst unterrichtete. Die Motive entstammen der dörflichen Umgebung; es dominieren helle und frische Farben, der Stil ist naiv. Der Batuan-Stil zeigt am wenigsten westlichen Einluß und orientiert sich eher am klassischen Stil balinesischer Malerei. Die »akademische Malerei« schließlich wird repräsentiert von balinesischen und nichtbalinesischen Malern mit formeller Kunstausbildung. Diese Art der Malerei weist eine Bandbreite von konservativen und progressiven Stilen auf, deren kleinster Nenner ein universales Konzept mit balinesischen Motiven ist.

Anreise

Nach Bali kommt man mit dem Flugzeug, entweder über Jakarta oder auch direkt von ausländischen Flughäfen. Der moderne internationale Flughafen Balis, Ngurah Rai, liegt nur 11 km südlich der Inselhauptstadt, Den Pasar. Mit der Eisenbahn fährt man von Jakarta bis Surabaya, dann weiter mit dem Bus (Anschluß schon beim Lösen der Fahrkarte in Jakarta buchen).

Mit dem Omnibus oder Auto geht es von Jakarta über Surabaya oder, südlich davon, zur Fähre nach Ketapang bei Banyuwangi in Ost-Java. Übersetzen nach Gilimanuk in West-Bali. Weiterfahrt auf guter Straße, allerdings stellenweise Reparaturarbeiten, durch landschaftlich schönes, aber kulturhistorisch weniger attraktives Gebiet über Negara, Pulukan, Antosari, Tabanan nach Den Pasar. Von Gilimanuk bis Den Pasar ca. 130 km. Mit dem Schiff: gelegentlich Kreuzfahrten von europäischen und amerikanischen Häfen sowie von Singapur oder indonesische Frachtschiffe mit Passagierkabinen von Jakarta und von Surabaya (PELNI-Linie).

Wer mit dem eigenen Auto oder einem gemieteten Fahrzeug durch Bali reisen will, benötigt entweder einen internationalen Führerschein oder ein befristetes Fahrdokument, das bei der Polizeibehörde in Den Pasar gegen Vorlage eines Reisepasses, dreier Paßfotos, heimatlichen Führerscheins und nach einer kurzen praktischen Prüfung erhältlich ist. Die Kosten sind mäßig. Wer sich nicht sicher fühlt und wer sich nur schwer an den Linksverkehr gewöhnt, der mietet besser einen Wagen mit Fahrer.

Die Hauptstadt Den Pasar

Die Hauptstadt der Provinz Bali, Den Pasar, hat ca. 290 000 Einw. und liegt im Süden der Insel. Sie war einst der Mittelpunkt des alten Königreiches Badung, dessen Herrscher der unter dem Einbruch des Islam von Java nach Bali geflohenen Aristokratie angehörten. Sie regierten vom 15. Jh. bis zum Anfang des 20. Jh. Erst 1906 unterlagen sie nach verzweifeltem Widerstand den Niederländern, die daraufhin ganz

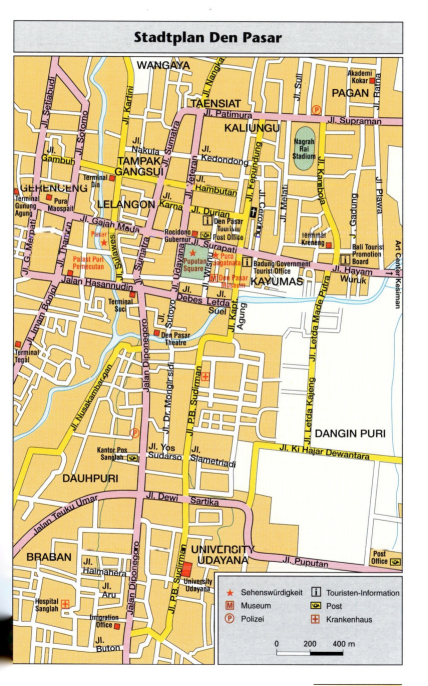

Stadtplan Den Pasar

Legende:

- ⭐ Sehenswürdigkeit
- Ⓜ Museum
- Ⓟ Polizei
- ℹ️ Touristen-Information
- 🅾 Post
- ➕ Krankenhaus

0   200   400 m

Bali einnahmen. Der Raja von Badung entschloß sich, nachdem er die Hoffnungslosigkeit seiner Situation erkannte, zu einem selbstmörderischen, aber ehrenvollen Kampf bis in den Tod *(puputan)*, in dem er, seine Familie und rund tausend Angehörige seines Hofes starben (S. 204). Die Niederländer setzten nach diesem Ereignis ihren Feldzug fort und zogen gegen den Raja von Tabanan, der sich in der Gefangenschaft den Freitod gab. Sodann ging es gegen den Raja von Klungkung, der ebenfalls mit seinem Gefolge im *puputan*, also im ehrenvollen Untergang, starb. Nach diesen grausamen kolonialistischen Gemetzeln der Niederländer, die auch in ihrem Heimatland Widerspruch fanden, fügt sich die Geschichte Den Pasars und ganz Balis wieder in die allgemeine Geschichte Indonesiens ein.

Im Mittelpunkt der Stadt befindet sich **Puputan-Square** *(alun alun)*, an dessen Nordwestecke, Kreuzung Jl. Surapati/Jl. Udayana, sich eine große Wächterfigur befindet, die mit ihrem dämonischen Aussehen die bösen Geister bannen soll. An dieser Kreuzung treffen sich die großen Geschäftsstraßen Den Pasars, die Hauptstraße Gajah Mada, die Jl. Surapati, die Jl. Veteran und die Jl. Udayana. Auf der Nordseite der Jl. Surapati liegt die **Residenz des Gouverneurs** und daneben die **Alte Hauptpost**. An der Ostseite des Platzes, gegenüber der Jl. Wisnu, befindet sich der **Jagatnata-Tempel**, der dem höchsten, allumfassenden Gott Sanghyang Widi geweiht ist. Auf einer Schildkröte, um die sich zwei Schlangen winden, das Symbol der Erschaffung der Welt, ruht ein aus weißem Korallstein gemeißelter Schrein. An oberster Stelle befindet sich der Thron für den Gott. Neben dem Tempel steht das **Den Pasar Museum,** das 1932 auf Betreiben des deutschen Künstlers Walter Spies er-

richtet wurde. Eingang, innerer und äußerer Hof sowie der Gongturm lehnen sich an balinesische Tempelbauten an, der erhöht stehende Pavillon an die Wachtürme balinesischer Paläste. Der Hauptbau mit seinen Pfeilern entspricht dem balinesischen Palast Karangasem, das rechts davon befindliche fensterlose Gebäude dem Palast von Tabanan und der links stehende Ziegelbau dem Palast von Singaraja, womit alle wesentlichen balinesischen Baustile hier versammelt sind. Im Innern der Räume befinden sich schöne alte Masken, Kunstgegenstände sowie Sarkophage und Geräte aus der Steinzeit. Hinzu kommen alte Waffen, Gamelan-Instrumente, kunstvolle Gewebe und auf Palmenblätter geschriebene heilige Bücher *(lontar)*. Die mit weißem Garn zu Skeletten zusammengehaltenen durchlöcherten Münzen und Silberplättchen stellen Figuren *(ukur)* dar, die den Seelen der Verstorbenen während der Verbrennung ihrer Leichname als Behausung dienen. Das Garn steht dabei für die Nerven und die Münzen beziehungsweise Silberplatten, je nach Reichtum des Verstorbenen, für die Knochen der Figuren. (Das Museum ist Di – So vormittags geöffnet und Mo geschlossen.)

Wer die Händlerstadt Den Pasar kennenlernen will, hat es nicht weit. In der Jl. Veteran gibt es mehrere Kunstgalerien und in der Jl. Gajah Mada, neben den Verwaltungsgebäuden der Stadt, den Markt, die Banken, Restaurants, Kinos und die zahlreichen Andenkengeschäfte, die Souvenirs, billige Volkskunst sowie falsche und ab und zu auch echte Antiquitäten anbieten. Empfehlenswert ist ein Besuch der **Akademi Kokar** für Musik und Tanz in der Jl. Ratna im nordöstlichen Bezirk der Stadt. Hier werden vornehmlich balinesische, aber auch sonstige indonesische Tänze gelehrt. Wer dem Unterricht zusieht, begreift, wie schwer es ist, all die komplizierten Bewegungsabläufe zu erlernen, die in jeder vorgeschriebenen Geste und grazilen Bewegung einen anderen Sinn ergeben. Ebenso verhält es sich mit der Kunst des Gamelan-Spiels, das hier erlernt wird. In der Jl. Bayusuta befindet sich das **Art Center Kesiman,** in dem Aufführungen mit Musik und Tanz gezeigt werden. In einer Gemäldegalerie des Art Center verkauft der Sohn des hochbetagten Dieners von Walter Spies, Pak Nyoman Dadi, schön geschnitzte Baliflöten aus Ebenholz. Folgt man der Hauptstraße Gajah Mada in westlicher Richtung über den Fluß hinaus, und biegt man die Jl. Thamrin nach links, in südlicher Richtung ab, so kommt man zum **Palast Puri Pemecutan,** der auf der linken Seite der Jl. Thamrin hinter einer Mauer liegt, und zwar auf der Höhe der Jl. Hasannudin. Dieser Palast ist im Jahr 1907, nachdem er völlig abgebrannt war, nach altem Vorbild wieder rekonstruiert worden. Inmitten von Höfen und einer tropischen Vegetation stehen mehrere Pavillons mit großen Terrassen, die zum Teil noch von den Nachkommen der Rajas von Badung bewohnt werden, zum Teil als Bibliothek und zum Teil als Museum für die aus dem Feuer geretteten Manuskripte, Waffen und Instrumente dienen. In den Höfen befinden sich große Volieren mit seltenen Vögeln der Insel und Kampfhähnen.

Bus- und Bemo-Stationen

Es gibt 5 Bus- und Bemo-Terminals in Den Pasar und Umgebung.

1. Ubung (Jl. Cokroaminoto): Nord- und West-Bali, z.B. Mengwi, Bedugul, Singaraja; Kediri, Tanah Lot; Tabanan, Negara, Gilimanuk

2. Batubulan (ca. 8 km nordöstlich von Den Pasar): Mittel- und Ost-Bali, z.B. Ubud, Kintamani, Bangli; Klungkung, Candi Dasa, Padang Bai, Amlapura (Karangasem)

3. Tegal (Jl. Imam Bonjol): Kuta, Legian, Airport, Nusa Dua usw.

4. Kereneng (Jl. Kamboja): Sanur, Batubulan

5. Suci (Jl. Hasannuddin): Benoa (Insel Serangan)

Hauptpost

Kantor Pos Besar, Jl. Puputan (postlagernde Briefe möglich)

Hotels

Natour Bali Hotel, Jl. Veteran, Tel. 2 56 81-5

Pemecutan Palace Hotel, Jl. Thamrin 2, Tel. 2 34 91

Zahlreiche weitere Hotels und billige Unterkünfte (Losmen) in der Stadt

Information

Badung Tourist, Jl. Surapati 7, Den Pasar, Bali

Diparda Bali, Jl. S. Parman, Niti Mandala, Tel. 2 23 87

Krankenhaus

Rumah Sakit Umum Sanglah, Jl. Kesehatan, Tel. 2 79 11

Markt

Alter Markt, Jl. Gajah Mada/Jl. Sulawesi

Restaurants

Hong Kong (chin., indon.), Jl. Gajah Mada 65

Atom Baru (indon., chin.), Jl. Gajah Mada

Telefon

Vorwahl Den Pasar: 03 61

Wichtige Adressen

Deutsches Konsulat, Jl. Pantai Karang 17 (Sanur), Tel. 8 85 35

Immigrationsbehörde (Kantor Imigrasi), Kompleks Niti Mandala, Jl. Panjaitan, Mo – Do 8 – 13, Fr 8 – 11, Sa 8 – 12 Uhr

Sanur und Kuta Beach

Der Reisende, der allein oder mit einer Reisegruppe nach Bali fliegt, bezieht in der Regel eines der großen Komforthotels am Strand von Sanur, ca. 7 km östlich von Den Pasar, oder von Kuta, rund 9 km südwestlich der Hauptstadt von Bali und ca. 2 km nördlich des Flughafens. **Kuta Beach** ist berühmt wegen seines schönen Strandes und wegen seiner eindrucksvollen Sonnenuntergänge. Hier gibt es Ferienmöglichkeiten sowohl für den Komfort und Unterhaltung suchenden Touristen als auch für den jugendlichen Weltenbummler, der gern am Strand bei den Fischern eine billigere und romantische Unterkunft vorzieht. An der Hauptstraße des Dorfes Kuta laden zahlreiche Andenkengeschäfte und Restaurants, die Riesenhummer und Pilzomelette anbieten, zu einem kleinen Bummel ein. Teile des Kuta-Strandes sind dem Massentourismus zum Opfer gefallen, aber nur ein wenig abseits der Zentren wird es bald einsam. Nicht erwünscht ist, nackt zu baden, und größte Vorsicht gilt es beim Hinausschwimmen walten zu lassen, da hinter der Brandung Strömungen herrschen, die dem Schwimmer lebensgefährlich werden können. Wegen des hohen Wellenganges bestehen auch so gut wie keine Wasserskimöglichkeiten, sehr wohl dagegen gute Bedingungen zum Surfen.

Hotels an der Kuta Beach

Pertamina Cottages (5 Sterne), Jl. Pantai Kuta, Tel. 5 11 61, Fax 5 20 30

Bali Oberoi (4 Sterne), Kayu Ayan Legian, Tel. 5 10 61-5

Kartika Plaza Beach (4 Sterne), Jl. Kartika, Kuta Beach, Tel. 5 10 67-9

Kuta Beach Club (2 Sterne), Jl. Bakungsari, Tel. 5 12 61

Kuta Cottages (2 Sterne), Jl. Bakungsari, Tel. 5 11 01

Natour Kuta Beach (2 Sterne), Jl. Pantai Kuta, Tel. 5 13 61

Ramayana Seaside (1 Stern), Jl. Bakungsari, Tel. 5 18 64

Suci Bungalows, Poppies Lane II (nördl.), Tel. 5 26 17

Von Kuta Beach ist es nicht weit zur im Süden gelegenen karstigen Halbinsel **Bukit** und zum **Tempel Tanah Lot**, der auf einer steil zum Meer hin abfallenden Klippe (Uluwatu) steht. Dieser kleine, den Göttern des Meeres geweihte Tempel gehört zu den sechs heiligsten Stätten Balis. Mit den dort herumspringenden halbzahmen Affen gehe man nicht zu vertraut um, da sie böse kratzen können, insbesondere, wenn sie geärgert werden. Den Tempel besucht man am besten am späten Nachmittag, da dann der Blick aufs offene Meer mit der warmen Beleuchtung der sinkenden Sonne sehr schön sein kann.

Wenige Kilometer von der Landenge zur Insel Bukit und vom Flughafen entfernt entstand ein neues touristisches Zentrum, **Nusa Dua,** das mit allen Arten von Hotels, Bade-, Sport- und Unterhaltungsmöglichkeiten ausgestattet ist und zur Luxuskategorie gehört.

Die weite **Sanur-Beach,** mit ihrem schönen Blick auf den Vulkan Gunung Agung, steht der Kuta Beach in nichts nach. Hier wird dem verwöhnten Touristen alles an Komfort, an Bade-, Sport- und Unterhaltungsmöglichkeiten geboten, was er nur wünscht. Da dem Strand ein Korallenriff vorgelagert ist, können alle Wassersportarten ausgeübt werden, insbesondere ist der Strand dadurch für Kinder sehr geeignet. Kunstgalerien, Andenkengeschäfte und Restaurants laden auch hier zu einem abendlichen Bummel ein. Von Sanur lassen sich sehr schöne Bootsfahrten von knapp einer Stunde zur nahe gelegenen Schildkröteninsel

Bootsführer am
Strand von Sanur

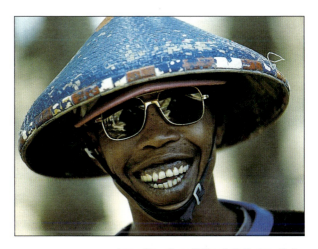

Serangan unternehmen, auf der zwei Tempel zu besichtigen sind, der **Pura Sakenan** und der **Pura Susunan Wadon**. Einmal im Jahr pilgern zu diesen Tempeln Tausende von Einheimischen, um in farbenprächtigen Zeremonien den Göttern zu opfern. Auf der Insel werden Seeschildkröten gefangen, gemästet und dann geschlachtet, um ihr Fleisch den Restaurants zu verkaufen. Jeder verantwortungsbewußte Reisende sollte sich fragen, ob er unbedingt ein Schildkrötenschnitzel oder eine Schildkrötensuppe essen muß. Den Einheimischen ist noch nicht bewußt, welchen Schaden sie sich selbst zufügen.

Hotels an der Sanur Beach

Grand Bali Beach Hotel (5 Sterne),
Jl. Hang Tuah, Tel. 8 85 11-7, Fax 8 79 17

Bali Hyatt, Semawang (5 Sterne),
Tel. 8 82 71, Fax 8 76 93

La Taverna (3 Sterne), Jl. Tanjung Sari,
Tel. 8 84 97, Fax 8 71 26

Segera Village (3 Sterne), Jl. Segera Ayu,
Tel. 8 84 07-8, Fax 8 72 42

Tanjung Sari (3 Sterne), Jl. Tanjung Sari,
Tel. 8 84 41

Alit's Beach Bungalows (2 Sterne), Jl. Hang Tuah, Tel. 8 85 76, Fax 8 87 66

Irama Bungalows (1 Stern), Jl. Tanjung Sari,
Tel. 8 84 23

Diwangkara Beach (1 Stern), Jl. Pantai Sanur,
Tel. 8 85 77

Ramayana, Jl. Tanjung Sari, Tel. 8 84 29

Von Sanur aus kann man auch mit dem Boot einen Ausflug zum südlich gelegenen Hafen **Benoa** unternehmen, der zu Fuß von Den Pasar über einen Damm erreichbar ist (3 km).

Von Sanur oder Benoa aus kann man in mehrstündiger Fahrt mit dem Boot zur Insel **Nusa Penida** (Banditeninsel) fahren, einem karstigen Eiland, auf das früher Kriminelle verbannt wurden. Diese kleine Insel unterscheidet sich wegen ihrer Trockenheit und ihrer Unfruchtbarkeit in Flora und Fauna wesentlich von der Insel Bali. In der kleinen Ortschaft Sampalan gibt es einige Tempel und eine sehenswerte große Tropfsteinhöhle mit einem unterirdischen See, die **Goa Karangsari.** Für diese Inseltour wird empfohlen, sich eines einheimischen Führers zu bedienen. Von der Nusa Penida kommen die bösen Geister, die Leyaks, sagen die Balinesen. Nach der Heimkehr hilft dagegen nur eine Reinigungszeremonie.

Die Touristenzentren Sanur und Nusa Dua

Nusa Dua

An der östlichen Küste der Halbinsel Bukit, dort wo sich ein mehrere Kilometer langer Sandstrand entlangzieht, ist mit Hilfe der Weltbank eine Kette von Luxushotels entstanden, die wirklich keine Wünsche mehr offen lassen. Mit dieser riesigen Anlage wird eine vernünftige Kanalisierung des Massentourismus angestrebt, der die kleine Insel Bali zu ersticken droht. Eine gut ausgebaute Schnellstraße führt vom Flughafen in Den Pasar direkt nach Nusa Dua. Dort finden sich alle erdenklichen Einrichtungen, von Einkaufsbasaren über phantasievoll gebaute Swimmingpool-Landschaften bis hin zu Restaurants, Supermärkten und Zentren für kulturelle Veranstaltungen.

Hotels

Nusa Dua Beach, P.O. Box 1028, Tel. 7 12 10, Fax 7 12 29

Putri Bali, P.O. Box 1, Tel. 7 10 20, Fax 7 11 39

Melia Sol, P.O. Box 1948, Tel. 7 15 10, Fax 7 12 60

Bali Hilton, P.O. Box 46, Tel. 7 11 02, Fax 7 11 99

Sheraton Lagoon, P.O. Box 2044, Tel. 7 13 27, Fax 7 13 26

Grand Hyatt Bali, P.O. Box 53, Tel. 7 12 34, Fax 7 20 38

Route 1: Entlang der Ostküste nach Singaraja
Den Pasar – Batubulan – Blahbatu – Kutri – Bedulu – Gianyar (Abstecher Bangli) – Klungkung (Abstecher Besakih) – Padang Bai – Amlapura – Ujung – Iseh – Singaraja (Karte zur Route 1 auf Seite 224)

Diese größere Tour nimmt ihren Ausgang in Den Pasar über die Jl. Pattimura und Jl. Supratman in Richtung Gianyar, von wo es zunächst ins 8 km entfernte **Batubulan** geht, ein Dorf, in dem viele **Steinbildhauer** arbeiten. Da auf Bali im wesentlichen nur ein weicher Sandstein vorkommt, der zwar leicht zu bearbeiten ist, aber auch nach relativ kurzer Zeit zerfällt, ist die Tradition der Steinmetzkunst nicht untergegangen, sondern unvermindert lebendig geblieben. Die Tempel müssen ständig ausgebessert werden. So ist die starke Ausdruckskraft der Künstler nicht abgeflacht, im Gegenteil, vielleicht rührt hieraus die eher überladene Ornamentik, unter der die architektonische Linie der Bauten fast untergehen droht. In Batubulan befindet sich ein empfehlenswertes Verkaufszentrum für handwerkliche Erzeugnisse, Sanggraha Kriya Asta. Knapp 200 m abseits der Hauptstraße findet man einen Tempel mit buddhistischen und hinduistischen Motiven, Pura Puseh. Nur 3 km weiter auf der Route liegt das Dorf **Celuk**, Zentrum der Silber- und Goldschmiede, die hier vor allem sehr schöne Filigranarbeiten

Feine, aus Sandelholz gefertigte Figur einer balinesischen Göttin

herstellen. Die Straße führt sodann über Denjalan, Cemenggon, Sukawati, mit einem ebenfalls schönen kleinen Tempel, Pura Sukawati, nach **Batuan,** einem Zentrum der **Holzschnitzkunst.** Wenn sich diese auch unter dem Einfluß des Tourismus geändert hat, so sind doch die typischen balinesischen Stilmerkmale erhalten geblieben. Die frühen Figuren und Masken besitzen eine sehr tiefe Ausdruckskraft und sind, wenn der Tänzer sie anlegt, wahrlich beseelt. Teak *(jati)*, Jackfruchtbaumholz *(nangka)* und das dunkelrote Holz des Sawobaums sind die bevorzugten Materialien.

Inselkarte Bali

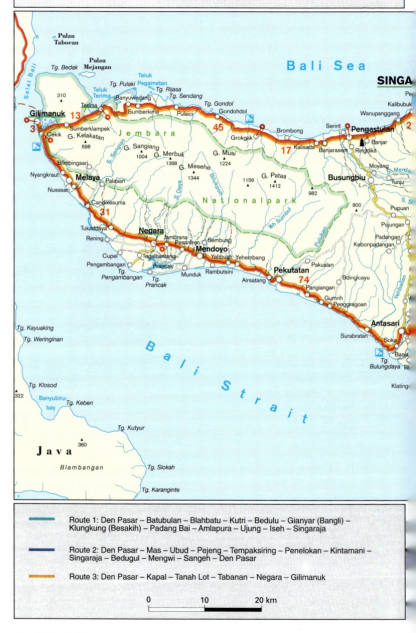

Route 1: Den Pasar – Batubulan – Blahbatu – Kutri – Bedulu – Gianyar (Bangli) –
Klungkung (Besakih) – Padang Bai – Amlapura – Ujung – Iseh – Singaraja

Route 2: Den Pasar – Mas – Ubud – Pejeng – Tempaksiring – Penelokan – Kintamani –
Singaraja – Bedugul – Mengwi – Sangeh – Den Pasar

Route 3: Den Pasar – Kapal – Tanah Lot – Tabanan – Negara – Gilimanuk

0   10   20 km

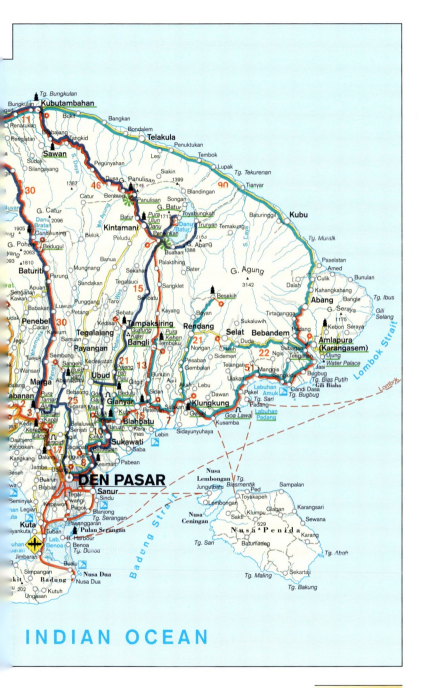

INDIAN OCEAN

Von Batuan geht es sodann weiter nach Mawang und von dort, indem man an der Weggabelung rechts, in östlicher Richtung abbiegt, nach **Blahbatu,** wo sich ein sehenswerter Dorftempel befindet, der dem Giganten Kbo Iwa geweiht ist. Der hier auffallende Steinkopf stammt aus dem 14. Jh. In Blahbatu biegt man an der dort befindlichen Weggabelung wieder nach Norden, also nach links ab und fährt nach **Kutri.** Von diesem Dorf zweigt ein schattiger Flußpfad zum **Heiligtum von Butik Darma** ab, das in einer Statue der Mutter König Erlanggas, Mahendradatta, besteht. Sie herrschte bis zum Jahr 1006 auf Bali. Da die Königin den Gott Shiva verehrte, wurde ihre Statue nach ihrem Tod in der Gestalt Durgas, der Gattin Shivas, aufgestellt. Ihr Sohn, König Erlangga, der im Jahr 991 geboren wurde, kam als Knabe nach Java, heiratete dort eine Prinzessin und bestieg nach dem Tod seines Schwiegervaters den dortigen Thron, während sein Bruder auf Bali regierte. Ein auf Bali bekannter Tanz, der *calon arang* (S. 213), beruht auf einer Legende, die von König Erlangga erzählt, daß sein Königreich von einer großen Plage heimgesucht wurde, die von der Hexe Rangda geschickt war, worauf es zu einem Kampf zwischen der Zauberin und dem mächtigen König gekommen sein soll, in dem das Gute am Ende siegte.

Von Kutri geht es weiter in nördlicher Richtung nach dem Ort **Bedulu,** einem alten Fürstensitz. Hier steht ein weiterer der sechs heiligsten Nationaltempel Balis. Über einen Fußweg durch Reisfelder gelangt man zu den **Ruinen von Yeh Pulu,** in denen ein 4 m hoher und 25 m langer Steinfries aus dem 14. Jh. zu bewundern ist. Er wurde in einem Stück aus einer Felswand herausgemeißelt und zeigt Darstellungen aus dem täglichen Leben, deren genaue Bedeutung aber noch

nicht entschlüsselt werden konnte. Dicht westlich der Ortschaft liegt die **Elefantengrotte,** Goa Gajah, eine in eine Felswand gehauene Einsiedelei buddhistischer Mönche aus dem 11. Jh. Die äußere Felswand wurde verziert, der schmale Eingang als Dämonenmaul geformt und das Innere, die Wohn- und Schlafräume der Mönche, in einer bedrückenden asketischen Strenge gehalten. Vor der Grotte ist einst ein Badeplatz angelegt worden. Oberhalb dieser Anlage wurden ein Bungalow-Hotel und ein Restaurant errichtet.

Von Bedulu führt eine Straße sodann weiter in östlicher Richtung nach **Gianyar** (30 km), dessen Markt als Schauplatz von Hahnenkämpfen bekannt ist, und nach Banjarakan, wo ebenfalls häufig Hahnenkämpfe stattfinden.

Abstecher nach Bangli

Bevor es weiter nach Klungkung geht, sollte der Besucher unbedingt einen Abstecher nach **Bangli** einlegen, einst Sitz eines Nebenzweiges der Königs-Dynastie von Gelgel, heute berühmt wegen seines heiligen Staatstempels **Pura Kehen,** der sich in der typisch balinesischen Bauweise über drei Ebenen, drei Terrassen erhebt. Am Fuß der großen steinernen Treppe zur ersten Terrasse steht ein kleiner Tempel, in dem sich Bronzeplatten befinden, die davon berichten, daß hier im Jahr 1204 auf einem großen Tempelfest ein schwarzer Stier geopfert wurde. Oben, im ersten Tempelhof, fällt ein mächtiger Waringinbaum auf, der hier als Glockenturm, als der zu jedem balinesischen Tempel gehörende *kulkul* dient. In der Umfriedungsmauer dieses ersten Hofes sind alte chinesische Porzellanteller eingelassen. Durch ein reich verziertes Tor mit einem mächtigen Kala-Kopf betritt man den zweiten Hof. Auf der dritten Terrasse steht ein elfstufiger, üppig geschmückter Meru, neben dem sich ein Thron für den höchsten Gott befindet. An seiner Frontseite sind Shiva, Vishnu mit Durga und dem elefantenförmigen Ganesha zu seinen Seiten, weiter Garuda und Arjuna dargestellt. Oberhalb des dritten Tempelhofes liegt ein kleiner Hügel, von dem aus sich der gesamte Tempelkomplex hervorragend überblicken läßt.

Von Bangli geht es sodann zurück nach Gianyar und von dort in östlicher Richtung nach **Klungkung** (40 km). Hier siedelte sich Ende des 15. Jh. die zu dieser Zeit aus Java verdrängte Majapahit-Dynastie an, deren Fürsten unter dem Titel *Dewa Agung* auch sogleich die Oberherrschaft über die balinesischen Fürstentümer antraten. Die balinesischen Fürsten kamen nicht mehr dazu, diese Oberherrschaft ganz abzuschütteln, da nahte ihr Ende in Form des niederländischen Expeditionskorps, dessen Übermacht sie sich durch den Freitod *(puputan)* entzogen (S. 204). So erging es auch dem Raja von Klungkung und seinen Getreuen, die alle den Opfertod starben. Der Palast wurde zerstört. Erhalten blieb nur eine offene Gerichtshalle, **Kerta Gosa,** mit einer wundervollen farbenprächtigen Decke. Sie liegt direkt an der Straße, kurz vor der am östlichen Ortsausgang liegenden Basarstraße, wo man preiswert einkaufen kann.

Abstecher zum Tempelkomplex von Besakih

Biegt man in Klungkung von der Basarstraße nach links, in nördlicher Richtung, ab, so kommt man über eine anfangs leicht, später steil ansteigende Straße nach Rendang und von dort zum **Tempelkomplex von Besakih** (21 km von Klungkung). Rund 15 km vor den Tempeln befindet sich das Bukit Jambul Garden Restaurant mit einem sehr schönen Blick auf weite Reisterrassen und den Indischen Ozean.

Der »Muttertempel« von Bali, am südlichen Hang des Vulkans Gunung Agung in 1 000 m Höhe gelegen, ist die älteste und heiligste Stätte Balis. Hier wurden nachweislich schon im 11. Jh. Götter verehrt. Aber die Tradition als heiliger Platz reicht in frühere Schichten, in prähinduistische und präbuddhistische Zeiten zurück, als hier wahrscheinlich eine Opferstätte für den Berggott des mächtigen Vulkans lag. Wer den Andenkenbasar am Eingang des Tempels verläßt und den Tempelkomplex betritt, wird sich des Zaubers dieses Tempelbezirks nicht entziehen können. Den in sieben Terrassen konzipierten Tempelkomplex betritt man über zahlreiche Steinstufen, im Hintergrund stets der breit daliegende, eindrucksvolle Vulkan.

Besakih, der Muttertempel von Bali, am Fuße des Gunung Agung

Durch ein mächtig gespaltenes Tor *(candi bentar)* kommt man in den ersten Tempelhof, in dem sich verschiedene sakrale Gebäude befinden. Die folgenden Tempelhöfe sind den Pilgern vorbehalten, sie sollte man nicht betreten, sondern sich an den Fuß der ersten langen Steintreppe zurückbegeben, von wo aus man einen den ganzen Tempelkomplex umlaufenden ansteigenden Weg zur obersten Tempelterrasse hinaufgeht. Je höher man die Terrassen, links und rechts Reihen von je drei Wächterfiguren, steigt, desto größer die Zahl der pagodenartigen Tempeltürme *(meru)*. Hier werden alle Gemeinden Balis repräsentiert, hier befinden sich die Grabstätten der vergöttlichten Fürsten von Gelgel und Klungkung. In der obersten Anlage, der Pura Panataran Agung Besakih, werden endlich die Götter der hinduistischen *trimurti* (S. 205) verehrt. Der schwarze Schrein ist Shiva, der weiße Vishnu und der rote dem Gott Brahma geweiht. Oberhalb des Besakih-Haupttempels, an der nordöstlichen Ecke, sollte man pausieren und sich einen Überblick über den Gesamtkomplex der Anlage verschaffen. An vielen Festtagen sind alle Schreine, Tempel und Götterbilder mit Blumen, Tüchern und Opfergaben reich geschmückt. Besonders großartige Zeremonien sind das Fest Karya Pudia Wali, das einmal im Jahr stattfindet, das Fest Karya Puja Panca Wali Krama, das alle zehn Jahre stattfindet, und schließlich die Feier Karya Puja Eka Dasa Ludra, die nur einmal alle hundert Jahre, nach dem balinesischen Kalender gerechnet, begangen wird. Es war eben dieses Jahrhundertfest, das gerade am 17. März 1963 begangen wurde, als der Vulkan ausbrach, schwarze Wolken von Asche, giftigen Gasen und Lava den Hang hinunterwälzte und 1 500 Menschen darunter begrub. Viele Dörfer, Felder, Gärten, Häuser und Tempel wurden damals zerstört, und es war sehr schwer, die Menschen zu überreden, ihre Wohnorte zu verlassen, denn ihre Tempel wollten die Menschen nicht aufgeben. So wurde, allen Warnungen zum Trotz, der Muttertempel von Bali wieder aufgebaut. Noch heute sind Reste des Dramas dieses Ausbruchs zu sehen. Der Friede von einst ist aber wiederhergestellt, und Besakih kann gefahrlos besucht werden.

Von Klungkung geht die Fahrt danach weiter in einem anfangs nach Süden, dann aber wieder nach Norden führenden Bogen zur Ortschaft Gelgel, der ersten Niederlassung des vor der Islamisierung aus Ost-Java geflohenen Königs von Majapahit, hier kann der **Tempel Pura Dasar** besichtigt werden, und dann zur Küste an den Indischen Ozean. Von der nächsten Ortschaft, mit Namen Kusambe, fahren Boote zur Insel Nusa Penida. Links der Uferstraße befindet sich eine Fledermausgrotte, **Goa Lawa**, mit Tausenden von Fledermäusen. Am Grotteneingang werden Schreine mit Speisen gefüllt: Opfergaben für heilige Schlangen. Die Uferstraße führt nun durch eine abwechslungsreiche Landschaft zur **Padang Bai,** von wo die Schiffe zur Insel Lombok ablegen. Sie steigt sodann an und gibt einen schönen Blick in ein weites Tal frei, im Hintergrund der Vulkan Gunung Agung, dessen erstarrte Lava makabre Akzente in die ansonsten liebliche Landschaft setzt.

Bei Sangkidu läßt sich ein kleiner Abstecher in die Ortschaft **Tenganan** unternehmen, wo noch Nachfahren der Ureinwohner Balis, die *Bali Aga,* leben, die sich nach wie vor ihre eigenständige soziale Ordnung bewahrt haben. Die Dörfer erfreuen sich reichen Landbesitzes, den sie der Sage nach äußerst listig erworben haben: In grauer Vorzeit, im 14. Jh., war dem Raja von Bedulu sein bestes Pferd abhanden gekommen. Alle suchten es, die Bauern von Tenganan fanden das edle Tier; es war tot. Immerhin, der Raja hielt sein Versprechen, den Findern eine Belohnung zu gewähren. Die bescheidenen Bauern erbaten sich alles Land, in dem der Geruch des verendeten Tieres zu spüren war. Der Raja entsandte einen Hofbeamten, der vom Dorfältesten ins Gelände zur »Duftprobe« geführt wurde. Merkwürdig, der Geruch war über eine unvorstellbar große Strecke auszumachen. Der Höfling entschied schließlich, es sei nun genug, und reiste heim zum Fürsten, um die Dokumente der Landübereignung anzuferti-

*Eingang zu einem
Anwesen in Tenganan*

gen. Das war gut so. Denn nun endlich konnte sich der Dorfälteste des Stücks verwesten Fleisches entledigen, das er während der Flurbegehung verborgen am Leibe getragen hatte.

Kurz nach Tenganan befindet sich das relativ neue Touristenparadies Candi Dasa. Vor wenigen Jahren noch ein Refugium für budgetorientierte Weltenbummler, hat es sich inzwischen zu einer Art Mini-Kuta entwickelt – mit vielen Hotels, Homestays, Restaurants, Läden, Autovermietung, Fahrradverleih usw. Candi Dasa ist ein guter Ausgangspunkt für Exkursionen in die Region Karangasem (Ost-Bali), Tenganan und Padang Bai.

Hotels

Nirwana Cottages, Tel. 3 61 36, Fax 3 55 43

Water Garden, Tel./Fax 3 55 40

Ida Homestay (kleine und individuelle Bungalowanlage)

Nach Überquerung eines 1963 durchgebrochenen Lavastromes erreicht man **Amlapura** (früher Karangasem), einst Sitz eines mächtigen Fürsten, dessen Herrschaftsbereich die Nachbarinsel Lombok einschloß. Die **Residenz** und der **Hoftempel** bieten eine krude Mischung balinesischer, europäischer und chinesischer Stilelemente. Knapp 2 km südlich befindet sich in unmittelbarer Nähe des Fischerdorfes **Ujung** der **Wasserpalast des Raja,** eine stark europäisch beeinflußte Anlage jüngeren Datums. Karangasem wurde 1963 inoffiziell in Amlapura umbenannt. Die Menschen, die in jenem Jahr von den Lavaströmen des Gunung Agung ernsthaft bedroht waren, gaben dem Ort einen anderen Namen, wie man in Bali auch ein Kind umbenennt, das vom Unglück befallen ist. Ansonsten scheint die Zeit hier stillzustehen, wie überhaupt dieser Bezirk östlich von Klungkung von Fremden wenig besucht wird, obgleich er landschaftlich

An der Lagune
von Candi Dasa in
Ost-Bali

Blick auf den heiligen
Vulkanberg Gunung
Agung von Iseh aus

zu dem Schönsten gehört, was Bali zu
bieten hat. Das gilt besonders für eine
Fahrt in vorwiegend westlicher Richtung von Amlapura über Selat nach
dem Dorf **Iseh,** wo sich auf einem kleinen Hügel ein Atelier des unter tragischen Umständen während des Krieges
umgekommenen deutschen Künstlers
Walter Spies befindet, einem kleinen
Tempel gegenüber. Im übrigen hat
man von hier einen großartigen Blick
auf den Gunung Agung. Hier wohnte
vor seinem Tod der Schweizer Maler
Theo Meier, wenn er sich nicht in seiner zweiten Wahlheimat in Chiang
Mai, in Nord-Thailand, aufhielt. Von
Amlapura kann man nun nach links
abbiegen, sich ins Landesinnere wen-
den und über Rendang wieder nach
Klungkung zurückkehren. Es läßt sich

aber auch der Weg weiter nach Norden, die Küste entlang, verfolgen. Kurz
vor Singaraja kommt man durch die
Ortschaft **Kubutambahan,** in der eine Straße nach links, zum Dorf **Sawan**
abzweigt. In beiden Orten sowie in
dem nicht weit entfernten Tempel
Sangsit können typische nordbaline-
sische Tempel besichtigt werden, die
sich von den heiligen Stätten im Süden
der Insel dadurch unterscheiden, daß
hier keine *merus,* die turmartigen Tempel mit ihren Pagodendächern, stehen
und die Fassaden noch überladener
mit Götter- und Tierdarstellungen so-

wie mit Spiralen und Arabesken geschmückt sind. Eine Besonderheit ist überdies, daß man auf den Tempelfriesen hier im Norden Darstellungen von Autos, Flugzeugen und Fahrrädern findet. Die nordbalinesischen Künstler haben mit diesen Motiven wahrscheinlich versucht, den frühen Einbruch der europäischen technisierten Zivilisation zu verarbeiten, der im Norden schon mit der Kolonialisierung durch die Niederländer im Jahr 1846 begann.

Singaraja, die Hauptstadt des Distrikts von Buleleng, ist eine moderne geschäftige kleine Handelsstadt, von deren Hafen die Hauptexportgüter Nord-Balis, Kaffee, Rinder und das schwarze Balischwein, verschifft werden. Sehenswert ist hier das **Museum,** in dem sehr alte, auf Lontarblättern geschriebene historische und mythologische Dokumente sowie die frühesten bekannten schriftlichen Überlieferungen Balis aufgehoben sind. Es handelt sich hierbei um beschriebene Metallplatten, die in Altbalinesisch abgefaßte königliche Verordnungen aus der frühen Pejeng-Bedulu-Dynastie enthalten.

Tempeleingang im Pura Beji, einem Subak-Tempel in Sangsit

Route 2: Mitten durch Bali, die große Kintamani-Singaraja-Tour

Den Pasar – Mas – Ubud – Pejeng – Tampaksiring – Penelokan – Kintamani – Singaraja – Bedugul – Mengwi – Sangeh – Den Pasar
(Karte zur Route 2 Seite 224)

Route 2 nimmt den gleichen Ausgang wie Route 1, nämlich über Batubulan nach Mawang. In Mawang biegt man nun aber nicht nach rechts ab, sondern nimmt den Weg geradeaus in nördlicher Richtung zum Dorf **Mas** (22 km), wie Batuan ein Dorf der Holzschnitzer. An der Stelle, an der einst im 13. Jh. eine ganze Tempelanlage stand, ist heute nur noch ein Tempel, der Pura Taman Pule, zu sehen. Von Mas geht es sodann weiter in nördlicher Richtung nach Pliatan und, vorbei an der Abzweigung nach Bedulu, zum Dorf **Ubud** (rd. 30 km), einem Zentrum alter und neuer Kunst auf Bali. Hier woh-

nen viele in Indonesien bekannte Maler und Bildhauer, darunter auch einige Europäer wie Antonio Maria Blanco, Arie Smit und Han Snel. Sie alle setzen die im wesentlichen von Rudolf Bonnet und Walter Spies vor dem Zweiten Weltkrieg begründete und von der Künstlervereinigung Pita Maha tradierte Kunstrichtung fort. Der interessierte Reisende kann die Ateliers der Künstler aufsuchen und besichtigen. Im Mittelpunkt des Dorfes liegt die Residenz *(puri)* des kunstsinnigen Fürsten und seiner Familie. In der Nähe der Residenz das Museum für moderne Kunst, **Puri Lukisan,** das seit 1954 ständig Gemälde und Grafiken ausstellt. Nach vorheriger Anmeldung kann man im Gästehaus der Fürstenresidenz übernachten. Etwa 80 m hinter der alten und neuen Brücke liegt auf der rechten Seite das Hotel Tjampuhan mit dem ehemaligen Privathaus des deutschen Künstlers Walter Spies. In Ubud lohnt es sich, zu Fuß zu dem nahe gelegenen Künstlerdorf **Penesta-**

nan zu gehen. Der Weg beginnt hinter der alten und neuen Brücke. Auf steiler Bergstraße geht es an der Galerie von Antonio Blanco (linker Hand) und schönen Reisfeldern vorbei zum 1 km entfernten Penestanan. Zurück nehme man den Weg zur Hauptstraße nach Ubud. Beim Erreichen der Hauptstraße wende man sich nach links zur nahe gelegenen Neka-Galerie mit einer Sammlung bekannter Maler.

Hotels in Ubud und Umgebung

Tjampuhan, 80 m hinter der Brücke in Campuan, Tel. 9 53 68, Fax 9 51 37

Pringga Juwita Water Garden Cottages, Jl. Bisma, Ortsmitte, Tel. 9 54 51

Puri Saren, Ortsmitte (an der Kreuzung beim Puri), Tel. 9 59 57

Ananda Cottages, etwas außerhalb (Nähe Neka-Galerie), Tel. 9 53 76

Baliubud, inmitten der Reisfelder bei Penestanan (westlich von Ubud), Tel. 9 50 59

Tjetjak Inn, Campuan (an der Schlucht), Tel. 9 52 38

Restaurant/Café

Murni's, direkt an der Brücke in Campuan

Der Maler Darma aus Ubud, er hat sich auf den romantisch-märchenhaften Realismus von Walter Spies spezialisiert

Von Ubud aus geht die Weiterfahrt über die Ortschaft Bedulu nach **Pejeng,** dem Mittelpunkt eines legendären, prähinduistischen Reiches. Hier wurden reiche Funde von Tonziegeln, Steinrelikten und Metalltafeln mit königlichen Edikten gemacht. Bedeutungsvollster Fund war hier die mit einer Höhe von 1,865 m und einer Breite von 0,9 m größte Kesseltrommel der Welt, eine **monumentale Bronzetrommel** aus der Zeit um 300 v. Chr., also aus vorhinduistischer Ära, der »Mond von Bali« genannt. Die Trommel besitzt drei Henkel, ihre Schlagfläche ist mit einem Stern und ihre Einfassung mit einem Speerornament *(tumbak)* verziert, das auf Bali häufiger vorkommt. Auf halber Höhe der Trommel befinden sich seitlich angebrachte Tiefreliefs mit menschlichen Gesichtern, die runde Ohrgehänge an lang heruntergezogenen durchlöcherten Ohrläppchen tragen. Die Herkunft der Trommel ist nicht geklärt. Ähnliche Arbeiten, wenn auch kleiner, kennt man aus China, Nord-Annam und Tongking, der Heimat des sogenannten Dongson-Stils, aber auch von der indonesischen Insel Timor, deren Trommeln dem Fundstück in Pejeng in der Technik, in den Motiven und im ganzen Stil am stärksten ähneln. Insofern neigt man zu der Auffassung, daß es sich bei diesem Stück doch um eine indonesische Arbeit handelt, wenn auch die Ohrgehänge in den herabgezogenen durchlöcherten Ohrläppchen völlig fremdartig sind. In Nord-Annam und in Tongking wurden dagegen parallele Stücke gefunden, so daß, selbst unter dem Umstand, daß man in der Nähe von Pejeng Tuffstein-Gußformen für die Herstellung solcher Trommeln fand, die Herkunft dieses Stückes unklar bleibt. Gewiß ist, daß diese Trommel zu den schönsten Stücken dieser Art überhaupt gehört. Die Balinesen verehren sie, bringen ihr sogar Blumenopfer dar. Die Bezeichnung »Mond von Bali« rührt von einer Legende her, nach der einst einer von dreizehn die Erde umkreisenden Monden in einer Nacht vom Himmel fiel und im Geäst eines Baumes hängen blieb. Nächtliche Diebe sollen sich vor dem hellen Licht, das der Mond ausstrahlte, gestört gefühlt, einer von ihnen den Baum erklommen und über den Mond uriniert haben, um dessen nächtlichen Schein zu löschen. Der Mond sei darauf gerissen und in Gestalt einer Trommel zu Boden gefallen, wobei der Dieb getötet wurde. Die Trommel ist in einem Pavillon, nahe der Straßenkreuzung, aufgestellt.

Von Pejeng geht die Fahrt weiter in nördlicher Richtung zu den **Königsgräbern von Gunung Kawi,** die kurz vor der Ortschaft Tampaksiring, rechts von der Straße, liegen. Ein Schild am Beginn des hier abzweigenden Fußpfads zu der tiefen Schlucht des Pakrisan-Flusses weist den Weg. Die Gräber sind in Form javanischer Tempel *(candi)* in einer steilen Felswand, 7 m über dem Flußbett, aus dem gewachsenen Felsen zu Ehren des Königs Udayana und seiner Familie herausgemeißelt worden. Von links nach rechts gesehen, ist der erste Tempel König Udayan, der zweite der Königin Gunapriya, der dritte der ersten Konkubine des Königs, der vierte und fünfte den beiden Söhnen Marakata und Anak Wungsu gewidmet. Auf der gegenüberliegenden Seite befinden sich vier ähnliche Bauwerke für die Konkubinen Anak Wungsus. Die wohl aus dem 11. Jh. herrührende Tempelanlage soll der Legende nach von dem Riesen Kbo Jwa mit seinen Fingernägeln aus dem Gestein gekratzt worden sein. Rechts von der Hauptstraße steht noch

ein kleiner Tempel mit einem Felsenkloster.

Nach rund 1 km Fahrt erreicht man die Ortschaft **Tampaksiring.** Hier befindet sich der geweihte **Badeplatz Tirtha Empul,** der mit Wasser aus einer heiligen Quelle gespeist wird. Einer aufgefundenen Inschrift zufolge stammt dieses Heiligtum aus dem Jahre 962 n. Chr. Dem in zwei Bassins, eines für Männer und eines für Frauen, fließenden Wasser werden heilende Kräfte zugesprochen.

Von Tampaksiring geht die Fahrt weiter nördlich nach Seribatu und **Penelokan,** rund 1 400 m hoch, zum oberen Rand des riesigen Kraters vom **Vulkan Batur** (1 717 m), in dem sich der Batur-See ausbreitet. Auf einer engen und steilen, aber gut ausgebauten Straße fährt man von Penelokan nach dem Dorf Kedisan am Ufer des Batur-Sees. Hier unten kann man einfache Motorboote mieten (Preistafel vor der Polizeistation). Lohnenswert ist eine dreißigminütige Fahrt zu dem Dorf **Trunyan,** am Ostufer des Sees. Die Einwohner gehören zur Urbevölkerung Balis (Bali Aga), die zwar heute überwiegend der Hindu-Bali-Religion angehören, aber doch noch immer ihren althergebrachten animistischen Vorstellungen anhängen, insbesondere ihren alten Bestattungsriten, nach denen die Verstorbenen im Dschungel unter mächtigen Bäumen ausgelegt werden. Diese in unseren Augen eher makabren Grabstätten können durchaus aufgesucht werden. Mit einigen Rupien opfert man hier den Toten, die im schattigen Dschungel seltsamerweise keinen Verwesungsgeruch ausströmen. In Trunyan befindet sich das **Heiligtum Ulun Danu,** das von den Bali Aga der umliegenden Dörfer verehrt wird. In einem sehr einfachen Tempel ist die größte Statue der Insel aufgestellt (3,5 m). Sie ist dem Gott Dewa Ratu Pancering Jagat geweiht. Aus

Angst, der Statue könnten bei ihrer Betrachtung durch Fremde die magischen Kräfte verlorengehen, haben die *Bali Aga* sie den Blicken jeglicher Betrachter entzogen. Sie ist also nicht zu besichtigen. Am Seeufer, gegenüber von Trunyan, liegt die Ortschaft **Toyabungkah,** in der sich das 1973 von dem indonesischen Wissenschaftler und Künstler Alisjahbana errichtete Zentrum für Kunst und Meditation, **Balai Seni,** befindet, eine Experimentierstätte für Kunst, in der jeden Abend Tanzvorführungen und Gamelan-Konzerte stattfinden. Gästebungalows bieten gute Übernachtungsmöglichkeiten, die von Interessenten uber die Adresse Bali Seni Toyabungkah, Jl. Sabarja 290, Tebet, Jakarta-Selatan, Indonesia, Tel. 58 48 45, gebucht werden können. Von Toyabungkah aus kann man auch in ca. 3 Std. auf den Vulkan Batur hinaufsteigen. Man nehme dazu besser einen einheimischen Führer mit und bleibe auf den vorgezeichneten Wegen und Pfaden. Nach dem Abstieg tut ein Bad im Wasser der hier befindlichen heißen Schwefelquellen ausgesprochen wohl.

Von Toyabungkah oder Trunyan geht die Fahrt zurück über Kedisan nach Penelokan und von dort sodann weiter zu dem **Tempelkomplex von Batur** mit einem wundervollen Blick auf den Vulkan Batur und, ein wenig weiter rechts, auf den Gunung Agung. Die **Tempelanlage Pura Ulun Danu** lag früher weiter unten im alten Dorf Batur. Vor dem Ausbruch des Vulkans im Jahr 1917 lag das Dorf Batur am Fuße des Vulkans. Durch die Eruption wurden das Dorf Batur und alle am Kraterrand befindlichen benachbarten Dörfer unter der Asche- und Lavaschicht begraben. Es soll über 1300 Tote gegeben haben. Nur der Tempel Puru Ulun Danu blieb verschont, was der Bevölkerung den Mut gab, sich wieder am Hang des Vulkans anzusiedeln. 1926 zerstörte dann aber ein erneuter Ausbruch auch die Tempelanlage. Nur ein einziger Schrein, der Wassergottheit Dewi Danu geweiht, blieb erhalten. Da endlich entschloß sich die Bevölkerung, das alte Dorf zu verlassen und sich auf dem Kraterrand, an dem heutigen Platz, anzusiedeln. Den mitgenommenen Schrein umgab man mit einer Tempelanlage, in der inzwischen schon wieder viele Schreine und neue Tempel stehen. Die aus schwarzer Lava erbauten Tempeltore und pagodenförmigen *merus* erwecken dabei mit ihrer schwarzen Farbe einen ziemlich düsteren Eindruck.

Unser Weg führt danach weiter zu der Ortschaft **Kintamani** (1500 m). Von Kintamani fahre man zum höchsten Punkt, die Ortschaft **Panulisan,** wo ein alter Tempel, Puru Sukawana, mit Statuen aus dem 11. Jh. zu besichtigen ist. Von hier aus hat man einen großartigen Rundblick auf die Landschaft. Sodann geht es in nordwestlicher Richtung wieder talwärts nach Kubutambahan mit dem Tempel Pura Madruwe Kasang und nach der Ortschaft Sangsit mit dem lieblichen Wassertempel Pura Beji, der der Reisgöttin Sri Dewi geweiht ist (siehe Route 3). Nach weiteren 9 km erreicht man **Singaraja.**

Von Singaraja aus führt die Rundtour sodann auf einer steilen und kurvenreichen Strecke, weiter westlich versetzt, direkt nach Süden zu dem Ort **Bedugul** (ca. 1200 m) am Bratan-See, der einen ehemaligen Krater ausfüllt. Oberhalb dieses Sees liegt ein kleiner, der Göttin dieses Wassers geweihter Tempel. Weiter in südlicher Richtung kommt dann die Ortschaft **Mengwi**, das alte Zentrum eines aus der Gelgel-Dynastie hervorgegangenen, bis zu Anfang des 19. Jh. überdauerten Königreichs, an das der **Staatstempel Pura Taman Ajun** erinnert, der zweitgrößte Tempelkomplex Balis.

Der Dewi Danu, Göttin des Meeres und der Seen, gewidmete Tempel Pura Ulun Danu am Bratan-See

Diese von einem Wassergraben umgebene großartige Tempelanlage gehört zu den schönsten und kultiviertesten Bauten der Insel. Reich verzierte Tore geben den Eintritt in das Innere mit seinen zahlreichen als Ahnensitz errichteten Schreinen, aus rostbraunen Ziegeln erbauten Tempeln und *merus* mit ihren hohen Pagodendächern, diesen eigenwilligen Göttersitzen, frei. Ein dreifacher Altar für die *trimurti,* die Götterdreiheit Shiva, Vishnu und Brahma, bildet den Mittelpunkt der großzügigen Anlage.

Von Mengwi führt die Route nunmehr in einem nach links gezogenen Bogen wieder in nördlicher Richtung über die Ortschaft Abiansemal nach **Sangeh** (ca. 25 km von Den Pasar). Inmitten eines sich zwischen Reisfeldern ausbreitenden Waldes liegen hier zwei

Tempel und einige *merus,* **Bukit Sari,** von den Touristen »Affentempel« genannt. Wächterfiguren bewachen die Eingänge zu den Tempeln, über deren Toren sich auch hier die üblichen dämonischen Kala-Köpfe, beide mit ausgebreiteten Händen, befinden. Zwei halbzahme Affenherden leben mehr oder weniger friedlich zusammen und erwarten, von den Reisenden gefüttert zu werden. Der Legende nach handelt es sich um einen Teil des Affenheeres, das einst der General Hanuman aus dem Ramayana-Epos befehligte.

Von Sangeh geht es sodann direkt zurück nach Den Pasar. Diese rund 250 km lange Rundtour kann ohne langes Verweilen an den einzelnen Orten an einem Tag bewältigt werden. Natürlich ist es schöner, sich für diese Fahrt mehrere Tage Zeit zu nehmen und die herrliche Landschaft, die Menschen und die Tempel auf sich wirken zu lassen.

Route 3: Die Südwestküste entlang zur Nordküste
Den Pasar – Kapal – Tanah Lot – Tabanan – Negara – Gilimanuk
(Karte zur Route 3 auf Seite 224)

Verläßt man Den Pasar über die Jl. Gajah Mada und die Jl. Wahidin, gelangt man auf der großen Ost-West-Straße Nr. 2 zu der Ortschaft **Sempidi** mit ihren beiden Tempeln Pura Desa und Pura Dalam. Kurz hinter Sempidi überquert die Straße einen Fluß, an dessen Ostufer die Höhle **Kerebing Langit** besichtigt werden kann. Sodann durchfährt man das Dorf Lukluk und kommt nach **Kapal**, wo ein 16 m hoher Ahnentempel gleich hinter dem Basar aufragt. Der Weg zu diesem Tempel Pura Sada ist beschildert. Einst im ostjavanischen Stil erbaut, fiel der alte Tempel 1917 einem starken Erdbeben zum Opfer. Die Dorfbewohner bauten ihn allerdings genauso wieder auf, wie er seit alters her dort stand. Auf dem Weg nach Tabanan zweigt eine kleine Straße nach links ab, die einen, wenn man getreulich der Beschilderung folgt, zu dem vielbesuchten und viel fotografierten Inseltempel **Tanah Lot** (ca. 30 km) führt, einem kleinen bizarren Meerestempel, der auf einem wellenumspülten Felsen mitten in der Brandung unweit des Strandes steht. Wer sich nicht scheut, durch die Wellen zu waten, gelangt leicht zu dem Felseneiland hinüber, um den Tempel aufzusuchen. Vom Strand aus gesehen, bietet er sich als ein sehr lohnendes Fotomotiv an.

Auf die Hauptstraße zurückgekehrt, ist es nun nicht mehr weit nach **Tabanan** (22 km), einem ehemaligen Königssitz inmitten fruchtbarer Reisfelder. Von diesem kleinen Städtchen mache man einen zweiten Abstecher, diesmal in nördlicher Richtung. Eine mäßige Straße führt nämlich von hier aus zu dem lohnenswerten Ziel eines malerisch im Dschungel neben einem See gelegenen Bergtempels, dem **Pura Lahur,** am Hang des Batukau-Berges (2 276 m).

Vom einsamen Bergtempel kehrt man zur Hauptstraße zurück, die in westlicher Richtung die Küste entlang nach Negara (74 km) führt. In **Negara** werden gelegentlich Stierrennen wie auf der Insel Madura ausgetragen (S. 193). Nach weiteren 34 km erreicht man **Gilimanuk,** von wo aus die Fähren zur westlichen Nachbarinsel Java übersetzen.

Im Westteil Balis liegt der 77 000 ha große **Nationalpark Jembrana** mit dichtem Dschungel, in dem u. a. Bantengbüffel, Stachelschweine und eine bunte Vogelwelt zu Hause sind. Ausgangspunkt für Exkursionen ist der winzige Ort **Terima,** 13 km von Gilimanuk in Richtung Kuris (Nordstrecke) gelegen.

Etwa 2 km vor Gilimanuk zweigt eine gute Straße nach rechts ab, die an der schönen, wenig besuchten Nordküste Balis entlang führt. In den kleinen Dörfern wird häufig auch Wein angebaut. Die Gegend gehört zu den trockensten und ärmsten der Insel.

Die nördliche Küstenstraße führt an den Orten Grogak (ca. 45 km), Seririt (ca. 17 km), Banjar (5 km) vorbei nach **Singaraja** (17 km). Zwischen Banjar und Singaraja findet der Besucher zahlreiche einfache Hotelunterkünfte, zumeist im balinesischen Stil. Touristisches Zentrum dieser Gegend ist Lovina. 5 km vor Singaraja liegt die idyllische Baruna Beach, eine Bungalowanlage mit guter Küche.

Nächste Doppelseite:
Küstenabschnitt am Indischen Ozean bei Tapaktuan in Aceh

Sumatra

Sumatra

Allgemeines

Sumatra, auf indonesisch Sumatera geschrieben, mit 1750 km Länge und rund 400 km Breite sowie mit 481 782 km² Fläche die zweitgrößte Insel des Malaiischen Archipels, ist im Gegensatz zu Java relativ dünn besiedelt (80 Einw. pro km²). Die Gesamtzahl der Einwohner beläuft sich auf etwas mehr als 38,5 Mill. Die Insel ist in acht Provinzen eingeteilt: Lampung, Sumatera Selatan, Bengkulu, Jambi, Sumatera Barat, Riau, Sumatera Utara und Aceh. Dem steil nach Westen abfallenden Barisan-Gebirge mit mehreren noch tätigen Vulkanen wie dem Kerinci (3805 m) oder dem Merapi (2891 m) ist im Osten eine sich nach Süden hin erweiternde Schwemmlandebene vorgelagert. Die Tieflandküsten bestehen aus weiten amphibischen Mangrovenwäldern, in denen die Mündungen der großen, bis zum Barisan-Gebirge schiffbaren Ströme einigermaßen brauchbare Naturhäfen bilden. Liegen vor der Ostküste einige Inseln wie Rupat, Benkalis, Padang, Ranau, Batam u. a., so erstreckt sich vor der Westküste eine lange Inselkette, aus der nur einige Inseln, wie z. B. Simeulue, Nias, Siberut, Sipora, Pagai und Enggano, hervorgehoben sein sollen.

Die Fauna von Sumatra zeigt eine große Verwandtschaft mit der spezifisch hinterindischen. Zu erwähnen sind zahlreiche Affenarten, (z. B. Orang-Utan), der Elefant, das Rhinozeros, der Tapir, der Königstiger, der Nebelpanther und andere Wildkatzen. Die Pflanzenwelt bietet auf Sumatra eine große Dichte, Mannigfaltigkeit und Schönheit. Das Klima ist tropisch heiß und regenreich. Der hier sich üppig ausbreitende, immergrüne Regenwald mit wertvollem Baumbestand ist über weite Strecken durch Raubbau, Umsiedlungs- und Industrieprojekte sowie eine ausgedehnte Plantagenwirtschaft zerstört worden. An seine Stelle sind Gras-, Farnheiden- und Sekundärbuschlandschaft getreten. Die landwirtschaftlich genutzte Fläche macht nicht mehr als 10% der Gesamtfläche Sumatras aus.

Die Bevölkerung setzt sich überwiegend aus Malaien zusammen, unter denen die Gajo und Batak zu den Protomalaien gehören, also zu der alten Einwanderungsschicht. Die Bataker sind unter sich in große Stammes-Clans geteilt. Bis Anfang des vorigen Jh. überwiegend noch Animisten, gerieten sie Mitte des 19. Jh. unter den Einfluß von Islam und Christentum. Heute nehmen die Bataker einen hervorragenden Platz in der evangelischen Christenheit Indonesiens ein. Von den später eingewanderten Deuteromalaien heben sich kulturell die Minangkabau im Hochland um Padang und Bukittinggi ab. Sie halten an ihren alten Überlieferungen, insbesondere ihrem matriarchalischen Aufbau der Gesellschaft fest. Ansonsten spielen noch die zugewanderten Chinesen, vor allem in den Städten und Plantagengebieten, eine große Rolle, da sie hier den Handel weitgehend kontrollieren.

Sumatra rühmt sich zu Recht, allen anderen indonesischen Inseln an natürlichen Reichtümern weit überlegen zu sein. Und in der Tat steht auch Sumatra im Export an erster Stelle des ganzen Landes. Um der Überbevölkerung Javas Herr zu werden und zugleich den enormen Reichtum Sumatras zu nutzen, bemüht sich die Zentralregierung, Teile der Bevölkerung Javas nach Sumatra umzusiedeln. Mit ihrer Hilfe sollen die großen, auf Sumatra befindlichen Ressourcen in dem gewünschten Maße abgebaut werden, als da sind: das klassische Exportgut Kautschuk, dann die im Plantagenanbau gewonnenen Güter wie Tabak, Kaffee, Tee, der aus der Sisalagave gewonnene Hanf, Palmöl und Edelhölzer, ferner die im Tiefland liegenden reichen Zinn-, Erdöl- und Erdgas- sowie Bauxit und Kohlevorkommen.

Historisch ist hervorzuheben, daß schon in den ersten nachchristlichen Jahrhunderten aufgrund von Einwanderungen aus dem indischen Raum buddhistische und hinduistische Einflüsse auftraten. Später, in der Zeit vom 6. bis zum 13. Jh., bildeten sich hier erste indomalaiische Staaten. Der bedeutendste war, neben dem Malayu-Reich, das von der Sheilendra-Dynastie aufgebaute Großreich von Srivijaja (7.–13. Jh.), dessen Seemacht bis in das Gebiet des heutigen Kambodscha vordrang. Seit dem Ausgang des 13. Jh. brachten arabische und indische Händler die Religion des Islam nach Sumatra, die sich vom 16. bis zum Anfang des 19. Jh. am stärksten in Aceh manifestierte. Aber schon im 13. Jh. bestand nach den Aussagen Marco Polos, der sich 1292 während seiner Rückkehr von China mehrere Monate in Nord-Sumatra aufhielt, das islamische Königreich von Perlak. Mit der Aktivität der Ost-Indischen Kompanie geriet Sumatra völlig unter niederländische Herrschaft. Von 1942 bis 1945 war es dann von den Japanern besetzt. Erst 1950 wurde es völkerrechtlich in die indonesische Republik eingegliedert. Ende der fünfziger Jahre gab es einen Aufstand gegen die Vormachtstellung Javas. Die zu dieser Zeit auf vielen Außeninseln herrschenden Autonomiebestrebungen wurden aber von der Zentralregierung auf Java überwunden.

Anreise

Von Jakarta aus bestehen tägliche Flugverbindungen zu allen Provinzhauptstädten Sumatras. Die Pelni-Fährschiffe KM Kambuna und KM Kerinci bedienen je vierzehntäglich die Route Jakarta – Medan (Belawan), KM Lawit ebenfalls vierzehntäglich die Route Jakarta – Padang – Sibolga – Nias. Tägliche Fernbusverbindungen bestehen von Kalideres in West-Jakarta zu allen Provinzhauptstädten. Von Merak in West-Java fahren täglich mehrfach kombinierte Passagier- und Autofähren nach Bakauhuni in Süd-Sumatra. Der von dort beginnende 2569 km lange Trans-Sumatra-Highway, der bis Banda Aceh führt, ist seit Jahren recht gut ausgebaut und praktisch zu jeder Jahreszeit befahrbar. Ein Sumatra durchquerendes Eisenbahnnetz existiert nicht, wohl aber zwei voneinander getrennte Linien, die im Süden die Städte Bandar Lampung und Palembang verbinden sowie Palembang mit Lubuklinggau. Das zweite Netz verbindet Medan einerseits mit Pematang Siantar und andererseits mit Tanjung Balai. Die früher bestehende Eisenbahnverbindung Medan – Aceh ist vor Jahren eingestellt worden, soll aber nach aktuellen Berichten in den kommenden Jahren wieder instandgesetzt werden. Die Zahnradbahn in West-Sumatra existiert nur noch für den Transport von Gütern.

Aceh

Allgemeines

Die Daerah Istimewa Aceh (Sonderge-
biet Aceh), im äußersten Westen Sumatras gelegen, ist Indonesiens westlichste Provinz und beginnt sich erst
seit wenigen Jahren dem Tourismus zu
öffnen. 3,6 Mill. Acehnesen leben auf
einer Fläche von 55 390 km². Acehs
lange Küsten am Indischen Ozean und
an der Straße von Malakka bieten feinsandige Badestrände, und das weite,
von Tropenwald bedeckte Barisan-Gebirge weist 39 Berge auf, von denen der
Mount Leuser mit 3 466 m der höchste
ist. In den Regenwäldern leben unter
anderem Sumatra-Elefant, Tiger, Nashorn, Tapir, Orang-Utan und Argus-
pfau, die sich mit etwas Glück im Gu-
nung-Leuser-Nationalpark beobachten
lassen. Besonderer Anziehungspunkt
in Zentral-Aceh ist der schöne Bergsee
Danau Laut Tawar. Seit 1000 Jahren ist
Aceh eine Drehscheibe für Handel und
Wandel zwischen Arabien, Persien, Indien und Europa einerseits sowie Indonesien und China andererseits. Viele
Fremde kamen ins Land und vermisch-
ten sich mit den Einheimischen. Auch
die Nachkommenschaft einer im
16. Jh. gestrandeten portugiesischen
Schiffsmannschaft bei Lam No an der
Westküste soll durch europäische Ge-
sichtszüge und eine besonders helle
Haut auffallen. Neben der multigeneti-
schen Mischung der Acehnesen in den
Küstenbereichen leben in den Gebirgsregionen Zentral- und Südost-Acehs
die altmalaiischen Völker der Gayo
und Alas. Muslimische Händler aus

Arabien, Persien und Indien führten
den Islam bereits im 9. Jh. ein, was
Aceh später den Beinamen »Veranda
Mekkas« (Serambi Mecca) einbrachte.
Die ethnische Vielfalt, so eine Version,
soll sich im Namen Aceh widerspiegeln, wobei A für Araber, C für Chinesen, E für Europäer und H für Hindus
(Inder) steht.

Acehs Reichtum an Bodenschätzen
zeigt sich besonders im Norden und
Osten der Provinz, wo riesige Natur-
gasvorkommen und auch Öl lagern. In
Lhokseumawe ist eine hochmoderne
Flüssiggas-Raffinerie entstanden, damit in Verbindung stehen zwei Kunst-
dünger-Fabriken sowie eine Methanol-
anlage. Die expandierende Holzindustrie hat sich mit Halbfertigprodukten
auf den Export spezialisiert. In Lhok
Nga bei Banda Aceh versucht eine moderne Zementfabrik den ständig wachsenden Bedarf zu decken. An verschiedenen Stellen Acehs kommen Eisener-
ze und Kohle vor, in Pidie Gips, Zink
und Blei. In West-Aceh bei Tutut befinden sich Goldminen, in denen schon
vor Jahrhunderten niassische Sklaven
arbeiten mußten. Die fruchtbaren Kü-
stenstreifen haben einen intensiven
Reisanbau gefördert, so daß Aceh jährlich große Überschüsse erwirtschaftet,
mit denen andere Provinzen versorgt
werden können.

Geschichte

Als Eingangstor des Malaiischen Archipels und Knotenpunkt an der Seefahrt-
straße zwischen Indien und China zog
Aceh bereits zu Beginn unserer Zeitrechnung Seefahrer aus China und Indien an. Anfang des 1. Jh. sandte der
chinesische Kaiser Wang Mang (Han-
Dynastie) eine Mission nach Aceh, um
ein Nashorn für den Palastgarten be-
schaffen zu lassen. In den folgenden
Jahrhunderten waren es vor allem hinduistische und buddhistische Inder,

die in Aceh einen Zwischenaufenthalt einlegten, bevor sie nach Java weitersegelten. Erst im 9. und 10. Jh. landeten muslimische Seefahrer aus Arabien, Persien und dem indischen Gujarat an der äußersten Nordwestküste Sumatras. Erste Berichte aus europäischen Quellen stammen von dem Venezianer Marco Polo, der sich 1292 mehrere Monate lang an der Spitze Nord-Sumatras aufhielt und dessen Fürstenreiche beschrieb. Im 13. und 14. Jh. breitete sich verstärkt der Islam aus, und die hinduistischen Fürstentümer an der Nordküste konvertierten zur Religion Mohammeds. Anfang des 16. Jh. erschienen die Portugiesen an den Küsten Acehs und versuchten, den Pfefferhandel unter ihre Kontrolle zu bringen. Nachdem die Portugiesen den Herrscher von Samudra-Pasai zu ihrem Vasallen gemacht hatten, verlagerte sich der freie Pfefferhandel westwärts nach Kuta Raja, dem späteren Banda Aceh, dessen Herrscher stark genug war, die Portugiesen 1524 zu vertreiben. Kuta Raja entwickelte sich zum bestimmenden Machtfaktor, und es gelang, die übrigen Fürstentümer der Nordküste unter seiner Herrschaft zu vereinen. Damit war die Geburt Acehs eingeleitet. Unter dem Sultan Iskandar Muda Meukuta Alam (1607–36) erlebten die vereinigten Reiche eine Blütezeit, die als »Goldenes Zeitalter« in die Geschichte Acehs einging. Aceh stand im Zenit seiner Macht und machte längst seinen Einfluß entlang den Küsten Sumatras geltend. Die besondere Mission wurde in der Verbreitung des Islam gesehen. Mit Hilfe der Holländer konnten 1641 sogar die Portugiesen aus Malakka vertrieben werden, durch einen 1659 aufgezwungenen Vertrag mußte Aceh allerdings das Handelsmonopol für Pfeffer an die Holländer übertragen. Acehs Vorherrschaft ging zu Ende, und es zerfiel wieder in Teilstaaten, die jedoch das gemeinsame Feindbild der heidnischen *kafir,* der Ungläubigen, verband und zur Triebfeder des Widerstandes und Kampfes gegen die Holländer und nichtmuslimische Gruppen, die hinduistischen Minangkabau, werden ließ. Eine erste machtvolle Kraftprobe zwischen Moslems und Nichtmoslems wurde in der ersten Hälfte des 19. Jh. in den Padri-Kriegen ausgetragen, die maßgeblich auf das Konto von Aceh gingen. Die weiterhin schwelenden Probleme zwischen Holländern und Acehnesen entzündeten sich keine vier Jahrzehnte später im 1873 ausbrechenden dreißigjährigen Aceh-Krieg, den die Holländer zu Anfang dieses Jahrhunderts nach großen Verlusten auf beiden Seiten für sich entscheiden konnten. Nach der Unabhängigkeit Indonesiens Ende 1949 strebten starke Kräfte in Aceh die Gründung einer eigenen islamischen Republik an. Es kam zu Auseinandersetzungen mit der Zentralregierung, und erst 1961 wurde Aceh mit dem Sonderstatus Daerah Istimewa (besonderes Gebiet) und gewissen Autonomierechten als Provinz in die Republik Indonesien integriert.

Banda Aceh

Banda Aceh ist die ehemalige Hauptstadt des Sultanats Aceh und seit 1961 Provinzhauptstadt der mit gewisser Autonomie ausgestatteten Daerah Istimewa Aceh. Von Banda Aceh gingen seit eh und je die Hauptimpulse für Acehs Freiheitskämpfe und ausgeprägtes Unabhängigkeitsstreben aus. Der eher ländlich anmutenden Stadt, im äußersten Nordwestzipfel von Aceh gelegen, ist aber auch ein gewisser Markt- und Handelscharakter eigen, deren Grundstock zur Zeit des blühenden Pfefferhandels im 16. und 17. Jh. gelegt wurde. Nach der teilweisen Zerstörung und Einnahme durch die Holländer zu Anfang des dreißigjährigen Krieges mit

Die Hauptmoschee
Mesjid Raja
Baiturrahman in
Banda Aceh

Das Innere der
Mesjid Raja Baitur-
rahman

Weiß des Hauptgebäudes abheben. Von den beiden Minaretten, die nur mit Genehmigung zu besteigen sind, bietet sich ein weiter Blick über die Stadt und das Meer, bis hin zur Insel Weh. Vor der Besichtigung der Moschee sollte man ebenfalls um Erlaubnis fragen und vor dem seitlichen Treppenaufgang die Schuhe ausziehen. In der Jalan Sultan Alauddin Mahmudsyah liegt das **Museum Negeri Aceh,** eine Ansammlung mehrerer Gebäude, unter denen das traditionelle Aceh-Haus, **Ruma Adat Aceh,** von 1914 das Kernstück bildet. Die ethnographischen und historischen Ausstellungsstücke und Modelle geben einen interessanten Einblick in die Geschichte und Kultur Acehs. Eine Besonderheit ist die vor dem Museum unter einem kombinierten Meru-Aceh-Dach aufgehängte Bronzeglocke **Cakra Donya** mit 1 m Durchmesser. Die Glocke war ein Geschenk des chinesischen Kaiserhofes an den Sultan von Samudra-Pasai im 15. Jh. In der Anlage des Museums liegen die Gräber früherer Sultane von Aceh, darunter das Grab des herausragenden Sultans Iskandar Muda. Unweit des Museums liegt die frühere, im klassizistischen Kolonialstil erbaute holländische Residenz aus dem Jahre 1880, die heute **Pendopo** genannt wird und dem Gouverneur Acehs als Privatresidenz dient. Im früheren Palastpark **Taman Sari,** beidseitig des Flusses Krueng Daroy sich ausbreitend, sind zwei Überbleibsel aus Acehs glorreichen Tagen zu bewundern: die **Pintu Khop,** das Eingangstor zu einem Verbindungstunnel zum früheren Palast, und der **Gunongan,** ein stilisiertes künstliches Gebirge aus Kalkstein. Die Außengalerien und labyrinthartig angelegten Innengänge dienten den Frauen und Kindern des Sultans Iskandar Muda als Vergnügungsstätte. Das in der Nähe gelegene Grab ist die Ruhestätte des Sultans

Aceh wurde die Stadt Kuta Raja (Königsstadt) genannt. Als Wiedergutmachung für die zerstörte Moschee erbauten die Holländer unter Anleitung eines italienischen Architekten von 1879–81 die jetzige Zentralmoschee **Mesjid Raya Baiturrahman.** Sie liegt im Zentrum der Stadt und wurde ursprünglich nur mit einem Dom errichtet, die übrigen vier folgten erst 1935 bzw. 1968, so daß die Moschee jetzt über fünf Dome verfügt, deren schwarze Dächer sich elegant vom

Die Dakota 3 Seulawah-RI-001 gilt als Fundament für die Gründung der Fluggesellschaft Garuda

Iskandar Thani, dem Nachfolger des berühmten Iskandar Muda.

Schräg gegenüber dem Gunongan liegt der **Kerkhof,** letzte Ruhestätte für rund 2 000 im Aceh-Krieg gefallene oder gestorbene Angehörige der holländischen Kolonialarmee KNIL. Am Friedhofsportal stehen Marmorgedenktafeln mit den Namen der Toten, von denen auffallend viele einen nichtholländischen Namen tragen. An der Jalan Iskandar Muda steht das sogenannte **Seulawah-RI-001-Monument,** eine alte Dakota 3, die, mit dem gesammelten Gold der Aceher gekauft, während des Unabhängigkeitskrieges als Transportmittel für Waffen und Ausrüstung diente. Die Seulawah wird als erster Meilenstein für die Gründung der Garuda Indonesia betrachtet.

Anreise
Zwischen Medan und Banda Aceh bestehen tägliche Flugverbindungen

Hotels
Sultan, Jl. Panglima Polim, Tel. 2 25 81

Paviliun Seulawah, Jl. Majid Ibrahim II No. 3, Tel. 2 27 88

Medan, Jl. A. Yani 15, Tel. 2 15 01

Information
Provincial Tourist Office, Jl. T. Nyak Arief 159, Tel. 2 28 41

Restaurants
Tropicana (chin.), Jl. A. Yani, Tel. 2 14 42

Paris, Jl. A. Yani

Satay House, Jl. Teuku Umar

Telefon
Vorwahl Banda Aceh: 06 51

Abstecher: Die Insel Weh

Ein lohnenswerter Zwei- oder Mehrtagesausflug ist die reich mit Naturschönheiten gesegnete Insel Weh, die rund 5 km vor der Festlandküste im Indischen Ozean liegt. Die von Berg- und Hügelrücken überzogene Insel ist 22 km lang und 16 km breit. Der im Norden liegende Hauptort Sabang diente zu holländischen Zeiten als Zwischenankerplatz für Dampfschiffe aus Europa und Ostasien. 1970 erhielt der Inselort den Status eines Freihandelshafens, jedoch intensiver Schmuggel und anderweitige Pläne der Regierung für eine Entwicklung auf der vor Singapur liegenden Insel Batam ließen das Interesse für Sabang schnell erlahmen. Das einst sehr lebendige Sabang ist wieder ein beschaulicher Ort mit abnehmender (!) Bevölkerung geworden. Auch auf Weh, früher eine wichtige Bastion der Holländer, hat der Zweite Weltkrieg seine Spuren hinterlassen: Beobachterstationen, Bunkerstellungen mit Kanonen und andere Befestigungsanlagen erinnern an die unselige Zeit, als im März 1942 japanische Truppen in Aceh landeten.

Tägliche Fährverbindungen bestehen zwischen dem alten Hafen in Banda Aceh sowie Krueng Raya und dem Inselhafen Balohan (Überfahrt etwa 1 $^1/_2$ bis 2 Std.). In weiteren 20 Min. ist man dann per Minibus im 11 km entfernten Sabang. Die kleine Inselhauptstadt bietet einige einfache, aber saubere Unterkünfte in Form sogenannter Losmen, in denen sogar einige klimatisierte Zimmer vorhanden sind. Sabang ist Ausgangspunkt für eine Exkursion zu den **Rubiah-Seegärten** und zum 1 300 ha großen **Iboih-Naturschutzpark,** zu denen man per Minibus (24 km) oder per Boot (7 km) anreisen kann. Die Seegärten breiten sich rund um die kleine Insel **Rubiah** aus. Das Wasser ist dort kristallklar, so daß man noch bis zu einer Tiefe von 25 m die überwältigende Unterwasserflora und -fauna beobachten kann: riesige Meeresmuscheln, Barrakudas, Tigerfische sowie viele andere Fischarten, Seefarne und die bunte Vielfalt der Korallen. Das nahe gelegene Dorf **Iboih** ist ein geeigneter Standort für Ausflüge zu den Seegärten sowie zum Naturschutzpark, in dessen Dschungelwald Affen, Bären, Warane, einige Schlangenarten, Fliegende Hunde und diverse Vogelarten leben, darunter die nur auf Weh und seinen Nachbarinseln vorkommende Nicobaren-Taube. Unweit des Dorfes Iboih liegt der kleine Berg **Merapi,** ein halbaktiver Vulkan, in dessen Krater heiße Quellen blubbern. Entlang der felsigen Westküste Wehs finden sich besonders schöne und eindrucksvolle Naturhöhlen, die von Wasserschlangen, Fledermäusen und Vögeln bewohnt sind. Nur wenige Kilometer südwestlich und östlich von Sabang entfernt liegen einige Strände, von denen der östliche **Pantai Sumur Tiga** der schönste ist. Der südlich von Sabang gelegene kleine See **Aneuk Laot** (Kind des Meeres) versorgt die Inselhauptstadt mit Trinkwasser. Sabang als westlichster Ort Indonesiens ist in der ganzen Republik bekannt durch das nationalistische Lied »Von Sabang bis Merauke«, in dem die Einheit und Weite des Inselstaates besungen wird.

Route 1: Von Banda Aceh über Takengon zum Leuser-Nationalpark und weiter nach Berastagi

Leu Pung Baleu – Sigli – Bireuen – Simpang Balik – Takengon – Isag – Ise-Ise – Blangkejeren – Ketambe – Leuser-Nationalpark – Berastagi (etwa 740 km, Karte zur Route 1 Seite 248)

Auf dieser 6–7 tägigen Fahrt erhält man einen Eindruck von der landschaftlichen Schönheit und ethnischen Vielfalt Acehs. Gleich zu Beginn der Reise erlebt man in **Leu Pung Baleu,** 6 km hinter Indra Puri, ein typisches Aceh-Dorf mit alten Adathäusern und einer aufgeräumten Bevölkerung. Einer der Dorfoberen, ein Haji (Titel eines Mekka-Pilgers), erklärt unverblümt (und dies im prüden Aceh), daß Bananen ein gutes Mittel für Empfängnisverhütung seien. Durch blühende Reisfelder, aufgelockert von Palmenhainen und verschönert durch die Kulisse der Barisan-Gebirges, geht es nach **Sigli** (112 km), einer kleinen Küstenstadt mit orientalischem Akzent, besonders in der Innenstadt, wo kleine Cafés und Restaurants Treffpunkte der Männergesellschaft sind. Am besten übernachtet man im Penginapan Riza, gutes Essen gibt es im Familien-Restaurant. Über die Küstenstraße von Pidie – unterwegs in den Dörfern lohnt sich der Besuch eines der typischen Aceh-Märkte – und durch Nord-Aceh geht

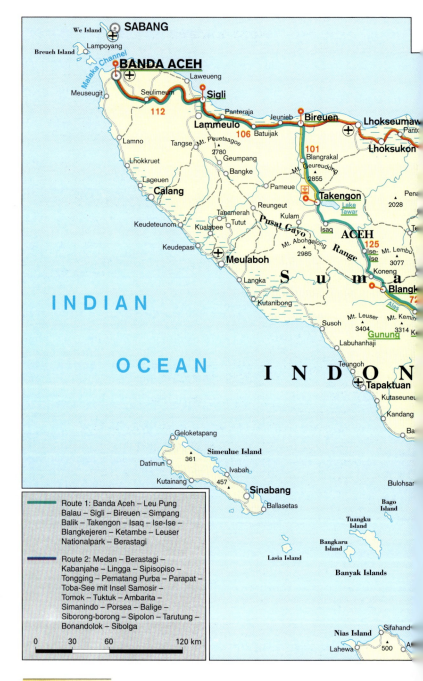

Route 1: Banda Aceh – Leu Pung
Balau – Sigli – Bireuen – Simpang
Balik – Takengon – Isaq – Ise-Ise –
Blangkejeren – Ketambe – Leuser
Nationalpark – Berastagi

Route 2: Medan – Berastagi –
Kabanjahe – Lingga – Sipisopiso –
Tongging – Pematang Purba – Parapat –
Toba-See mit Insel Samosir –
Tomok – Tuktuk – Ambarita –
Simanindo – Porsea – Balige –
Siborong-borong – Sipolon – Tarutung –
Bonandolok – Sibolga

0   30   60   120 km

Nord-Sumatra

SUNGAI PETANI

GEORGETOWN
Pinang Island
AYER ITAM

BUTTER-
WORTH
KULIM

BUKIT
MERTAJAM
Tanjong Piandang

MALAYSIA

TAIPING
Kuala Sepetang

Pengkalan Baharu   Beruas

Ayer Tawar

Pangkor Island

Kampong Koh

Kampong
Pasir Belanda

Strait of Malacca

ureulak

ayeuen

LANGSA

Kualasimpang

Pangkalansusu
PANGKALANBRANDAN
TANJUNGPURA

a

BELAWAN

Hampenanperak
nting
BINJAI
MEDAN
Baungan
Lubukpakam
Bangunpurba
Sungaibamban

Leuser
Itan
n Center
cane   Kuala

S   A   76
Perteguhan   Sibolangit
Perbulan Villages   Berastagi
Karo Batak
Park
42   Lingga   Rajalinggae
Kabanjahe   Limapuluh

TEBINGTINGGI

Labuhanruku

ngun   Merek   24
Sipisopiso   Pematang
2475   Purba
Mt. Siluatan   Tongging
ikalang   Simanindo   Tigaras
Ambarita   51
Pangururan   Tele Samosir   Tuktuk
Island   Tomok

NORTH
Kisaran

PEMATANGSIANTAR
SUMATRA
Siduhan
Parapat   Ulakmedan
Labuanlobu   Aekanopan

TANJUNGBALAI

Pangalanlunang
Sungailurus
Labuhanbilik

Porsea

Toba   81   Hutaraja   Bandardurian
baru   Doloksanggul
Mt. Pinapan   Balige
2038   26   Siborong-borong
Pangasean   Sipuon   Sibalang
Barus   TARUTUNG
Sorkam   66   Onanhasang
Bonandolok   Simoleole
Sarulla   Payamambang
Mt. Tampu Inanjing
2008   Hiteurat   Langgapayung
SIBOLGA   Sipirok   Gunungtua
Mursala Island   Padang Lawas Hindu
Temple Ruins   Mandasip
Huraba   1886   Pargarutan   Binanga
Tanjungmedan
PADANGSIDEMPUAN

RANTAUPRAPAT

Telukpanji

Kotapinang
Bantaian

RIAU

es nach **Bireuen** (106 km), Mittelpunktsort und Umschlagplatz für Kaffee, Tabak, Gemüse und Obst aus dem Hochland. In Bireuen bieten sich einige Restaurants für die Mittagsrast an, bevor man die Straße rechts abbiegt, um weiter in Richtung Takengon zu fahren. In vielen Windungen verläuft die Straße durch fruchtbares Hochland. In **Simpang Balik**, etwa 20 km vor Takengon, verlocken heiße Schwefelquellen zu einem Bad. **Takengon** (101 km) am schönen Bergsee **Danau Tawar**, ist Mittelpunkt des Gayo-Hochlandes, dem Ein-

zugsgebiet der altmalaiischen Gayo-Stämme. Sie sind zwar seit 300 Jahren islamisiert, praktizieren dennoch alten Riten und Gebräuche. Der Danau-Tawar-See, in 1120 m Höhe gelegen, wird trotz seiner schönen Lage nicht häufig von Touristen besucht, da er zu sehr im Abseits liegt (nach Medan sind es immerhin mehr als 500 km). Anziehungspunkte in Takengon sind der große Markt und das direkt am See gelegene, recht luxuriöse Ranggali-Hotel, wo sich besonders morgens und am späten Nachmittag eindrucksvolle Naturszenarien bieten. Durch zauberhaft schöne Berg- und Waldlandschaften mit großartigen Ausblicken geht es weiter über **Isag**, in dessen Nähe sich ein 80 000 ha großes Jagdareal ausbreitet, nach **Ise-Ise** (ca. 80 km). Es ist der letzte Zivilisationspunkt, bevor sich die beginnende Urwaldstraße steil die Berge hinaufschraubt. Durch die »Baumfenster« sieht man die urwaldbedeckten Landschaften des Barisan wie aus einer Pilotenkanzel heraus. Bis 1993 konnte die neuerdings gut ausgebaute, etwa 7 km lange und rund 2500 m hoch gelegene Paßstraße nur von geländegängigen Fahrzeugen überwunden werden. Auf der anderen Seite des Passes führt eine ausgebaute Straße hinunter ins Alas-Tal nach **Blangkejeren** (ca. 45 km), einer imposanten Stadt mit Holzhäusern. Zebu-Rinder ziehen auf den ver-

Orang-Utan (Pongo pygmaeus)

kehrsarmen Straßen entlang. Zahlreiche *warung*, örtliche Restaurants, bieten schmackhafte Speisen, jedoch in puncto Unterkunft muß man sich auf Spartanisches einrichten. Durch das landschaftlich überaus reizvolle **Alas-Tal** führt die Straße, von jetzt an parallel zum Alas-Fluß verlaufend, nach **Ketambe** (72 km), einer Wildhüterstation im **Leuser-Nationalpark** und Ausgangspunkt zum nahe gelegenen **Orang-Utan-Reservat.** Der 946 000 km² große Leuser-Nationalpark, fast zweimal so groß wie die Insel Bali, bietet eine Fülle von Naturexkursionen und Trekkingtouren sowie Wildbeobachtungen. Voraussetzungen dafür sind allerdings Zeit und Geduld, gepaart mit der entsprechenden Einstellung zur Natur. Mit ein wenig Glück können vor allem die Orang-Utans in freier Wildbahn beobachtet werden. Schwieriger ist es, Großwild wie Elefanten, Tiger, Tapire usw. auf zeitlich kurzen Exkursionen zu erleben, obwohl auch da Ausnahmen die Regel bilden. Für den Nationalpark ist eine Genehmigung erforderlich, die offiziell nur bei der PHPA-Forstbehörde in Kutacane erhältlich ist, jedoch auch von den Wildhütern gegen ein kleines Entgelt besorgt werden kann. Lohnenswert ist eine frühe Weiterfahrt, wenn die Nebelschwaden die bewaldeten Berghänge wie Wattetupfer bedecken und der Landschaft etwas Märchenhaftes verleihen. Im Grenzbereich zu Nord-Sumatra mehren sich die Dörfer, wo mehr Kirchen als Moscheen zu sehen sind, ein Zeichen, daß hier die Bataker aus der angrenzenden Provinz dominieren. Durch die schönen Regionen des Barisan-Gebirges geht es in Richtung Karo-Batak-Land, nach **Berastagi,** wo sich eine Reihe guter Hotels empfiehlt.

Der Grüne Taggecko (Heteropholis manukanus) fühlt sich in dichter Buschvegetation wohl und jagt dort nach Insekten

251

Nord-Sumatra

Allgemeines

Die Provinz Nord-Sumatra oder indonesisch Sumatera Utara ist mit 70 787 km² und 10,9 Mill. Einw. an Fläche und Bevölkerung so groß wie Bayern. Die landschaftlich sehr reizvolle Provinz wird im Norden durch Aceh, im Osten durch die Straße von Malakka, im Süden durch Riau und West-Sumatra sowie im Westen durch den Indischen Ozean begrenzt. Landschaftlich und ethnisch gliedert sich Sumatra in das östliche Küstentiefland mit islamisch-malaiischer Bevölkerung und ein weites vom Barisan-Gebirge dominiertes Hochland, welches überwiegend von den verschiedenen Gruppen der altmongoliden Batak bewohnt wird. Die im Indischen Ozean liegende Insel Nias wird von der kulturell und sprachlich eigenständigen Gruppe der protomalaiischen Ono Niha bewohnt. Das wirtschaftliche Potential Nord-Sumatras konzentriert sich im breiten Gürtel des östlichen Tieflandes und den Übergängen zum Hochland. Dort legten die holländischen Kolonialherren in der zweiten Hälfte des 19. Jh. Tabakplantagen an, die später um Kautschuk- und Ölpalmen-Anpflanzungen riesigen Ausmaßes erweitert wurden. Den großen Bedarf an Arbeitskräften deckte man mit Kulis aus China, Indien und Java. Die Nachfahren dieser Plantagenarbeiter charakterisieren den Schmelztiegel der Rassen besonders in der Provinzhauptstadt Medan. Das fruchtbare vulkanische Hochland eignet sich ideal zum Anbau von Kaffee, Tee, Gemüse und Obst. Ein unerschöpflicher Absatzmarkt ist in Medan und den anderen Städten vorhanden. Auf dem industriellen Sektor spielen Holz, Aluminium und in beschränktem Maße Erdgas sowie Erdöl eine Rolle. Die Hochlandregionen mit Schwerpunkt Toba-See haben für den Tourismus eine große Bedeutung. Das landschaftlich und kulturell überaus reizvolle Nias ist auch aus seinem Dornröschenschlaf erwacht und wird viele Besucher anziehen.

Anreise

Medan als die Verkehrsdrehscheibe Nord-Sumatras wird international von Singapur, Malaysia und Deutschland angeflogen. Die Strecke Singapur – Medan wird täglich von Garuda und Silkair bedient, Penang – Medan täglich von Malaysian Airlines System. Einmal wöchentlich (Freitag) fliegt Garuda von München direkt nach Medan. Innerindonesisch bestehen tägliche Flüge mit Garuda, Sempati und Mandala von Jakarta nach Medan. Die Pelni-Fährschiffe KM Kerinci und KM Kambuna bedienen vierzehntäglich die Route Jakarta – Belawan, den Hafen von Medan.

Medan, Hauptstadt der Provinz Nord-Sumatra

Mit rund 2,6 Mill. Einwohnern lebt fast ein Viertel der Gesamtbevölkerung Nord-Sumatras in der Provinzhauptstadt Medan. Nach Jakarta, Surabaya und Bandung ist Medan die viertgrößte Stadt Indonesiens. Der kometenhafte Aufstieg der kleinen Ortschaft Medan in den siebziger Jahren des 19. Jh. ist untrennbar verbunden mit der erfolgreichen Plantagenwirtschaft der Holländer. Weltberühmt wurde das von Zigarrenrauchern vielgeschätzte

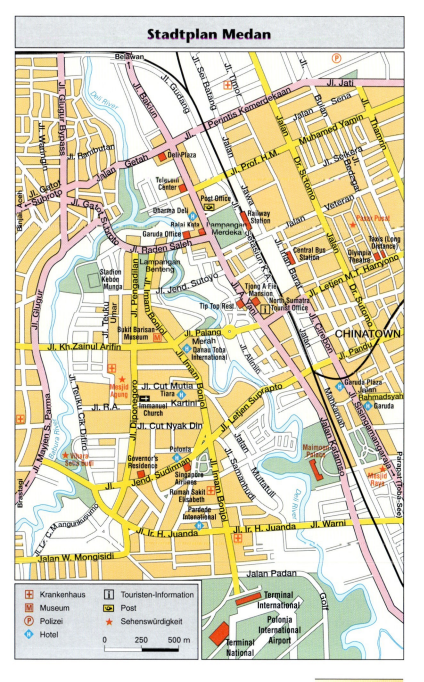

Stadtplan Medan

✚	Krankenhaus
M	Museum
Ⓟ	Polizei
✚	Hotel
🛈	Touristen-Information
📷	Post
★	Sehenswürdigkeit

0   250   500 m

Das alte Postgebäude aus der Holländerzeit in Medan

Der frühere Einfluß europäischer Architektur ist unübersehbar: klassizistische Architektur aus der holländischen Kolonialzeit

Die Moschee Mesjid Raya in Medan aus dem Jahr 1906

Sumatra-Deckblatt aus der Deli-Region unweit Medans. Die gewinnträchtigen Plantagenprodukte zogen Kaufleute aus Europa und Händler aus China, Indien und Arabien an. Jede dieser Gruppen gab Medan ein spezifisches Gepräge. Am augenscheinlichsten stellte sich ursprünglich, auch heute noch unübersehbar, das Europäerviertel dar. Klassizistischer Kolonialstil war die gängige Architektur und spiegelt sich besonders in den Gebäuden am heutigen **Lapangan Merdeka** (Freiheitsplatz) wider, wie dem alten Postgebäude, dem Balai Kota (Rathaus), einigen Gebäuden des Dharma Deli Hotels (früher Hotel de Boer), Bank Negara usw. Auch die alten Alleen mit den romantisch-verklärten Holländervillen erinnern an *tempo dulu*, die frühere Zeit. In der **Jalan A. Yani,** die heute eine Haupteinkaufsstraße mit Antiquitäten-, Sport- und Textilgeschäften ist, ist die Kolonialzeit atmosphärisch noch besonders im alten Holländer-Café »Tip Top« zu verspüren. Ein paar Häuserfassaden weiter dokumentiert das prächtige Haus eines chinesischen Millionärs, daß Reichtum nicht allein das Privileg der Europäer war. Östlich der Eisenbahnlinie, über die Jl. Veteran oder Haryono kommt man ins weitläufige Viertel der chinesischen Handelsgeschäfte. An der Jl. Sutomo liegt der Zentralmarkt **Pasar Pusat.** Folgt man der Jl. Sisingamangaraja in südöstlicher Richtung, so kommt man zu einem der prächtigsten Bauten der Stadt, der Großen Moschee, **Mesjid Raya,** die 1906 entstand. Nicht weit entfernt, durch die Eisenbahnlinie und Jl. Katamso getrennt, liegt der 1880 erbaute

Maimoon-Sultanspalast, der sich in seiner orientalischen Pracht wie aus Tausendundeiner Nacht darstellt. Südöstlich der Großen Moschee geht links von der Jl. Sisingamangaraja die Jl. H.M. Djoni ab, wo sich ein kleines sehenswertes **Museum** befindet, in dem die ethnische Vielfalt Nord-Sumatras und der dazugehörigen Insel Nias interessant dargestellt ist.

Ausländerbehörde

Kantor Imigrasi, Jl. Putri Hijau

Hotels

Danau Toba International, Jl. Imam Bonjol 17, Tel. 32 70 00, Fax 2 70 20

Garuda Plaza, Jl. Sisingamangaraja 18, Tel. 32 62 55

Pardede International, Jl. Juanda 14, Tel. 32 30 49

Dirga Surya, Jl. Imam Bonjol 6, Tel. 32 15 55

Way Yat, Jl. Asia 44, Tel. 32 16 83

Information

North Sumatra Tourist Office, Jl. Y. Yani 107, Tel. 51 11 01

Konsulate

Deutschland, Jl. S. Parman 217, Tel. 32 40 73

Österreich, Jl. Balai Kota 2, Tel. 2 07 00

Schweiz, Jl. A. Yani 2, Tel. 2 40 30

Krankenhaus

Rumah Sakit Elisabeth, Jl. Imam Bonjol 38, Tel. 32 24 55

Museen

Museum Negara, Jl. H.M. Joni, Öffnungszeiten: Di–Do 9–14.30, Fr 9–11, Sa 9–13, So 9–14.30 Uhr, Mo geschlossen

Museum Bukit Barisan (Militär), Jl. H. Zainul Arifin 8, Öffnungszeiten: Mo–Do 8–13, Fr 8–11, Sa 8–12 Uhr, So geschlossen

Postamt

Jl. Balai Kota (am Merdeka-Platz), zentral gelegen

Restaurants

Jumbo Asli (Sea Food), Jl. Gatot Subroto

Batik Café (indon., chin.), Jl. Pemuda 14C

Tip Top (westl., indon.), Jl. A. Yani 92A

Telefon

Vorwahl Medan: 0 61

Zoo

Krokodilfarm, etwa 7–8 km nordwestlich von Medan in Asam Kumbang, täglich geöffnet 9–17 Uhr, 16.30 Uhr Fütterungszeit

---

Route 2: Von Medan quer durch Nord-Sumatra nach Sibolga

Medan – Berastagi – Kabanjahe – Lingga – Sipisopiso – Tongging – Pematang Purba – Parapat – Toba-See mit Insel Samosir – Tomok – Tuktuk – Ambarita – Simanindo – Porsea – Balige – Siborong-borong – Sipolon – Tarutung – Bonandolok – Sibolga – Abstecher Barus, ca. 430 km
(Karte zur Route 2 Seite 248)

Eine faszinierende Tour führt von Medan aus ins Hochland der Batak-Stämme und zum großen Feriengebiet am Toba-See und auf der Insel Samosir. Die Anfahrt erfolgt in südlicher Richtung über Namarambei und Sembahe (ca. 35 km) hin zur Ortschaft Sibolangit (40 km) mit einem 101 ha großen Botanischen Garten. Sodann steigt die Straße an, und das Hochland der Karo-Ba-

Die Landschaft an der Westseite des Toba-Sees

tak beginnt. Nächster Ort ist **Berasta-gi** (gesprochen Brastagi). Der ehemalige Luftkurort der Holländer liegt in einer Höhe von 1330 m und weist deshalb ein sehr angenehmes Klima auf. Die beiden Vulkanberge Sibayak (2078 m) und Sinabung (2636 m) bilden nicht nur eine malerische Kulisse, sondern haben durch ihre Lavaschlakken letztlich auch die Fruchtbarkeit der Böden bestimmt, die sich hervorragend für den Anbau von Obst und Gemüse eignen. Eindrucksvoll wird der Segen der Natur auf dem Fruchtmarkt von Berastagi sichtbar, wo eine Fülle von Obst und Gemüse zum Verkauf angeboten wird, darunter auch die delikate Marquisa-Frucht, deren Saft besonders beliebt ist. Ein Bummel durch die kleine Stadt sollte unbedingt den Hauptmarkt (Nähe Busstation) einschließen, vielleicht in Verbindung mit einem Abendessen im Asia-Restaurant (ausgezeichnete Küche) in der Jl. Veteran. Auf dem weiteren Wege nach Kabanjahe (11 km), Distrikthauptstadt des Karo-Batak-Landes, liegt rechter

Hand ein besonders schönes Beispiel eines traditionellen Karo-Hauses. In **Kabanjahe** ist ebenfalls der Zentralmarkt sehenswert. Etwa 5 km entfernt, zunächst fährt man in Richtung Laukawar und biegt dann die Straße nach links ab, liegt das inzwischen berühmte Dorf **Lingga.** Das nicht gerade aufgeräumte Karo-Batak-Dorf – vielleicht besitzt es deshalb einen gewissen Charme – imponiert durch eine Reihe eindrucksvoller Traditionshäuser mit Reisspeichern und einer halboffenen Versammlungshalle, in der Hochzeiten sowie traditionelle Feste gefeiert werden. Das mehrere hundert Jahre alte und noch bewohnte Herrscherhaus steht für Besucher offen und kann nach vorheriger Erlaubnis besichtigt werden. Am besten vertraut man sich einem der recht munteren Fremdenführer an, die auf interessante Weise die Sitten und Gebräuche ihres Stammes zu erklären wissen. Zum Bau des mächtigen Herrscherhauses sollen einst 60 Handwerker zwei Jahre benötigt haben, ohne einen einzigen Nagel zu verwen-

Der Palast des Rajas von Simalungun in Pematang Purba

den. Über eine verandaartige Plattform führt eine kleine Treppenleiter in den Zentralraum mit mehreren Feuerstellen, die früher nie erloschen sein durften. An den Seitenwänden befinden sich mehrere mit Vorhängen verdeckte Schlafnischen. In dem großen Raum, eine Kombination aus Küche, Wohn- und Schlafzimmer sowie Versammlungshalle, lebten ursprünglich die Eltern mit ihren verheirateten Söhnen und deren Familien. Jünglinge und noch nicht verheiratete Männer schliefen im Männerhaus, Mädchen und unverheiratete Frauen im Witwenhaus. Der soziologische Aufbau eines solchen Dorfes zeigt eine rein patriarchalische Gesellschaftsordnung.

Zurück in Kabanjahe, fährt man sodann südlich in Richtung Merek und

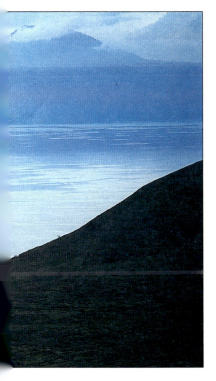

weiter über eine Nebenstraße zum Aussichtspunkt an den spektakulären Wasserfällen von **Sipisopiso** (24 km), die sich vom riesigen Caldera-Rand mehr als 100 m in einen kurzen Zufluß des Toba-Sees stürzen. Unterhalb des Aussichtspunktes liegt am Nordwestufer des Sees die kleine Ortschaft **Tongging,** wo auf einem interessanten Markt hübsche traditionelle Webereien angeboten werden. Zurück auf der Hauptstraße, geht es rechts nach Scribudolok und dort weiter in östlicher Richtung (rechter Hand) nach **Pematang Purba,** zu dem Zentrum des Herrschergeschlechts Simalungun. Mittelpunkt der Palastanlage in Form traditioneller Batak-Architektur ist das Haus des Rajas (Königs), eine reich verzierte und bemalte langhausähnliche Konstruktion auf Pfählen. Zu diesem prächtigen Königshaus gehören auch Gerichtshaus, Reissscheuer *(sopo)* und Wachhaus. Etwas abseits liegen die Gräber der Herrscherfamilie, darunter auch das mit einer Büste versehene Grabmal des letzten Simalungun-Königs, der in den Revolutionswirren nach 1945 ermordet wurde. Die zu Beginn des 19. Jh. und Mitte der sechziger Jahre restaurierte Anlage steht unter Denkmalschutz und dient heute als Freilichtmuseum. Etwa 5 km hinter Pematang Purba, bei Tigarunggu, führt rechts eine Bergstraße ein Stück entlang des Toba-Sees. Ein überwältigendes Panorama bietet sich von hier oben. Nahe der Ortschaft Simarjarunjung (12 km), direkt an der Kreuzung, liegt oberhalb auf einem Hügel ein Restaurant mit recht guter Küche und Blick auf den See. In einstündiger Fahrt durch Kiefernwälder erreicht man Parapat am nördlichen Mittelabschnitt des Toba-Sees. Das malerisch gelegene

Die Landschaft an der Westseite des Toba-Sees

Der rund 250 Jahre alte Sarkophag des Königs Sidabutar in Tomok auf der Insel Samosir

Parapat, Prapat gesprochen und z. T. auch geschrieben, bietet alles, was man sich unter einem touristischen Zentrum vorstellt: ausgezeichnete Hotels, Restaurants und Sportmöglichkeiten wie Wasserski, Segeln, Golf, Tennis und Reiten. Bei ausländischen Besuchern besonders beliebt sind die mitreißenden Gesänge der Batak-Vokalgruppen. Der **Toba-See** liegt 906 m über dem Meeresspiegel und ist mit 1 265 km² doppelt so groß wie der Bodensee. Das größte Binnengewässer Indonesiens liegt eingebettet in eine riesige Caldera-Landschaft, die vor mehr als 70 000 Jahren nach einer gewaltigen Vulkaneruption entstanden ist. Mitten im See liegt die landschaftlich reizvolle Insel **Samosir,** die flächenmäßig das ehemalige West-Berlin übertrifft, jedoch nur 120 000 Bewohner aufweist. Von Parapat aus gesehen, scheint sich Samosir senkrecht aus dem Toba-See zu erheben. Der vorgela-

gerte Flachlandstreifen, auf dem eine Reihe von Dörfern liegen, läßt sich erst beim Näherkommen erkennen. Das fast 800 m hohe Inselgebirge läuft in Form einer schiefen Ebene aus und ist bei Pangururan durch eine Brücke mit dem Festland verbunden. Weite Ausblicke, alte Batak-Wehrdörfer, ein kleiner See und die herbschöne Landschaft ziehen Freunde des Trekkings ins Innere der Insel. Eine ganze Palette von Kunsthandwerk bieten die Orte Tomok, Tuktuk, Ambarita u. a. In **Tomok,** 8 km von Parapat entfernt, vordergründig ein Souvenirbasar, trifft man keine 300 m landeinwärts auf einen der interessantesten Megalithplätze des Batak-Landes. Es ist die Ruhestätte, wo vor 250 Jahren König Sidabutar in einem kunstvoll behauenen Sarkophag beigesetzt wurde. Der ausgehöhlte Monolith und die dazugehörige abgeschrägte Deckplatte sind mit symbolträchtigen Figuren versehen. Am vorderen Teil der Platte dominiert der mächtige Steinkopf des mythologischen *singa,* eines Fabelwesens mit Unheil abwehrender Funktion und bedeutender Rolle in der darstellenden Batak-Kunst. Die auf der Steinplatte sitzende Frauenfigur, eine Weihwasserschüssel haltend, verkörpert die Gemahlin des Königs. Die Figur unter dem *singa*-Kopf soll einen wichtigen Ahnen des Verstorbenen darstellen. Die schlichten, mit einem Kreuz versehenen Sarkophage stammen von verstorbenen Nachfahren, die bereits christianisiert waren. Die heutigen Nachfahren Sidabutars leben in den schön restaurierten Batak-Häusern nördlich des Friedhofs. Vor diesen schönen Beispielen der Batak-Architektur, leider mit Blech verunziert, steht eine Besonderheit der alten Kultur: eine *si gale-gale*-Puppe. Kopf und Arme dieser recht lebensechten Nachahmung eines jungen Mannes, traditionell gekleidet und nach Batak-Art

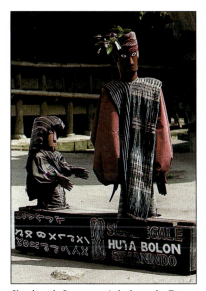

Si gale-gale-Puppe zur Anlockung der Totenseele eines Verstorbenen

einen *ulos* über die Schulter tragend, können über ein System von Rollen und Schnüren in Bewegung gesetzt werden. Die Puppe diente ursprünglich als »Sohn-Ersatz« für Verstorbene, denen keine männlichen Nachkommen vergönnt waren. Die freigesetzte Totenseele, *begu*, des Verstorbenen war besonders gefürchtet und sollte während eines speziell angesetzten *papurpur-sapata*-Rituals in die Puppe gelockt werden. Nach Beendigung der Zeremonie wurde die *si gale-gale*-Puppe weit außerhalb des Dorfes zerstört und vergraben. Dies erklärt, warum alte *si gale-gale* so gut wie nicht vorhanden sind.

Die kleine Ortschaft **Tuktuk** ist besonders durch viele große und kleine Hotels sowie Restaurants geprägt und dominiert die kleine Halbinsel, die neunmal täglich von Parapat aus mit Fährbooten bedient wird.

Eine weitere interessante Megalithstätte liegt in der *huta*-Dorfeinheit des Raja Siagallan im großen *bius*-Dorfverbund **Ambarita.** Vor dem Haus des ehemaligen Rajas steht eine Gruppe behauener Megalithen in Gestalt von Sesseln, Bänken und einem massiven Tisch. Es handelt sich um einen Adat-Gerichtshof, wo der Raja und seine Berater zu Gericht saßen und das Urteil verkündeten. Todesurteile wurden gleich in der Nähe, vom Gerichtshof durch eine Mauer getrennt, an einem Steinblock vollstreckt. Die auf dem größten Megalithsessel sitzende anthropomorphe Figur symbolisiert einen vergöttlichten Ahnen, der eine Art Zeugenfunktion ausübt und vermutlich bei besonders schwierigen Fragen angerufen wurde.

Einen intensiven Einblick in die Kultur der Bataker erhält man im traditionellen Batak-Dorf **Huta Bolon Simanindo** am Nordende der Insel Samosir. Von Parapat sind es bis dorthin etwa zwei Bootsstunden, von Ambarita liegt es 14 km entfernt. Zutritt zu der von einem Schutzwall umgebenen Dorfanlage erlangt man durch ein tunnelartiges, enges Steintor. Die Bewohner des hier lebenden Sidauruk-Clans haben sich auf traditionelle Batak-Tänze und das dazugehörige *gondang hasapi*-Orchester spezialisiert. Die Reihe der verzierten und in den traditionellen Farben Weiß, Dunkelbraun und Schwarz bemalten Adat-Häuser, majestätisch überragt von einem heiligen Banyan-Baum, bildet eine großartige Kulisse für die ohnehin eindrucksvollen Tanzvorführungen. Die Kurztakte der rhythmischen Musik verleihen der malerischen Darbietung einen besonderen Akzent. Die den Adat-Häusern gegenüberliegenden Reisscheuern, *sopo*, mit *ijuk*-Fasern der Zuckerpalme gedeckt, dienten früher den jungen Männern des Dorfes als Schlafplätze. Das vor der Dorfanlage liegende alte Batak-Haus ist als Museum eingerichtet und bietet ethnologisch interessante Expo-

Batak-Grab-monument am Toba-See

nate wie alte *ulos*-Tücher, Batak-Kalender, *porhalaan,* oder Magierstäbe, *tunggal panaluan.* Besondere Aufmerksamkeit verdient der plastisch dargestellte genealogische Stamm der Bataker.

Zurück in Parapat, geht es südöstlich weiter in Richtung Porsea (49 km) am einzigen Ausfluß des Toba-Sees, dem Asahan. Dann beginnt südlich des Sees eine pittoreske Landschaft. Inmitten sich spiegelnder Naßreisfelder – der Jahreszeit gemäß können sie auch in goldgelber Blüte stehen – liegen versteckt in Bambushainen archaische Batak-Weiler, die selten oder gar keinen Besuch von ausländischen Touristen erhalten. 10 km von **Porsea** entfernt, steht 50 m rechts von der Straße eine hübsche Kirche mit gelbem Anstrich und rotem Dach. Sie ist dem Apostel der Bataker, Ingwer Ludwig Nommensen, gewidmet. Sein Lebenswerk war die Bekehrung der Toba-Bataker zum Christentum. Nommensen verbrachte 56 Jahre seines Lebens in Nord-Sumatra und starb 1918 in Sigumpar, wo 80 m hinter der Kirche seine Grabstätte liegt. Der nächste größere Ort ist **Balige** (6 km), wo ein großes Marktgebäude in traditioneller Batak-Architektur Mittelpunkt ist. Dem Nationalhelden und

Priesterkönig Sisingamangaraja, der sich vehement gegen die holländischen Eindringlinge wehrte, ist ein kleines Museum gewidmet. Dem aus Balige stammenden und 1965 beim Putsch der Kommunisten ermordeten General Panjaitan hat seine Heimatgemeinde ein monumentales Denkmal nahe der Ortsmitte gesetzt. Auf dem weiteren Wege bieten sich spektakuläre Aussichten auf den Toba-See und Samosir. Hier, südlich des Sees, fallen besonders die vielen prachtvoll erbauten Grabmonumente auf, die inmitten der Reisfelder oder auf Hügeln stehen. Diese aufwendig hergerichteten Grabgedenkstätten dokumentieren die synkretistische Bestattungsweise megalithischer Formen mit christlichen Elementen. Auf der anschließenden, nur dünn besiedelten Hochebene steht zu aller Überraschung ein großzügiges Gebäude mit leuchtend hellgrünem Dach. Es handelt sich um die neue Universität Sisingamangaraja. In **Siborong-borong,** einem früheren Zentrum der Pferdezucht, aus dem auch die Missionare ihre Vierbeiner bezogen, erinnern noch jährlich stattfindende Pferderennen an die große Zeit. Auf halbem Wege nach Tarutung (26 km) dampfen die

*Stadtversamm-
lungshalle des
örtlichen Parlaments
in Sibolga*

Die Bataker

Die Bataker gehören zu den altmongoliden Stämmen, die zwischen 2000 und 500 v.Chr. nach Sumatra einwanderten. Die heute ungefähr 5,5 Mill. Bataker leben überwiegend in den Hochlandregionen und an den Ausläufern des Barisan-Gebirges. Man unterscheidet sechs ethnische Hauptgruppen: Karo, Pakpak/Dairi, Simalungun, Toba, Angkola und Mandailing, die sich sprachlich voneinander abheben und in bestimmten Regionen leben. Die Gesellschaftsstruktur ist patrilinear und von Clans, *marga*, mit eigenen Namen gekennzeichnet. Typische Namen der Toba-Bataker sind zum Beispiel: Situmorang, Sinaga, Nainggolan, Hutasoit, Pasaribu und Simamora. Die den gleichen Namen tragenden Clan-Mitglieder stammen ursprünglich aus einem gemeinsamen Dorfverbund, *bius*, der sich aus mehreren kleinen Dorfeinheiten, *huta*, mit verwandtschaftlichen Querverbindungen zusammensetzt. Oberhaupt des kleinen Einzeldorfes ist der Raja, des Dorfverbundes der Bius. Seine Klugheit und Autorität bestimmt das Ansehen der Clan-Gemeinschaft. Die Kultur der Bataker basiert auf neolithisch-bronzezeitlicher Überlieferung, die von hinduistischen Einflüssen durchsetzt ist, wie sich deutlich in der Dreiteilung des religiösen Weltbildes, der Astrologie,

Zeitrechnung und an mehr als 200 Sanskrit-Lehnwörtern zeigt. Im Glauben spielten die Lebensseele, *tondi*, und die Totenseele, *begu*, eine überaus wichtige Rolle. Verläßt die *tondi* den Menschen, so stirbt er, und die unheilstiftende *begu* wird freigesetzt. Sie gilt es zu beschwichtigen bzw. zu neutralisieren, und damit fällt diese Aufgabe hauptsächlich dem Zauberpriester, *datu*, zu. Mit Hilfe magischer Bücher, *pustaha laklak*, des Batak-Kalenders, *porhalaan*, dem Zauberstab, *tunggal panaluan*, usw. versucht er negative Einflüsse im Zaum zu halten. Christliche Missionare begannen etwa ab Mitte des 19. Jh. das Evangelium im heidnischen Batak-Land zu verkünden, allen voran der von den Batakern als Prophet verehrte Ingwer Ludwig Nommensen, der in 56 Jahren (1862 – 1918) die größte protestantische Christengemeinde Südostasiens schuf. Die südlichen Angkola- und Mandailing-Bataker wurden während der Padri-Kriege von fanatischen Anhängern des Islams aus Aceh und West-Sumatra mehr oder minder zwangsbekehrt. Die als offen und geradlinig geltenden Bataker stoßen bei ihren nichtsumatranischen Landsleuten auf gewisse Vorurteile (wie auch umgekehrt), die aber nicht verhindern konnten, daß Bataker überproportional in Führungspositionen des Regierungsapparates, beim Militär und in der Wirtschaft vertreten sind.

heißen Schwefelquellen von **Sipolon,** wo die Einheimischen einfache Bäder eingerichtet haben, die für jedermann zugänglich sind. Entlang des Flusses Aek Sigeaon, der mit einem Schutzdamm gegen Überflutung gesichert ist, erreicht man **Tarutung** (26 km) im schönen Silindung-Tal. Die ländlich anmutende Stadt mit geschäftigen Marktstraßen bildet das Drehkreuz zwischen den Regionen Nord-, Mittel- und Süd-Tapanuli. Tarutung war zu Missionarszeiten das Tor zum Batak-Land, wenn nach großer Mühsal der Weg von der Küste übers Gebirge zurückgelegt worden war. Dieser schweiß- und auch blutgetränkte Weg – mehrere Missionare wurden dort ermordet – ist längst zu einer Asphaltstraße ausgebaut, die sich kurvenreich durchs wildromantische Barisan-Gebirge und dann hinunter an die Küste des Indischen Ozeans windet. Die Bewohner in den kleinen Dörfern berichten immer wieder von Begegnungen mit Tigern in den ausgedehnten Waldregionen des Barisan. In **Bonandolok,** wo das Gebirge ziemlich steil zur Küste hin abfällt, befindet sich im Bereich einer kleinen Hotelanlage ein Aussichtspunkt, der den Blick auf ein großartiges Panoramabild der Hafenstadt Sibolga und der Inseln im Indischen Ozean bietet. **Sibolga** (ca. 124 km), zur Zeit der Holländer administratives Zentrum der gesamten Region Tapanuli, strahlt in seinem alten Kolonialviertel mit recht schönen Gebäuden immer noch ein Quentchen *tempo dulu* aus. In der geschäftigen Hafenstadt leben Bataker, Malaien und Chinesen einträchtig zusammen. Eine Rundfahrt durch die Stadt, einschließlich des alten und neuen Hafenviertels, sollte man mit einer Fahrradriksha unternehmen, deren Fahrer zum großen Teil aus Nias stammen. In einem der zahlreichen Caféhäuser, fast ausschließlich von Männern besucht, kann man auch als Frau ungeniert einen Kaffee bestellen. Sie sollten sich aber nicht ins Gasthaus Bintang Terang (Heller Stern) verirren, wo für Männer etwas mehr als nur Kaffee zu haben ist. Sibolga ist Ausgangspunkt für die Schiffsüberfahrt zur Insel Nias.

Hotels

Nauli Hotel, Jl. Sutomo 17
Pasar Baru, Jl. Suprapto 41
Wisma Panggabean, Bonandolok
(ca. 7 km außerhalb in den Bergen)

Abstecher nach Barus

Barus liegt 65 km nordwestlich von Sibolga und war früher von größerer geschichtlicher Bedeutung, als der Eindruck des Ortes heutzutage vermuten läßt. Das älteste Dokument, außer der kurzen Erwähnung in Ptolemäus' Erdbeschreibung aus dem 2. Jh. n. Chr., stammt von dem arabischen Historiker Sheik Abu Salih al-Armini, der von nestorianischen Kirchen berichtet, darunter die der »Heiligen Mutter, der Jungfrau Maria«. Die Gründung dieser Kirche in Fansur, dem heutigen Pancur nahe bei Barus, wird um das Jahr 645 v. Chr. vermutet. Nach einer Sanskrit-Inschrift von 1088, die bei Ausgrabungen in Labu Tua gefunden wurde, hielt sich eine größere Anzal tamilischer Händler im Gebiet von Barus auf, um die Monsunwinde abzuwarten und westwärts zu segeln. Außer der Inschrift fand man Fragmente von Juwelen und den Torso eines Bodhisatvas, eines Erleuchteten. Von Barus windet sich ein uralter Verbindungsweg, heute zu einer Straße ausgebaut, ins Hochland. Könnte dieser Weg für die Ausbreitung hinduistischer Einflüsse bei den Batakern im Hochland eine Rolle gespielt haben? Im 12. Jh. berichtete der nubische Geograph Idrisi von sumatranischen Händlern, die in größeren und kleinen Schiffen nach Niyan (Nias) fuhren, um dort gegen Eisen reichlich vorhandene Kokosnüsse einzutauschen. Liegt es nicht auch hier auf der Hand, daß Lehr- und Gedankengut des Hinduismus durch die Händler seinen Weg nach Nias fand? Im 17. Jh. eröffneten die Holländer einen Handelsposten in Barus, von den späteren Hafenanlagen der Holländer sind allerdings nur noch spärliche Reste übriggeblieben.

Einst führte hier ein alter Handelspfad mitten durch den Urwald – von der Küste hinauf zum Toba-See

Die Insel Nias

Allgemeines

Nias und seine 132 zugehörigen kleineren Inseln bedecken beiderseits des Äquators ein Land-See-Areal von der Größe Baden-Württembergs. Die gesamte Landfläche von 5 625 km² ist fast identisch mit der von Bali. Zum sumatranischen Festland, gleichzeitig die Begrenzung im Osten, sind es 140 km oder 76 Seemeilen. Im Norden grenzt Nias an die Banyak-Inseln der Provinz Aceh, im Süden an die zu West-Sumatra gehörenden Mentawai-Inseln, und im Westen breitet sich bis zur Antarktis die Weite des Indischen Ozeans aus. 640 000 Menschen, seit der Jahrhundertwende eine Verdoppelung, leben auf dem »Hoheitsgebiet« von Nias, welches administrativ eine von neun Regentschaften (Kebupaten) der Provinz Nord-Sumatra darstellt. Berg- und Hügelland, dessen höchste Erhebung der Lölömatua (886 m) ist, charakterisiert die Mutterinsel Nias oder *tanö niha*, wie es in der melodiösen niassischen Sprache heißt. Die Bandbreite der Inselflora erstreckt sich von Kultur- und Nutzpflanzen wie Kokosnußpalmen, Kautschukbäumen, Nelkensträuchern bis hin zu primärer Waldvegetation mit Fi-

Nektaraufnehmender Schmetterling auf einer Ixora, sie gehört zu den Krappgewächsen (Rubiaceae)

cusbäumen, Rattanpalmen, Baumfarnen sowie Ziersträuchern wie Hibiscus, Bougainvillea, Korallenstrauch, Pagodenblume usw. Größere, wildlebende Tiere wie in Sumatra kommen in Nias nicht vor, dafür eine Reihe recht interessanter Lebewesen von mittlerer und kleiner Statur, wie das kleinste Huftier der Erde, das Kantjil *(kancil)* oder Mausreh, das in den Tierfabeln Indoniesiens die Rolle von Reineke Fuchs einnimmt; der Beo, ein sanges- und sprechfreudiger Vogel aus der Gattung der Stare; der Musang, Schleichkatze und reiner Nachtjäger, der sich von Früchten, Eidechsen sowie Schlangen ernährt und außerdem kein Kostverächter von reifen Kaffeebohnen ist; ferner Stachelschwein, Pythonschlange, Nashornvogel, Adler u. a.

Bevölkerung

Die Niasser oder Ono Niha, wie sie sich selbst nennen, gehören zu den altindonesischen Völkern und werden als Paläomongolide eingestuft. Als altindonesische Völker bezeichnet man jene ethnischen Gruppen, die bis etwa 1830 weder hinduistisch, islamisch noch christlich waren und zu jener Zeit noch ihre überlieferten Religions- und Glaubensvorstellungen praktizierten. Über die Herkunft der Niasser ist viel theoretisiert und gemutmaßt worden. Als Ursprung werden Regionen in Burma, Tibet, Sumatra, ja sogar Madagaskar und Syrien genannt. Die »heißeste« aller Spuren führt jedoch nach Burma, in die Region Assam zu den Naga-Stämmen. Etwa ab 1840 siedelten

Betagte Niasserin aus dem Norden

Strand von Moale an der Südwestküste von Nias

sich muselmanische Sumatraner aus Aceh und Minangkabau sowie Chinesen in Nias an. Die Bewohner der Hinako-Inseln sind merkwürdigerweise keine Niasser, sondern vermutlich vor einigen hundert Jahren als Emigranten aus Sulawesi auf den Eilanden gestrandet. Nias nimmt nicht nur geographisch, sondern auch wirtschaftlich eine Randstellung ein. 88 % der arbeitenden Bevölkerung sind in der Landwirtschaft als Kleinbauern oder Tagelöhner tätig, 5 % im Handel, und 7 % verteilen sich auf Berufe im Regierungsapparat oder Schulbereich, auf Handwerk und Fischerei. Haupteinnahmequellen sind die Erträge aus Kopra- und Kautschukernten. Etwa 85 % des niassischen Haushalts kann nur mit Hilfe der Provinz- bzw. Zentralregierung gedeckt werden. Große Hoffnungen setzen die Inselväter deshalb auf den Tourismus.

Geschichte

Die Geschichtsforschung spricht von einer paläomongoliden Völkerwanderung zwischen 2000 und 500 v. Chr. aus dem südostasiatischen Festlandbereich u. a. hinüber zum heutigen Indonesischen Archipel, wo es zu einer weiteren Ausbreitung der Immigrantenwelle gekommen sein soll. Und so mag im Laufe der Zeit auch Nias entdeckt worden sein. Die erste Angabe stammt aus dem Jahre 851 n. Chr. von dem seefahrenden persischen Kaufmann Sulayman, der eine Insel Niyan (Nias) un-

weit von Ramni (Sumatra) erwähnte. Um 950 berichtete der Orientale Buzurg, daß die Bewohner von Niyan Menschenköpfe erbeuteten und diese Sitte ihnen viel Ansehen brächte. Sogar Menschenfleisch würde man verzehren, und groß sei die Begierde auf Gold und Messing. Der nubische Geograph Idrisi verfaßte um 1150 eine erste Ethnographie, in der es um Dorfanlagen, Heirat, Kopfjagd und Handel zwischen Niyan und Sumatra ging. In den folgenden Jahrhunderten erschienen weitere allgemeingehaltene Berichte von orientalischen Händlern, daß Niyan reich an Bambus, Eisenholz und Zuckerrohr sei. In Rom las man 1592 in arabischer Sprache Berichte über Kopfjagden in Niyan. Im 17. und 18. Jh. tauchten zunächst holländische, später englische Schiffe an den Küsten von Nias auf und schlossen mit einigen Inselhäuptlingen Handelsverträge ab. Ziel war dabei, die Monopolstellung für den lukrativen Sklavenhandel zu erlangen. Nach den Napoleonischen Kriegen folgte 1815–25 ein englisches Interregnum in Niederländisch-Indien, einschließlich Nias. Dort drängten die Engländer vergebens auf ein Verbot des Sklavenhandels. 1825 erhielten die Holländer ihre Kolonialbesitzungen zurück und versuchten in den folgenden Jahrzehnten, zum großen Teil mit brachialer Gewalt, in Nias eine Ordnung im Sinne der Niederlande herzustellen. Da man die niassischen »Dikkopjes« (Dickköpfe) unterschätzte, gelang dies erst 70 Jahre später, nach mehreren Strafexpeditionen, Umsiedlungsaktionen und Paßzwang. Folgsamer zeigten sich die Niasser im Norden der Insel. Hier erfolgte bereits 1865 die Ankunft des ersten protestantischen Missionars, Ernst-Ludwig Denninger, aber erst nach äußerst mühevoller Missionsarbeit gelang es fünf Jahrzehnte später, größere Gruppen von Niassern für das Christentum zu gewinnen. 1922 erfolgte durch eine zweite Erweckungsbewegung der eigentliche Missionsdurchbruch. Mit Beginn des Krieges und der japanischen Besatzungszeit 1942–45 kam die Missionsarbeit ins Stocken und wurde ab 1950 wieder aufgenommen.

Glaube und Mythologie

Ursprünglich hatten die Niasser die Vorstellung, daß sich die kosmische Welt in zwei Sphären aufteilt: eine Ober- und eine Unterwelt. Beide werden beherrscht von einem göttlichen Brüderpaar; Lowalangi regiert den oberweltlichen und Lature Danö den unterweltlichen Bereich. Zwischen beiden besteht ein Widerstreit, resultierend aus dem Erbnachlaß ihres Vaters. Mittlerin zwischen diesen antagonistischen Welten ist Silewe Nazarata, nach dem alten Glauben Schwester der beiden Brüder. Silewe ist Wächterin der kosmischen Ordnung und steht in enger Beziehung zu den Priestern und Priesterinnen. Als oberste Priesterin vermittelt sie nicht nur zwischen Ober- und Unterwelt, sondern auch zwischen dem oberweltlichen Gott und den Menschen. Als »Instrumente der Harmonisierung« zwischen Lowalangi und den Erdenvertretern empfiehlt sie die kleinen hölzernen Götterfiguren, in Nias *adu* genannt.

Der göttliche Antagonismus spiegelt sich deutlich in der gesellschaftlichen Ordnung der Niasser wider. Die adlige Oberschicht *salawa* bzw. *siulu* führt ihre Abstammung auf den oberweltlichen Bereich zurück, fühlt sich somit auserwählt und privilegiert. Entsprechend dokumentieren sich Verhaltensweisen und Ansprüche. Als »göttlich sanktionierte Führungsschicht« bestimmen sie das politische Geschehen. Die Masse des Volkes, *sato* bzw. *sihönö*, wird assoziiert mit dem chthonischen Bereich und ist damit genauso zurückgesetzt, wie es der Gott der Unterwelt Lature Danö von seinem Vater erfuhr.

Die beiden sehr unterschiedlich großen Gruppen (Adelsschicht etwa 10%) leben in einem permanenten Spannungsverhältnis, welches um der Existenz willen ausgeglichen werden muß. Hier bietet sich Silewe Nazarata an, da sie sowohl nach oben als auch nach unten beschwichtigend wirken kann. Eine erfolgreiche Zusammenarbeit bewirkt »kosmische Harmonie«, eine nicht erfolgreiche »kosmische Störung«.

Sklaven stehen außerhalb dieser kosmischen Ordnung und werden deshalb nicht als Menschen, sondern als »funktionale Dinge« betrachtet. Ihr Status ist der von Tieren. Aus diesem »natürlichen Ordnungsprinzip« der »kosmischen Mitglieder« resultieren letztlich die extremen Grausamkeiten gegenüber Sklaven. Obwohl im Prinzip ähnlich, unterscheiden sich die mythologischen Entstehungsgeschichten in den verschiedenen Landschaften von Nias erheblich in den Details. Eine Version in Nord-Nias erzählt von einem Herrscher Sirao, der seine Söhne auf die Insel Nias herniederläßt (Vorfahren der *siulu*-Oberschicht). Dann erschafft Sirao den ersten Menschen und nennt ihn Sihai. Dessen »Lebensmenge« wird auf einer Waage gewogen und ihm entsprechend zugeteilt. Damit ist das Lebensalter festgelegt. Sihai stirbt, ohne Nachfahren zu hinterlassen, jedoch aus seinem Herzen wächst der Baum Tora'a, aus dem rechten Auge die Sonne, aus dem linken der Mond. Aus dem Munde des Sihai wächst ein zweiter Baum Si-dumi-dumi, aus dessen Knospen die Krankheiten entstehen. Der Tora'a-Baum bringt eine Frucht hervor, aus der ein Mensch entsteht, Vorfahre der *sato* bzw. *sihönö*. Vom Tora'a stammen auch die wichtigsten kulturellen Gegenstände, wie die Maßrute *afore* für ein Schwein und die Goldwaage. Die alte niassische Religion, und damit auch der Kosmos, wird symbolisiert dargestellt im Prinzip des Weltenbaums, in Nord-Nias Tora'a, in Süd-Nias Afoa genannt. In Süd-Nias liegt die Betonung bei der Abstammung auf der Mutter Dao, die als göttliche Ehefrau des Sirao gilt. Das Götterehepaar und seine zahlreichen Kinder bilden das niassische Götter-Pantheon, in dem der älteste Sohn Lature Danö und der jüngstgeborene Lowalani (nord-niassisch Lowalangi) nebst Schwester Siliwe Nazarata, in manchen Versionen auch als Ehefrau des jüngsten Bruders bezeichnet, eindeutig dominieren. Trotz mancher Ungereimtheiten im »personellen Bereich« formieren sich Ober- und Unterwelt, und irgendwann werden von göttlichen Zwillingen die ersten Menschen geboren. Rundherum ranken mythologische Inzestgeschichten, die interessanterweise ähnlich bei Bataken, Minangkabau und Mentawai-

ern im Umlauf sind. Den Namen Lowalani verbindet man in Süd-Nias mit Glück, Gold und Licht, entsprechend Lowalangi in Nord-Nias mit Gesundheit und Krankheit. Lature Danö als Gott der Unterwelt umschließt die Erde und trägt sie auf dem Rücken. Bei Erdbeben beten die Niasser zu Lature Danö, indem sie ihn als Vater anrufen, der, in Gestalt der Weltenschlange, jung und kraftvoll genug sei, um die Erde in Ruhestellung zu halten. In Nord- und Zentral-Nias herrscht der Glaube vor, daß die Menschen eine Schweineherde des Lature Danö seien und sie folglich von ihm verspeist würden. Damit wird die Position des Lature Danö nicht nur als Gott der Unterwelt und der Dunkelheit, sondern auch des Todes und der Toten zum Ausdruck gebracht.

Die Öri und ihre Bewohner

Nias hat niemals als einheitliches politisches Gebilde bestanden, sondern war in viele *öri* aufgeteilt, Dorfverbünde mit soziopolitischer Organisation, die sich in mythologischer Zeit aus ursprünglich fünf Stammesverbänden, *mado*, bildeten. Diese Urstämme einigten sich über Gebietsansprüche, Grenzziehungen, Delikte und deren Bestrafung, gültige Maß- sowie Gewichtseinheiten u.a. und besiegelten diese Abkommen mit dem rituale Fest *fondrakö*, welches in Nias das Fest aller Feste bedeutet. Die *öri* ist ein föderativer Dorfverbund, der rein patrilinear ausgerichtet ist, um die genealogische Ahnenverehrung zu erhalten. Politisch ist der Dorfverbund in mehrere Bereiche aufgegliedert, die zuständig sind für Verteidigung, Angriffskriege, Rechtsprechung, Rangfeste der Häuptlinge, Wertfestlegung von Sklaven, Schweinen, Gold, Reis usw. Die *öri* ist folglich eine Art Miniaturstaat, der keiner übergeordneten Macht Rechenschaft abzulegen hatte. Bis etwa zur Mitte des 19. Jh. bestanden in Nias 56 *öri* mit rund 1 600 Dörfern. Auf Druck der holländischen Kolonialregierung wurde die politische Organisationsform der *öri* im Laufe der Zeit abgeschafft. Tonangebend im Dorfverbund war die Adelsklasse, im Sü-

Krieger aus der
Adelsklasse der Siulu bzw. Salawa

den *siulu,* im Norden *salawa* genannt, die viel Land, eine Unzahl von Schweinen, Gold und Goldschmuck besaß. Allein diesen Adeligen war es vorbehalten, Sklaven zu halten. Das »freie Volk«, *sato* oder *sihönö,* bildete die größte Gesellschaftsgruppe. In Kriegszeiten rekrutierte sich aus ihnen das Gros der Kämpfer. In die Adelsklasse aufzusteigen, blieb ihnen versperrt, dafür konnten sie bei Nichterfüllung ihrer Schuldzahlung in den Sklavenstand abrutschen. Ihr Besitz ist »rotes oder falsches Gold«, gemeint ist Kupfer, symbolischer Ausdruck für ihren Stand als Habenichtse. Da sie durch Geldleihen (vor allem um den hohen Brautpreis bezahlen zu können) in ständiger Abhängigkeit zur Adelsklasse standen, konnte sie das Sklavenlos sehr schnell ereilen. Eine zweite Gruppe von Sklaven setzte sich aus den Kriegsgefangenen zusammen.

Allen gemeinsam war, daß sie keinerlei Rechte besaßen, da sie weder der Ober- noch der Unterwelt zugeordnet wurden. Somit standen sie außerhalb der Kosmogonie und besaßen den Status von Tieren, mit denen man willkürlich verfahren konnte. In der Regel verrichteten Sklaven, in Süd-Nias *harakana* und im übrigen Nias *sawuju* genannt, die Feld- und Hausarbeit. Bei bestimmten Anlässen wurden sie als »Opferpotential« benutzt und getötet, wie beim Bau von Steintreppen und Häuptlingshäusern, beim Tod eines Häuptlings sowie bei speziellen Festen und Zeremonien. Sklaven konnten untereinander heiraten, es wurde sogar gefördert, denn Kinder aus diesen Ehen hatten automatisch den Status ihrer Eltern. Der Reichtum der Sklavenbesitzer konnte auf diese Weise gesichert und sogar vermehrt werden.

Das Geheimnis der Megalithen

Überall in Nias stößt man auf Megalithsteine der verschiedensten Formen und Gestalten, fein ausgemeißelte und grob behauene. Wissenschaftler sind sich einig, daß die megalithische Kultur auf Nias eine hohe Entwicklung erfahren hat. Große Ähnlichkeit besteht mit den Megalithsetzungen der Naga im burmesischen Assam. In beiden Kulturen finden sich Steintreppen, die zu ähnlichen Dorfanlagen führen, steinerne Festungswälle, gepflasterte Dorfstraßen und Versammlungsplätze. Ähnlichkeiten sind auch bei den Megalithgedenkstätten festzustellen, die noch zu Lebzeiten und nach dem Tod einer bestimmten Person errichtet wurden. Die zum Teil monumentalen Steinsetzungen gehen einher mit aufwendigen Festen. Aufgerichtete Steine symbolisieren verstorbene männliche, liegende Steine verstorbene weibliche Personen. Anlaß zur Herstellung eines *niogaji,* einer runden tischartigen Platte auf säulenartiger Stütze, war die Heirat eines adeligen Mädchens. Die Jungvermählte mußte sozusagen »auf dem Tisch tanzen«, wobei das steinerne Gebilde einen klangvollen Ton abgeben konnte, der vermutlich als magische Kraft verstanden wurde. Häufig stehen Frauen und Männern gewidmete Säulen nebeneinander. In vielen Dörfern finden sich vor den traditionellen Häusern, *omo niha,* eckige Steinsäulen, *behu.* Sie sollen die Unsterblichkeit der Adligen symbolisieren und wurden nur errichtet, nachdem der Kopf eines Sklaven abgeschlagen worden war. An manchen der *behu,* in Süd-Nias *nitaru'ö* genannt, finden sich Ornamente in Form von Rosetten, Halsketten und anderem Schmuck. Die Säulenspitze ist normalerweise von einer Vogelfigur gekrönt, zumeist einem Nashornvogel. Er steht in Verbindung mit der Schöpfung der Erde, aber auch mit denjenigen, die an der Herstellung von wertvollen Dingen beteiligt sind, zum Beispiel Goldschmieden. In subtil-magischer Weise soll so Reichtum angelockt werden, der den Verstorbenen auf seiner Reise in ein »zweites Leben« begleitet. An den vielerorts vorkommenden Steintreppen, manche bestehen aus Hunderten von Stufen, finden sich teilweise Ausmeißelungen in Gestalt von Affen, Schlangen, Krokodilen, Eidechsen, aber auch Schwertern, Speeren und Schilden. Da der Eingang eines Dorfes in der Kosmogonie der Unterwelt zugeordnet wird, eignen sich Schlange und Krokodil aus dem chthonischen Bereich besonders als Symbole. Steinerne Sessel mit einem Krokodil auf der Rückseite, sowie das Exemplar in Hilisimaetanö, sollen an den Toten erinnern. Oft sind diese Steingebilde bereits zu Lebzeiten der betreffenden Person angefertigt worden. Steinbänke, *harefa*, südniassisch *daro-daro*, wurden ursprünglich im Rahmen von Verdienstfesten, *owasa*, für die Geister der Toten errichtet. Unter der Erde vieler dieser Bänke liegen die Schädel der Vorfahren. Weibliche und männliche Steinskulpturen, *gowe*, mit übertriebenen Sexualorganen sollen den Wunsch nach Fruchtbarkeit und Nachkommenschaft ausdrücken. Gowe-Skulpturen werden auch im Rahmen großer Festlichkeiten errichtet. Das Phänomen von Steinfiguren mit bisexuellen Geschlechtsmerkmalen ist besonders von dem Forscher Suzuki als Einfluß aus dem hinduistischen Kulturkreis interpretiert worden und soll als Symbol für die ambivalente und bisexuelle Gottheit Silewe Nazarata stehen.

Anreise

Tägliche Flugverbindungen von Medan nach Gunung Sitoli, einmal wöchentlich von Padang nach Gunung Sitoli. Das Pelni-Fährschiff KM Lawit fährt vierzehntäglich die Route Jakarta – Padang – Sibolga – Gunung Sitoli. Von Sibolga bestehen täglich außer sonntags Schiffsverbindungen mit den Motorschiffen Sumber Karya, Sumber Usaha und mit dem Fährschiff Poncan Moale.

Gunung Sitoli

An der nördlichen Ostküste liegt die kleine Inselhauptstadt Gunung Sitoli mit 20 000 Einwohnern. Vor 130 Jahren ging hier der erste protestantische Missionar, der Berliner Ernst Ludwig Denninger (S. 270), an Land, dem eine Kirche gewidmet wurde. In den beiden größten Straßen der Stadt, Jl. Sirao und Jl. Gomo, befinden sich die Geschäfte der Chinesen und Minangkabau sowie einige bescheidene Hotelunterkünfte und Restaurants. In der Jl. Sirao steht auch der Kelenteng, der chinesische Tempel für die rund 1050 Bewohner, die sich zum buddhistischen Glauben bekennen. In einer von der Jl. Gomo abgehenden Nebenstraße liegt die protestantische Kirche, ein Geschenk aus Deutschland; sie ist architektonisch nicht nur umstritten, sondern eine Zumutung für Nias. Eine ethnograpisch besonders wertvolle Sammlung des zukünftigen Nias-Museums ist in einem temporären Gebäude auf dem Gelände des Asrama Katolik rechts an der Straße in Richtung des neuen Hafens zu sehen. Interessant ist ein frühmorgendlicher Besuch des Fischmarktes unter der neuen Brückenüberführung in der Nähe des Ladenmarktviertels. Ein lohnenswerter Ausflug führt nach Sihareo Siwaheli (5 km), wo fünf besonders schöne Traditionshäuser, *omo niha*, in der typischen Bauart von Nord-Nias zu bewundern sind.

Hotels

Olayama, Jl. Pendidikan (Nähe Sportfeld)
Soliga, Jl. Diponegoro, Kilometer 4
Laraga Cottages (individuell und ruhig), Jl. Diponegoro, Kilometer 4,7

Telefon

Vorwahl Gunung Sitoli: 06 39

Wichtige Adressen

Nias Government Tourist Office, Jl. Sukarno 6, Tel. 2 15 45
Gowe Trekking, Jl. Sudirman 70, Tel. 2 21 57, Fax 2 21 77
SMAC-Fluggesellschaft, Jl. Lagundri 7, Tel. 2 19 49
Krankenhaus: Rumah Sakit Umum, Jl. Cipto Mangunkusumo 13, Tel. 2 14 74
Arzt: Dr. Erika Mendröfa, Jl. M. Hatta, Tel. 2 17 19

Route 3:
Rundreise durch Nias
Gunung Sitoli – Puncak Soliga –
Tögezita – Moale – Hilisimaetanö –
Lagundri – Teluk Dalam
(ca. 150 km)

Diese abwechslungsreiche Fahrt durch reizvolle Landschaften der Insel sollte recht früh beginnen, da die Tropenvegetation im morgendlichen Licht besonders eindrucksvoll ist. Eine Reihe traditioneller Nias-Häuser, mit steilem Hutdach und auf mächtigen Pfählen ruhend, präsentiert sich zumeist in Nähe der Straße auf den ersten 40 km ins Inselinnere. Bei richtiger Tagesbeleuchtung werden Fotografen auf ihre Kosten kommen. Kleine Kaffeebuden und einfache Restaurants bieten eine willkommene Abwechslung zur Autofahrt. Vom **Puncak Soliga,** 50 km von Gunung Sitoli entfernt, bietet sich ein weiter Rundblick. Nur wenige Kilometer weiter führt an unscheinbarer Stelle links ein ca. 300 m langer Weg zu einer eindrucksvollen Megalithstätte mit mehreren schönen *gowe*-Plastiken. Der ohnehin großartige Eindruck wird verstärkt durch die tropische Vegetation. Zurück auf der Hauptstraße, geht es weiter in Richtung Lölöwau. Linker Hand liegt inmitten eines bewaldeten Bergrückens die katholische Missionsstation **Tögezita.** Hinter Lölöwau führt die gut ausgebaute Straße hinunter zur Küste. Der feinsandige und von Palmenwäldern gesäumte Strand von **Moale** (82 km) wird über eine 300 m lange Straße erreicht. Mächtige Brandungswellen rol-

Ein traditionelles Oval-Haus (oma niha) mit steilem Hutdach

Inselkarte Nias

Route 3: Gunung Sitoli - Puncak Soliga - Tögezita - Moale - Hilisimaetanö - Langundri - Teluk Dalam

0   10   20   40 km

len an den Strand, und auf ein Bad sollte verzichtet werden. An der Brücke über den Idanö Eho erreicht man das ethnologisch besonders interessante Süd-Nias. Es widersetzte sich den Holländern bis zu Anfang dieses Jahrhunderts und konnte erst nach rigorosen Maßnahmen »befriedet« werden. Die Straße führt durch eine weite Kultur-landschaft von Reisfeldern mit vielen Feldhütten aus Bambus. In **Hilisi-maetanö** (104 km), neben Bawömataluo das wichtigste Dorf in Süd-Nias, führt eine kleine Steintreppe, an der ein imposanter Megalithsessel mit ausgemeißeltem Kopfjägerschmuck steht, hinauf zum gepflasterten Dorfplatz. Dort überraschen zwei lange, sich ge-

*Gowe-Megalithskulpturen
in Nord-Nias*

genüberstehende Häuserphalanxen in südniassischer Bautradition, die sich im Nachmittagslicht besonders eindrucksvoll darstellen. Von den 122 Traditionshäusern wurden 1991 durch ein Großfeuer elf *omo niha* vernichtet und leider zum Teil durch häßliche Betonhütten ersetzt. Über die neue Umgehungsstraße geht es direkt nach **Lagundri,** auch Lagundi, einem wunderschönen und vielgepriesenen Südseestrand, der auch bei australischen

Fahombe-Steinsprünge galten früher der Ertüchtigung junger Krieger

Frühmorgendliche Stimmung im Hafen von Teluk Dalam

Surfern einen Namen hat. Einige kleine Strandhotels und mehrere durchaus akzeptable Losmen bieten dem Reisenden Unterkunft. Wem dies nicht zusagt, der findet eine Alternative in den Soroake Beach Cottages, ausgestattet u.a. mit einer Präsidentensuite. Lagundri ist ein günstiger Ausgangspunkt für Exkursionen zu Fuß zu den beiden Traditionsdörfern **Botohili** und **Hiliamaeta,** wo auf Wunsch die nervenkitzelnden *fahombe*-Steinsprünge vorgeführt werden. **Teluk Dalam** (11 km), administratives Zentrum von Süd-Nias, liegt an der gleichnamigen Bucht und bietet dem Besucher einige einfache Hotelunterkünfte, Restaurants und Einkaufsmöglichkeiten. Mehrere Male wöchentlich fahren Schiffe nach Sibolga und zu den zu Nias gehörenden Batu-Inseln. Teluk Dalam ist Ausgangspunkt für Exkursionen an die Südostküste zu den Dörfern Hilinifaoso, Bawödobara (7 km), Hiliganowö (8 km), Hilisatarö sowie zu den Dörfern weiter im Inland, allen voran Bawömataluo.

Unterkünfte

Soroake Beach Cottages, Soroake Beach

Magdalena, Lagundri Beach

Teluk Dalam

Ampera (große Zimmer mit Bad), gegenüber dem Markt

Jamburae, am Hafen

Effendi (zweistöckiges Privathaus mit Vorgarten), Hauptstraße

Bawömataluo

Das ehemalige und während der Kolonialzeit besonders aufmüpfige Großfestungsdorf Bawömataluo liegt in 430 m Höhe und ist über eine mehrhundertstufige Steintreppe zu erreichen. Der klassische Aufstieg erfolgt am Ortsrand von **Orahili,** einem ebenfalls besuchenswerten Traditionsdorf, welches ein wenig im Windschatten des »großen Bruders« liegt. Hat man alle 480 Stufen erklommen (ein weniger anstrengender Alternativweg ist vorhanden), so steht man am Rande eines großen gepflasterten Dorfplatzes, beidseitig flankiert von traditionellen Häusern im Trapezstil. In der Mitte der linken Häuserreihe erhebt sich ca. 17 m hoch – und damit weit über die Nachbarschaft hinaus – das stattliche Häuptlingshaus, *omo zebua*. Die auf gewaltigen Eisenholzstämmen ruhende Prachtarchitektur läßt auch Laien ahnen, daß hier Könner am Werk waren. Zum Schmuck auf dem Vorplatz gehören kunstvoll bearbeitete Monolithe und andere eindrucksvolle Schöpfungen aus Stein, die die großartige Megalithstruktur von Nias widerspiegeln. Von besonderer Symbolik sind der *behu*-Obelisk, die *harefa*-Bank, der kolossale Truhenmonolith und der steinerne Rundtisch. Ebenso beeindruckend ist das Innere des Häuptlingshauses, dessen Hauptraum mit einer kaminartigen Feuerstelle und offenem Dachbalkengerüst, alles in ein Halbdunkel gehüllt, einen Hauch von Rittersaal ausstrahlt. Das Hauptaugenmerk fällt auf fein gearbeitete Wandreliefs mit traditionellen Motiven und der Plastik eines fremden Schiffes voller Bewaffneter. Ebenfalls fein gearbeitete Haken an den Hauspfeilern dienten zum Aufhängen von Schweinekiefern als lebendiger Beweis ruhmreicher *owasa*-Rangfeste. Das Waffenarsenal an Speeren ist im Original zwar noch vorhanden, wird aber von der Vielzahl kunsthandwerklicher Gegenstände verdrängt. Eindeutig dominieren im Angebot der niassischen Händlergilde Skulpturen alter Götzen, *adu*. Großartiges wird angeboten, allerdings auch

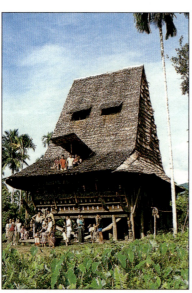

Dieses Häuptlingshaus, omo zebua, in Zentral-Nias ist besonders prächtig gebaut

Auf der zur Hinako-Gruppe gehörenden Insel Bawa

Schund, und die manchmal hochge-schraubten Preise müssen gehandelt werden. Wie wär's mit einer *adu siraha*-Figur? Dieser Götze soll bei allgemei-nen Krankheiten helfen und die spe-zielle Ausführung *adu laheto* bei ge-schwollenen Füßen, wohingegen die Gattung *si lahogo wombali* bei Magen-krämpfen und Durchfällen Wunder wirken soll. Schön sind auch die klei-nen Öllampen und die fein gearbeite-ten Goldwaagen. Für Männer am sym-bolträchtigsten sind *kalabubu* Halsrin-ge, ursprünglich nur erfolgreichen Kopfjägern zugestanden. »Kopflose« Frevler, so der frühere Glaube (und des-halb bitte Vorsicht beim Kauf!), wur-den mit Taubheit bestraft!

Hinako-Inseln

Der im Westen von Nias gelegene Ort **Sirombu** ist Anlegestelle der Boote, die zu den in Sichtweite vor der Küste liegenden Hinako-Inseln fahren. Die Bewohner dieser neun Inseln sind kei-ne echten Niasser, sondern vermutlich Emigranten aus Sulawesi. Ihre Haupt-erwerbsquelle sind die überall auf den Inseln gut gedeihenden Kokospalmen. Die feinsandigen Strände und kristall-klaren Wasser laden zum Baden und Schwimmen ein. An einigen Stellen er-freut sich das Auge an buntfarbigen Seegärten und Korallenbänken. Auf der größten Insel, **Bawa**, liegt ein stel-lenweiser versumpfter Binnensee, in dem noch Krokodile leben.

West-Sumatra

Allgemeines

Landschaftlich gehört West-Sumatra zu den Höhepunkten einer Indonesienreise. Es ist das Herzland der Minangkabau, einer dynamischen Volksgruppe, die in ganz Indonesien als clevere Händler und Restaurantbesitzer bekannt ist. Mit einer Fläche von 49 778 km² einschließlich der Mentawai-Inseln ist West-Sumatra etwas größer als Niedersachsen, hat aber nur 4,2 Mill. Einwohner. Die Region um Bukittinggi ist das klassische Wohngebiet der Minangkabau, die trotz ihres muselmanischen Glaubens eine matrilineare Gesellschaftsstruktur aufweisen.

Mehr noch als die nördliche Nachbarprovinz wird West-Sumatra vom Barisan-Gebirgszug und seinen Ausläufern charakterisiert.

Majestätische Vulkanberge, darunter der Kerinci, mit 3 809 m der höchste Berg Sumatras, und zauberhafte Bergseen sind nur einige Höhepunkte der großartigen Naturpanoramen dieser Provinz. Wirtschaftlich liegt der Schwerpunkt auf der Landwirt-

Nachbau eines alten Minangkabau-Königspalastes in Pagaruyung in West-Sumatra

Der in einer Caldera liegende Maninjau-See in West-Sumatra

schaft, in der die Mehrheit der Bevölkerung beschäftigt ist. Reis- und Gemüseanbau, Kautschuk, Kopra, Nelken, Zimt und Kaffee sind die landwirtschaftlichen Hauptprodukte. Auf dem industriellen Sektor spielt der Kohleabbau eine Rolle sowie die große Zementfabrik in Padang. Die überwiegend von Wald bedeckten Mentawai-Inseln sind Hauptlieferant für Holz und Rattan.

Die Geschichte der Minangkabau ist von Legenden umrankt. Erster bekannter Herrscher eines hinduistischen Königreichs im 14. Jh. ist der als Gott verehrte Adithyavarman, der javanischer Abstammung und somit ein Bindeglied zur Majapahit-Dynastie war. Seit dem 16. Jh. stand West-Sumatra unter dem Einfluß Acehs und entwickelte sich mit Pariaman als Handelszentrum zu einem der wichtigsten Pfefferanbaugebiete Südostasiens. Im 17./18. Jh. kontrollierten die Holländer den Pfefferhandel und mußten ihre Monopolstellung nur während der Napoleonischen Kriege und für einige Jahre danach (1795–1820) an die Engländer abtreten. Im 18. Jh. erfuhr die Minangkabau-Region ihre wirtschaftliche Blütezeit und gleichzeitig die Ausbreitung des Islams. Der wachsende Wohlstand hatte u. a. zur Folge, daß auch der Sklavenhandel blühte. 1827 wurden allein in Padang mehr als 2000 niassische Sklaven gehalten. Zu Beginn des 19. Jh. formierte sich eine islamische Bewegung unter der Führung orthodoxer Geistlicher, die sich gegen die Anhänger des hinduistischen Königshauses wendete. Der Konflikt weitete sich aus, und ein Großteil der Herrscherfamilie wurde getötet. Die Holländer ergriffen Partei für die Königstreuen, und es kam von 1821–37 zu den sogenannten Padri-Kriegen, in deren Verlauf der religiöse Anführer, Imam Bonjol, gefangengenommen und ins Exil verbannt wurde. Nach der japanischen Besatzungszeit 1942–45 und der endgültigen Unabhängigkeit Ende 1949 wurde West-Sumatra mit dem Status einer Provinz Bestandteil der Republik Indonesien.

Anreise

Tägliche Flugverbindungen von Jakarta nach Padang (Merpati, Sempati, Mandala), mehrere Flüge wöchentlich von Medan nach Padang (Merpati) und von Singapur nach Medan (Garuda). Das Pelni-Fährschiff KM Lawit fährt vierzehntäglich die Route Jakarta – Padang – Sibolga – Nias – Padang – Jakarta.

Padang, Hauptstadt der Provinz West-Sumatra

Als Hauptstadt der Provinz West-Sumatra und damit des Minangkabau-Gebietes hat Padang mit einer Einwohnerzahl von 560000 besonders während der letzten Jahre einen sichtbaren Aufschwung genommen. Großzügig im traditionellen Stil errichtete Regierungs-, Bank- und Marktgebäude sowie modern ausgebaute Straßen haben der Stadt viel von ihrer früheren provinziellen Ausstrahlung genommen. Dennoch finden Nostalgiker immer noch einen Hauch des alten Padang, wenn sie zu Fuß das Hafen- und daran anschließende Chinesenviertel durchstreifen. Im Kampong Nias wohnten, wie der Name deutlich macht, einst-

mals überwiegend Niasser, deren Vorfahren als Sklaven an die Minangkabau verkauft worden waren. Das in traditioneller Minangkabau-Architektur erbaute Museum mit zwei Reisscheuern bietet eine Übersicht der Minang-Kultur sowie Besonderheiten von den Mentawai-Inseln. Brokatarbeiten sind bei den Minang sehr beliebt, und auf Produkte dieser Handwerkskunst stößt man vielerorts. Ein besonderer Anziehungspunkt Padangs ist der Zentralmarkt im Bereich der Jl. Pasar Raya. Unbedingt probieren sollte man in einem der zahlreichen Restaurants die pikante Padang-Küche.

Hotels

Muara, Jl. Gereja 34, Tel. 2 56 00

Pangeran, Jl. Dobi 3, Tel. 2 63 33

Wisma Immanuel, Jl. Tanah Beroyo 1, Tel. 2 39 17

Information

Provincial Tourism Service, Jl. Sudirman 43, Tel. 2 18 39

Restaurants

Apollo (chin.), Jl. Cokroaminoto 36, Tel. 2 63 55

Sari Laut (Seafood), Jl. Nipah 3

Simpang Raya (Padang-Küche), Jl. Bagindo Aziz Chan 24

Telefon

Vorwahl Padang: 07 51

Route 4: Von Padang ins Land der Minangkabau und Anai-Tal

Padang – Pariaman – Maninjau – Bukittinggi – Batusangkar – Pagaruyung – Padang Panjang – Anai-Tal – Padang (ca. 350 km, Karte zur Route 4 S. 284)

Diese Rundtour bietet einen Querschnitt der landschaftlich schönsten Regionen West-Sumatras einschließlich Minangkabau-Land. Über die großzügig ausgebaute Trans-Sumatra-Straße in Richtung Bukittinggi geht es nach Lubukalung (35 km), wo links eine Nebenstraße nach **Pariaman** (35 km) abzweigt. Dieses frühere Handelszentrum für Pfeffer erlebte seine Blütezeit im 17./18. Jh. und bildete die Eingangspforte für den Islam im Land der Minangkabau. Im stark muselmanisch geprägten Pariaman hat sich dennoch die auf matriarchalische Wurzeln zurückgehende Tradition der Mitgift erhalten. An das hinduistische Kastensystem Balis erinnert die gesellschaftliche Ranggliederung in Bagindo (königliches Blut), Sultan (Abkömmlinge des Sultans), Sidi (Abkömmlinge von religiösen Lehrern und Händlern) und Uwo (allgemeines Volk mit niedrigem Einkommen). Die vielen leerstehenden Häuser auf der weiteren Strecke nach **Tiku** (37 km) bieten die Erklärung für eine andere Besonderheit der Minangkabau, nämlich *rantau*, die traditionelle Auswanderung in die Fremde, um Erfahrungen zu sammeln. Hin-

ter Tiku steigt die Straße allmählich an und führt schließlich durch ein kleines Tal an den westlichen Rand des Sees **Maninjau** (48 km). Der zauberhaft gelegene Vulkansee, 17 km lang und 8 km breit, ist umgeben von einer fruchtbaren Landschaft mit blühenden Reisfeldern. Aus den umliegenden Dörfern stammt eine Anzahl herausragender Dichter und Denker, die auch auf nationaler Ebene eine Rolle gespielt haben. Um den nördlichen Teil des Maninjau-Sees geht es zur gleichnamigen Ortschaft, wo kleine Hotels am Uferrand liegen und ausgezeichnete Übernachtungsmöglichkeiten bieten und wo außerdem das klare Wasser des Sees zum Schwimmen einlädt. Hinter Maninjau geht es bergan, und die Straße windet sich kurvenreich hinauf zu den Aussichtspunkten von **Embun Pagi** und **Lawang Top**, beide in 1 100 bzw. 1 200 m Höhe, wo sich ein abschließender und atemberaubender Blick auf den Kratersee bietet. Durch die pittoreske Landschaft der Region Agam mit Aussicht auf den rechts liegenden Vulkanberg Singgalang (2 877 m) geht es weiter nach Bukittinggi (38 km).

Bukittinggi

Bukittinggi (Hoher Hügel), zweitgrößte Stadt West-Sumatras, liegt 930 m über dem Meeresspiegel und zeichnet sich durch ein erfrischendes Klima aus. Die Bewohner nennen ihre Stadt »Kota Jam Gedang« (Stadt der großen Uhr), in Anlehnung an den während der Holländerzeit erbauten Uhrturm im Zentrum der Stadt. Der auch als Big Ben bezeichnete Turm mit dem Modell eines traditionellen Minangdaches als »Haube« bietet einen weiten Blick über die Stadt, die von den majestätischen Vulkanbergen **Merapi** (2 891 m) und **Singgalang** (2 877 m) dominiert wird. Nicht weit vom Uhrturm liegt

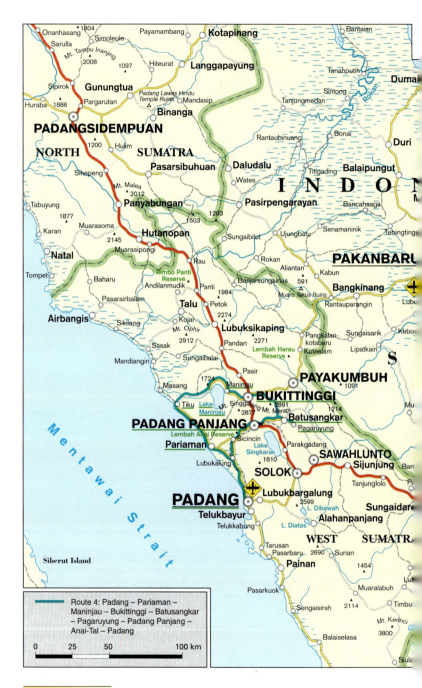

Route 4: Padang – Pariaman –
Maninjau – Bukittinggi – Batusangkar
– Pagaruyung – Padang Panjang –
Anai-Tal – Padang

0   25   50   100 km

Zentral-Sumatra

das zentrale Marktviertel, unterteilt in **Pasar Atas** und **Pasar Bawah** (Ober- und Untermarkt), durch eine 40stufige Treppe miteinander verbunden und Hauptanziehungspunkt der Stadt. Die Jl. Minangkabau und deren Verlängerung, die Jalan Canduamoto, führen zum Volkspark **Taman Bundo Kanduang.** Das bereits von den Holländern 1934 erbaute Museum **Rumah Adat Baanjuang** bietet eine interessante ethnologische Sammlung über die Minangkabau. Das während der Padri-Kriege von den Holländern 1825 erbaute **Fort de Kock,** benannt nach seinem kommandierenden General, ist kaum noch wahrnehmbar, und nur eine Kanone sowie der Teil eines Festungswalls erinnern an die ursprüngliche Funktion. Vom Aussichtspunkt in der Jl. Panorama ist ein Teil des imposanten, bis zu 100 m tiefen **Canyon Ngarai Sianuk** zu überblicken. Auf dem traditionellen Viehmarkt der Stadt wird der Kaufpreis nicht mündlich, sondern wie eh und je unter einem Stück Tuch mit den Fingern ausgehandelt.

Einkaufen

Jl. Minangkabau, Jl. Achmad Yani

Hotels

Pusako, Jl. Soekarno-Hatta 7, Tel. 2 15 32
Minang, Jl. Panorama 20, Tel. 2 11 20
Benteng, Jl. Benteng 1, Tel. 2 11 15

Information

Tourist Information Office, Pasar Atas (nahe Uhrturm), Tel. 2 24 03

Krankenhaus

Rumah Sakit Umum, Jl. Dr. A. Rivai

Post

Jl. Sudirman 75

Restaurants

Simpang Raya, Jl. Muka Jam Gadang

*Der Vulkanberg Merapi bei
Bukittinggi kurz vor Sonnenaufgang*

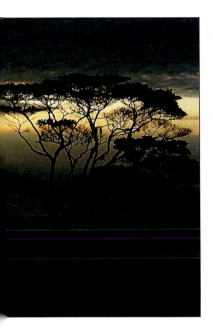

Coffee Shop (indon., westl.), Jl. A. Yani 105
Monalisa (chin., indon.), Jl. A. Yani 58

Von Bukittinggi führt eine Straße zunächst weiter in Richtung Payakumbuh und zweigt in der Ortschaft Baso rechts ab nach **Batusangkar** (50 km). Die ohnehin wunderschöne Landschaft zwischen den Vulkanen Merapi und Sago findet an dem Aussichtspunkt von **Tabek Patah** einen weiteren Höhepunkt. Die kleine Stadt Batusangkar eignet sich als Übernachtungsort und Ausgangspunkt für eine Exkursion nach **Pagaruyung** (5 km), dem ursprünglichen Zentrum der alten Minang Herrscher-Dynastie. Der alte, vor Jahren abgebrannte Königspalast ist an derselben Stelle durch einen neuen ersetzt worden. 1815 wurde nahezu die gesamte Herrscherfamilie, außer dem König selbst sowie einem Enkelkind, von extremistischen Moslems ermordet. Unmittelbar neben der Ortsstraße befinden sich in einer Umzäunung Steine mit alten Inschriften, die nur teilweise entziffert sind und vermutlich aus dem 14. Jh. stammen, als der berühmte Herrscher Adithyavarman das Land regierte. Am Ortsrand von Pagaruyung, auf der linken Seite und unübersehbar, steht der Palast der Paläste, eine riesige Architekturschöpfung im traditionellen Minang-Stil, angeblich der Nachbau eines alten Palastes, eher wohl die Anlehnung an Legendäres und Kompromiß an touristische Bedürfnisse. Das Innere wird beherrscht von vielen bunten Stoffen, die wie Fahnen von der hohen Decke herunterhängen und einen ebenfalls buntgestalteten Thron halbwegs einhüllen. Eine Sammlung von Bild- und Fotodokumenten bemüht sich um Aufklärung der besonderen und frühen Beziehungen mit dem malaysischen Sultanat. Andere Ausstellungsstücke betreffen die holländische Administration in West-Sumatra sowie im allgemeinen die Minang-Kultur.

Zurück in Batusangkar, erfolgt die Weiterfahrt nach Padang Panjang (31 km), und nochmals eröffnet sich die ganze Herrlichkeit dieses überaus abwechslungsreichen Landschaftsgebietes. In **Padang Panjang** (Langes Padang) sollte man sich in der staatlichen Kunstakademie Seni Karawitan, kurz ASKI genannt, eine der interessanten Vorführungen traditioneller Minangkabau-Tänze ansehen. Sodann führt die Route durch das schöne **Anai-Tal**, wo auch die Schienen der alten Zahnradbahn verlaufen und man bei den Dschungelbrücken unwillkürlich an den Film »Die Brücke am Kwai« denken muß. Über Sicincin und Lubukalung geht es zurück nach Padang (71 km).

Minangkabau und Matriarchat

Die Minangkabau sind ein mutterrechtlich ausgerichteter Volksstamm von anpassungsfähiger dynamischer Mentalität. Die Bezeichnung Minangkabau, die sich aus den Wörtern Minang und Kabau, Sieg und Büffel, zusammensetzt, rührt aus früher Historie, als eine feindliche Armee mit starken Wasserbüffeln anrückte und ein listiger Krieger der Minangkabau auf die Idee kam, die Hörner der eigenen Büffelkälber mit scharfen Eisenspitzen zu bewehren und die Tiere in ausgehungertem Zustand gegen die feindlichen Reihen zu treiben. Die Kälber stürzten sich, hungrig wie sie waren, auf die ihnen entgegenkommenden Büffelkühe und versuchten an die Milch heranzukommen. Dabei verletzten sie mit ihren scharfen Hörnern die feindlichen Tiere, riefen so Verwirrung und schließlich eine große Panik hervor, die die Minangkabau für sich nutzten und zum Sieg ummünzen konnten.

Die wirkliche Historie dieses Volksstammes verliert sich allerdings relativ schnell im Dunkel der Jahrhunderte um 1000 n. Chr. Man weiß nur, daß um jene Zeit das Reich der Minangkabau sich über ganz Mittel-Sumatra erstreckte und daß es nicht zum Herrschaftsbereich des Großreiches von Srivijaja gehörte. Im Jahr 1160 sollen sich der Chronik »Soulalat as Salathin« zufolge Angehörige des Sultanats Minangkabau über den ganzen Archipel verbreitet haben. Das könnte stimmen, da sich ähnliche soziale Eigenheiten in den Provinzen Jambi und Lampung finden. Um 1680 brach das Sultanat durch Uneinigkeit des Fürstenhauses zusammen, wobei allerdings diesem Fürstentum eine nur vorwiegend integrierende Funktion zukam. Die eigentliche Macht lag in den Händen sogenannter *sukus*, das heißt in den Händen solidarisch vereinigter Familienorganisationen, die sich aus allen Gliedern des mütterlichen Stammes zusammensetzten. Einem solchen Familienclan stand der sogenannte *panghulu putjuk* vor. Bei den Minangkabau hat sich seit alters her eine matriarchalische Gesellschaftsstruktur erhalten. Die Frau zieht hier nach der Heirat nicht in das Haus des Mannes, sondern bleibt im Verband der eigenen Sippe. Die Ehe spielt dabei nur eine untergeordnete Rolle, Frau und Mann bleiben in ihren jeweiligen Familien-

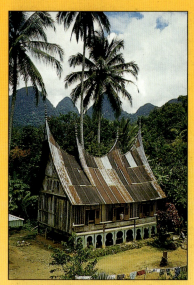

Traditionelles Rumah-gadang-Haus der Minangkabau

verbänden, und der Mann besucht die Frau nur vorübergehend in ihrem Haus. Die Kinder stehen allein der Mutter zu, und von ihr erben sie Namen und Vermögen, wobei es allerdings ein persönliches Eigentum nicht gibt. Das Vermögen liegt im Familienbesitz, das vom Hausältesten, dem *mamak*, verwaltet wird. Dieser teilt die materiellen Güter nach dem *adat*, dem herrschenden Gewohnheitsrecht, unter die Familienmitglieder auf. Trotz der starken erb- und vermögensrechtlichen Position ist es aber nun wiederum nicht so, daß die Frau auch das alleinige Sagen hat. Die Familiengeschicke werden entscheidend von den Brüdern der Frau und den Onkeln mitgeprägt, die insbesondere auch nach außen hin auftreten. Durch eine solch ausgewogene Kompetenzverteilung der Entscheidungsrechte hat sich diese matriarchalische Ordnung insbesondere bei der Bannung von Aggressivität äußerst gut bewährt, eine Beobachtung, die erst heute die moderne Soziologie ermöglicht.

Die mutterrechtliche Gesellschaftsordnung hat zur Folge, daß sich die Häuser der Minangkabau häufig mit anwachsender Familie vergrößern. Um zu offenbaren, wie viele

Familien in einem Haus wohnen, wurde das mehrgiebelige Haus mit einem mehrfach geschwungenen Satteldach entwickelt, das dem Gehörn des Wasserbüffels ähnelt. Wie bei den Batak ist auch das Minangkabau-Haus auf Pfähle gestellt. Pfosten und Giebel sind mit buntbemalten Schnitzereien und goldverzierten Tierköpfen reich geschmückt, ja prachtvoll verziert. Ebenso schön, fast wie kleine Kunstwerke, wirken auch die zierlichen Reisscheuern *(rangkiang)*. Mit ihren bunten Blumenmotiven auf rotem Grund gehören die Minangkabau-Häuser zu den dekorativsten Indonesiens.

Die Mentawai-Inseln

Die Mentawai-Inseln bestehen aus vier Hauptinseln: Siberut (4 480 km²), Sipora (845 km²) sowie Nord- und Süd-Pagai (zusammen 1 675 km²). Sie liegen ca. 85 bis 135 km vor der Küste von West-Sumatra und werden von rund 45 000 Menschen bewohnt. Zwischen den Inseln und dem Festland bestehen regelmäßige Schiffsverbindungen. Einen ausgebauten Flugplatz gibt es nicht, nur eine einfache Landepiste auf Sipora. Für einen Inselbesuch benötigt man eine Besuchsgenehmigung von der Polizeibehörde in Padang bzw. Muarasiberut auf Siberut.

Historisches

Die ersten Berichte über die Mentawai-Inseln stammen von den Engländern, die im 18. Jh. versuchten, auf ihnen Pfeffer anzupflanzen. Ansonsten besuchten malaiische Händler die Inseln, über deren früheste Besiedlung man nur vermutet, daß sie zur Zeit der protomalaiischen Völkerwanderung erfolgte. Runde 1800 Jahre der indonesischen Geschichte mit ihrer hinduistischen und islamischen Periode sind an den Mentawai-Inseln spurlos vorübergegangen. Dadurch konnte sich auf ihnen die archaische Kultur ihrer Bewohner, die einmal für weite Gebiete des indonesischen Archipels repräsentativ war, bis in dieses Jahrhundert ohne äußeren Einfluß erhalten. Erst im Gefolge der Errichtung einer Militärgarnison auf Siberut durch die Niederländer im Jahre 1904 änderte sich dieser unberührte Zustand. Denn im gleichen Jahr kamen die ersten protestantischen Missionare aus Deutschland und 50 Jahre später auch katholische aus Italien und begannen mit ihrer Missionstätigkeit. Besonders intensiv setzte aber auch zu dieser Zeit die Bekehrung zum Islam durch Malaien ein. Während der letzten Jahrzehnte beschleunigte sich der Einfluß der Zivilisation. Es entstanden mehr als 50 Regierungs- und Missionsdörfer, von denen die größeren inzwischen auch alle Schulen besitzen. In der jüngeren Vergangenheit wirkt sich besonders negativ die Aufteilung der Inseln in Konzessionsbereiche für Holzfirmen aus, die an den Wäldern der Inseln Raubbau betreiben. Insofern ist die Zeit des reinen Naturzustandes vorbei. Trotzdem sind die Mentawai-Inseln auch heute noch ein in ethnologischer und naturkundlicher Hinsicht relativ ursprünglich erhaltenes Gebiet.

Religion und Soziales

Das soziale Leben der Mentawaier konzentriert sich auf das Langhaus, die *uma*. In ihm wohnt eine Gruppe derjenigen Insulaner, die sich auf einen gemeinsamen Vorfahren berufen können. Mehrere *uma*-Langhäuser bilden eine Siedlung, die zumeist flußaufwärts innerhalb eines bestimmten Clan-Gebietes liegt.

Jäger vom Stamm der Sagulubbe auf der Insel Siberut (Mentawai-Inseln)

Das Grundnahrungsmittel der Inselbevölkerung bilden die stärkehaltigen Knollenfrüchte Sago und Taro, daneben halten sie Schweine. Ansonsten ernähren sie sich vom Fischfang und der Jagd. Affen, Rotwild und Wildschweine sind die begehrteste Beute. Krokodile und Schlangen sind in der Regel einem Tabu unterworfen. Gejagt wird mit vergifteten Pfeilen und Bogen.

Die Mentawaier sind ursprünglich Animisten, für die alle Lebewesen und auch die dingliche Welt von Geistern und Seelen bewohnt sind. Die Geister und Seelen der Toten leben in Eintracht und Harmonie zuammen, die nur durch das böse Tun der Menschen gestört werden. Um diese Harmonie zu sichern, müssen die Menschen die Geister und Seelen der Ahnen immer wieder versöhnen. Dies geschieht durch

ein strenges System von Kulthandlungen, Riten, die *puliajat* oder *punen* genannt werden. So werden vor dem Bau eines Hauses, eines Bootes oder vor der Jagd sowie beim Tod eines Häuptlings solche Riten abgehalten, um Unheil von dem Haus, dem Boot abzuwenden bzw. das Gelingen einer Jagd zu sichern.

Der *rimata*, das Oberhaupt einer Uma-Gemeinschaft, ist für die ganze Bandbreite der Rituale zuständig. Er muß alle Kulthandlungen beherrschen. Ihm zur Seite steht der *sikerai*, der Zauberpriester, der die Fähigkeit besitzt, mit den Geistern und Seelen der Ahnen Kontakt aufzunehmen und sie mit seinen magischen Kräften und Formeln zu beschwören und zu besänftigen, so z. B. auch Krankheiten und Verletzungen aufgrund von Unfällen zu heilen.

Östliches Sumatra

Die Provinz Riau

Riau hat eine Fläche von 94 561 km^2 und besteht aus einem Festlandsteil und 3 214 vorgelagerten Inseln, dem Riau-Archipel. Die Mehrheit der 3,6 Mill. Einwohner sind sumatranische Malaien, daneben finden sich ethnische Gruppen von Batak, Minangkabau, Javanen, Buginesen, Chinesen usw. Dank seines Öls, riesiger Erdgasfelder, Vorkommen an Bauxit, Kaolin sowie Quarz und ausgedehnter Tropenwälder mit wertvollen Edelhölzern gehört Riau zu den reichsten Provinzen Indonesiens.

Pekanbaru, Hauptstadt der Provinz Riau

Das mitten in Sumatra liegende Pekanbaru wurde 1959 zur Provinzhauptstadt von Riau ernannt und ersetzte damit in dieser Funktion die Stadt Tanjung Pinang auf der Insel Bintan. Bei ihr handelt es sich mit seinen rund 200 000 Einwohnern und seinen vielen neuen Gebäuden, vor allem Banken, in denen sich der Ölreichtum der Provinz widerspiegelt, um eine junge Stadt. Sie liegt 160 km flußaufwärts des schiffbaren Sungai Siak und besitzt einen Hafen. Wegen der dort errichteten Stelzhäuser und festgemachten Hausboote lohnt es sich, einen Rundgang zu unternehmen. Traditionelle Häuser der hiesigen Region findet man dagegen mehr in **Taman Budaya Riau,** dem Riau-Kulturpark. Als Provinzhauptstadt wuchs Pekanbaru zu einem Verkehrsknotenpunkt mit guten Flugverbindungen nach Jakarta und anderen Städten in Sumatra heran. Eine recht gut ausgebaute Straße führt nach Bukittinggi sowie zum Ölhafen Dumai und nach Rengat.

Hotels

Hotel Indrapura International, Jl. Dr. Sutomo 86, Tel. 2 52 33

Hotel Tasia Ratu, Jl. Hasyim Ashari 10, Tel. 2 12 25

Hotel Rauda, Jl. Tangkuban Prahu 9, Tel. 2 21 03

Telefon

Vorwahl Pekanbaru: 07 61

Riau-Archipel

Unter den mehr als 3 000 Inseln sind von besonderer Bedeutung Bintan und Batam, auf denen seit 1990 eine gewaltige Wirtschaftsentwicklung, gepaart mit einem unerhörten Bauboom, stattgefunden hat. Allein **Bintan** mit seinen 200 000 Bewohnern ist mehr als doppelt so groß wie der Stadtstaat Singapur und bildet mit seinem Schmelztiegel von Malaien, Chinesen, Arabern, Indern, Orang Laut (den Seenomaden) ein buntes Völkergemisch. Im 18. Jh. war Bintan politisches Machtzentrum des Sultanats Johore. Marco Polo beschrieb im 13. Jh. die Insel als eine Enklave, »wo die Wälder nach süßem Holz duften«. Von der indonesischen Regierung dazu auserkoren, eines der größten Touristenzentren Südostasiens zu werden, bietet Bintan bereits jetzt schon ausgezeichnete Hotels, wie das Mana Mana Beach Hotel, wo besonders Wassersportlern mehr als das Übliche geboten wird. Um aber den Gefahren wirtschaftlicher Einseitigkeit zu entgehen, soll die Insel gleichzeitig zu einem Zentrum für die Leichtindustrie ausgebaut werden. Die

Resonanz vor allem asiatischer Investoren war und ist entsprechend positiv und schlägt sich in einem Bauboom nieder.

Nur 3 km von der Inselhauptstadt **Tanjung Pinang** entfernt, liegt die geschichtsträchtige kleine Insel **Penyengat**. Hier wirkte einer der herausragendsten Förderer malaiischer Literatur und Sprache, Raja Ali Haji. Über zwei Jahrhunderte war die Insel Sitz eines Sultanats, das erst nach heftigen Konflikten mit den holländischen Kolonialherren 1911 im selbsterwählten Exil endete. Die **Große Moschee** mit 13 Domen und 4 Minaretts sowie einem goldenen Podium im Gebetsraum ist ein Vermächtnis des Sultans Abdurrakhman. Die Ruinen zweier Paläste zeugen von der einstigen Herrlichkeit des Sultanats auf Penyengat. Nur 20 km von Tanjung Pinang entfernt liegt die Insel **Galang,** wo seit 1980 einige tausend vietnamesische Flüchtlinge in einem Lager untergebracht sind.

Hauptsächliches Eingangstor für Touristen und Geschäftsleute, vornehmlich aus dem nahen Singapur, ist die Insel **Batam** mit dem Hafen Sekupang. Sie ist in nur 40 Min. Fahrzeit mit kleinen, schnellen Fährschiffen von Singapur (Fährhafen am World Trade Centre) zu erreichen. Täglich finden 23 Abfahrten, überwiegend in halbstündlichem Abstand, in beide Richtungen statt. Aufgrund seiner strategischen Lage wird Batam seit einigen Jahren zu einer der größten Industrie- und Handelszonen in Südostasien ausgebaut, parallel dazu entstand eine hervorragende touristische Infrastruktur. Besonders Chinesen aus Singapur, Taiwan und Hong Kong haben in Dutzende von Projekten investiert. Batam erscheint zur Zeit wie eine einzige Baustelle, wobei besonders der neue, für Großraumflugzeuge eingerichtete internationale Airport Hang Nadim sowie das großzügig ausgebaute Straßennetz auffallen. Daneben entstanden viele neue Villen, ein Hinweis mehr, daß viele Singapurer es ernst meinen, sich in Batam niederzulassen. Urbanes Zentrum auf Batam ist die Stadt aus der Retorte, **Nagoya,** wo moderne Geschäftsviertel, ein Dutzend vielstöckiger Hotels, eine Vielzahl von Restaurants, Kinos, Bars usw. entstanden sind und an das große Vorbild Singapur erinnern.

Hotels in Tanjung Pinang auf Bintan

Sempurna Jaya Hotel, Jl. Yusuf Kahar 15, Tel. 2 15 55, 2 12 64

Wisma Riau, Jl. Yusuf Kahar 8, Tel. 2 10 23, 2 11 33

Pinang Island Cottages, Jl. Gudang Minyak 133, Tel. 2 13 07

Hotels in Batam

Sekupang: Hilltop Hotel, Jl. Sutami 8, Tel. 32 24 82, Fax 32 22 11

Nagoya: Nagoya Plaza, Jl. Imam Bonjol, Tel. 45 98 88, Fax 45 66 90

New Holiday, Jl. Imam Bonjol, Tel. 45 93 08, Fax 45 93 06

Nongsa: Turi Beach Resort, Jl. Teluk Mata Ikan, Tel. 31 00 75, Fax 31 00 42

Telefon

Vorwahl: 07 78

Südliches Sumatra

Die Provinz Jambi

Obwohl einstmals das Zentrum eines malaiischen Reiches, ist Jambi eine der unscheinbarsten Provinzen Sumatras. Auf einer Fläche von 53 436 km^2 leben nur 2,1 Mill. Menschen. Zwei Drittel der Provinz bestehen aus tropischen Wäldern, in denen Großsäuger wie Elefanten, Tiger, Nashörner, Tapire u.a. leben. Wirtschaftlich von Bedeutung sind Holzindustrie, Kautschukanpflanzungen, Kopra, Kakao. An Bodenschätzen finden sich Kohle, Kupfer und Gold. 1820 stießen englische Archäologen auf Relikte, die auf ein früheres malaiisches Machtzentrum in Jambi schließen lassen.

Jambi, Hauptstadt der Provinz Jambi

Jambi, früher Telanaipura genannt, ist die Hauptstadt der gleichnamigen Provinz und liegt am unteren Batang-Hari-Fluß. Jambi hat sich seit Mitte der achtziger Jahre zu einer recht attraktiven Provinzmetropole entwickelt, in der dennoch hier und da der Pulsschlag des alten Sumatras zu spüren ist. So zum Beispiel an den Ufern des Batang Hari, wo man in die Welt eines malaiischen *kampong* »eintauchen« kann, um das tägliche Leben der Menschen in Pfahlhäusern, Hausbooten und Ponton-Behausungen kennenzulernen. Nicht minder interessant ist der **Markt** von Jambi, einer der farbenfrohsten in Sumatra. Im **Museum Negeri Jambi** vermitteln historische Relikte und Exponate sowie Modelle aus der Kultur Jambis einen recht guten Überblick. Etwa 1,5 km vom Stadtzentrum entfernt, bietet das Batik- und Kunstwerk-Atelier von Jambi eine Auswahl lokaler Mode- und Kunstprodukte an. Die Batik dieser Region zeichnet sich durch reichhaltige Blumenmotive aus. Für Orchideenliebhaber bietet sich der 25 000 m^2 große **Orchideenpark** von Prof. Sri Soedewi Sofwan an (ca. 5 km außerhalb der Stadt). Die traditionelle Musik ist malaiisch geprägt und schlägt sich nieder im Stil von *dang dut-*, *kroncong-* sowie malaiischer Orchestermusik.

Hotels

Abadi, Jl. Gatot Subroto 92, Tel. 2 40 54

Telanaipura, Jl. Jend. Sudirman 126, Tel. 2 38 27

Surya, Jl. Moh. Thamrin 48, Tel. 2 53 99

Telefon

Vorwahl Jambi: 07 41

Muara Jambi

Die Ortschaft liegt rund 30 km nordöstlich von Jambi, wo man bei Ausgrabungen auf mehrere Tempelruinen stieß, die vermutlich aus dem 14. Jh. stammen. Der archäologische Fund eines Tempelfundaments aus Backstein läßt sogar auf das 10. bis 11. Jh. schließen. Weitere Funde in Gestalt einer weiblichen Bronzefigur, wahrscheinlich ein Abbild der Göttin Lakshmi, ornamentaler Steine, altjavanischer Inschriften sowie chinesischer Keramik aus der Sung-Dynastie weisen darauf hin, daß sich hier früher das Zentrum eines malaiischen Reiches befand.

Die Provinz Süd-Sumatra

Sumatras größte Provinz (103 688 km^2) heißt auf indonesisch Sumatera Selatan (Süd-Sumatra). Ihre 6,9 Mill. Einwohner gehören zu 97% dem Islam an. Die Provinzhauptstadt Palembang am fast 700 km langen Musi-Fluß bildete vom 7.–14. Jh. das Zentrum des maritimen Großreiches Srivijaya. Eine Reihe von großen und kleineren Flüssen durchzieht die Zentralebene, wo sich auch Landschaften mit Reisfeldern und Kautschukanpflanzungen ausweiten. Die östliche Küstenregion ist charakterisiert durch Flachland-, Sumpf- und Mangrovenwälder. In den westlichen Regionen wird Sumatera Selatan vom Barisan-Gebirgszug berührt; hier liegen die höchsten Erhebungen wie Gunung Dempo (3 159 m), Gunung Seblat (2 363 m) u. a. Inmitten dieser Bergwelt liegt der 15 km lange und 12 km breite See Danau Ranau. An den fruchtbaren Hängen und in den Tälern werden Kaffee, Tee, Nelkenbäume und Gemüse angebaut. Eine der reichsten indonesischen Provinzen ist Süd-Sumatra wegen der riesigen Rohstoffvorkommen an Öl, Erdgas, Kohle und Holz. Vor der Küste liegen die Zinn-Inseln Bangka und Billiton (auch Belitung). In den dichten Regenwäldern, die während der letzten Jahre durch Brandrodungen, Feuersbrünste und Transmigrantenansiedlung erheblich dezimiert wurden, leben Restbestände von Elefanten, Nashörnern, Tigern, Tapiren, malaiischen Bären, Krokodilen und verschiedenen Affenarten.

Palembang, Hauptstadt der Provinz Süd-Sumatra

Modernes Wahrzeichen der von 1,2 Mill. Menschen bewohnten Provinzhauptstadt am mächtigen Musi-Fluß ist die 78 m hohe **Ampera-Zugbrücke,** eine Reparationsleistung der Japaner für Kriegsschäden. Am linken Flußufer liegt das eigentliche Stadtzentrum mit der größten und ältesten Moschee,

Masjid Agung, die 1738 während der Herrschaft Sultan Machmud Badaruddins entstand. In Hafennähe, unweit der Ampera-Brücke, liegen die pulsierenden Marktviertel. Die scheinbar sich unendlich dahinziehende Hauptstraße, Jl. Sudirman, fungiert als eine Art Champs-Elysées, auf der man sieht und gesehen wird. Ein schönes Beispiel traditioneller Hausarchitektur findet man im **Rumah Limas,** dessen Kennzeichen eine halbpyramidenförmige Dachkonstruktion ist, die bereits bei kaiserlichen Gesandten der Ming-Dynastie (14.–17. Jh.) Aufsehen erregte und beschrieben wurde. In zwei Museen hat man Gelegenheit, sich mit der Historie Palembangs zu befassen, einmal im **Museum Budaya Machmud Badaruddin** auf dem Gelände des früheren Sultanspalastes, wo Götterstatuen und steinerne Relikte aus der Zeit des glorreichen Srivijaya-Imperiums zu bewundern sind. Außerdem wird im **Palembang Museum** eine Reihe von Relikten, ebenfalls aus der Zeit Srivijayas, aufbewahrt. Die Ruinen des **Forts Benteng Kuto Besak,** eines Bollwerks Sultan Machmud Badaruddin II, stehen in der Nähe der Ampera-Brücke und erinnern an die tragischen Ereignisse am 1. Juli 1821 als Palembang nach heftiger Gegenwehr von holländischen Kolonialtruppen eingenommen wurde. Palembang ist das Zentrum der indonesischen Ölindustrie, mächtige Raffinerien beherrschen das Stadtbild. In der Umgebung liegen die größten Ölvorkommen, die bislang in Indonesien gefunden wurden. Ferner konzentrieren sich hier aber auch die Kautschuk verarbeitenden Fabriken und die Düngemittelproduktion. Den Fluß entlang sieht man unterschiedliche Produktionsstätten und Betriebe. Palembang ist ein Industriezentrum, das in der indonesischen Wirtschaft eine sehr große Rolle spielt. Die Stadt ist mit dem Flugzeu

Die Kubu

Interessantes gibt es über die in Zentral- und Süd-Sumatra lebenden Kubu zu berichten, einen Stamm, der nach völkerkundlichen Theorien weddiden Ursprungs sein, d. h. aus dem Raum Indiens und Sri Lankas kommend, und zu den ältesten Bewohnern Sumatras gehören soll. Vor Jahrhunderten zogen sie sich in die Urwälder zurück, um nicht in die Knechtschaft der islamischen Sultanate zu fallen. Zu Beginn dieses Jahrhunderts wurden allerdings von den noch 8000 lebenden Kubu die meisten von den Malaien zum Islam bekehrt, so daß nur noch einige Dutzend Familien als halbnomadisierende Jäger und Sammler in den Dschungelwäldern von Zentral- und Süd-Sumatra zwischen den großen Flüssen Batang Hari und Musi in Gruppen von maximal etwa 30 Personen leben. Die meisten dieser Waldnomaden sind nur leicht bekleidet, schlank und aufgrund von Fehl- und Unterernährung häufig von sehr schmächtiger Gestalt. Die Männer jagen mit einem einfachen Holzspeer, der mit einer Eisenspitze bewehrt ist, sowie mit ausgelegten Schlingfallen nach Wildschweinen, Affen, Schildkröten und kleineren Tieren des Urwaldes. Begehrt sind auch Raupen, Eidechsen, Ameisen und dergleichen mehr. Um Süßkartoffeln und Tapioka anzupflanzen, werden kleine Urwaldflächen im Brandrodungsverfahren hergerichtet. Die in den Urwäldern noch lebenden Kubu errichten für sich am Rande ihrer Brandrodungen und kleinerer Flüsse oder Bäche relativ stabile Hütten mit Blätterdächern, in denen sie wohnen. Für einzelne ihrer Angehörigen werden dagegen nur Dächer gespannt, die vor Wind und Regen schützen. Baden und Waschen ist bei den Kubu verpönt. Der Schmutz wird mit Gras oder Blättern vom Körper gerieben, weshalb die Haut manchmal schorfig und spröde ist. Hautkrankheiten kommen aus diesem Grund häufiger vor, auch schwere Entzündungen, die zum Beispiel zum Verlust des Augenlichtes führen können.

Der erste Weiße, der diese Waldnomaden zu Gesicht bekam, war 1823 ein niederländischer Kolonialbeamter. Der Versuch, die Kubu seßhaft zu machen, erwies sich als außerordentlich schwierig, da sie in jedem To-

Kubu-Kinder in den Wäldern Zentral-Sumatras

desfall eines Mitglieds ihrer Gruppe ihre Waldunterkünfte fluchtartig verließen. Ansonsten ist aber das große Mißtrauen dieser Menschen gegenüber allem Fremden keine angeborene Eigenschaft, sondern eine Folge ihrer großen Ausbeutung und Unterjochung durch die Malaien, die eine tiefe Verachtung für die Kubu hegten. Auch heutzutage lassen noch clevere Malaien die Kubu für sich die schwere Arbeit wie Kautschuksammeln und das Roden von Urwaldflächen verrichten, was mit dem entsprechenden Transport des Gummis oder Holzes zum nächsten Fluß in Anbetracht dessen, daß sie dafür als Lohn ein abgelegtes Kleidungsstück, eine Taschenlampe, einen Sarong oder ein wenig Tabak erhalten, eine wahre Fron ist.

Musikinstrumente, Lieder und Tänze kennen die in den Wäldern lebenden Kubu nicht. Auch ist ihre ursprüngliche Sprache verlorengegangen. Heute verständigt man sich in einer Sprache, die stark an das Hochmalaiisch der vergangenen Hindu-Reiche erinnert. Die Wissenschaftler tappen hier im dunkeln. Leider werden die Kubu-Nomaden der Urwälder Zentral- und Süd-Sumatras in wenigen Jahren nur noch Legende sein.

sowie mit dem Auto und der Bahn gut zu erreichen. Sowohl die Eisenbahn als auch die Trans-Sumatra-Fernstraße verlaufen parallel zum südöstlich gelegenen Barisan-Gebirge bis zur Stadt Baturaja in nordwestlicher Richtung (286 km). In Baturaja trennen sich die Fernroute Nr. 25 und die Bahn. Während die Bahn sich nun nach Norden in Richtung Palembang wendet, verläuft die Fernroute noch ein Stück geradeaus weiter in nordwestlicher Richtung bis zur Stadt Muaraenim (112 km). Von Muaraenim zweigt eine Straße niederer Ordnung nach Palembang ab, die über den Ort Prabumuli führt. Von Muaraenim besteht auch eine Eisenbahnverbindung nach Palembang, die parallel zur Straße verläuft.

Hotels

Sanjaya (3 Sterne), Jl. Kapt. A. Rivai,
Tel. 2 06 34

Puri Indah (1 Stern), Jl. Merdeka 38–40,
Tel. 2 06 85

Musi, Jl. Merdeka 252, Tel. 2 21 07

Restaurants

Selatan Indah International,
Jl. Letkol Iskandar 434, Tel. 2 18 01

Sekar Kuring, Jl. Veteran 432D, Tel. 2 04 40

Telefon

Vorwahl Palembang: 07 11

Bangka

Die vor der Küste der Provinz Sumatera Selatans liegende Insel Bangka ist mit 11 600 km² doppelt so groß wie Bali. Ein Großteil der rund 600 000 Insulaner sind chinesischer Abstammung, zumeist Hakka aus der Provinz Kwantung, die Mitte des 19. Jh. von den Holländern als Arbeiter für die Zinnminen auf Bangka und seiner Nachbarinsel Billiton angeworben wurden. Die wirtschaftliche Bedeutung von Zinn ist je-

doch stark zurückgegangen, statt dessen ist der Tourismus von steigender Bedeutung. Untrennbar verbunden mit Bangka ist der weiße Pfeffer, *sahang*. Der soziale Status der Bauern ist eng mit der Menge der angebauten Pfefferpflanzen verbunden. Weißer Pfeffer wird seit dem 18. Jh. in Bangka angebaut, und einst sollen dort 10 Mill. Pfefferstöcke gestanden haben. Die Landschaft der Insel zeichnet sich durch herrliche Strände und Hügelregionen aus, deren höchste Erhebung der **Gunung Maras** (699 m) ist. Größte Stadt auf Bangka ist **Pangkal Pinang,** die an der Ostküste liegt und vom Rangkui-Fluß in zwei Hälften geteilt wird. Das wirtschaftliche Leben der Stadt wird von Chinesen dominiert, deren Läden ein reichhaltiges Warensortiment bieten. Die Seafood-Restaurants glänzen durch eine ausgezeichnete Küche. Anschauliche Informationen über den Zinnabbau und seine geschichtlichen Hintergründe erhält man im **Zinn-Museum** in der Jl. Jendral A. Yani.

Billiton (Belitung)

Südöstlich von Bangka, nur durch die Meeresstraße von Gaspar getrennt, liegt die von rund 170 000 Menschen bewohnte Insel Billiton, die von der Fläche her etwas kleiner als Bali ist. Gigantische Granitblöcke liegen hier verstreut an den langen Sandstränden. Wie Bangka ist auch Billiton eine Zinn-Insel, und viele seiner Bewohner sind bzw. waren in den Zinngruben beschäftigt. Die meisten der sich als Fischer verdingenden Inselbewohner sind Abkömmlinge der Orang Laut, jener Seenomaden, die auf den Meeren ganz Südostasiens zu Hause waren und heutzutage größtenteils seßhaft sind. Die Hauptstadt **Tanjung Pandan** liegt im Westteil der Insel, von hier führen Straßen in alle Richtungen Billitons. Die schönsten Strände sind **Tanjung Binga,** nahe der gleichnamigen Ortschaft, und **Kelayang Beach.** Bescheidene Unterkünfte und Restaurants sind vorhanden. 7 km östlich von Kelayang liegt **Tunggi Beach,** wo zwischen mächtigen Granitblöcken pittoreske Bäume wachsen. Die größten Steinblöcke dienen Hobby-Bergsteigern als Übungsterrain. Der **Gembira Beach** (»fröhlicher Strand«) befindet sich in der Nähe von Membalong. Von hier kann man zur Insel Seliu übersetzen.

Die Rafflesia arnoldi ist die größte Blume der Erde

Die Provinz Bengkulu

Als rund 390 km langer und 30 bis maximal 80 km breiter Streifen verläuft die 21 168 km^2 große Provinz Bengkulu an Sumatras Westküste. Aufgrund schlechter Straßenverhältnisse und der »Barriere« des Barisan-Gebirges gehörte Bengkulu bis weit in die achtziger Jahre hinein zu den isoliertesten Regionen Sumatras. Bengkulu, mit 1,3 Mill. Einwohnern nur wenig besiedelt, besitzt fruchtbare Böden, auf denen Kaffee, Pfeffer, Nelken, Muskatnuß u. a. hervorragend gedeihen und zu einer wirtschaftlichen Blüte geführt haben. Nirgendwo sonst in Sumatra sieht man gepflegtere Ortschaften als in den Bergregionen Bengkulus. Die wirtschaftliche Ergiebigkeit, besonders durch den Pfefferhandel, war auch den Engländern bekannt, die es verstanden, sich 1685 durch Vertrag das Recht auf einen Handelsposten und Stützpunkt in Bengkulu einräumen zu lassen, womit dieser Außenposten de facto an England fiel. In den folgenden Jahren entstand das Fort York, genügte jedoch bald militärischen Ansprüchen nicht mehr, und in den Jahren 1713–19 entstand die größte Festungsanlage Südostasiens, das Fort Marlborough. Nach 140 Jahren englischer Herrschaft wurde Bengcoolen,

so die englische Bezeichnung, 1825 im Tausch gegen Malakka an die Holländer übergeben. Eine herausragende Rolle in der Geschichte der Provinz spielte der 1817 als Gouverneur von Bengcoolen eingesetzte Thomas Stamford Raffles (dem späteren Begründer Singapurs). Der vielseitig begabte Raffles lernte in Bengcoolen, zusammen mit seinem Assistenten Joseph Arnold, eine außergewöhnliche Riesenblume kennen, die in die Botanik als Rafflesia arnoldi einging und von den Indonesiern wegen ihres strengen Aasgeruchs landläufig als *bunga bangkai raksasa* (Riesenkadaverblume) genannt wird (S. 31). In den ausgedehnten Urwäldern Bengkulus lebt zahlreiches Großwild wie Elefanten, Tiger, Nashörner u. a.

Bengkulu, Hauptstadt der Provinz Bengkulu

Gleichnamig sind die Provinz Bengkulu und ihre Hauptstadt, die unmittelbar an den feinsandigen Stränden des Indischen Ozeans liegt. Besonderer Anziehungspunkt Bengkulus ist die Altstadt mit der ehemaligen Festung **Marlborough,** die heute von der indonesischen Armee verwaltet wird, aber durchaus mit Genehmigung besichtigt werden kann. Etwa 3 km nördlich stand das im 18. Jh. erbaute ehe-

Junger Ureinwohner aus Bengkulu zu Anfang des 19. Jahrhunderts

malige **Fort York.** Das Altstadtviertel ist unverkennbar geprägt vom Einfluß chinesischer Kaufleute und Händler. Das **Parr-Hamilton-Denkmal** an der Hauptstraße erinnert an den gewaltsamen Tod zweier Kolonialhonoratioren durch Aufständische. In Bengkulu-Stadt befindet sich auch das frühere Haus des ersten indonesischen Präsidenten Sukarno, der dort auf Geheiß der Holländer im Exil leben mußte. Sukarno, ursprünglich Zivilingenieur, entwarf im Stadtviertel Penggatungan die Moschee **Masjid Jamik.** In **Pulau Baai,** etwa 12 km südlich der Stadt, sind einige Ruinen des ehemaligen Königreiches Selebar zu sehen. Von Bengkulu bestehen tägliche Flugverbindungen nach Jakarta, mehrere Male wöchentlich auch nach Palembang.

Hotels

Hotel Samudra, Jl. Jend. Sudirman (bestes Hotel der Stadt)

Nala Beach Cottages, Jl. Pantai Nala 133 (sehr individuell)

Enggano

Die wichtigste unter den zu Bengkulu gehörenden Inseln ist Enggano, etwa 300 km² groß; die Schiffsreise von Bengkulu aus dauert 18 Stunden. Enggano ist ursprünglich von einem altmongoliden Volk bewohnt gewesen und war deshalb für die Völkerkunde von besonderem Interesse. Die Inselbevölkerung reduzierte sich allein zwischen 1866 und 1884 von 6420 auf nur 870 Einwohner; Wissenschaftler mutmaßen dafür eingeschleppte Krankheiten europäischer Seefahrer, die bereits im 17. Jh. zum ersten Mal hier an Land gingen. Den Schlußstrich unter die alte Enggano-Kultur zogen dann im 19. Jh. wenig sensible malaiische und chinesische Händler. Ursprünglich lebten die Engganesen in hohen, bienenkorbähnlichen Pfahlhütten. Man lief gänzlich nackt und kannte keinerlei Metall. Man lebte von der Jagd und vom Fischfang sowie von Bananen und Knollenfrüchten. Die Sozialstruktur basierte auf der Organisationsform matrilinearer Clans. Heutzutage haben sich die wenigen überlebenden Ur-Engganesen mit malaiischen Zuwanderern aus Sumatra vermischt, und von der ursprünglichen Kultur sind nur spärliche Überreste vorhanden. Die Insellandschaft wird von tropischen Primärwäldern bestimmt, in denen endemische Pflanzen- und Tierarten anzutreffen sind. Der 10000 ha große **Nau'ua-Naturpark** wird als Revier zur Jagd auf Rehwild, Wildschweine u. a. genutzt.

Lampung, Transitprovinz zwischen Sumatra und Java

Die südlichste Provinz Sumatras von der Größe Baden-Württembergs war bis vor wenigen Jahren noch das wichtigste Ansiedlungsgebiet für javanische und balinesische Transmigranten.

Lampung hat rund 6 $1/2$ Mill. Einwohner. Hauptstadt ist **Bandar Lampung**, ein Zusammenschluß der Zwillingsstädte Tanjung Karang und Teluk Betung. Auf der südöstlichen Landzunge Sumatras liegt der Fährhafen **Bakauhuni**, von wo aus die Fährschiffe neuerdings nur 1 $1/2$ Stunden bis zum westjavanischen Hafen Merak benötigen.

Früher wurden die Bewohner Lampungs in Orang Abung (Stadtbewohner) und Orang Peminggi (Küstenbewohner) unterschieden, heutzutage dagegen in Einheimische und Neuankömmlinge (gemeint sind damit die Siedler aus Java und Bali). Sehr deutlich erkennt man die große Umsiedlungsaktion an den zahlreichen neugegründeten Orten, die bekannte Städtenamen aus Java und Bali tragen, z.B. Surabaya, Surakarta, Wonosobo, Pekalongan, Gunung Agung u.a. Bereits 1905 kamen die ersten 105 Siedlerfamilien aus Java nach Süd-Sumatra. Ob allerdings die nährstoffarmen Böden der sumatranischen Regenwaldgebiete diese großen Umsiedlungsaktionen vertragen, ist mehr als fraglich.

Wie von der Westküste Javas, besteht auch von der Südküste Sumatras die Möglichkeit, zur bekannten **Vulkaninsel Krakatau** mit dem Fischerboot oder dem Speedboot überzusetzen. Die Fahrt geht von **Pantai Canti**, etwa 15 km südlich der Stadt Kalianda, aus.

Für den Liebhaber von Natur und Tieren in freier Wildbahn sind die Naturschutzreservate **Bukit Barisan Selatan** und **Way Kambas** interessante Ziele. Der 356 000 ha große Bukit Barisan Selatan-Park besteht zu 90% aus tropischen Regenwäldern, in denen Argus-Pfau, das sumatranische Rhinozeros, Gibbon-Affen, Elefanten, Tiger, Tapire, Hirsche, Rehe, Wildschweine, Bären und zahlreiche Vogelarten leben. Das ausgedehnte Areal besteht überwiegend aus Flach- und Bergwäldern. Die höchste Erhebung bildet der Berg Sekincan (1 718 m). Die Anreise erfolgt in achtstündiger Überlandtour per Auto von Tanjung Karang über Bukit Kemuning und Liwa nach **Krui.** Man kann auch zunächst 2 Std. mit dem Auto von Tanjung Karang nach Kota Agung fahren und von dort aus weiter per Speedboat 3–4 Std. entlang der östlichen Küste von **Teluk Semangka.** Zuständige Behörde für die Genehmigung zum Betreten des Parks ist das PPK Kepala Seksi, Bandar Lampung.

Etwa 125 km östlich von Bandar Lampung liegt das 130 000 ha große Naturreservat **Way Kambas,** welches den Status eines Nationalparks erhalten soll. 286 von den insgesamt 584 Vogelarten Sumatras leben in diesem Reservat, außerdem die vom allmählichen Aussterben bedrohten Tierarten wie Elefant, Tiger, Tapir und Wildhund. Das Naturreservat Way Kambas kann mit dem Auto in 3 Std. über Tanjung Karang, Metro und Labuhan Ratu Lama erreicht werden. Eine andere, etwa fünfstündige Strecke führt über Bakauhumi, Panjang, Sribawono, Way Jepara und Labuhan Ratu Lama. Zuständige Behörde ist PHPA (Perlindungan Hutan dan Pelestarian Alam), Bandar Lampung. 1985 wurde der Trans-Sumatra Highway in nahezu allen Sektoren fertiggestellt. Damit ist die drittgrößte Insel Indonesiens von Nord nach Süd durch eine befestigte Straße erschlossen worden.

Nächste Doppelseite:
Morgendämmerung über der Bucht von
Manado in Nord-Sulawesi

Sulawesi

Sulawesi

Allgemeines

Sulawesi, früher Celebes genannt, ist mit 189 216 km² Fläche und 13,2 Mill. Einwohnern die viertgrößte Insel Indonesiens und die drittgrößte der Großen Sunda-Inseln. Die Insel ist bizarr geformt, mit einiger Phantasie sieht sie wie eine Orchideenblüte oder ein riesiger Polyp aus. Durch die langgestreckten Halbinseln kommt eine extrem lange Küste zustande. Vom Kern der Insel, der aus schwer zugänglichem Bergland besteht, erstrecken sich diese Halbinseln, die zum Teil, wie die Halbinsel Minahasa, noch vulkanisch sind, weit ins Meer hinaus. Im Süden, in der Nähe der Hauptstadt Ujung Pandang, früher Makassar, erhebt sich der erloschene Vulkan Lompo Batang (3 000 m). Ansonsten ist mit 3 450 m Höhe der Rantekombola der höchste Berg. Große Teile der Insel sind noch mit tropischem Urwald bedeckt. Die südliche Halbinsel Makassar weist dagegen schon weite Alang-Alang-Grasfluren auf. Die Makassar-Halbinsel und die Halbinsel Minahasa sind gegenüber den anderen Regionen dichter besiedelt.

Sulawesi ist in vier Provinzen eingeteilt, Nord-, Zentral-, Süd- und Südost-Sulawesi. Die Hauptstädte dieser Provinzen sind, in gleicher Reihenfolge aufgezählt, Menado, Palu, Ujung Pandang und Kendari. Im zentralen und westlichen Teil von Sulawesi leben die Stämme der Toraja (Bergleute), rund 430 000 Menschen. Den Südwesten der Insel bevölkern die Stämme der Se-ku, Rongkong sowie Buginesen und Makassaren, die überwiegend dem mohammedanischen Glauben angehören. Auf der östlichen Halbinsel besteht die Bevölkerung aus Loinang, Balantak, Wana, Banggai und auf der südöstlichen Seite aus den Mori, Laki, Muna und anderen. Sie alle haben noch Bindungen zu einer neolithisch-bronzezeitlichen Kulturstufe, die derjenigen der Batak auf Sumatra ähnelt. Auf der nördlichen Halbinsel wohnen die weitgehend zum Christentum übergetretenen Minahasa und die islamisierten Gorontalo. Im zentralen Bergland wurde um 1900 ein kleiner Stamm, die Toala, entdeckt, der in Höhlen auf absolut steinzeitlicher Stufe lebte.

Bis ins 15. Jh. war Sulawesi dem javanischen Großreich von Majapahit untertan. In der 1. Hälfte des 16. Jh. gründeten hier die Portugiesen, auf der Suche nach den begehrten Gewürzen, erste Handelsniederlassungen. Sie wurden in der zweiten Hälfte des 17. Jh. von den Niederländern vertrieben, die sich nun ihrerseits auf der Insel festsetzten, Forts bauten und ihre Vormachtstellung auch trotz ständiger kriegerischer Auseinandersetzungen mit den einheimischen Fürsten bis zum Ende der Kolonialzeit aufrechterhielten. Um 1830 setzte die erfolgreiche Christianisierung der Minahasa ein. Von 1942 – 45 währte die japanische Besetzung. Danach wurde Sulawesi in die indonesische Republik integriert.

Nord-Sulawesi

Allgemeines

Neuester Name für das nördliche Halb-
inselhorn Sulawesis ist Bumi nyiur
melambai (Land der tanzenden Ko-
kosnußwedel), eine Anspielung auf
die ausgedehnten Kokosnußanpflan-
zungen, die einen Teil des Reichtums
der Region begründen. Die Provinz
Nord-Sulawesi mit der Hauptstadt
Manado umfaßt 25 786 km² Bodenflä-
che und zählt 2,6 Mill. Einwohner.
Die langgestreckte Form Nord-Sulawesis mißt in der West-Ost-Ausdehnung 560 km und in der Nord-Süd-
Richtung maximal 80 km. Vulkan-
landschaften mit fruchtbaren Tälern,
zahlreiche Flüsse und idyllisch gelegene Seen bestimmen insbesondere
die Landschaft Minahasas, eine der
fünf Regionen Nord-Sulawesis. Die
beiden westlich gelegenen Land-
schaftsregionen und Regentschaften,
Boolang Mongondow und Gorontalo,
weisen ausgedehnte Naturparks auf.
Boolang Mongondow und Gorontalo
sind überwiegend islamisch, wohin-
gen Minahasa und die nördlichen,
sich bis zu den Philippinen hinziehen-
den Inselgruppen Sangire und Talaud
in großer Mehrzahl von Christen
bewohnt sind. Die wunderschönen
Landschaften Nord-Sulawesis, seine
Sehenswürdigkeiten und die zauberhafte Unterwasserwelt unweit der
dem Festland vorgelagerten Inseln ziehen mehr und mehr ausländische
Besucher an. 1991 waren es bereits
14 000, vorwiegend Japaner, Holländer
und Deutsche.

Geschichte

In der berühmten Sage von Toar und
Lumimuut wird die Schöpfungsge-
schichte der Minahasa erzählt. Dieser
Sage zufolge soll Lumimuut aus einem
Meeresfelsen geschaffen und später
vom Seewind geschwängert worden
sein, worauf sie einen Sohn, Toar, ge-
bar. Dieser wuchs heran und begab
sich im Mannesalter auf die Suche
nach einer Frau. Nach vielen Jahren
des Umherirrens trafen Mutter und
Sohn wieder zusammen, ohne jedoch
einander zu erkennen. Es kam zu einer
Paarung, und die Nachfahren bildeten
die sieben Stämme, aus denen die Minahasa hervorgingen. Nach neueren
Erkenntnissen sollen austronesische
Migranten von den Philippinen um
2500 v.Chr. die nördlichen Küsten von
Sulawesi erreicht haben. Verwandt-
schaftliche Beziehungen einiger phi-
lippinischer Sprachen mit denen der
Minahasa sind wissenschaftlich unter-
mauert. Im 14. Jh. geriet Sulawesi vorübergehend in die Einflußsphäre des
javanischen Großreiches Majapahit,
und nach dessen Niedergang Anfang
des 16. Jh. tauchten die Portugiesen
auf. Sie nannten das unbekannte Land
Celebes, Insel der Berüchtigten, in Anlehnung an die in diesen Gewässern
häufigen Piratenüberfälle. 1570 begann mit dem Erscheinen der Spanier
der Kampf um die Vorherrschaft auf
den Gewürzinseln. Da die Seerouten
an Sulawesi vorbeiführten, drängten
auch hier die Spanier ihre lusitani-
schen Rivalen zurück. Am Ende waren
es aber die Holländer, die sich gegen alle Konkurrenz durchsetzten und 1679
mit den Minahasa Landverträge ab-
schlossen. Es dauerte jedoch noch 130
Jahre, bis die Holländer das Innere des
Minahasa-Gebietes von Missionaren
befrieden ließen, um dann gewinn-
trächtige Kaffee- und Gewürzkulturen

Der Ban Hian ist der älteste chinesische Tempel in Ost-Indonesien

durchzusetzen. Die protestantische Mission verstand es, innerhalb von 50 Jahren aus Kopfjägern folgsame Christen zu machen. Die Minahasa entwikkelten sich zu loyalen Untertanen der niederländischen Krone und wurden belohnt mit Bildungseinrichtungen und Positionen im Dienst der Königin, einschließlich der Kolonialarmee. Nach der japanischen Besatzungszeit 1942–45 und der folgenden indonesischen Unabhängigkeitserklärung strebte Nord-Sulawesi einen eigenen autonomen Weg an. Diese Pläne durchkreuzte die indonesische Zentralregierung durch militärische Operationen, im Februar 1958 wurde Manado bombardiert und im September 1959 das Hauptquartier der Rebellen in Kotamobagu erobert. Nord-Sulawesi wurde der Republik Indonesien einverleibt.

Anreise

Von Jakarta bestehen tägliche Flugverbindungen (Garuda, Bouraq), dreimal wöchentlich gibt es Flüge über Surabaya und Ujung Pandang nach Manado (Mandala), von Ambon nach Manado täglich außer donnerstags und von Jayapura nach Manado Mittwoch und Samstag (Merpati). Die Schiffahrtsgesellschaft Pelni bedient die Routen Jakarta – Surabaya – Ujung Pandang – Balikpapan – Panataloan – Bitung mit der KM Kambuna und Jakarta – Surabaya – Ujung Pandang – Kwandang – Bitung mit der KM Umsini zweimal monatlich.

Manado, Hauptstadt der Provinz Nord-Sulawesi

Manado ist mit 338 000 Einwohnern Schmelztiegel hauptsächlich der Minahasa, Boolang Mongondow, Sangihe-Talaud und Gorontalo sowie einer chinesischen Minderheit. Manado lieg inmitten einer grandiosen Vulkanlandschaft und hat ausgedehnte Kokosnuß- und Nelkenplantagen sowie eine lange Uferpromenade am Meer. Mehr als 270 Kirchen, zum Teil im Zuckerbäckerstil, pompöse Regierungsbauten und stattliche Banken bestimmen das Stadtbild an der langgestreckten Jl. Sam Ratulangi. Für einen kulturellen Überblick Nord-Sulawesis empfiehlt sich das **Provinzmuseum** in der Jl. Supratman. Wer Shows, Tänze, Gesänge und sonstige Aufführungen liebt, sollte einen Besuch im **Taman Budaya Manado** in der Jl. Maengket nicht versäumen. Manadonesen haben sich als Sänger und Künstler in Indonesien einen Namen gemacht. Der älteste chinesische Tempel Ost-Indonesiens, der **Ban Hian** aus dem frühen 19. Jh., ist in der Jl. Panjaitan zu bewundern. Jährlich findet das Toa Pe Kong-Fest mit einem Zug buntgekleideter Reiter auf Pferden, »unverwundbaren« Schwertakrobaten und mehr als 10 m langen Drachenformationen statt. Manado ist Ausgangspunkt zur Insel **Bunaken** (14 km von der Bucht von Manado entfernt) und einigen Nachbarinseln mit hervorragenden Tauchmöglichkeiten zu Unterwassergärten, die weltweit ihresgleichen suchen. Folgende Organisationen haben sich auf den Tauchsport spezialisiert:

Nusantara Diving Center (NTC), Molas Beach, Dusun III, P. O. Box 15, Manado 95001, Tel. 04 31-6 39 88, Telex 74 100 BCA MO

Baracuda Resort, Jl. Sam Ratulangi 61, Manado 95001, Tel. 04 31-6 20 33 und 6 62 49, Fax 6 48 48

Tirta Satwa Diving Center, Malalayang 1, P.O. Box 82, Manado 95001, Tel. 04 31-6 38 22

Hotels

Manado Beach Hotel, Tasik Ria, Tel. 6 70 01-5

Kawanua, Jl. Sam Ratulangi 1, Tel. 5 22 22

Kolongan Beach, Jl. Wolter Mongonsidi, Tel. 5 30 01

Wisma Tokambene, Jl. Sam Ratulangi 7, Tel. 6 37 53

Panorama, Jl. Raya Tomohon Winangun, Tel. 5 11 58

Information

North Sulawesi Provincial Tourism Office, Jl. Agustus 17, Tel. 6 42 99

Restaurants

Bunaken Indah (chin., indon.), Jl. Martadinata 53, Tel. 6 28 85

Fiesta Raya (chin.), Jl. Sam Ratulangi, Tel. 6 23 63

Manado Hill Top (chin., indon.), Jl. Agustus 17. Tel. 6 65 81

Telefon

Vorwahl Manado: 04 31

Ausflüge in die nähere und weitere Umgebung von Manado

Manado ist ein idealer Ausgangspunkt für Ausflüge zu den vorgelagerten Inseln, zu nahen Badestränden und zum Naturschutzpark Tangkoko Batuangus. Eine Rundtour durch das Gebiet der Minahasa beginnt ebenfalls in Manado. **Tasik Ria** mit feinsandigen Stränden liegt 20 km südwestlich von Manado.

Fährt man von Manado nach Süden, kommt man zur Stadt Pineleng

Der Vulkanberg Lokon in der Nähe von Tomohon in Nord-Sulawesi

(8 km). Im Nachbardorf **Lotak** befindet sich das Grab des hier verstorbenen Freiheitskämpfers Imam Bonjol, dem man seinen Grabbau im heimatlichen Minangkabau-Stil errichtet hat. Von Pineleng geht es sodann weiter in die Berge zur Ortschaft **Tinoor** (600 m hoch), wegen ihrer landschaftlich schönen Lage und kleinen Minahasa-Restaurants mit typisch lokalen Speisen ein beliebtes Ausflugsziel für die Bewohner von Manado. Von einigen Aussichtsstellen bietet sich ein weiter Blick über Manado und seine Bucht mit den vorgelagerten Inseln. Durch Anpflanzungen von Palmen und Nelkenbäumen geht es in das 800 m hoch gelegene **Tomohon** (25 km), flankiert von zwei aktiven Vulkanen, dem Lokon (1 590 m) und dem Mahawu

(1 310 m). Bereits seit dem 19. Jh. ist Tomohon Zentrum der protestantischen Mission und beherbergt mehrere christliche Seminare. Dutzende von Gärtnereien säumen die Einfahrtsstraße von Tomohon, und im Zentrum liegt ein interessantes Marktviertel (Hauptmarkttage Dienstag, Donnerstag und Samstag). Im reichhaltigen Angebot finden sich u. a. Gewürze, lokale Speisen, Meeresfische, ja sogar Hunde- und Rattenfleisch sowie Fledermäuse. Bezeichnend für die Minahasa ist ihre unaufdringliche Freundlichkeit. Vom Lokon Resting Resort, einer gepflegten Gästehausanlage, läßt sich direkt und ohne Umwege eine Exkursion zum Mount Lokon unternehmen.

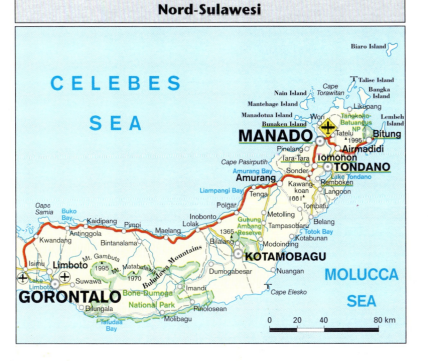

Abstecher nach Tara-Tara

Am Fuße des Lokon-Vulkans, 8 km westlich von Tomohon, liegt das Dorf Tara-Tara inmitten von Nelkenplantagen und schön angelegten Reisfeldern. Die Bewohner von Tara-Tara haben sich auf traditionelle Tanz- und Musikvorführungen spezialisiert, zum Beispiel die Kriegstänze *cakalele, tari lenso* oder *maengket.* Man spielt dazu Musik auf Instrumenten aus Bambus oder sogar Seemuscheln *(musik bia).* Ein besonderer Ohrenschmaus sind Vorführungen auf Xylophonen *(kolintang).*
Wieder zurück in Tomohon, geht es weiter in Richtung Kawangkoan (45 km). Hinter dem Dorf Lahendong, ca. 8 km von Tomohon entfernt, führt links ein Weg zum idyllisch gelegenen Vulkansee **Danau Linow.** Auf dem weiteren Weg passiert man **Leilem,** ein Handwerkerdorf, wo traditionelle Minahasa-Häuser aus Holz im Baukastensystem hergestellt werden. Auf dem weiteren Weg liegt **Sonder,** ein Dorf wohlhabender Nelkenbau-

ern, und 4 km vor Kawangkoan stößt man auf Relikte aus dem Zweiten Weltkrieg, japanische Munitions- und Vorratshöhlen in einem 125 m langen Tunnelsystem. Rund 2 km hinter Kawangkoan, in Richtung Langowan, führt rechts hinter dem Minahasa-Institut für Technologie (MIT) eine Straße zum **Watu Pinawetengan,** einem sakralen eckigen Stein aus mythologischer Zeit. Hier soll die Urmutter Lumimuut ihrer Sippe durch »katasteramtliche« Eingravierungen auf dem Stein bestimmte Gebiete zugeordnet haben. Später haben sich am Watu Pinawetengan die sieben Minahasa-Stämme durch Schwur vereinigt. Über Langowan (54 km) geht es weiter nach **Remboken** (70 km), einem traditionellen Dorf am Tondano-See, welches sich zu einem Ausflugsziel mit kleinen Bungalows und einem Swimmingpool entwickelt hat. Entlang des Sees, dessen Höhenlage 700 m beträgt, führt die Panoramastraße nach **Tondano** (83 km), der Hauptstadt Minahasas. Hier geht es beschaulich zu, und der ört-

Hauptkirche in Tondano in Nord-Sulawesi

liche Taxidienst besteht aus Pferdekutschen, *bendi*, mit denen sich gut eine kleine Stadtrundfahrt arrangieren läßt. Dabei geht es zum Denkmal des Tondano-Krieges, einem Monument zur Erinnerung an die ersten Aufstände gegen die Holländer 1808/09, durch die ländlich wirkenden Wohnviertel und zum Markt in der Stadtmitte.

Sawangan, Bitung, Nationalpark Tangkoko Batuangus

Einer der traditioneller Waruga-Steinsarkophage

Von Manado aus ostwärts führt eine gut ausgebaute Straße nach Bitung (47 km). Zunächst erreicht man Airmadidi (19 km), wo rechts eine Straße in Richtung Tondano abbiegt und nur wenige Kilometer entfernt das Freilichtmuseum **Taman Purbakala Sawangan** liegt. Hier stehen in einem Park mit angepflanzten Frangipani-Bäumen 144 traditionelle Steinsarkophage, *waruga*. Diese Begräbnisbehälter bestehen aus einem ausgehöhlten, quadratisch zugehauenen Stein, in den der oder die Tote in Hockstellung hineingesetzt wurde, in Anlehnung an die ursprüngliche Lage im Mutterleib. Als Verschluß dient ein pyramidendach-ähnlicher Steindeckel, auf dem Steinreliefs in Form von Menschen, Tieren und dekorativen Symbolen dargestellt

sind. Den in der Regel zu Lebzeiten be-
güterten Toten legte man oft wertvolle
Gegenstände wie Schmuck, Waffen
und chinesisches Porzellan bei, die in
späteren Zeiten häufig von Grabräu-
bern entwendet wurden. Ursprünglich
standen die *waruga* vor den Häusern
der Minahasa, mußten dort jedoch auf
Geheiß der holländischen Administration aus hygienischen Gründen entfernt werden. Der älteste Sarkophag
soll aus dem 10. Jh. stammen, die letzten *waruga* wurden etwa um 1860 als
Grabstätte verwendet. *Wa* bedeutet
vollständig und *ruga* Auflösung des
menschlichen Körpers. Der *waruga* ist
folglich ein Platz, an dem sich der Körper eines Verstorbenen auflöst. Dem
Taman Purbakala in Sawangan ist ein
kleines Museum angegliedert. Zurück
auf der Hauptstrecke, geht es weiter
nach **Bitung,** dem größten Hafen
Nord-Sulawesis. An der Einfahrtsstraße
Bitungs sieht man einen Eiffelturm en
miniature stehen, Vermächtnis eines
stillen Bewunderers, und nicht weit
entfernt davon eine phantasievolle
Kirche im Zuckerbäckerstil. Etwas außerhalb der Stadt, kurz vor Aertemba-
ga, baut man auf traditionellen Werften die seetüchtigen Holzschiffe der
Minahasa. In Bitung finden sich einige
ausgezeichnete Restaurants, wobei das
prachtvoll ausgestattete Virgo besonders erwähnenswert ist.

Eine naturkundlich aufschlußreiche
Exkursion vermittelt der Besuch des
**Naturschutzparks Tangkoko Ba-
tuangus,** der im äußersten Osten
Nord-Sulawesis liegt. In dem 8870 ha
großen Naturschutzreservat leben Tiere aus dem geographischen Überlap-
pungsbereich der asiatischen und australoiden Fauna, z.B. der Tarsier-
Zwergaffe, das Kuskus-Beuteltier, der
Zwergbüffel *(anoa),* die Zibetkatzen,
ferner eine Reihe von Affen usw. Die
Maleo-Vögel kratzen tiefe Löcher in
die Erde, legen ihre Eier hinein (größer

als Hühnereier), decken sie mit Erde zu
und überlassen den Brutvorgang der
Wärme des Bodens. Mehr als 160 verschiedene Vogelarten können im
Tangkoko Batuangus-Park beobachtet
werden.

Das Reservat erreicht man am besten mit dem Jeep von Manado aus in
zwei bis drei Stunden oder mit einem
gecharterten Boot von Bitung nach Ba-
tuputih. Eine Besuchergenehmigung
für das Naturschutzgebiet erteilt das
Sub Balal Konservasi Sumber Daya
Alam, Jl. Babe Palar 68, Manado,
Tel. 62688. Im Park steht eine einfache
Unterkunft mit zwei Schlafräumen zur
Verfügung. Die Hütte steht unter Auf-
sicht der behördlich eingesetzten
Wildhüter und liegt in Strandnähe.
Die Wildhüter sprechen begrenzt Englisch.

*Mächtiger Wurzelstamm einer Ficus-Würge-
feige im Naturschutzpark Tangkoko Batuangus*

Zentral-Sulawesi

Allgemeines

Das touristisch noch wenig erschlossene Zentral-Sulawesi hat eine Fläche von 68 726 km², auf der 1,8 Mill. Einwohner leben. Rund 75 % der Bevölkerung bekennen sich zum Islam, 21 % zum Christentum und 3 % zum Hinduismus. Bei den Hindus handelt es sich um Balinesen, die als Transmigranten überwiegend am Golf von Tomini und am Poso-See angesiedelt wurden. Mehr als ein Dutzend verschiedener Volksstämme und doppelt so viele Sprachen sowie unzählige Dialekte, allein 86 in der Region zwischen Bada-Tal und Poso, charakterisieren die ethnologische Vielfalt Zentral-Sulawesis. Bewaldete Gebirgslandschaften überwiegen, und aus ihnen kommen die Hauptwirtschaftsfaktoren Ebenholz und Rattan, die hauptsächlich nach Bali und Java zur Weiterverarbeitung verschifft werden. Der fertiggebaute 2 184 km lange Trans-Sulawesi Highway führt durch drei der vier Provinzen und bewirkt spürbar wirtschaftliche Impulse, die besonders dem bislang isolierten Zentral-Sulawesi zugute kommen.

Anreise

Tägliche Flüge von Ujung Pandang nach Palu (Merpati), von Jakarta über Surabaya und Balikpapan nach Palu und von Manado nach Palu (Bouraq). Die Pelni-Fähre KM Kambuna legt vierzehntäglich in Pantoloan, dem Hafen Palus, an.

Von Palu zum Bada-Tal und Poso-See

Bei dieser Reise handelt es sich am Anfang und Ende überwiegend um eine Trekking-Tour sowie eine Fahrt mit geländegängigen Fahrzeugen. Die rund 100 km von Palu nach Gimpu, dem eigentlichen Ausgangspunkt, legt man am besten mit einem gecharterten Jeep zurück, allein schon wegen der Ausrüstung. In Gimpu ist die beste Adresse die des Bürgermeisters, *Kepala kampung,* der bei der Vermittlung von Unterkunft, Lastpferden und Begleitern behilflich ist. Eine Brücke über den Palu-Fluß ist Startpunkt für das Urwaldtrekking auf schmalen Pfaden. In 3–4 Std. läßt sich die kleine Siedlung **Au** erreichen. Eine Besonderheit sind hier Decken aus Baumrinde. Die freundlichen Bewohner stellen gegen ein Entgelt eine Schlafstätte zur Verfügung, ansonsten

Die Megalithen im Bada-Tal

Mehr als 100 behauene Megalithen in Form menschlicher Figuren und runden Bottichen liegen oder stehen verstreut in den Tälern **Bada** und **Besoa**. Die herausragendste Figur ist die 4,5 m hohe Palindo-Statue auf dem Sepe-Plateau in der Nähe von Gintu. Die einfachen und prägnanten Gesichtskonturen deuten auf künstlerisches Niveau hin. Die weiteren Körperpartien sind unbehauen, außer markant dargestellten Geschlechtsmerkmalen, die als Symbol der Fruchtbarkeit zu verstehen sind. Allgemein interpretiert man Megalithsetzungen als Ahnenkult, wobei die anthropomorph dargestellten Figuren herausragende Ahnen der Steinhauer selbst symbolisieren sollen. Nach indonesischen Untersuchungen sollen die bottichartigen Steinbehälter als Bestattungsplatz gedient haben, ähnlich den *waruga*-Sarkophagen bei den Minahasa in Nord-Sulawesi (S. 303). Interessanterweise kommt das verwendete Steinmaterial in der Umgebung der Fundorte nicht vor und muß deshalb von entfernteren Plätzen stammen, wo möglicherweise auch die Statuen entstanden.

kann man, je nach Tageszeit und Kraftreserven, in 4 5 Std. die nächste Urwaldsiedlung **Moa** erreichen. Hier bietet sich das Haus vom *Kepala kampung*, Pak Poke, an. Der nahe Fluß Lariang übernimmt die Funktion von Bad und WC zugleich. Bei einem guten Tropfen lokalen Palmweins sind die Mühen des Tages schnell vergessen. Vom idyllischen Moa geht es weiter durch den Dschungelwald entlang des schäumenden Lariang (mit guten Bademöglichkeiten) nach **Tuare,** einem blitzsauberen 500-Seelen-Ort mit einem sehenswerten Adat-Traditionshaus. Einschließlich kurzer Pausen sind etwa 7–8 Std. für den Weg einzuplanen. Auch in Tuare findet man im Hause des Bürgermeisters eine gute Unterkunft und schmackhaftes Essen. Für die restlichen 9 km von Tuare bis Gintu, dem Mittelpunkt des Bada-Tals und Ausgangspunkt für Exkursionen zu den Megalithstatuen, sind es ca. 2 Std. Von den insgesamt 230 km sind rund 170 km per Fahrzeug zurückzulegen, etwa 60 km beträgt die Strecke zu Fuß. Es empfiehlt sich, in der Ausrüstung Trekkingschuhe, Schlafsack, Taschenlampe, Moskitospray, Feldflasche sowie Proviant für unterwegs dabeizuhaben.

Vom Bada-Tal nach Tentena

Die 76 km lange, unbefestigte Straße von Gintu nach Tentena führt durch unbewohnte Gebirgswälder und sollte daher mit einem geländegängigen Fahrzeug zurückgelegt werden (Mietmöglichkeiten in Gintu). Eine mögliche Alternative ist ein Flug mit der MAF (Missionary Aviation Fellowship). Im *kantor kamat* (Landratsamt) erhält man nähere Informationen.

Tentena

Die ländliche Kleinstadt liegt am Nordufer des in eine Caldera-Landschaft eingebetteten Poso-Sees. Die Höhenlage von 500 m bewirkt ein angenehmes und frisches Klima. Ziemlich am Ende der langen Ortsstraße, in Richtung Poso, windet sich rechts eine kurvenreiche Straße bergauf. Auf einem vorgelagerten Hügel liegt das betagte, aber atmosphärisch nette Panorama-Hotel, ein Haus aus holländischer Zeit. Hier verwöhnt die Verwalterin, Ibu Maria, ihre Gäste mit einer ausgezeichneten Küche (vorherige Bestellung). Unten am See befinden sich einige Unterkünfte und einfache Restaurants sowie die An- und Ablegestelle für das Motorschiff KM Pamona Indah, welches zumeist nachmittags nach Pendolo am Südende des Sees fährt (Fahrtdauer 3–4 Std.). Der Poso-See, mit 48 km Länge und 16 km maximaler Breite, bedeckt eine Fläche von 323 km^2 und ist bis zu 197 m tief. Im See leben Sugili-Aale, man hat Exemplare von 1,80 m Länge gefangen, und Karpfen mit einem Gewicht bis zu $2\frac{1}{2}$ kg. Am nördlichen Uferabschnitt finden sich verzweigte Kalksteinhöhlen, die teilweise unter der Wasseroberfläche liegen. In einer dieser Höhlen, in der Gua Pamona, befindet sich eine alte Grabkammer, in der menschliche Knochenfunde entdeckt wurden. An einer seichten Stelle des Sees, so die Erzählung der Einheimischen, sollen bei Windstille die versteinerten Überreste eines Drachens zu sehen sein. Am westlichen Nordufer bei Toinasa haben balinesische Transmigranten den Urwald gerodet und Reisfelder angelegt. Von Pendolo aus läßt sich über den Trans-Sulawesi Highway über Palopo in weniger als einem Tag Rantepao im Toraja-Land erreichen.

Von Tentena über Poso nach Palu

Die 56 km lange Strecke von Tentena nach Poso führt durch Bergregionen mit Dörfern, in denen calvinistische Kirchen markante Zeichen der christlichen Mehrheit in diesem Gebiet darstellen. Holländische Missionare begannen 1892 von Poso aus mit der Christianisierung der hier lebenden Pamona. **Poso,** eine saubere Stadt mit zahlreichen Bauten aus der Kolonialzeit, liegt am Golf von Tomini und verfügt über einen kleinen Hafen zur Verschiffung von Rattan, Ebenholz und Kopra. Mehrmals wöchentlich verkehren Fährschiffe zwischen Poso, den Togian-Inseln und Gorontalo in Nord-Sulawesi. Etwa 7 km vor Poso liegt das Dorf **Tagolu,** in dem sich Kunsthandwerker auf Ebenholzschnitzereien spezialisiert haben. Zwischen Palu und Parigi glaubt man sich auf die Insel Bali versetzt. Die ohnehin pittoreske Landschaft mit Bergen, Dschungeln und Palmenwäldern ist zusätzlich durch blühende Reisfelder und Ortschaften mit Haus- und Dorftempeln, genau wie in Bali, charakterisiert. Dieses kleine balinesische Wunder ist dank Tausender Transmigrantenfamilien entstanden, die von der Insel der Götter und Dämonen stammen und hier in Zentral-Sulawesi ihre neue Heimat fanden. Bei Toboli zweigt eine Straße links vom Trans-Sulawesi Highway ab und windet sich kurvenreich durch ein hohes, primärwaldbedecktes Gebirge. Über den Fährhafen Pantoloan erreicht man nach 20 km die Provinzhauptstadt **Palu.**

Süd-Sulawesi

Ujung Pandang

Süd-Sulawesi ist mit rund 7,3 Mill. Einwohnern und einer Fläche von 72 781 km² die bedeutendste Provinz der Insel. Die Hauptstadt **Ujung Pandang,** früher Makassar genannt, ist mit 1,3 Mill. Einwohnern seit altersher die größte und wichtigste Stadt der Insel Sulawesi. Mit ihrem bedeutenden Hafen war sie schon immer ein hart umkämpfter Handelsplatz. Heute ist die Stadt gut mit dem Flugzeug zu erreichen, auch mit dem Schiff, was allerdings weniger bequem ist. An ihre alte Geschichte erinnert die **Festung Ujung Pandang** im Stadtbereich, die unter dem Sultan Alauddin von Goa (1593–1639) gebaut wurde. Daneben existiert eine zweite Festung, die **Residenz Somba Opu** der Herrscher von Goa. Diese Residenz fiel 1667 nach langen Kämpfen in die Hand der Niederländer, die sie fortan Fort Rotterdam nannten und später umbauten. In ihr starb der javanische Freiheitskämpfer Diponegoro in der Internierung.

Neben dem alten, aus dem 17. Jh. stammenden **Stadtkern** von Ujung Pandang mit seinen Häusern im niederländischen Kolonialstil, seinen vielen chinesischen Geschäften und Werkstätten dehnen sich neue, großzügig angelegte Stadtviertel mit modernen Verwaltungsgebäuden, Wohnhäusern und Hotels sowie in der Entwicklung befindliche Industriezonen aus. Ein Wahrzeichen der Stadt ist der über 100 Jahre alte Leuchtturm. Im

Hafen liegen neben den großen stählernen Riesen immer noch die kleinen, aber seetüchtigen Segelschiffe, die Bugis, die den interinsularen Schiffs- und Warenverkehr bewältigen. Sehenswert sind ferner der wunderbare **Orchideengarten** und das seltene **Muschelmuseum**. Bei C. L. Bundt in der Jl. Mochtar Luthfi 15 können solche bizarr geformten und herrlich gefärbten und gemusterten Muscheln aller Größen erstanden werden. Viel besucht sind auch die lebhaften **Märkte,** auf denen insbesondere bunte Körbe angeboten werden.

8 km nördlich der Stadt stehen die **Reste des alten Sultanats von Goa,** ein Palast und einige Gräber. Ein weiterer, sehr schöner Ausflug führt zum Dorf Maros und von dort weiter nach Osten zur Ortschaft **Batimurung** (36 km), wo den Besucher ein phantastisches landschaftliches Panorama, Dschungel, ein Wasserfall und das **Tal der Schmetterlinge** mit Exemplaren jeder Größe und jeder Farbe erwarten. Hier kommen Fotografen ganz auf ihre Kosten.

Hotels
Marannu (4 Sterne), Jl. Hasanuddin 3–5, Tel. 2 18 06, 2 14 70
Makassar City (3 Sterne), Jl. Kharil Anwar 28, Tel. 70 55
Widhana (1 Stern), Jl. Botolempangan 53, Tel. 2 24 99
Pondok Delta, Jl. Hasanuddin 25, Tel. 2 25 53
Virgo, Jl. Sumba 109

Information
South & Southeast Sulawesi Regional Office (Kanwil Parpostel), Jl. Andi Pangeran Petta Rani, Ujung Pandang 90222, Tel. 31 71 28

Restaurants
Surya (Seafood), Jl. Nusakembangan 16, Tel. 70 66
Ujung Pandang (Seafood), Jl. Irian 42, Tel. 71 93

Bamboo Den (chin., indon.), Jl. Timur 71, Tel. 51 61

Telefon
Vorwahl Ujung Pandang: 04 11

Land der Toraja (Tana Toraja)

Ujung Pandang bzw. der 22 km nordöstlich gelegene Flughafen ist Ausgangspunkt einer der faszinierendsten Ausfluge im ganzen indonesischen Archipel. Durch die abwechslungsreichen südsulawesischen Landschaften der Buginesen und Makassaren wird nach 8–9stündiger Autofahrt das 310 km nördlich gelegene Bergland der Toraja erreicht. Tana Toraja umfaßt eine Fläche von 3 630 km^2 mit einer Bevölkerung von rund 430 000 Bewohnern. Die Ortschaft **Makale** ist das administrative Zentrum, **Rantepao** dagegen Ausgangspunkt für den Tourismus. Beide Orte liegen rund 780 m über dem Meeresspiegel und haben ein angenehmes Klima. Alle 6 Tage finden in Makale und Rantepao interessante Märkte statt, auf denen der Palmwein *(tuak)* in großen Bambusröhren verkauft wird. In unmittelbarer Nähe von Rantepao liegen mehrere traditionelle Dörfer mit ihren berühmten Toraja-Häusern *(tongkonan)* mit den geschwungenen Satteldächern. Einzigartig sind auch die Felsengräber der Toraja, zum Teil in steiler Höhe gelegen.

Von Mai bis September weist das Toraja-Land überwiegend trockene Perioden auf, von November bis März herrscht hier Regenzeit. Die Monate zwischen den Hauptzeiten sind als Übergangsperioden anzusehen. Die höchsten Temperaturen werden mit 26°C, die niedrigste dagegen mit 14°C angegeben. Die Messungen der Luftfeuchtigkeit ergeben maximal 86% und minimal 82%.

Reisterrassen in Tana Toraja im Umbruch

An den Berghängen wachsen verschiedene Bambusarten, Kiefern, Kaffee, Avocado, Muskatnuß, Vanille usw. In den Tälern weiten sich Reisfelder und Reisfelder-Terrassen aus. Auch Nelkenbäume sind überall zu sehen. Der höchste Berg im Toraja-Land, der Telando-Lando, erhebt sich über 2 880 m.

In der Sozialordnung der Toraja herrscht eine weitgehende Gleichberechtigung von Mann und Frau. Das Erbe eines Verstorbenen wird unter die Kinder, die Verwandten und auch die Freunde in dem Maße verteilt, in dem sich diese um den Verstorbenen, insbesondere mit Büffelopfern zu seinem Begräbnis, verdient gemacht haben. In der Gesellschaft und Dorfgemeinschaft herrscht eine strikte Hierarchie, die zwischen Adel *(makada)* und dem niedrigen Volk *(bulo diappa)* streng unterscheidet. So gibt es auch noch Formen eines viergliedrigen Kastensystems mit dem hohen Adel *(tana bassi)*, dem der niedere Adel *(tana karurung)*, diesem wiederum das freie Volk *(buolo*

diappa) und schließlich die Unfreien *(tanu kua kua)* folgen.

Die animistische Glaubensvorstellung der Toraja kennt zwar einen allumfassenden Schöpfergott *(puang matua)*, das Denken kreist aber weit mehr um die Geister der verstorbenen Ahnen *(dewata)*, die die Umwelt beseelen. Im Vordergrund stehen dabei die bösen Geister *(bombo)*, denen ständig in Form von Schweinen und Hühnern geopfert und durch viele Tabus gehuldigt werden muß. Den Totenfeiern kommt bei den Toraja deswegen so große Bedeutung zu, weil ihre animistische Religion von der Vorstellung ausgeht, daß alle Seelen nach dem Tod die Körper der Menschen und Tiere verlassen und die Reise hinter den südlichen Horizont antreten, in das Reich der Toten *(puya)*, wo sie ihre irdischen Verhältnisse wieder vorfinden. Die Seelen der geopferten Tiere begleiten sie auf diese Reise als Garant eines längeren Lebens. Wird bei einer Totenzeremonie das *adat*, das ungeschriebene Gewohnheitsrecht, verletzt, so ist der

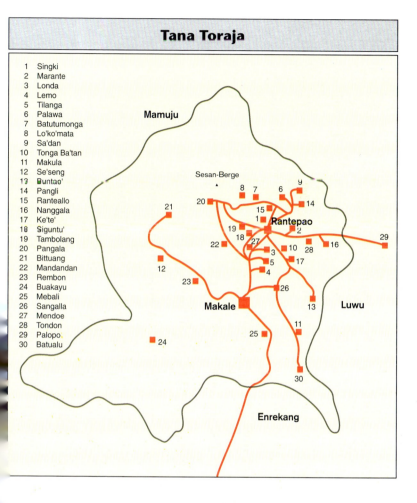

Tana Toraja

1 Singki
2 Marante
3 Londa
4 Lemo
5 Tilanga
6 Palawa
7 Batutumonga
8 Lo'ko'mata
9 Sa'dan
10 Tonga Ba'tan
11 Makula
12 Se'seng
13 Buntao'
14 Pangli
15 Ranteallo
16 Nanggala
17 Ke'te'
18 Siguntu'
19 Tambolang
20 Pangala
21 Bittuang
22 Mandandan
23 Rembon
24 Buakayu
25 Mebali
26 Sangalla
27 Mendoe
28 Tondon
29 Palopo
30 Batualu

Mamuju

Sesan-Berge

Rantepao

Makale

Luwu

Enrekang

Seele der Eintritt ins Reich der Toten verwehrt. Die Seelen müssen dann warten, bis der fehlerhafte Ritus richtiggestellt, das verletzte Tabu eingehalten ist. Bis zu diesem Zeitpunkt irrt die Seele umher und kann sich an ihren Familienmitgliedern rächen, indem sie ihnen Böses antut. Werden dagegen einem Verstorbenen sehr viele Tiere geopfert, so verhilft ihm dieses zu einer halbgottartigen Stellung, aus der heraus er seine Familie beschützen kann.

Die Form der Gottheit nimmt dabei von Stamm zu Stamm ganz verschiedene Gestalten an. Mal ist sie ein Tier, mal eine Pflanze. Tod und Begräbnis sind die Wendepunkte, um die sich das körperliche Leben und das nicht weniger reale Schattendasein eines gläubigen Torajas drehen. Die Toten werden je nach ihrem Stand und ihrer Würde einbalsamiert und im Haus bis zur Totenfeier aufbewahrt, was bei großen Vorbereitungszeiten jahrelang dauern

315

Tau-tau-Ahnen-figuren vor der Begräbnishöhle einer adligen Toraja-Familie

kann. Beim Besorgen der für nötig erachteten Opfertiere übernehmen und überschulden sich zuweilen ganze Sippen. Eine Zeremonie für einen hohen Adligen dauert zweimal je sieben Tage, wobei ein Zwischenraum von sechs Monaten bis zu über einem Jahr eingehalten werden muß. Opfer von einigen Dutzend Büffeln sind dabei keine Seltenheit, die Zahl der Schweine- und Hühneropfer ist unübersehbar. Das Fleisch all dieser Tiere wird von vielen Hunderten von geladenen Gästen nach der Opferzeremonie verzehrt. Bei hohen Festen werden die vielen Gäste in Gästehäusern am Rande des großen Festplatzes *(rante),* über den jedes Dorf verfügt, untergebracht. Auf dem Festplatz sind die Opfertiere angebunden, ihnen werden mit Haumessern die Halsschlagadern durchschnitten. Das herausstürzende Blut wird von den Jungen des Dorfes aufgefangen und zu einer Speise verwendet. Die ganze Nacht hindurch erklingen die Totenklagen. Alles läuft nach einem genau

vorgeschriebenen Ritus ab. Vor Beginn des Festschmauses wird von einem hohen Gerüst zuvor zugeschnittenes Fleisch den Hunderten von Gästen in der Rangfolge ihrer Würde herabgeworfen, wobei ein Verteiler die Namen der Bedachten aufruft. Erst danach beginnt das eigentliche Festessen, bei dem gegorener Palmwein getrunken wird.

Zwei Tage nach Abschluß der letzten Zeremonie wird der Tote zu seiner Grabstätte geleitet. Handelt es sich um einen Angehörigen des Adels, so folgen dem Leichnam lebensgroße holzgeschnitzte Figuren *(tau-tau)* mit aus schwarzen oder weißen Steinen gefertigten Augen und zum Teil erstaunlich realistisch geschnitzten Gesichtszügen. Diese Figuren tragen Kleider und eine Kopfbedeckung. Es handelt sich um Ahnenfiguren und Totenwächter, die der Seele als Aufenthaltsort dienen und zugleich den Toten vor bösen Geistern schützen sollen. Die Grabstätten finden sich in steilen, hohen Felswänden, wo sie kastenförmig aus dem Stein gehauen sind. In diesen Felshöhlen *(liang)* werden ein oder mehrere Tote, zuweilen ganze Familien bestattet. Nachdem der Tote, manchmal im Sarg, manchmal auch nur in Tüchern eingewickelt, dort untergebracht ist, wird die Felshöhle mit einem hölzernen Deckel verschlossen und die zu ihr hinführenden Leitern und Brüstungen abgeschlagen, so daß das Grab für niemanden mehr erreichbar ist. Die *tauluus* werden auf neben oder vor den Felsgräbern angebrachten Veranden oder Balkonen aufgestellt, von wo sie wie eine Schar verzauberter Menschen gespensterhaft in die Weite blicken, als ob sie etwas am Horizont suchten. Von Zeit zu Zeit werden die Figuren neu eingekleidet.

Neben den feierlichen Totenzeremonien verdient das Toraja-Haus besondere Erwähnung. In ihm schlagen sich alle künstlerischen Begabungen dieser Menschen nieder. Wie bei den Batak, handelt es sich auch hier um einen Pfahlbau, der ein kühn geschwungenes Satteldach trägt. Besonders bei den südlichen Torajas steigt der First zu beiden Seiten steil an. Dadurch bildet sich ein weit herausragendes Vordach, das von einem Pfosten mit einem Querbalken gestützt wird. Dieser Pfosten sowie die Vorderwand und die Seitenwände sind mit farbigem Schnitzwerk und mit spiralförmigen sowie geometrischen Motiven reich verziert. Menschen- und Tierfiguren sollen zudem noch Geister abhalten. An dem das Vordach stützenden Pfosten oder an der Vorderwand selbst hängen häufig stilisierte Büffelköpfe (Toraja = *te-long;* indonesisch = *kerbau* = Büffel), ein Rangzeichen des betreffenden Hausbesitzers. So verhält es sich auch mit den spiralförmigen und geometrischen Motiven, von denen es eine Unmenge verschiedener Formen gibt. Sie alle besitzen sowohl hinsichtlich des

Die traditionellen Farbmuster der Toraja-Häuser sind Rot, Schwarz und Weiß, und der Hahn gilt als Symbol für Tapferkeit und Mut

Motivs als auch bezüglich ihrer Anordnung eine im *adat* festgelegte Rangordnung, die sie nicht frei wählbar macht, sondern dem gesellschaftlichen Rang des jeweiligen Hausbesitzers zuweist. Selbst die Farben, von denen Rot und Weiß (Blut und Knochen) Leben und Reinheit, Gelb göttliche Gunst und Segen sowie Schwarz Tod bedeuten, sind genau verteilt. Zu jedem Haus gehört eine Reisscheuer, die oft noch prunkvoller als das Haus geschmückt ist.

Während die Häuser der Armen keinen Schmuck tragen, ist das Haus des Bürgermeisters eines jeden Dorfes überreich verziert und ausgestattet. Dieses Haus, *tongkonan* genannt, verfügt über drei Räume, von denen einer der Familie des Bürgermeisters zusteht und die anderen zwei Gemeinschaftszwecken wie Clan-Zusammenkünften, für Beratungen von Hochzeiten und

*Tau-tau-Figuren an Felsgräbern symboli-
sieren die Verstorbenen*

Begräbnissen dienen. Das Haus ist stets
nach Norden ausgerichtet und nur aus
Holz und Bambus konstruiert, nicht
ein Eisenteil darf verwendet werden.
Man erkennt es leicht daran, daß sein
Stützbalken meist von oben bis unten
mit Büffelhörnern geschmückt ist, die
aus verschiedenen offiziellen Anlässen
herrühren.

Fährt man von Rantepao nach
Osten, gelangt man als erstes zu dem
Dorf **Marante** (6 km), einem typischen Toraja-Dorf, in dem sich einem
die eben beschriebenen Häuser zeigen.
Ein Stück weiter, gegenüber von Marante, liegen die **Gräber von Tondon.** Im nächsten Ort, **Nanggala**,
stehen sich in schön geordneter Reihe
herrliche **Toraja-Häuser** und **Reisscheuern** gegenüber. Hier kann auch
ein mit phantastischen Spiral- und
Rautenmotiven geschmücktes **Bür-
germeisterhaus** bewundert werden.
Alle Häuser sind in ausgesprochen
schönen Gelb- und Brauntönen gehalten.

Auf der anderen Seite von Rantepao,
also im Westen, liegt ganz in der Nähe
das Dorf **Tambolang** (2 km), zu dem
man auch zu Fuß gehen kann. Dort be-

finden sich normale **Gräber** in der Erde, auf denen kleine Nachbildungen
von Toraja-Häusern stehen. Ein wenig
weiter in südlicher Richtung stößt man
auf das Dorf **Mendoe** (6 km), in dem
wieder typische Toraja-Häuser zu besichtigen sind.

Fährt man von Rantepao zurück
nach Süden in Richtung Makale, so
kommt man nach Londa (6 km) in der
Nähe des kleinen Dorfes Tikumna Ma-
lenong, wo die bekanntesten Felsengräber besichtigt werden können. Hier
sind die Toten sowohl in hölzernen
Särgen als auch in Tücher gehüllt in
Felsnischen bestattet, die mit hölzernen Türen verschlossen sind. Vor den
Gräbern stehen die *tau-tau* auf hölzernen Balkonen und schauen geisterhaft
in die Ferne. Nach weiteren 6 km gen
Süden ist man im Dorf Lemo, das auch
wegen seiner Felsengräber berühmt ist.
Sie sollen hier sogar aus dem 17. Jh.
stammen. Die *tau-tau* sind hier in Felsnischen hinter Brüstungen untergebracht, aus denen sie wie aus einer
Theaterloge auf ein unsichtbares
Schauspiel starren.

Biegt man schon vor Londa nach
links in südöstlicher Richtung ab, so
kommt man zur Ortschaft **Keté-Kesú**
(4 km) und **Tonga Ba'tan**, zwei

kunstgewerbliche Zentren. Nach weiteren 8 km ist man in **Sanggala** (12 km), zu dem auch der Weg von Makale herführt. Hier steht ein Totenhaus des 1968 verstorbenen Fürsten, zu dessen Begräbnis Tausende von Gästen eingeladen und an die hundert Büffel geschlachtet worden sein sollen. An einem Hang liegt der Festplatz *(rante),* auf dem noch heute große Zeremonien aller Art abgehalten werden. Noch weiter im Süden liegt der Ort **Makula** (26 km) mit einem Ahnenhaus mit alten Ornamenten.

Dicht nördlich von Rantepao liegt **Sa'dan** (12 km), das wegen seiner schönen Webarbeiten bekannt ist. Wendet man sich von Rantepao nach Nordwesten, so gelangt man nach **Palawa** (9 km), wieder einem typischen Toraja-Dorf.

Sowohl von Rantepao als auch von dem Weg nach Sa'dan und auch von Makale biegen gen Westen sehr zu empfehlende Pfade nach der Stätte **Lo'Ko'Mata** (36 km) am Fuße der Sesan-Berge ab, wo man wieder Felsengräber besichtigen kann. Der Weg zurück läßt sich dann über Pangala und Mandandan, in dessen Nähe das 700 Jahre alte Grab eines Adligen sein soll, einschlagen.

Trekking-Touren im Toraja-Land

Das Toraja-Land bietet ideale Voraussetzungen für diverse Trekking-Touren. Eine beliebte Zweitagetour führt von Rantepao aus über Bori, Lempo, Lo'Ko'Mata, Képe und Lolai zurück nach Rantepao. Es wird dabei nicht schwierig sein, einen Schlafplatz in den Dörfern zu erhalten, vorausgesetzt, daß man sich verständlich machen kann.

Eine schöne Tageswanderung führt von Rantepao über Keté-Kesú und Sanggala nach Makale. Die Strecke Makale – Rantepao sollte dann per Minibus zurückgelegt werden.

Sehr zu empfehlen ist auch eine 3 – 4tägige Wanderung nach **Mamasa,** einer kleinen Bergstadt westlich des Toraja-Landes. Diese Wanderung kann sowohl in Rantepao als auch in Makale begonnen werden. Zunächst geht es per Minibus nach Bituang, von dort zu Fuß eine rund 60 km lange Strecke weiter über die Orte **Ponting, Timbaan, Lamboan** bis nach Mamasa, wo einfache, aber akzeptable Unterkünfte zur Verfügung stehen. In der Herberge oder in der Polizeiwache erfährt man, welche die besten Imbißstuben *(warung)* sind.

Hotels

Misiliana (3 Sterne), Rantepao, Tel. 2 12 12

Toraja Cottages (3 Sterne), ca. 5 km außerhalb von Rantepao

Wisma Maria I (1 Stern), Jl. Sam Ratulangi 23, Rantepao, Tel. 30

Indra (1 Stern), Jl. Londorundun 63, Rantepao, Tel. 97

Wisma Irama, Jl. A. Gani 18, Rantepao, Tel. 2 13 71

Pison, Jl. Pong Tiku 8, Rantepao, Tel. 2 13 44

Information

Tourist Information Center, Jl. A. Yani 62, Rantepao

Restaurants

Indra (Hotel Indra), Jl. Landorundun 63, Rantepao

Marlin, Jl. Pahlawan 30, Rantepao

Chez Dodeng, Rantepao

Telefon

Vorwahl Rantepao: 04 23

Nächste Doppelseite:
Zwei von insgesamt drei der verschiedenfarbigen Seen am Kelimutu-Vulkanberg in Zentral-Flores

Die
Kleinen Sunda-Inseln

Die Kleinen Sunda-Inseln

Allgemeines

Die Kleinen Sunda-Inseln, Nusatenggara, bestehen aus einer Kette von vielen Inseln, die sich von Bali aus in einem leicht geneigten Bogen vor der australischen Küste hinweg nach Osten in Richtung West-Neuguinea hinziehen. Die Inselkette ist in drei Provinzen eingeteilt: West-Nusatenggara mit den Inseln Lombok und Sumbawa, die eine Gesamtfläche von 20 177 km² einnehmen, und Ost-Nusatenggara mit den Inseln Komodo, Sumba, Flores, Solor, West-Timor, Alor und Wetar mit einer Gesamtfläche von 47 876 km². In jeder der beiden Provinzen leben ca. 3,4 Mill. Einwohner. Die dritte Provinz ist Ost-Timor mit einer Fläche von 14 874 km². Die Hauptstadt von West-Nusatenggara ist Mataram auf der Insel Lombok, die der Provinz Ost-Nusatenggara die Stadt Kupang auf der Insel Timor und diejenige von Ost-Timor die Stadt Dili.

Die Kleinen Sunda-Inseln unterscheiden sich in mehrfacher Hinsicht von den weiter westlich gelegenen Teilen Indonesiens. Das rührt daher, daß sie in früher erdgeschichtlicher Zeit geographisch zum australischen Kontinent gehörten. Man nimmt an, daß sie sich einst von diesem lösten und nach Westen drifteten. Für diese Schlußfolgerung sprechen verschiedene Umstände. Einmal tut sich zwischen Bali und Lombok eine natürliche Grenze auf, die sogenannte Wallace Line, ein 5 000 m tiefer Meeresgraben, der die Kleinen Sunda-Inseln von Bali trennt.

Zum zweiten gleichen Flora und Fauna der Kleinen Sunda-Inseln in erstaunlicher Weise derjenigen Australiens. So kommen auf den Kleinen Sunda-Inseln Tiere vor, die es ansonsten nur in Australien gibt. Auch lebt auf diesen Inseln das Opossum, ein Tier, das ebenfalls nur über eine ehemalige Landbrücke von Australien hierher gekommen sein kann. In der Pflanzenwelt sind interessanterweise die gleichen Erscheinungen zu beobachten, so daß schon einiges für die oben erwähnte Ansicht spricht.

Außer diesen geographisch bedingten Unterschieden gibt es aber auch noch klimatische, denn die Kleinen Sunda-Inseln werden schon von dem trockenen Klima Australiens beeinflußt. So regnet es in den östlichen Provinzen der Nusatenggara bereits recht wenig. Das Landschaftsbild ändert sich und nimmt savannenartigen Charakter an. Ackerbau und Reisbewirtschaftung werden hier schon schwierig. Viehzucht gewinnt an Bedeutung. Die meisten Inseln sind bergig. Es gibt einige tätige Vulkane. Die Bevölkerung gehört zum ostindonesischen Typus, der gegenüber dem javanischen schon gelegentlich negride Züge wie die Melanesiden in Neuguinea aufweist.

Die Kleinen Sunda-Inseln sind meist touristisch noch nicht erschlossen. Hier darf man keine asphaltierten Straßen oder Komforthotels erwarten. Das kann sich ändern. Zur Zeit gestaltet sich aber noch Fahrten und auch Unterbringung schwierig. Das bequeme Reisen hört hier auf, dafür wird jede Unternehmung zu einer kleinen spannenden Expedition, die gut vorbereitet sein will.

West-Nusatenggara

Lombok

Die Hauptstadt Mataram bietet interessante Märkte, die man aufmerksam durchstreifen sollte, und schöne Handwebereien, die man kaufen kann. Sie eignet sich zudem als Stützpunkt für Erkundungsausflüge durch die Insel, deren Ureinwohner die Sasak bilden. Sie wurden von Bali »kolonisiert«.

Hotels

Strandhotels

Senggigi Beach (4 Sterne), Batu Layar, Mataram, Tel. 2 34 30

Sasaka Beach (2 Sterne), Jl. Meninting, Ampenan, Tel. 2 27 11

Ampenan, Mataram, Cakranegara

Horas, Jl. Koperasi 62, Ampenan, Tel. 2 16 95

Pabean, Jl. Pabean 146, Ampenan, Tel. 2 17 58

Granada (2 Sterne), Jl. Bung Karno, Mataram, Tel. 2 31 38

Wisma Melati, Jl. Yos Sudarso 4, Mataram, Tel. 2 37 80

Mataram (1 Stern), Jl. Pejanggik 105, Cakranegara, Tel. 2 34 11

Seölaparang (1 Stern), Jl. Pejanggik 40, Cakranegara, Tel. 2 26 70

Pusaka, Jl. Hasanuddin 23, Cakranegara, Tel. 2 31 19

Im Inselinnern

Suranadi (1 Stern), Desa Selat, Kec. Narmada, Tel. 2 36 86

Information

Touristenbüro Dipparda Nusatenggara Barat, Jl. Langko 70, Tel. 2 17 30

Telefon

Vorwahl Lombok: 03 64

Fährt man von Ampenan über Mataram die Straße nach Osten, in Richtung Kopang und Selong, so kommt man nach 2 km zu der Geschäftsstadt **Cakranegara** mit ihrem bezaubernden Ziergarten **Taman Mayura,** der einen Weiher umgibt, in dessen Mitte sich eine als Versammlungsstätte benutzte Plattform befindet *(bale kambang).* Unweit des Gartens liegt ein kleiner Tempel, es ist aber der größte von Lombok, der den Göttern Shiva, Vishnu und Brahma geweiht ist *(pura miru).* Sodann fährt man am besten zuerst zur Ortschaft **Lingsar** (9 km), wo der heiligste Tempel von Lombok steht. Von dort geht es dann in südöstlicher Richtung zu dem Dorf **Narmada** (10,5 km) mit dem 1805 erbauten **Sommerpalast** eines balinesischen Königs.

Wer sich lieber in kühleren Zonen aufhält, zieht sich in die Ortschaft **Suranadi** (17 km) zurück, ein kleines Gebirgsdorf am Hang des Gunung Rinjani (3 726 m), von wo man einen herrlichen Rundblick auf den Südteil der Insel hat. Das Suranadi-Hotel mit seinen schönen Bungalows und seinem Swimmingpool bietet gute Übernachtungsmöglichkeiten. Bergfreunde können eine zweitägige strapaziöse Tour auf den **Vulkan Rinjani** unternehmen. Von Mataram aus geht es mit dem Bus nach Pringgabaya und dann mit dem Pferdewagen oder dem

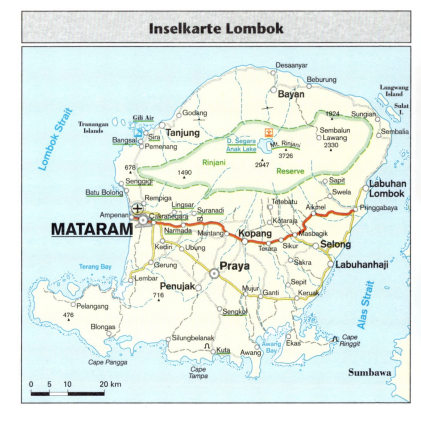

Inselkarte Lombok

Moped zum Dorf Swela. Von Swela aus beginnt der Aufstieg. Die erste Fußwanderung führt in zwölf Stunden zum Dorf Sembalun Lawang. Von dort steigt man dann langwierig (2 Tage) auf über 3000 m Höhe hinauf zum **See Segara Anak,** einem smaragdgrünen Kratersee.

Eine herrliche Badetour führt den Besucher von Lombok nach Süden. Die Fahrt geht über die Ortschaft Praya zu dem Dorf **Sengkol** (43,5 km), einem typischen Sasak-Dorf, wo die Frauen noch ihre traditionelle Kleidung *(lambung)* tragen. Von Sengkol geht es danach gen Süden zum Fischerdorf **Kuta.** Die tropische Vegetation

reicht hier bis an den Strand heran. Wer Zeit hat, sollte hier, im Lande der Orang Sasak, einige Tage verbringen.

Ein weiterer schöner Badeausflug geht nach Norden, und zwar von Ampenan nach **Senggigi** (10 km) mit seinem herrlichen weißen Strand und faszinierenden Korallenriffen davor. Mit einem Moped kann man auch noch weiter nach Norden von Bucht zu Bucht vordringen und sich von der wunderbaren Landschaft überraschen lassen. Ein schöner Halbtagesausflug führt von Ampenan über die Ortschaft Rempiga durch eine hügelige Landschaft, an Kaffee-, Nelken-, Zuckerpalmen- und Kokosplantagen vorbei, zu

den Ortschaften Bawakpusuk und Pemenang. Der Verkehr ist gering, auf der Straße sitzen gelegentlich Affenfamilien. Von Pemenang führt der Weg links ab zur Küste und zum Fischerdorf **Bangsal** an der Lombok-Straße. Von dort fahre man mit einem Fischerboot *(prau)* zur Fischerinsel **Gili Air.** Auf diesem Eiland kann man in herrlichen Seegärten schnorcheln und bunte Fische bewundern. Das gleiche gilt für **Sira Beach,** das ein wenig weiter nördlich liegt.

Lohnend ist auch eine Fahrt von Ampenang zum **Batu Bolong** im Norden, vor Senggigi. Hier befindet sich ein von der Bevölkerung Lomboks verehrter Felsen mit einer Aushöhlung und einem **Tempel** auf seiner Spitze. Von diesem sollte man sich abends den Sonnenuntergang über der Straße von Lombok ansehen, wenn der Vulkan Gunung Agung auf Bali sich im Dämmerlicht abzeichnet. Fotoapparat nicht vergessen!

In der Ortschaft **Sapit** (84 km) im Osten der Insel wurden archäologische Relikte ausgegraben.

Sumbawa

Die »Transitinsel« für Komodo, Sumbawa, ist am bequemsten mit dem Flugzeug zu erreichen, erlebnisreicher ist jedoch die kombinierte Land- und Seereise dorthin (S. 329). Zwischen Labuhan auf der Insel Lombok und Alas in Sumbawa bestehen täglich drei Fährverbindungen (ca. 3 Std. Überfahrt). Die Inselstraße von Westen über die Hauptstadt **Sumba Besar** und weitere Orte bis zum keinen Hafen **Sape** im Osten ist inzwischen fertiggestellt. Im Nordosten liegt die streng muslimische Stadt **Bima** mit einem verhältnismäßig großen Hafen, in dem Schiffe zur Insel Komodo gechartert werden können. Die Preise sind allerdings nicht gerade niedrig. Ferner bestehen Schiffsverbindungen nach Flores, West-Timor, Lombok, Ost-Java usw. Sofern es keine Regelschiffe sind, müssen die Preise ausgehandelt werden.

Auf einer großen Halbinsel im mittleren Norden von Sumbawa liegt der ursprünglich 4 200 m hohe, nach einer gewaltigen Eruption auf 2 850 m gesunkene **Vulkan Tambora.** 1815 geschah der größte Ausbruch der Vulkangeschichte: Etwa 150 km^3 lockere Asche und Bims wurden in die Luft geschleudert und bedeckten weite Teile Sumbawas und seiner Nachbarinseln. Die Explosion brachte 12 000 Menschen den direkten Tod, und an den Folgen verhungerten nochmals 80 000 Menschen, weil die Ernten vernichtet und Neuanpflanzungen unmöglich geworden waren. Eine dicke Aschenschicht aus Lava und Bims erstickte förmlich die Vegetation. Zum Vergleich: Beim spektakulären Ausbruch des Krakatau-Vulkans zwischen Java und Sumatra im Jahre 1883 wurden nur 18 km^3 Asche und Bims mit der Folge freigesetzt, daß hier 40 000 Menschen den Tod fanden. Verheerend wirkte sich dabei vor allem die gigantische Flutwelle aus, die von dem Vulkanausbruch aufgetürmt wurde. Daran läßt sich ermessen, wie schrecklich der Ausbruch des Tambora gewesen sein muß.

Ost-Nusatenggara

Allgemeines

Unter der administrativen Bezeichnung Ost-Nusatenggara werden folgende Inseln erfaßt: West-Timor mit der Hauptstadt Kupang, Flores, Sumba, Komodo, Alor, Adonara, Sawu, Solor, Lombien, Pantar, Roti u.a. Die Provinz umfaßt 47 876 km² mit rund 3,4 Mill. Einwohnern, meist christlichen Bekenntnisses. Die größeren Inseln sind für den Tourismus relativ gut erschlossen und bieten besonders auf den Inseln Flores, Timor, Sumba und Komodo interessante Ziele.

Komodo

In den Hafenorten Sape (Sumbawa, S.325) und Labuhanbajo (Flores, S.328) können Motorboote zur Insel Komodo gechartert werden. Der Bootslandeplatz auf Komodo heißt **Loho Liang** und liegt auf der Ostseite der Insel. Von Sape beträgt die Entfernung ungefähr 120 km, von Labuhanbajo ca. 50 km. Die zweite Möglichkeit ist folglich niedriger im Charterpreis. Die See zwischen Sumbawa und Komodo kann wesentlich rauher sein als zwischen Flores und Komodo. Von Bali aus gibt es tägliche Flüge nach Bima (Sumbawa) und Labuhanbajo (Flores). Die Strecke Bima–Sape (45 km) kann mit dem Bemo zurückgelegt wreden. Einmal wöchentlich (samstags) besteht auch eine Fährverbindung zwischen Sape und Komodo (8 Std. Überfahrt). Danach fährt das Fährschiff weiter nach Labuhanbajo, von wo die Rückfahrt (sonntags) wiederum über Komodo erfolgt (3 Std. Überfahrt).

Die 340 km² große Insel Komodo, von 600 Menschen in nur einem Dorf bewohnt, mißt 30 km in der Nord-Süd- und 12 km in der West-Ost-Ausdehnung. Die Insel liegt rund 500 km östlich von Bali. Komodo und seine Nachbarinseln Rinca und Padar sind besonders in der Fachwelt für ihre Riesenwarane (Varanus komodoensis) bekannt, von denen noch rund 2 000 Exemplare leben sollen. Die einzigartigen

Ein bis zu 3 m lang werdender Waran (Varanus komodoensis) auf der Insel Komodo

urweltlichen Echsen stammen aus dem Zeitalter der Saurier und wurden erst 1912 entdeckt. Die männlichen Warane können eine Länge von drei Metern und ein Körpergewicht von 100 kg erreichen. Der Kopf ist schmal und langgeformt, sein Kiefer aber nicht wie der des Krokodils lang ausgezogen und mit einer Reihe kräftiger Zähne bewehrt. Die scheuen Tiere ernähren sich von zahlreich auf den Inseln vorkommenden Wildschweinen und anderen Wildarten. Der Schwanz der Echse kann zu einer gefährlichen Waffe werden. Die lange und an ihrem Ende gespaltene Zunge ähnelt der einer Schlange. Seit 1980 ist Komodo Nationalpark, der nur mit Genehmigung der PPA-Naturschutzbehörden in Sape oder Labuhanbajo betreten werden darf (über Reisebüros). Alle Exkursionen erfolgen in Begleitung von örtlichen Führern. Für den Park und die obligaten Begleiter sind Gebühren zu entrichten. Es stehen schlichte Unterkünfte zur Verfügung. Einfache Gerichte, zumeist Reis mit Fisch, lassen sich in der Herberge bestellen. Die günstigste Reisezeit liegt zwischen den Monaten April und Juni. Zwischen September und Dezember steigen die Temperaturen zum Teil bis zu 40 °C an. Von Januar bis März kann die See recht stürmisch sein, so auch im Juli und August, wenn der Südost-Passat das Meer aufwühlt. Empfehlenswert für eine Komodo-Exkursion sind außer zusätzlicher Verpflegung Kopfbedeckung, langärmelige Bekleidung, lange Hosen und Antimalariamittel.

West-Timor

Auf West-Timor ist die landschaftlich schöne Route zwische **Kupang** und **Atambua** zu empfehlen. Hier wechseln sich die Gebirgsgegenden mit Schluchten, grasbewachsenen Hügelketten mit weidenden Viehherden und mediterrane Landschaften einander ab. Nur die Lontarpalme, aus deren bizarren Blättern Flechtarbeiten hergestellt werden, bestimmt das ganze Vegetationsbild. Die Blätter dieser Palme lassen sich so fein verarbeiten, daß selbst Gefäße, die bis zu 30 Liter fassen, aus ihnen gefertigt werden können.

Der Weg führt weiter über den Ort **Soe** (110 km), der für seine Apfel- und Apfelsinenplantagen bekannt ist, und die Ortschaft **Niki Niki** (139 km), deren Name wörtlich »Fledermäuse« bedeutet. Sie ist für die Gräber der Herrscher von Bil Nope bekannt. Von Niki Niki geht es nach **Kefamenanu** (199 km). Diese Ortschaft hat sich durch ihre traditionellen Webarbeiten einen Namen gemacht. Auch Orte in der unmittelbaren Umgebung wie **Oelolok** und **Isana** stehen dahinter nicht zurück. Sehenswert ist hier die **Bitauni-Höhle.** Das nächste Städtchen, Atambua (287 km vom Startpunkt der Route), liegt schon dicht an der Grenze zu Ost-Timor. Hier befinden sich eine große Missionsstation und in der Umgebung einige historische Plätze wie z. B. **Builaran,** einst Sitz des Herrschers Liu Rai, oder Gurita Bay, wo im Zweiten Weltkrieg die japanischen Invasionstruppen landeten. Sehenswert ist auch der Naturpark **Masin Lulik.**

Die Straßenverhältnisse auf dieser Route sind gut. In Soe, Kefamenanu und Atambua bestehen einfache Übernachtungsmöglichkeiten, in Kupang gibt es gute Hotels und Gasthäuser.

Hotels in Kupang

Sasando International (2 Sterne), Jl. Kartini 1, Tel. 2 22 24

Cendana (1 Stern), Jl. Raya El Tari 15, Tel. 2 15 41

Wisma Susi, Jl. Sumatra 37, Tel. 2 21 72

Information
Tourist Information Centre, Diparda Tk. I,
Nusatenggara Timur, Jl. Basuki Rachmat 1,
Tel. 2 15 40

Restaurants
Pantai Laut (chin., indon.),
Jl. Ikan Duyung 3
Istana Garden (chin., indon.), Jl. Tim-Tim
Lima Jaya Raya (chin.), Jl. Sukarno 15A

Telefon
Vorwahl Kupang: 03 91

Anreise nach Kupang

Es bestehen täglich mehrere Flugverbindungen zwischen Den Pasar und Kupang (Merpati, Bouraq). Vierzehntäglich fährt auch ein Fährschiff die Route Semarang–Banjarmasin–Surabaya–Padang Bai (Bali)–Lembar (Lombok)–Waingapu (Sumba)–Ende (Flores)–Kupang (West-Timor).

Kupang ist die Drehscheibe für Flüge (täglich oder mehrere Male wöchentlich) nach: Alor, Bajawa, Bima, Dili (Ost-Timor), Labuhanbajo, Ende, Maumere, Larantuka, Ruteng, die Inseln Roti und Sawu, Waingapu sowie Tambulaka (beide auf Sumba).

Zweimal wöchentlich besteht eine Flugverbindung zwischen Port Darwin (Nord-Australien) und Kupang (Merpati).

Flores

Die Strecke zwischen **Labuhanbajo** im Westen und **Larantuka** im Osten von Flores beträgt 667 km, eine Reise von rund 3 Tagen. Eine interessante Route verläuft zwischen der kleinen Hafenstadt **Ende** und **Maumere** (148 km). Ende war in niederländischer Zeit einer der Verbannungsorte Sukarnos. Am Stadtrand und in der Umgebung gibt es kleine Betriebe für traditionelle Textilerzeugnisse. Besonders sehenswert ist der rund 60 km von Ende entfernte **Kelimutu,** ein Naturphänomen von drei dicht beieinanderliegenden verschiedenfarbigen Seen in romantischer Berglandschaft. Ausgangspunkt für die Bergexkursion zu Fuß oder zu Pferd ist die kleine Ortschaft **Moni** mit einer einfachen Herberge, die der Mission angeschlossen ist. Die Gegend um Moni ist bekannt für handgewebte Stoffe, speziell in den Dörfern **Jopu, Nduaria** und **Nggela.** Die weitere Reise führt dann durch großartige Berglandschaften, Schluchten und Flußtäler. Die Umgebung von **Maumere** bietet dem Besucher ein abwechslungsreiches Programm: In den Dörfern **Sikka, Nita, Lela** und **Koting** sind noch Spuren aus portugiesischer Zeit vorhanden. Viele Dörfler beherrschen die Webkunst. Das Fischerdorf **Wuring** steht auf Pfählen im Meer. In **Ledalero** befindet sich ein kleines anthropologisches Museum. Sehr empfehlenswert ist die Sea World Club-Bungalow-Anlage am schönen Strand von **Waiara.** Dort laden vor der Bucht bunte Seegärten zum Tauchen ein (die entsprechende Ausrüstungen sind zu mieten). Auch Bootsfahrten lassen sich arrangieren.

Unterkünfte
Labuhanbajo
Losmen Bajo Beach Inn
Losmen Mutiara
Reo
Losmen Nisang Nai
Ruteng
Losmen Dahlia
Losmen Agung I und II
Bajawa
Losmen Kembang
Losmen Kambera
Losmen Johny
Ende
Losmen Wisata, Jl. Kelimutu
Nirwana Inn, Jl. Subarkah
Solafide, Jl. Onekore

Moni
Wisma Kelimutu (gehört der katholischen Missionsstation)

Maumere
Hotel Sao Wisata, Waiara, 14 km östlich von Maumere
Sea World Club, Waiara, 13 km östlich von Maumere
Bogor I und II, Jl. Riyadi, Maumere

Larantuka
Losmen Tresna, Jl. Yos Sudarso
Losmen Rullies, Jl. Yos Sudarso
Losmen Kurnia Sederhana, Jl. Niaga

Anreise nach Flores

Flüge (Merpati) von Den Pasar nach Labuhanbajo täglich, von Den Pasar nach Maumere und Bajawa mehrere Male wöchentlich; täglich von Kupang nach Labuhanbajo, Ruteng, Ende und Maumere; je zweimal wöchentlich von Kupang nach Bajawa und Larantuka; dreimal wöchentlich von Ujung Pandang nach Maumere. Mehrere Flugverbindungen bestehen von Den Pasar und Kupang nach Maumere mit Bouraq.

Das Pelni-Fährschiff KM Kelimutu fährt vierzehntäglich die Teilroute Surabaya – Bali – Lombok – Sumbawa – Flores (Ende) – West-Timor (Kupang) und zurück.

Sumba

Die ca. 300 km lange und durchschnittlich 75 km breite Insel Sumba liegt grob gesehen zwischen Bali und Timor und genauer besehen südlich von Komodo. Diese von rund 650 000 Menschen bewohnte Insel lag im Windschatten der islamischen und christlichen Missionierung, so daß bis heute ca. zwei Drittel der Bewohner an der traditionellen Religion Merapu festhalten. Der Inselboden besteht zum großen Teil aus Kalkgestein und ist wenig fruchtbar. Es regnet wenig, und die Vegetation ist spärlich. Die Bewohner haben sich auf Viehhaltung, besonders auf Pferde, spezialisiert. Spektakulär sind die im Februar und März (einige Tage nach Vollmond) stattfindenden **Pasola-Reiterfeste.** Hunderte von Reitern betreiben ein altes Kampfritual, bei dem sie mit Speeren aufeinanderwerfen. Da es früher fast immer Verletzte und sogar Tote gab, erlaubt die Regierung den Kampf nur noch mit abgestumpften Speeren.

Die Insel wird unterschieden in einen stärker besiedelten West- und einen weniger bewohnten Ostteil. Trotz unterschiedlicher Sprachen und Dialekte bilden alle Sumbanesen eine eth-

Junge Männer mit Schilden aus Büffelleder führen einen Kriegstanz auf (West-Sumba)

Megalithgräber in einem Dorf in West-Sumba

nische Einheit. In West-Sumba trifft der Besucher auf behauene Steinblöcke, Zeugen einer alten Megalithkultur. Am bekanntesten auf Sumba sind die in der Ikat-Technik eingefärbten, schön gemusterten Tücher. Im Oktober und November finden hier jeweils die traditionellen Pajura-Boxwettkämpfe statt.

Es werden fünf Flüge wöchentlich zwischen Bali und Sumba von den Fluggesellschaften Merpati und Bouraq durchgeführt. Der Hafen von Waingapu wird zweimal monatlich von den Perintis-Schiffen von und nach Surabaya angelaufen. Viermal monatlich fahren Schiffe nach Kupang (West-Timor).

Die Hauptorte **Waingapu** (ca. 25 000 Einwohner) im Osten und **Waikabubak** (ca. 10 000 Einwohner) im Westen sind durch eine ausgebaute, 137 km lange Straße verbunden, die zweimal täglich von einem öffentlichen Bus befahren wird (4–5 Std. Fahrt). Es bestehen auch Nebenstrekken mit zahlreichen Ortschaften, die von Bemos bedient werden.

Hotels in Waingapu

Elim, Jl. Jend. A. Yani 55, Tel. 32

Surabaya, Jl. El Tari 2, Tel. 1 25

Lima Saudara, Jl. Wanggameti 2, Tel. 83

In Waingapu sind folgende Restaurants zu empfehlen:

Rajawali, Jl. Tribrata und Jakarta, und Feni, Jl. A. Yani

Hotels in Waikabubak

Manandang (neu), Jl. Pemuda 2, Tel. 1 97

Rakuta (umgebautes Privathaus), Jl. Veteran, Tel. 75

Mona Lisa (weit außerhalb), in Richtung Tambulaka

Ost-Timor

Ost-Timor umfaßt mit seinen rund 14 900 km^2 und 774 000 Einwohnern den östlichen Teil der Insel Timor und ist seit 1976 die 27. Provinz Indonesiens. Das Schicksal der Timoresen ist eng mit der Geschichte der portugiesischen Kolonialherrschaft verbunden, jedoch gab es nach deren Beendigung für die Menschen jener schönen Insel noch längst keine Ruhe. Nachdem

1974 in Portugal eine linke Mili-tär-junta an die Macht kam, wurden alle portugiesischen Kolonien, so auch Timor, in die direkte Unabhängigkeit entlassen. In Timor, über Jahrhunderte völlig vernachlässigt und bis 1974 von nur etwa 1500 Beamten und Militärs verwaltet, entstand über Nacht ein politisches Vakuum. Die kleine timoresische Elite begann hastig mit der Bildung von zunächst drei Parteien, der antikolonialistischen und linken Fretelin, der proindonesischen Apodeti und der mehr konservativen UDT. Aus der ersten Wahl, die jemals in Timor abgehalten wurde, ging die Fretelin als Sieger hervor, koalierte dennoch mit der UDT, bis das Bündnis kurze Zeit später zerbrach. Nach schweren Kämpfen besetzte die Fretelin 1975 die Hauptstadt Deli und etablierte, ein linksrevolutionäres Regime. Indonesien, noch unter dem Trauma des kommunistischen Putsches von 1965 stehend, war nicht gewillt, diese »Laus im Pelz« hinzunehmen, und marschierte Ende 1975, neun Tage nach der Unab-hängigkeitserklärung der Fretelin, in Timor ein. Ein anfangs heftiger, jedoch im Laufe der Jahre immer schwächer werdender Guerilla-Krieg entbrannte, bei dem mehr als 100000 Menschen, etwa 15 % der Bevölkerung, umkamen. Ausschreitungen des indonesischen Militärs riefen Amnesty International und das Internationale Rote Kreuz auf den Plan. Etwa 430 Rebellen leisteten mehr als 12000 indonesischen Soldaten Widerstand, und dieser konnte nur eingeschränkt werden, indem ganze Landstriche mit timoresischen Bauern umgesiedelt und somit den Fretelin-Kämpfern die Nachschubwege unterbunden wurden. Nach diesen Maßnahmen ergaben sich rund 250 aktive Widerständler, etwa 180 harrten weiter in ihren Bergverstecken aus. Im November 1991 geriet Timor erneut in internationale Schlagzeilen, als eine De-monstration zumeist junger Timoresen vom indonesischen Militär blutig niedergeschlagen wurde. Nach offiziellen Angaben kamen 50 Demonstranten ums Leben, inoffizielle Quellen sprechen von mehr als 150 Toten. 66 Timoresen werden bis heute vermißt. Im November 1992 und April 1993 erlitt die Fretelin entscheidende Schläge, als die beiden führenden Köpfe, Xanana und Mauhumu, durch Denunziation den Militärs in die Hände fielen. Beide Männer wurden angeklagt und zu lebenslanger Haft verurteilt. Dennoch kämpfte eine Handvoll Entschlossener weiter, psychologisch unterstützt von vielen der rund 10000 Exil-Timoresen in Australien, Portugal und anderswo. Mit Hochdruck hat Indonesien während der letzten Jahre versucht, die Entwicklung in Timor voranzutreiben. Zweifelsohne sind im Vergleich zur portugiesischen Ära Erfolge erzielt worden, zum Beispiel wurden 700 Grund-, Mittel- und Hauptschulen, ein polytechnisches Institut, neue Straßen, Brücken, Krankenhäuser, technische Infrastruktur usw. geschaffen. Die neugegründete Zeitung »Suara Timor Timur« (Stimme Ost-Timors) versucht, zunächst mit einer Auflage von 2000 Exemplaren, zwischen Timoresen und den neuen Landsleuten eine Brücke zu schlagen. Das Militär hat das spezielle Operationskommando für Timor aufgelöst und acht seiner zehn Kampfbataillone abgezogen. Die Ereignisse vom 12. November 1991 bewirkten für den Tourismus eine Schließung der gerade 1989 eröffneten neuen Provinz. So bleibt abzuwarten, wann die Pforten der schönen »Halb-Insel« Timor wieder geöffnet werden.

Nächste Doppelseite:
Von der Jagd heimkehrende Dayaks
am oberen Len im Zentralen Bergland
von Kalimantan

Kalimantan

Kalimantan

Allgemeines

Kalimantan, früher Borneo genannt, größte Insel des Malaiischen Archipels und nach Grönland und Neuguinea drittgrößte Insel der Erde, ist zu fast drei Viertel Staatsgebiet der Republik Indonesien. Der nördliche und nordwestliche Teil der Insel gehört mit den Gliedstaaten Sarawak und Sabah überwiegend zur Föderation Malaysia sowie zu einem kleineren Teil zum Sultanat Brunei Darussalam. Administrativ gliedert sich der indonesische Inselteil in die Provinzen Ost-, Süd-, Zentral- und West-Kalimantan, in welchen nach der statistischen Hochrechnung 9,8 Mill. (1993) Menschen leben. Kalimantan ist mit 539 460 km² die größte aller indonesischen Inseln und müßte strenggenommen »Teilinsel« genannt werden, genau wie Irian Jaya als Teil der Insel Neuguinea. Das Innere Kalimantans wird hauptsächlich von Gebirgsketten durchzogen, die zwischen 1 000 und 2 200 m hoch und überwiegend von Primärwäldern bedeckt sind. Rund um dieses Zentrale Bergland, von einigen Gebirgsausläufern abgesehen, breiten sich weite Tieflandurwälder aus, die allerdings durch Holzeinschlag und Brandrodung stark dezimiert wurden. Ein weitgefächertes System von Flüssen dient als Hauptverkehrsadern, wobei der Kapuas (1 060 km), der Mahakam (920 km) und der Barito (730 km) die längsten und wichtigsten sind. Im südlichen Zentral-Kalimantan haben sich entlang der großen Flüsse ausgedehnte

Im Zentralen Bergland von Ost-Kalimantan

Schwemmlandschaften mit Gürteln von Mangrovenwäldern gebildet. Der 1983 begonnene Bau des 2 026 km langen Trans-Kalimantan Highways ist zwar in den Grundzügen weitgehend vorangetrieben worden, doch zu einer reibungslosen Durchquerung der Ost-

West-Achse per Auto wird es so bald nicht kommen. Hingegen besteht eine relativ gute Landverbindung zwischen Banjarmasin bis kurz vor Balikpapan. Seit 1984 verbindet eine Straße die Provinz West-Kalimantan mit dem malaysischen Sarawak. Die Bevölkerung konzentriert sich mehrheitlich an den drei großen Flüssen und in den vier Provinzhauptstädten sowie Balikpapan. Die klassische Einteilung der Bewohner Kalimantans in islamische Küstenmalaien und nichtislamische Dayak im Binnenland ist seit der Unabhängigkeit Indonesiens differenzierter zu sehen. Bedingt durch Umsiedlungsaktionen der Dayak, javanische Transmigranten, durch Landflucht und Vermischungsprozesse ist die klassische Trennung nur noch bedingt anwendbar. Nach neueren Schätzungen – eine Statistik ethnischer Gruppen in Indonesien wird nicht erhoben – leben etwa 1,5 Mill. Dayak in Kalimantan. Eine weitaus höhere Zahl wurde im Laufe der Zeit islamisiert und verlor damit die ursprüngliche Kulturprägung. Wie bei den zuvor schon beschriebenen Altvölkern Indonesiens, den Batak, Niassern, Toraja usw., sind auch die Dayak-Häuser auf Pfählen errichtet und in Form des Langhauses *(lamin)* erbaut. Diese Langhäuser erreichen nicht selten Längen von mehr als 100, manche sogar bis zu 300 Metern.

Seit Mitte der achtziger Jahre erlebt Kalimantan einen enormen wirtschaftlichen Aufschwung, der nach Expertenmeinung über das Jahr 2000 hinweg ein überdurchschnittliches Wirtschaftswachstum verspricht. Basis für die optimistischen Prognosen sind die Holzindustrie in Zentral- und Ost-Kalimantan mit Schwerpunkt der Verarbeitung in Samarinda, die Öl- und Flüssiggasindustrie (LNG) im Großraum Balikpapan, Kohleförderung am unteren Mahakam, Zinngruben und Goldminen in West-Kalimantan sowie Diamanten in Süd-Kalimantan. Ferner spielen eine wichtige Rolle Plantagenprodukte wie Kautschuk, Kopra, Palmöl, Orangen, Pfeffer usw. Einen besonderen Stellenwert nimmt auch Rattan ein, welches mühevoll und oft unter Gefahren von jungen Dayak in den Urwäldern gesammelt wird.

Geschichte

Bei Ausgrabungen in den fünfziger Jahren nahe der Niah-Höhlen in Sarawak stießen Paläontologen auf früheste Funde eines Homo sapiens, der als Vertreter einer prämongoliden bzw. präaustraloiden Gattung gilt, die vor 40 000 Jahren in Kalimantan gelebt hat und vermutlich Vorgänger der Ureinwohner Australiens sowie der ausgestorbenen Negritos war. Austronesische Auswanderergruppen von den Philippinen erreichten vor 4 500 Jahren die Nordküste Kalimantans und verdrängten im Laufe der Zeit die negride Urbevölkerung. Sprachforscher vermuten, daß um 2000 v. Chr. in Nordost-Kalimantan eine protomalaiische Sprache gesprochen wurde, die durch zwei Wanderbewegungen eine weitere Ausdehnung erfuhr und sogar Sumatra und die Malaiische Halbinsel erreichte. Archäologische Funde von Sanskrit-Steininschriften aus dem 5. Jh. beweisen die frühe Existenz eines hinduistischen Reiches im Kutai-Distrikt am unteren Mahakam. Chinesische Quellen berichten im 6. Jh. von einem Reich Puni im Norden Kalimantans, hingegen nennen indische Dokumente aus der gleichen Zeit das Reich Yawakuti (Kutai in Ost-Kalimantan). Im 14. und 15. Jh. standen die Herrscher Kalimantans unter dem Einfluß des ostjavanischen Großreiches Majapahit, nach dessen Niedergang im 16. Jh. eine rapide Ausbreitung des Islam erfolgte. Im Juli 1521 landete Carvallo, Magellans Kapitän und berühmter Vollender der Weltumsegelung, in Brunei und berichtete von einem freundlichen mohammedanischen Sultan, von (angeblich) 25 000 Pfahlhäusern und Handel mit Gewürzen und Früchten. Im 17. Jh. begannen sich die Holländer im Malaiischen Archipel durchzusetzen und schlossen Handelsverträge mit den Sultanen von Pontianak und Banjarmasin ab. Rund 100 Jahre lang tauchte Kalimantan dann ins Dunkel der Geschichte, und erst 1790 erschienen Berichte über Erkundungsreisen eines VOC-Armeeangehörigen namens Hartman. Im ersten Drittel des 19. Jh. setzte eine intensive Erforschung Borneos ein, an der auch Deutsche und Österreicher einen wesentlichen Anteil hatten. Im September 1841 ernannte der Sultan von Brunei den englischen Abenteurer James Brooke zum Gouverneur von Sarawak, als Dank für die Niederschlagung von Aufständen. 1887 beherrschten die Briten den gesamten Nordwesten und Norden Borneos. 1894 traten niederländische Beamte mit den Häuptlingen der Dayak über die Einstellung der Kopfjagd in Verhandlungen. Erst 1918 wurden die Grenzen zwischen dem britischen Nord Borneo (siehe Mai's

Weltführer Nr. 9, Malaysia) und dem niederländischen Teil festgelegt. In den Jahren 1942–45 war ganz Borneo von japanischen Truppen besetzt und wurde gegen Ende des Krieges stark umkämpft. 1949 wurde Niederländisch-Borneo in die Republik Indonesien integriert und in Kalimantan umbenannt. Nord-Borneo hingegen wurde mit seinen beiden Gliedstaaten Sarawak und Sabah Teil der Föderation Malaysia. Das muslimische Sultanat Brunei, unter britischem Schutz stehend, erlangte seine Selbständigkeit im Januar 1984 und nennt sich fortan Brunei Darussalam.

Die Dayak

Die früheren Kopfjäger Kalimantans, die Dayak, haben die Europäer seit eh und je in den Bann gezogen. Dayak ist ein malaiisches Wort und bezeichnet die landeinwärts im Bergland lebende Bevölkerung. Die alten Ethnien Kalimantans bezeichneten sich selbst jedoch nicht als Dayak, sondern benannten sich zumeist nach den Flüssen, an denen sie wohnten. Zahlreiche Forscher und Reisende des 19. und 20. Jh. vermittelten ein Bild, welches von Grausamkeit bis hin zu Edelmut und körperlicher Schönheit reichte. Die Triebfeder der Kopfjagd lag im Glauben, man könne sich die Seelenkraft des Feindes aneignen und sei vor größerem Unglück und schwerer Krankheit geschützt. Außerdem erhöhten die Kopftrophäen das Ansehen im eigenen Stamm, besonders beim weiblichen Geschlecht. So nahm der Teufelskreis der Kopfjägerei seit Menschengedenken seinen Lauf und wurde erst um die Jahrhundertwende durch europäische Einflußnahme unterbrochen. Das unendliche Leid und die tiefen seelischen Wunden, die aus der Kopfjagd resultierten, kamen damit zum Ende, veränderten aber auch von Grund auf das Weltbild der Dayak. Besonders christliche Missionare versuchten das entstehende Vakuum auszufüllen und nah-

men die Mehrheit der Dayak unter ihren »Schirm«.

Die Vorfahren der den Altmongoliden, auch Altmalaien, zugerechneten Dayak landeten vor etwa 4500 Jahren an Kalimantans Küsten und zersplitterten sich seither in viele Gruppen und Grüppchen. Die mehr als 300 Dayak-Ethnien faßt man in sechs Hauptgruppen zusammen: 1. Kenyah, Kayan, Bahau; 2. Kelabit, Murut, Dusum; 3. Ulu Air (Barito-Gruppen); 4. Bidayuh (Land-Dayak; 5. Iban (See-Dayak) und 6. Punan (Penan).

Kopfjäger, Menschenopfer

Der Sturm aufs feindliche Langhaus erfolgt zumeist im Morgengrauen. Den im Schlaf überraschten Bewohnern bleibt keine Zeit zur Gegenwehr, denn die Angreifer sind im Vorteil und zudem in der Überzahl. Zunächst metzeln sie die Männer nieder, und mit den scharfen Klingen der Mandau trennen sie die Köpfe vom Rumpf der Erschlagenen und verstauen sie in mitgebrachten Rattankörben. Die vor Entsetzen und Todesfurcht wie gelähmten Frauen drücken die schreienden Kinder an sich. Nach getanem Blutwerk treibt man die Überlebenden, die Widerspenstigen gefesselt, durch den Wald dem Flußufer zu, wo die Boote versteckt sind. Das

Sklavenschicksal der Gefangenen ist besiegelt.

Diese furchtbaren Überfälle konnten jederzeit geschehen, und die meisten Menschen, vor allem die Bewohner der kleinen Dörfer, lebten in ständiger Angst. Gegen die Angriffsarmeen der Iban, die mit Hunderten, manchmal sogar mit Tausenden von Kriegern anrückten, gab es kaum eine Chance. Ganze Regionen im Inneren wurden ausgerottet, zur Flucht getrieben oder in die Sklaverei abgeführt.

Das Töten bzw. Opfern von Menschen wurde von den Dayak als höchste Ehrerbietung gegenüber den höheren Mächten verstanden, die man günstig stimmen wollte, um sich Wohlergehen und Beistand für die eigene Gesellschaftsgruppe zu sichern. Menschenopfer waren erforderlich bei Epidemien, Mißernten, beim Tod eines Häuptlings usw. Diese Geschehnisse wurden als Unordnung im Kosmos interpretiert, und um es wieder ins Gleichgewicht zu bringen, mußten Sklaven geopfert werden. Die der göttlichen Huldigung dienenden Köpfe, die vermutlich als Stellvertreter für den ganzen Körper dienten, wurden folglich aus rein praktischen Gründen vom übrigen Körper getrennt. Eine ausgeprägt individuelle Anerkennung erfuhr der erfolgreiche Kopfjäger besonders von den Frauen und Mädchen seines Dorfes, die »trophäenlose« Heiratsbewerber nicht akzeptierten. So waren junge Ehekandidaten gezwungen, sich auf die nicht ungefährliche Jagd nach einem Feindeskopf zu begeben.

Weltbild

Vereinfacht man die komplexe Glaubensvorstellung der verschiedenen Dayak-Gruppen, so kommt man auf die Formel einer dualistischen Weltanschauung, die gekennzeichnet ist durch eine Ober- und Unterwelt mit entsprechenden Symbolzuordnungen. Die Oberwelt bei den Barito-Dayak-Gruppen beispielsweise wird repräsentiert durch die Gottheit Mahatala, die sich in Gestalt des Nashornvogels offenbart. Die Unterwelt hingegen repräsentiert die Göttin Jata, die als Wasser- bzw. Nagaschlange in Erscheinung tritt. Auf diese beiden Gottheiten ist je eine soziale Gruppe des Dorfes bezogen. Mit der Oberwelt werden Häuptlinge, deren Familienangehörige sowie Priester und Priesterinnen assoziiert. Die entsprechende Symbolfarbe dieser Gruppe ist Weiß. Auf die Unterwelt bezogen ist die allgemeine freie Dorfbevölkerung. Ihre Symbolfarbe ist Rot. Sklaven, die sich aus säumigen Schuldnern und Kriegsgefangenen zusammensetzen, gehören weder der Obernoch der Unterwelt an und haben den Status von Tieren, mit denen man willkürlich verfahren kann. Grundsätzlich besitzt der Mensch drei Seelenphänomene unterschiedlicher Bestimmung und Erscheinungsform. Die sogenannte stofflich-unpersönliche Seele ist in der Lage, einen neuen Menschen zu schaffen. Gefürchtet ist hingegen die ätherisch-persönliche Seele, die Unheil stiftend umherschwebt und den lebenden Angehörigen des Toten nachstellt. Das dritte Seelenphänomen, zuständig für Haare, Nägel und Knochen, bleibt bei den Toten. Krankheiten entstehen durch das Unwesen böser Geister, die die beschriebenen Seelenteile des Kranken drangsalieren und entführen. Fachmann für diese Probleme ist der Schamane, je nach Stammeszugehörigkeit *balian, dayung, dukun* usw. genannt. Oft sind sie gekennzeichnet durch Hermaphrodismus, Homosexualität oder Impotenz. Durch Trance sind sie in der Lage, Kontakt mit den bösen Geistern aufzunehmen. Stirbt ein Dayak, so wird dies im Dorf durch Trommeln oder Gongs verkündet. Es folgen Rituale bzw. Totenfeste und Bestattungsarten, die von Stamm zu Stamm unterschiedlich sind.

Punan-Jäger am oberen Bahau in Ost-Kalimantan

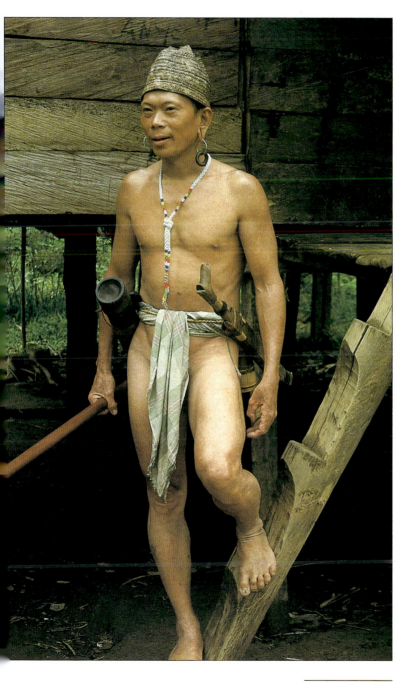

Ost-Kalimantan

Allgemeines

Ost-Kalimantan, indonesisch Kalimantan Timur oder kurz Kaltim genannt, ist mit 202 440 km² nach Irian Jaya die zweitgrößte Provinz Indonesiens. Das von nur rund 2 Mill. Menschen bewohnte Kaltim ist im Innern nur dünn, in weiten Teilen gar nicht besiedelt. Das Gros der Bewohner konzentriert sich am Mahakam-Strom und in den urbanen Zentren der Ostküste, wo auch die Hauptstadt Samarinda liegt. Hier hat sich Ost-Kalimantans Holzindustrie angesiedelt, und ihre zahlreichen Sägewerke haben der Stadt und einem weiten Einzugsgebiet entscheidende Wirtschaftsimpulse gegeben. Die größte Stadt Ost-Kalimantans und gleichzeitig Zentrum der Öl- und Flüssiggas-Industrie ist Balikpapan. Ein weiteres Ölzentrum ist die unweit zur Grenze Malaysias gelegene Insel Tarakan, deren Bedeutung jedoch im Abnehmen begriffen ist. Die aufstrebende Industrie Kaltims, einschließlich seiner Kohle-Förderanlagen am unteren Mahakam, hat die früher recht verschlafene Provinz im wahrsten Sinne des Wortes aus dem Dornröschenschlaf gerissen. Überall ist der wirtschaftliche Aufschwung in Gestalt neuer Geschäftsviertel, Regierungsgebäude, Banken, Supermärkte und last not least eines neuen internationalen Flughafens deutlich sichtbar geworden. Im Inselinnern, dort, wo vornehmlich die Dayak zu Hause sind, verläuft das Leben gemächlicher. Ost-Kalimantan zeichnet sich durch eine

besondere Vielfalt der Dayak-Stämme aus, einschließlich der sogenannten klassischen Gruppen, der Kenyah und Kayan. Von 1955 bis 1993 wurden 35 980 javanische Familien mit insgesamt 148 039 Mitgliedern in der Provinz angesiedelt.

Anreise nach Balikpapan

Von Jakarta nach Balikpapan bestehen tägliche Flugverbindungen mit Garuda, Sempati und Bouraq. Ebenfalls bestehen tägliche Flugverbindungen nach Balikpapan von Surabaya mit Merpati und von Manado mit Bouraq. Mehrere Flüge wöchentlich führt Merpati zwischen Ujung Pandang und Balikpapan durch. Außerdem werden die Strecken Banjarmasin – Balikpapan sowie Tarakan – Balikpapan täglich von Bouraq bedient. Die Pelni-Fährschiffe KM Kambuna und KM Umsinsi fahren je zweimal monatlich Balikpapan an. Seit Oktober 1993 verkehrt mehrere Male wöchentlich eine Autofähre zwischen Ujung Pandang und Balikpapan.

Balikpapan

Mit der Entdeckung von Ölfeldern um die Jahrhundertwende verwandelt sich das Urwalddorf Balikpapan, die wörtliche Übersetzung lautet »umgedrehtes Brett«, in eine Erdölstadt mit 360 000 Einwohnern. Zehntausende fanden eine Beschäftigung bei der staatlichen Erdölgesellschaft Pertamna. Die rapide Entwicklung der Stadt bewog die Stadtväter Balikpapans, einen neuen internationalen Flughafen in Auftrag zu geben, der 1994 eröffnet worden ist. Mehrere hundert Experten aus Amerika und Frankreich arbeiten in Ost-Kalimantas Ölindustrie und haben zusammmen mit den Indonesiern die Off-shore-Förderung entwickelt und damit zur wichtigsten Devisenquelle des Landes beigetragen. A

Ein Floß aus abgeschlagenen Baumstämmen auf dem Weg zu den Holzfabriken in Samarinda

größte Stadt Ost-Kalimantans ist Balikpapan Eingangspforte zu der 130 km nördlicher liegenden Provinzhauptstadt Samarinda sowie zu Zielorten im Innern der Insel.

Einkaufen

Hero Supermarkt (internat. Standard), Jl. Antasari/Jl. Yani

Hotels

Altea Benakutai (4 Sterne), Jl. Antasari, Tel. 2 18 04-8 13
Gudiman (2 Sterne), Jl. Antasari, Tel. 2 25 83

Information

Kantor Pariwisata, Jl. Pangeran Andi Petta Rani, Tel. 2 11 42

Restaurants

Ondi Steak House (Fisch- u. Steakstaurant), Jl. Antasari 7
Atomic (chin.), Jl. Sutoyo I Nr. 2

Telefon

Vorwahl Balikpapan: 05 42

Anreise nach Samarinda

Flugverbindungen bestehen täglich von Balikpapan nach Samarinda mit Merpati und Asahi (Flugdauer ca. 20 Min.). Vom Intercity Bus Terminal in Balikpapan (nördlich der Stadt am km 5) täglich mehrere Abfahrten nach Samarinda. Am praktischsten ist das Chartern eines Taxis am Flughafen in Balikpapan (ca. 3 Std. Fahrt bis Samarinda).

Samarinda

In keiner anderen Stadt Kalimantans hat während der letzten 12 Jahre ein gewaltigerer Fortschritt stattgefunden als in der rund 300 000 Einwohner zählenden Provinzhauptstadt Samarinda am Mahakam-Strom, dem dominierenden Gewässer Ost-Kalimantans. Samarinda wurde 1668, sozusagen als Gegenstück zum damaligen Herrschaftszentrum Tenggarong (etwas weiter oberhalb des Mahakams), von Buginesen aus Süd-Sulawesi gegründet und im Laufe der folgenden Jahrhun-

341

derte zu einem wichtigen Vorposten und Handelsstützpunkt ausgebaut. Die beiderseits des Mahakams gelegenen Stadtteile, Kota und Seberang, sind seit Mitte der achtziger Jahre durch eine große Brücke verbunden. Dort, wo Ende der siebziger Jahre die von Schlaglöchern übersäte Hauptstraße durch ein gesichtsloses Viertel führte, steht heute ein architektonisch geschmackvolles und modernes Einkaufszentrum mit Supermärkten, Restaurants, Banken usw. Mit der einstigen Exotik und dem Schuß Piratenromantik hat alles nur noch wenig gemein, und Nostalgiker mögen angesichts des rapiden Fortschritts der alten Zeit noch mehr Kredit einräumen. Des Rätsels Lösung für das vollkommen veränderte Bild Samarindas ist die gewaltige Holzindustrie, die sich seit Beginn der achtziger Jahre unübersehbar entwickelt und ausgedehnt hat. Für manche Besucher wirkt es wie ein Schock, wenn sie die ersten Schlepper mit riesigen Flößen abgeschlagener Baumstämme an sich vorbeiziehen sehen. Und man stelle sich vor, daß an den verschiedenen Streckenabschnitten der großen Flüsse Dutzende dieser Baumstamm-Flöße unterwegs sind – Tag für Tag, Monat für Monat, Jahr für Jahr. Geschieht nicht bald ein Wunder, wird in 30 Jahren, so die Berechnung der Fachleute, das letzte Urwaldstück Kalimantans zu Grabe getragen sein.

Route 1: Balikpapan - Loajanan - Tenggarong – Senoni – Kota Bangun – Muara Muntai - (Tanjung Isuy-Mancong) – Melak – Kersik Luway – Eheng

| 0 | 10 | 20 | | 40 km |

Route 1: Über den Mahakam ins Innere Kalimantans
Balikpapan – Loajanan – Tenggarong – Senoni – Kota Bangun – Muara Muntai – Tanjung – Isuy – Mancong – Melak – Kersik Luway – Eheng

Über den Mahakam ins Innere Kalimantans

Der Mahakam bildet mit 920 km Länge die Hauptwasserader Ost-Kalimantans. In vielen Windungen fließt er träge durch das flache Kutai-Becken und verzweigt sich dann in einem riesigen Delta, bevor seine Wassermassen die Straße von Makassar erreichen. Nach dreistündiger Busfahrt von Balikapan nach Loajanan und weiteren 2 Std. Schiffahrt, erreicht man die ehemalige Sultansstadt **Tenggarong.** Der von einem Feuer zerstörte alte Palast wurde 1936 durch einen neuen ersetzt – die Handschrift des holländischen Architekten ist unverkennbar. Als am 21. Ja-

nuar 1960 durch einen Regierungserlaß das traditionsreiche Sultanat Tenggarong aufhörte zu existieren, gab der letzte Sultan, Aji Muhammad Parikeset, den Palast als Museum frei. Das **Mulavarman Museum,** benannt nach dem ersten (hinduistischen) Herrscher der Region, bietet in seinen acht Ausstellungsräumen und Hallen Querschnitte durch die Kultur des Sultanats Kutai und der Dayaks sowie der Frühgeschichte (Öffnungszeiten: Di – Do 8–14, Fr 8–11, Sa 8–13, So 8–14 Uhr, montags geschlossen). Die nächste Anlegestelle ist **Senoni,** wo viele

Ein doppelstöckiges Langhaus Lamin in Mancong

Ein Nasenaffe (Nasalis larvatus) im Sumpfwald in der Nähe des Jempang-Sees

kleine aneinandergereihte und auf dem Wasser schwimmende Ponton-Restaurants lokale Speisen anbieten. Bei Muara Kaman (89 km) im nahe gelegenen Ort **Bukus Berubus** wurden Pallava-Steininschriften gefunden, die zu den ältesten Schriftzeugnissen der hinduistischen Epoche in Indonesien gehören. Nächster größerer Ort ist **Kota Bangun** (28 km), übersetzt: Stadt des Aufbaus, wo die Hinterlassenschaft einer Lodge (gebaut von der GTZ) von

manchen Durchreisenden gern in Anspruch genommen wird. Kota Bangun ist Ausgangspunkt für Fahrten zu den 10 000 bzw. 15 000 ha großen Seen **Semayang** und **Melintang**, in denen nicht selten die Süßwasserdelphine *(pasut)* des Mahakams zu beobachten sind. Diese Delphine mit abgeflachter Schnauze sind 2–3 m lang und können bis zu 100 kg schwer werden. Nach rund dreistündiger Weiterfahrt kommen die Metall-Minarette der Moscheen von **Muara Muntai** (40 km) in Sicht. Hier sind die Straßen aus Ulin-Hartholz gebaut, aber außer ein paar Motorrädern verkehren keine Fahrzeuge in der Ortschaft.

Von Muara Muntai geht es mit kleinen überdachten Motorbooten *(ketinting)* in Richtung Tanjung Isuy (39 km). Zunächst wird ein Seitenarm des Mahakam durchfahren, an dessen Ufern Restbestände von Primärwäldern häufig Tummelplatz für übermütige Nasenaffen sind, die bei akrobatischen Sprüngen von Baum zu Baum zu beobachten sind. Vorbei an den langen

Benuak-Dayak mit Bekleidung aus Baumbast in Tanjung Isuy in Ost-Kalimantan

Häuserphalanxen der riesigen Banjar-Dörfer, Niederlassungen von Zuwanderern aus Süd-Kalimantan, sowie dicht mit Sumpfpflanzen bewachsenen Flachufern erreicht man den weiten **Jempang-See.** Während der Trockenzeit kann sich der flache See, normalerweise ein bevorzugtes Areal für Reiher und viele andere Wasservögel, in ein Nichts auflösen, und nur eine schmale Fahrrinne erinnert an die weite Fläche des Sees. Ist der Wasserstand entsprechend hoch, kann ein Schlenker vorbei an den »schwimmenden Hütten« von **Tanjung Haur** durchge-

führt werden, einer kleinen Fischersiedlung mitten im Jempang-See. Von dort erreicht man in einer guten halben Stunde **Tanjung Isuy,** ein größeres Dorf am Ufer des Sees, wo sich ein glitzerndes Minarett aus Aluminium gen Himmel streckt und den Besucher hinsichtlich seiner Vorstellung von einem Dayak-Dorf enttäuschen mag. Bei näherem Hinsehen stellt sich jedoch der Ort als überwiegend von Benuak-Dayak bewohnt heraus, die sich auf Touristenbesuche eingestellt haben und selbst Verwöhnten (und deren Kameras) hervorragende Tanz-Choreographien bieten. An einer traditionellen *ulap doyo*, einem Webstoff aus Naturfasern, sollte man nicht vorbeigehen. Bei günstigem Wasserstand bzw. trockener Straße bietet sich ein interessanter Abstecher ins 9 km entfernte **Mancong** an, ein kleines Dayak-Dorf, das mit einem höchst seltenen zweistöckigen Langhaus aufwarten kann. Das fast 70 m lange Haus wurde mit ausländischer Hilfe Mitte der achtziger Jahre erbaut und ersetzt ein doppelstöckiges, nicht mehr vorhandenes *lamin*. Mit entsprechender Ausrüstung in Form einer Matratze, Decke, Taschenlampe usw. läßt sich im Langhaus übernachten, und es würde mit den hier lebenden Benuak-Dayak sicherlich zu interessanten Begegnungen kommen. Eine Besonderheit ist der *mankopeh*, ein feuriger Zweikampf, bei dem die »Gladiatoren« mit Schilden und *uwé*-Ruten aus Rattan gegeneinander antreten und versuchen, dem Gegner blutige Striemen auf dem nackten Rücken zuzufügen. Ein Gaudium für Gäste wie Gastgeber ist das Blasrohrschießen *(menyipat)* auf Zielscheiben, und man sollte sich diesem kleinen Übungsversuch nicht entziehen.

Wieder zurück in Muara Muntai an Bord des wartenden Fahrgastschiffes, geht es weiter den Mahakam flußaufwärts in Richtung Melak (124 km). Das von muslimischen Händlern dominierte **Melak** ist Ausgangspunkt für eine Exkursion mit dem Jeep zum Orchideenreservat **Kersik Luway** und zu einem authentischen Langhaus der Tunjung-Dayak in **Eheng** (45 km). Der Weg dorthin führt größtenteils über eine befestigte Straße.

Die weitere Reise flußaufwärts ab Melak ist noch auf einer Strecke von 200 km möglich. Hinter Long Bangun jedoch stößt man auf Stromschnellen, die nur von stabilen Booten mit PS-starken Außenbordmotoren bewältigt werden können.

Über den Kayan und den Ba

+ Landepiste der Missionare

Route 2: Von Tarakan über die Flüsse Kayan und Bahau ins Inselinnere
Tarakan – Tanjung Selor (Abstecher Kelubir – Pimping) – Long Bia – Long Paleban – Long Aran – Long Pujungan (Abstecher Long Kemuat)

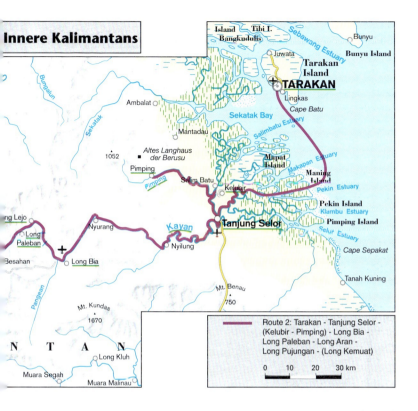

Innere Kalimantans

Route 2: Tarakan - Tanjung Selor -
(Kelubir - Pimping) - Long Bia -
Long Paleban - Long Aran -
Long Pujungan - (Long Kemuat)

0   10   20   30 km

Tarakan

Rund 80 km von der malaysischen
Grenze entfernt liegt die Insel Tarakan
mit ihrer gleichnamigen Stadt, beide
zusammen zählen rund 95 000 Einwohner. Tarakans wirtschaftlicher Aufstieg ist eng mit dem Öl verbunden,
welches die Holländer zu Beginn dieses
Jahrhunderts zu fördern begannen
und das im Zweiten Weltkrieg Grund
für die schnelle japanische Besetzung
war. Für Touristen hat die Insel an
ihrer Ostküste einige feinsandige
Badestrände zu bieten. Die Stadt Tarakan ist wenig interessant, bis auf einen
ausgedehnten Kampong mit Pfahlhäu-
ern, die größtenteils von buginesischen Fischern und Händlern be-

wohnt sind. Tarakan ist Ausgangspunkt für eine expeditionsartige Reise
ins Innere von Kalimantan. Mit einem
gecharterten Speedboat oder dem regelmäßig verkehrenden Linienboot
geht es zunächst eine Stunde über
die offene See, bevor das Mündungs-
delta des Kayan, des mit 576 km längsten Flusses in der nördlichen Region
Ost-Kalimantans, erreicht und die
Fahrt nach Tanjung Selor fortgesetzt
wird. **Tanjung Selor,** kurz Tanjung
genannt, ist administratives Zentrum
der 64 000 km² großen Regentschaft
Bulungan mit nur 300 000 Einwohnern. Tanjung macht einen sauberen
Eindruck, und man verspürt ein wenig
das Flair vergangener Tage, welches
Joseph Conrad in seinen Romanen

über Borneo so schön zum Ausdruck bringt.

Es bestehen tägliche Flugverbindungen von Balikpapan nach Tarakan (Bouraq, Merpati, Asahi). Alle 14 Tage bedient das Pelni-Fährschiff KM Kerinci die Route Jakarta – Surabaya – Ujung Pandang – Balikpapan – Pantoloan (Palu) – Toli-Toli – Tarakan

Hotels in Tarakan und Tanjung Selor

Tarakan Plaza, Jl. Yos Sudarso, Tel. 21 87

Orchid, Jl. Sudirman 17, Tel. 2 16 64

Gracias, Tanjung Selor (schräg gegenüber der Anlegestelle für die Linienboote)

Asooy, Tanjung Selor (direkt gegenüber der Anlegestelle für die Linienboote)

Restaurants in Tarakan und Tanjung Selor

Tarakan: Ein ausgezeichnetes Fischrestaurant liegt gegenüber dem Hotel Tarakan Plaza

Tanjung Selor: Das beste Restaurant heißt Milo (chin.) und liegt auf der linken Seite am Ende der chinesischen Ladenkette auf der Prachtstraße in Richtung Kantor Bupati

Telefon

Vorwahl Tarakan: 05 51

Abstecher von Tanjung Selor nach Kelubir und Pimping

Mit einem gecharterten Flußboot fährt man zunächst flußabwärts, vorbei am Dayak-Dorf Teras Nawang, bis zum kleinen Verbindungskanal Teruskan. Dieser führt direkt zum Kelubir-Fluß, an dessen Ufern sich eine großartige Sumpf- und Mangrovenlandschaft ausbreitet. Ein kleiner Nebenfluß führt dann durch ein Reich exotischer Pflanzen und bizarrer Baumwurzeln zu einer Stelle, wo völlig unerwartet einige Hütten auftauchen: Es handelt sich um den Vorposten von Kelubir, ein Transmigrantenprojekt, wo in fünf Dörfern rund 8 000 Menschen leben, Kenyah-Dayak (ein Drittel) und Javanen. Über die Lebensbedingungen und Probleme dieser kulturell sehr unterschiedlichen Gruppen kann man sich vor Ort ein recht gutes Bild machen. Wegen der Gezeiten sollte die Bootsfahrt gegen Mittag in Richtung Pimping fortgesetzt werden. Von Kelubir geht es ein Stück den Was-serweg zurück, bis man in den Sungai Pimping einbiegt, wo die dichten Sumpfwälder bald von *ladang*-Reisfeldern abgelöst werden. In einiger Entfernung tauchen pittoreske Bergkegel auf. Nach insgesamt 2 Std. Fahrt wird das weitläufige Dayak-Dorf **Pimping** angelaufen, wo man im Hause des Bürgermeisters eine gastfreundliche Aufnahme findet und ebenfalls gut beraten wird für den Besuch beim Stamm der Berusu-Dayak in der Umgebung. Besonderer Anziehungspunkt ist ein uraltes Langhaus, welches noch von einigen Familien bewohnt wird und etwa eine Gehstunde von Pimping entfernt liegt. Von Pimping sind es rund 3 Std. Bootsfahrt zurück nach Tanjung Selor, und man sollte wiederum den Rhythmus der Gezeiten bedenken. Für die Exkursion chartert man am besten das Boot von dem Kenyah-Dayak Andreas (er hat einen deutschen Großvater) aus Teras Nawang. Andreas ist an den Bootsanlegestellen in Tanjung bekannt und in der Regel leicht zu kontaktieren.

Zurück in Tanjung Selor, bucht man am besten Plätze für das »Volkstaxiboot«, die Alternative ist ein gechartertes Longboat, nach Long Bia, 4 – 6 Std. flußaufwärts (abhängig von der Motorenstärke). Im Vergleich zum Mahakam ist der Kayan nur dünn besiedelt, und nur hier und da taucht ein großes Dorf der Dayak oder Malaien auf. In diesen künstlich geschaffenen Regierungsprojekten wurden in den sechziger und siebziger Jahren vornehmlich Dayak von den Stämmen Kenyah und Kayan aus dem Inneren Kalimantas angesiedelt, und es dürfte nicht verwunderlich sein, daß man in diesen Retortendörfern keine oder kaum alte Dayak-Kulturen antrifft. **Long Bia** ein aufstrebender Ort mit überwiegender Dayak-Bevölkerung, bietet drei kleine Herbergen: Moming, Obed und Sam. Expeditionsproviant, Kochutensilien und viele andere nützliche Dinge (einschließlich Bier!) können im »Supermarkt« des Chinesen Samuel Moming eingekauft werden. Von Long Bia geht es mit einem 12–14 m langen Longboat, ausgerüstet mit drei 40-PS

Außenbordmotoren, sodann den Kayan aufwärts. Eine halbe Stunde hinter Long Bia rauschen die Wassermassen durch das von Felsgiganten verengte Flußbett rasend schnell hindurch. Dann wird es wieder ruhiger, auf einem Hügel thront auf mächtigen Holzstämmen das *liang*-Grab eines berühmten Kenyah-Häuptlings. Weitere 10 Bootsminuten flußaufwärts, am hügeligen Ufer und von der Vegetation fast verschlungen, stehen vier geheimnisumwobene Megalithstatuen, etwa einen halben Meter hoch, mit indianischen Gesichtszügen und stilisierter Körperform. Unweit von dieser Fundstelle liegt das Kenyah-Dorf **Long Paleban.** Hier drehte der Filmemacher und Hobbyforscher Victor Baron von Plessen 1937 den ersten Zelluloidstreifen über Borneo: »Insel der Kopfjäger«. Entlang der großartigen unbesiedelten Dschungelwälder beiderseits des Kayans erreicht man bald die Mündung des Bahau-Flusses. Hier sind die Flußtäler enger und die Berge höher. Der Tanz auf den wogenden Wellenmassen beginnt. Dutzende der wildbewegten Stromschnellen sind zu überwinden, für schwache Gemüter nicht zu empfehlen. Nur erfahrene Bootsführer, die jede Stromschnelle genau kennen, stehen hier ihren Mann. An den bewaldeten und steilen Ufern sieht man hier und da kleine Lager der Dayak, die in den Wäldern auf der Suche nach Rattan und Gaharau-Holz sind. Nachmittags taucht aus dem Dschungelwald ein zipfelmützenartiger, unbewaldeter Berg auf, in dessen Inneren sich eine Höhle mit einer heißen Quelle befinden soll. Bald ist die Siedlung **Long Aran** erreicht, wo Kenyah- und Punun-Dayak einträchtig zusammenleben. Noch 20 Min. weiter liegt **Long Pujungan,** letzter Regierungsposten vor der Grenze zu Sarawak (Malaysia). Bei Ipan, einem Kenyah aus dem Apo Kayan, findet man eine mehr als passable Unterkunft. Unbedingt hat eine Anmeldung bei der Polizei zu erfolgen.

Abstecher nach Long Kemuat

Wer den Spuren einer französischen Expedition, die Anfang der sechziger Jahre im Auftrag des Naturwissenschaftlichen Museums Paris bis an den Oberlauf des Bahaus vorstieß, folgen will, der lasse sich auf das folgende, recht schwierige Unterfangen ein: Von Pun-

Punan-niassisch-deutsch-österreichische Jagdgesellschaft in Ost-Kalimantan

jungan fahre man mit einem kleinen gecharterten Longboat den Bahau weiter flußaufwärts. Die wunderschönen Berglandschaften hier haben leider den Schönheitsfehler, daß sie an vielen Stellen durch Brandrodungen für die Herrichtung von Trockenreisfeldern verunziert sind. Nach gut einer Stunde ist die Mündung des Lurah-Flusses erreicht, und bei günstigem Wasserstand sollte man nicht zögern, hineinzufahren, denn hier zieht die Natur ihren Vorhang noch höher, und die wilde Romantik Kalimantans wird noch intensiver erlebt. Zunächst taucht man ein in die Welt der Punan, der ursprünglich als Urwaldnomaden lebenden Dayak-Stämme, die in dieser Abgeschiedenheit ein Refugium gefunden haben. In **Long Belakah,** durch das blechgedeckte Schulgebäude sollte man sich nicht irritieren lassen, trifft man auf eine Punan-Gemeinschaft, deren Mitglieder noch mehrheitlich in den Wäldern geboren und aufgewachsen sind. Welcher Jugendtraum liegt hier näher als der, an einer echten Punan-Jagd teilzunehmen, körperliche Fitneß und eine gute Puste vorausgesetzt.

Wieder zurück auf dem Bahau, geht es weiter durch eine Reihe von Stromschnellen, wobei besonders bedrohlich erscheinende einfach umgangen werden und die erfahrene Bootsbesatzung sich derweil mit Vollgas durch die brodelnden Wassermassen arbeitet. Nach 2 Std. ist **Long Uli** erreicht, wo Totempfähle *(hampatong)* ein eindrucksvolles Beispiel des alten Dayak-Glaubens abgeben. In weiteren 3–4 Std., ebenfalls über wild tanzende Stromschnellen, wird **Long Alango** erreicht, wo einstmals der Häuptling Lohong Apui über den oberen Bahau herrschte.

Im Hause eines der Söhne des berühmten Häuptlings bietet sich eine Übernachtungsmöglichkeit. Der weitere Weg nach Long Kemuat muß zu Fuß zurückgelegt werden, da aufgrund einer gefährlichen Stromschnelle die Weiterfahrt mit dem Boot ein hohes Risiko bedeuten würde. Der zweistündige, leicht begehbare Weg führt über die Graslandepiste für die Missionsflugzeuge. An einem Nebenfluß des

Punan-Dayak beim Spielen des traditionellen Saiteninstrumentes Sapeh

Bahaus, kurz vor einer kleinen Holzbrücke, lädt eine schöne Badestelle zu einer Erfrischung ein. Dann führt der Uferpfad, von dichtem Urwald gesäumt, in 20 Min. nach **Long Kemuat.** Das Dorf macht einen friedlichen Eindruck, und die freundlichen Bewohner empfangen den weitgereisten Gast mit der stillen, den Dayak-Völkern eigenen Herzlichkeit. Auch hier bietet sich im Hause des Häuptlings eine geeignete Unterkunft. Die Bahau-Dayak in Long Kemuat tragen mit Stolz ihre den Gebärden des Nashornvogels nachempfundenen Tänze vor, begleitet von den feinen Klängen der *sapeh,* dem traditionellen Saiteninstrument. Mit ein wenig Glück erlebt man die Begegnung mit noch frei im Walde lebenden Punan, die von Zeit zu Zeit in die Nähe der Bahau-Dörfer kommen, um Waldprodukte gegen Tabak, Reis und Gebrauchsgegenstände einzutauschen. Die Begegnung mit den Waldnomaden, die sich einfache, aber stabile Blätterdachhütten bauen, gehört zum Eindrucksvollsten aller Erlebnisse in Kalimantan.

*Punan-Jäger mit
seiner Jagdbeute*

Die Punan

Als Urwaldnomaden, die in kleinen Gruppen von 20–30 Personen in den entlegensten Bergwaldregionen umherstreifen, unterscheiden sie sich von den seßhaften, zumeist in Langhäusern lebenden Dayak. Die Punan, in Malaysia auch Penan genannt, bilden sprachlich und kulturell keine Einheit, sondern unterteilen sich in verschiedene Gruppen, wie zum Beispiel die Bukitan, Lisum, Ukit, Seputan, Lugat, Aput-Busang usw. Ihre Gesamtzahl wird auf 10000–12000 geschätzt. Punan sind hervorragende Jäger und verstehen meisterhaft mit dem Blasrohr *(sumpit)* umzugehen.

Das hochwirksame Gift der Blasrohrpfeile (-*anak sumpit*, wörtlich Kinder des Blasrohrs) wird aus dem hellstämmigen Ipoh-Maulbeerbaum (Antiaris toxicaria) gewonnen. Das Gift wirkt bei kleineren Tieren innerhalb weniger Minuten, bei größeren Tieren und beim Menschen führt es nach 10–15 Min. zum Tode, indem eine Nerven- und Herzlähmung eintritt und das Opfer erstickt. Als Meister des Waldes sind die Punan ebenfalls imstande, allerlei Tierlaute zu imitieren und die Geräusche des Dschungels genau zu deuten. Beutetiere sind Wildschweine, Muncak-Hirsche, Affen, malaysische Bären, Schildkröten, Marderbären, Tupai-Spitzhörnchen, Stachelschweine, Py-

Punan-Mädchen mit traditionellen Messingohrringen

thonschlangen, Vögel usw. Grundnahrungsmittel ist das Mark der wilden Sagopalme. Nach Meinung einiger Borneo-Forscher gehören die Punan zu den edelsten und schönsten Dayak. Sie haben eine blaßgelbe Hautfarbe und sind eher von kleiner, jedoch wohlproportionierter Statur mit stark entwickeltem Muskelsystem. Ihr Wesen ist sanft, und aggressives Verhalten ist unbekannt. Einige Punan-Gruppen im nördlichen Ost-Kalimantan leben in Felshöhlen, wo sie über Jahrhunderte im Auftrag des Sultans von Bulungan Vogelnester *(tempat burung)* ernteten. Die natürliche Heirat zwischen Punan findet statt, wenn das Mädchen schwanger ist. In der Regel schließt sich der Mann der Gruppe seiner Frau an. Die Waldnomaden besitzen ein einfaches System von Omen, in dem die Verhaltensweisen verschiedener Tiere eine wichtige Rolle spielen. Der Glaube der Punan bezieht sich in erster Linie auf Naturgottheiten, lehnt sich aber auch teilweise an die Glaubensvorstellungen oft kontaktierter Nachbarstämme an. Tote werden in Blätterdachhütten oder unter Winddächern zurückgelassen, und die Gemeinschaft zieht in ein neues Lager (Flucht vor der Leiche). Andere Punan legen die Leichen unter Felsvorsprünge oder sogar in ausgehöhlte Baumstämme, die dann sorgsam mit Rinde verschlossen werden. In den letzten Jahren sind in mehreren Fällen Holzgesellschaften auf derartige Bestattungsplätze gestoßen. In den vergangenen 20 Jahren wurde der Lebensraum der Punan immer mehr durch vorrückende Holzgesellschaften eingeschränkt, besonders im malaysischen Teil Borneos. Spektakulär wurde der Fall des Schweizers Bruno Manser, der von 1984 bis 1990 bei den Punan lebte und sie im Kampf gegen den Raubbau der Holzgesellschaften und ihrer Interessenvertreter unterstützte.

Süd-Kalimantan

Allgemeines

Süd-Kalimantan, indonesisch Kalimantan Selatan oder abgekürzt Kalsel, ist mit 37 660 km² die kleinste der vier Provinzen Kalimantans. Die 2,8 Mill. Einwohner der Provinz setzen sich aus verschiedenen ethnischen Gruppen wie Banjars, Bugis, Javanen, Maduresen, Chinesen, Dayak usw. zusammen, von denen die Banjars die größte Gruppe darstellen. Die Landschaft Süd-Kalimantans wird durch die von Süden nach Nordosten verlaufende Meratus-Gebirgskette charakterisiert, deren höchste Erhebung der Puncak Besar (1 891 m) ist. Im Küstenbereich dehnen sich fruchtbare Flach- und Schwemmlandschaften aus, die großenteils für den Reisanbau kultiviert werden konnten. Im 16./17. Jh. erlebte Süd-Kalimantan mit seiner Sultansstadt Banjarmasin eine Blütezeit durch den Pfefferhandel, den die Holländer 1606 monopolisierten. Nachdem Mitte des 19. Jh. die holländische Kolonialmacht einen Marionettensultan einsetzte, kam es zum sogenannten Banjarmasin-Krieg, in dessen Verlauf viele Missionare und christianisierte Dayak ums Leben kamen. In Süd-Kalimantan bekennen sich heute 97,6 % der Bevölkerung zum Islam. Die florierende Wirtschaft mit den Hauptfaktoren Holzindustrie und Kautschukplantagen, Kohle, Erdöl, Rattanwerkstätten, Krabbenexport, Trockenfisch sowie Gold- und Diamantenminen geben den Ausschlag für Süd-Kalimantans hohen Prozentsatz an jährlichen Mekka-Pilgern.

Anreise

Von Jakarta nach Banjarmasin bestehen tägliche Flugverbindungen (Merpati, Bouraq), ebenfalls von Surabaya nach Banjarmasin (Merpati) und von Balikpapan nach Banjarmasin (Bouraq). Das Pelni-Fährschiff KM Kelimutu bedient vierzehntäglich die Route Semarang – Banjarmasin – Surabaya – Bali – Kleine Sunda-Inseln und zurück.

Banjarmasin

Der Barito-Strom und ein System von Flüssen sowie Kanälen charakterisieren die von rund 570 000 Menschen bewohnte Provinzhauptstadt Banjarmasin. Unwillkürlich drängt sich der Vergleich zu Bangkok oder sogar Venedig auf, jedoch sind viele der kleinen Wasserwege Banjarmasins zugeschüttet und durch Autostraßen ersetzt worden. Dennoch lassen sich auf den vorhandenen Flüssen und ihren Nebenarmen interessante Rundfahrten mit den landestypischen Klotok-Motorbooten unternehmen. Ein besonders interessantes Ziel ist der schwimmende Markt von Kuin, **Pasar Terapung** (zu erreichen mit Klotoks, die an der Pertamina-Pier liegen). Mit Reis, Gemüse, Obst, Gebäck, Kokosnüssen oder mit Brennholz beladene Händlerboote *(jukung)* verkaufen ihre Produkte direkt an unzählige Käufer, die ebenfalls mit Booten unterwegs sind. Die Bootsfahrt kann auf dem Barito flußabwärts fortgesetzt werden, vorbei an Holzsägewerken, Werften, Kautschukfabriken usw. zum Martapura-Fluß und diesen aufwärts bis hinein ins Zentrum von Banjarmasin. Besonders morgens und nachmittags herrscht am Uferrand vor den vielen malaiischen Pfahlhäusern *(lanting)* ein emsiges Leben und Treiben.

Eine frühmorgens beginnende Tour per Klotok sollte man zur 12 km flußabwärts liegenden Insel **Kaget** unternehmen, wo in einem mehr als 200 ha großen Waldareal Nasenaffen, schwarze Gibbons, viele Vogelarten usw. zu beobachten sind. Eine andere interessante Exkursion führt zu den 45 km entfernt liegenden Diamantenfeldern von **Cempaka.**

Hotels

Barito Palace (3 Sterne), Jl. Haryono 16–20, Tel. 6 73 01

Maramin, Jl. Lambung Mangkurat 32, Tel. 6 88 99 44

Perdana (1 Stern), Jl. Brigjen Katamso 3, Tel. 6 80 29

Information

Diparda Tk. I Kalsel, Tourist Information Centre, Jl. Panjaitan 23, Tel. 29 82

Restaurants

Shinta International (chin.), Jl. Lambung Mangkurat
Blue Ocean (chin.), Jl. Hasanuddin 49

Telefon

Vorwahl Banjarmasin: 05 11

Zentral-Kalimantan

Allgemeines

Diese riesige Provinz, indonesisch Kalimantan Tengah oder abgekürzt Kalten, wird bei einer Fläche von 152 600 km^2 von nur 1,5 Mill. Menschen bewohnt. Topographisch lassen sich drei Landschaftsformen unterscheiden: das schwer zugängliche nördliche Bergland mit dem Schwaner-Gebirge als südwestlichem Ausläufer, das zentrale Tiefland mit ausgedehnten Regenwäldern und die südlichen Sumpf- und Mangrovengürtel, die sich von der Java-See bis zu 100 km landeinwärts erstrecken. Ein System von Flüssen durchzieht das Tiefland von Nord nach Süd. Am mächtigen Kahayan River liegt die Provinzhauptstadt Palangkaraya. Etwa ein Viertel der Bewohner Kalimantan Tengahs sind Dayak, die sich überwiegend aus den vier großen Stämmen der Ngaju, Ot Danum, Maanyan und Lawangan zusammensetzen. In Anlehnung an ihr Hauptsiedlungsgebiet am Barito werden sie auch als Barito-Gruppe bezeichnet. Gemeinsames Kennzeichen dieser Dayak ist ihre alte Religion, Kaharingan, die von der indonesischen Regierung als Untergruppe des Hinduismus offiziell anerkannt ist. Berühmt für die Dayak Zentral-Kalimantans sind die Totenfeste *(tiwah)* und die hölzernen Skulpturen *(hampatong),* die überaus kunstvoll hergestellt sein können. An den mit Menschen und Tieren beschnitzten Totempfählen *(sapundu)* wurden früher Sklaven geopfert. Diese aus der Glaubensvorstellung heraus begangenen Totenrituale wurden allmählich mit dem Aufkommen des Christentums ab 1830 unterbunden. Die nach der Unabhängigkeit Indonesiens aufkeimenden Spannungen und Konflikte zwischen den moslemischen Banjars und nichtislamischen Dayak führten 1957 zu einer Aufteilung der früheren Gesamtprovinz in Süd- und Zentral-Kalimantan.

Anreise

Die Hauptstadt Palangkaraya ist am besten mit dem Flugzeug zu erreichen. Tägliche Flugverbindungen bestehen von Jakarta (Merpati); mehrere Male wöchentlich fliegt Merpati mit einer kleineren Maschine von Jakarta-Halim nach Pangkalan Bun.

Palangkaraya

Die Provinzhauptstadt Palangkaraya wurde 1957, nachdem Zentral-Kalimantan administrativ seine Eigenständigkeit erhielt, sozusagen aus dem Urwaldboden gestampft. Selbst die damals mit Indonesien verbündeten Russen beteiligten sich an der Pionierarbeit und bauten eine 40 km lange Verbindungsstraße, die heute als Teilstück in den entstehenden Trans-Kalimantan Highway integriert ist. Palangkaraya hat sich seit seiner Gründung rapide entwickelt und zählt heute etwa 150 000 Einwohner, nicht zuletzt dank eines starken Zugangs javanischer Transmigranten. Das Museum der Stadt stellt vornehmlich Gegenstände der Dayak-Kultur aus, wobei einige schon beschnitzte Totempfähle hervorzuheben sind. Palangkaraya ist ein idealer Ausgangspunkt für Wildlife-Touren und Expeditionen ins Innere.

Hotels

Dandang Tingang, Jl. Yos Sudarso 11
Virgo, Jl. A. Yani 7b

Information

Kantor Pariwisata, Jl. Suparman 21,
Tel. 2 14 16

Restaurants

Tropicana (chin.), Jl. Darma Sugondo
Empat Lima (Fischrest.), Jl. A. Yani 63

Telefon

Vorwahl: 05 14

Zur Orang-Utan-Station in Tanjung Putih

Ausgangspunkt für diese eindrucksvolle Tour zum Orang-Utan-Rehabilitationszentrum im Reservat Tanjung Putih ist die Regentschaftsstadt **Pangkalan Bun** im Südwesten Zentral-Kalimantans. Nach Ankunft am Flughafen ist zunächst eine Meldung bei der Polizei erforderlich, die ein Empfehlungsschreiben für die Forstbehörde PHPA ausstellt. Von **Kumai,** am gleichnamigen Fluß, startet man mit einem gecharterten Klotok, einem traditionellen Flußmotorboot. Nach kurzer Zeit biegt das Boot in den Sekonyer-Fluß ein, in dem vereinzelt Dugong-Seekühe, eine Sirenenart, gesichtet worden sind, Tiere mit massiven, walzenförmigen Körpern, die fast drei Meter lang und rund 170 kg schwer werden können.

Das Klotok-Boot erreicht die Übernachtungsstelle, das komfortable Rimba-Hotel, nach 2 Std. Fahrt, ein Speedboat schafft es in 30 Min. In den Busch- und Mangrovenwäldern gegenüber der Dschungelherberge tummeln sich im Geäst der Bäume gern Nasenaffen (Nasalis lavartus). Der zumeist am nächsten Morgen folgende zweite Abschnitt auf dem Sekonyer-Fluß bis zur Orang-Utan-Station Camp Leakey beeindruckt durch die bizarre Welt des Sumpfwaldes. Nach rund 3 Std. kündigt sich Camp Leakey durch einen

Orang-Utan (Pongo pygmaeus)

Orang-Utans, das Wort bedeutet im Malaysischen Waldmenschen, kommen nur auf Borneo und Sumatra vor. Bei der Geburt wiegt ein Tier nur etwa 1,5 kg. Erwachsene männliche Tiere können ein Körpergewicht von 100 kg erreichen, wobei ihre maximale Größe 1,60 m beträgt. Von entscheidender Bedeutung für die Fortbewegung im Dschungelgeäst sind ihre langen und kräftigen Arme, deren Spannweite bis 2,30 m betragen kann. Die jungen Tiere bleiben bis zum Alter von 4–5 Jahren bei der Mutter und sind von dieser absolut abhängig. Es ist eine Tragik, daß vorzugsweise in diesen Lebensjahren Jagd auf die Muttertiere gemacht wird, um leicht an den Nachwuchs heranzukommen. Hauptmotivation: Mit dem Verkauf von Orang-Utans lassen sich hohe Gewinne erzielen. Diese Skrupellosigkeit illegaler Tierfänger führte unter anderem dazu, daß die Tiere unter strengen Schutz gestellt wurden, was bislang nicht verhindert hat, daß »Waldmenschen« weiterhin gejagt werden und viele auf dem Transport in die Gefangenschaft elend ums Leben kommen. Männliche Tiere erreichen ihre sexuelle Reife im Alter von 12 Jahren. Mit ihrem mächtigen Kehlkopf und den breiten Backentaschen sind sie in der Lage, mehrere Liter Luft aufzunehmen und Ruflaute auszustoßen, die Mitbewerber aus ihrem Territorium heraushalten sollen. Nach neuesten Erkenntnissen der Forschung leben in küstennahen Sumpfwäldern zehnmal mehr Orang-Utans als in einer entsprechend großen Region der höher gelegenen Regenwälder. Erstaunlicherweise tolerieren sie ohne weiteres die »Extraktion« von gewissen Baumbeständen durch Holzgesellschaften, gehen jedoch zugrunde, wenn totale Holzabschläge für landwirtschaftliche Anbauflächen erfolgen. Orang-Utans haben lange rötlichbraune Haare, eine blaugraue Hautfarbe und ernähren sich vorzugsweise von Früchten.

hölzernen Aussichtsturm an. Eine lange, brückenartige Konstruktion wird sichtbar – »Landeplatz« für Orang-Utans, die, aus menschlicher Gefangenschaft befreit, hier an das Leben in ihrem natürlichen Umfeld gewöhnt werden, dabei jedoch noch lange menschlicher Hilfe bedürfen und deshalb zweimal täglich unweit des Camps gefüttert werden. Etwa 50 Orang-Utans, vom Kleintier bis zum ausgewachsenen männlichen Tier, leben im Reservat, das unter der Leitung und Obhut der Kanadierin Prof. Birute Galdikas steht. Seit mehr als 20 Jahren setzt sie sich leidenschaftlich für diese einzigartige und bedrohte Tierart ein.

Pangkalan Bun

Pangkalan Bun ist Distrikthauptstadt von Kotawaringin, einem Regierungsbezirk, der mit 170 000 Einwohnern sehr dünn besiedelt ist. Wie auch die drei übrigen Distrikte Zentral-Kalimantans ist Kotawaringin zu mehr als 70 % von Regenwäldern bedeckt, deren Bestände allerdings jährlich von Holzgesellschaften dezimiert werden, wobei koreanische Firmen eine Schlüsselrolle spielen. Pangkalan Bun mit 45 000 Einwohnern ist Drehscheibe für eine Reihe von Flugverbindungen innerhalb Kalimantans (Palangkaraya, Pontianak, Banjarmasin) und nimmt deshalb eine strategisch wichtige Lage ein. Die Stadt ist ebenfalls ein guter Ausgangspunkt für Exkursionen zu Dayak-Stämmen im Norden, wo das Schwaner Gebirge die natürliche Grenze zu West-Kalimantan bildet.

Hotels

Blue Kecubung, Jl. Domba, Tel. 2 11
Andika, Jl. Hasanuddin, Tel. 2 18

Restaurants

Die meisten kleinen Restaurants und Eßbuden liegen entlang der Jl. Antasari

West-Kalimantan

Allgemeines

Touristisch gesehen ist die 146 760 km² große und von 3,4 Mill. Menschen bewohnte Provinz nahezu unbekannt. Die Bevölkerung West-Kalimantans setzt sich zu 42 % aus Dayaks, 40 % Malaien, 5 % Bugis, 2 % Javanen und 11 % Chinesen zusammen. West-Kalimantan ist eng mit dem Schicksal von Zehntausenden von Chinesen verbunden, die in der zweiten Hälfte des 18. Jh. hierherkamen, um sich in den Gold- und Diamantenminen zwischen Pontianak und Singkawang zu verdingen. Die berüchtigten chinesischen Geheimbünde *kongsi* gerieten mit den holländischen Kolonialherren in Konflikt und wurden durch militärische Aktionen zwar nicht ausgeschaltet, jedoch weitestgehend neutralisiert. Die Konfrontation mit Malaysia und kommunistischen Guerillaaktivitäten in den sechziger Jahren ließen das indonesische Militär aufmarschieren und West-Kalimantan weitgehend zu einer geschlossenen Provinz werden. Die Gefahren sind beseitigt, und die Beziehungen zwischen Indonesien und Malaysia sind seit der Ära Suharto eher freundschaftlich zu nennen. Seit Anfang 1984 besteht eine Straßenverbindung von West-Kalimantan nach Sarawak (indonesische Grenzstation ist Entikong). Die seit den siebziger Jahren verstärkt operierenden Holzgesellschaften haben ihren Wirtschaftszweig zur ersten Einnahmequelle West-Kalimantans werden lassen, gefolgt von Kautschuk und Palmöl, Kakao- und Orangen-Plantagen. Das Gold- und Diamantengeschäft hat seine frühere Bedeutung verloren. Als Transportwege spielen die unzähligen Flüsse, voran der 1065 km lange Barito, eine überragende Rolle für den Wirtschaftsverkehr der riesigen Provinz. Der allmählich Gestalt annehmende und durch drei Provinzen führende Trans-Kalimantan Highway mit einer Gesamtlänge von 2 026 km weist für West-Kalimantan eine Streckenlänge von 668 km auf, wovon ein größerer Teil bereits befahrbar ist.

Anreise

Von Jakarta nach Pontianak bestehen tägliche Flugverbindungen (Merpati, Sempati), mehrere Male wöchentlich fliegt Merpati die Strecke von Balikpapan nach Pontianak. Das Pelni-Fährschiff KM Lawit bedient vierzehntäglich die Teilroute Jakarta-Pontianak.

Pontianak

Pontianak, am Zusammenfluß des Kleinen Kapuas und Landak gelegen, wurde 1771 von dem Jemeniten Syarif Abdurrachman aus dem Hadramaut gegründet. Von Pontianak drang 1822 der in holländischem Militärdienst stehende Major Georg Müller, ursprünglich aus Mainz stammend, tief ins Innere von Borneo bis zum heutigen Putussibau (814 km) vor und fertigte die ersten acht topographischen Karten der Insel an. Ende des 18. Jh. gelang dem Holländer Nieuwenhuis, ebenfalls von Pontianak aus, die erste Borneo-Durchquerung von West nach Ost. Der während des Gold- und Diamantenrausches im 18. und 19. Jh. starke Zustrom von verschiedenen ethnischen Gruppen, besonders Chinesen, bewirkte das Entstehen von Kampongs, dorfähnlichen Einheiten, die sich später in ihrer Gesamtheit zu dem urbanen Zentrum Pontianak entwickelten. Heute zählt die direkt am Äquator liegende Stadt rund 490 000 Einwohner. Pontianak ist nach wie vor Ausgangspunkt für Reisen ins Innere der Insel, zum Beispiel per Flugzeug oder auf dem Kapuas zum 814 km entfernten Verwaltungszentrum Putussi-

bau. Hauptsehenswürdigkeiten in Pontianak sind u. a. die vor rund 220 Jahren erbaute **Moschee Sultan Abdurrachman** sowie der nahe gelegene **Sultanspalast.** Einen recht guten Überblick über die Kulturen West-Kalimantans bietet das **Museum Kalimantan Barat** in der Jl. Achmed Yani.

Hotels

Mahkota, Jl. Sidas, Tel. 3 60 22
Kartika, Jl. Rahadi Usman, Tel. 3 44 01
Wisma Martani, Jl. Tani 4, Tel. 3 24 12

Information

Tourist Information Centre, Diparda Tk. I
Kalbar, Jl. A. Sood 25, Tel. 3 67 12

Restaurants

Kapuas Permai (chin., indon.),
Jl. Imam Bonjol
Hawai (chin., indon.), Jl. Tanjaungpura 23
Beringin (indon.), Jl. Tanjungpura 124

Telefon

Vorwahl Pontianak: 05 61

*Typisch primärwald-
überzogene Berg-
landschaft im
Inneren Kalimantans*

*Nächste Doppelseite:
Die Unterwasser-
welt der Molukken*

Molukken

Molukken

Allgemeines

Die Molukken (Gewürzinseln) sind eine von 27 Provinzen Indonesiens, und
seine 999 Inseln bedecken eine Fläche
von 74 500 km² mit insgesamt 1,96
Mill. Einwohnern. Hauptstadt der Pro-

vinz Molukken, die zur holländischen Zeit noch West-Neuguinea einschloß, ist Ambon, das auf der zentralen Insel gleichen Namens liegt. Die in dem riesigen Areal von der zweifachen Fläche Deutschlands verstreut liegenden Inselgruppen werden administrativ und geographisch wie folgt aufgeteilt:

1. Nord-Molukken mit Halmahera, Ternate, Tidore, Bacan, Sula, Obi usw.; 2. Zentral-Molukken mit Ambon, Haruku, Saparua, Nusa Laut, Seram, Buru, Banda-Inseln; 3. Südost-Molukken mit Wetar, Leti-, Babar-, Tanimbar-, Kai- und Aru-Inseln. Die Inseln sind überwiegend gebirgig, zum Teil vulka-

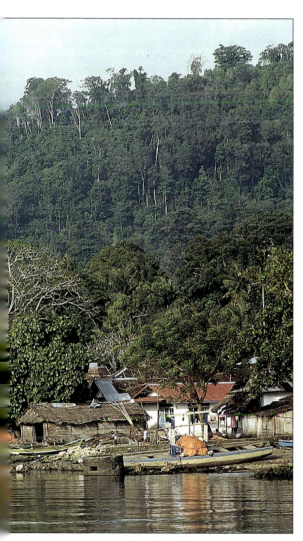

Das Dorf Morela an der Nordküste von Ambon

nisch und einige, wie Seram, Halmahe-ra, Buru u. a., von dichten Tropenwäldern überzogen.

Das Klima auf den Molukken ist tropisch. Die Bevölkerung setzt sich aus den altmalaiischen Alfuren, der dunkelhäutigen Urbevölkerung, und den zugewanderten jungmalaiischen Bevölkerungsanteilen verschiedener Herkunft zusammen. Die Inseln Ternate, Tidore und Bacan sind vorwiegend islamisch, Ambon und weitere kleine Inseln christlich. Die im Innern der einzelnen Inseln, besonders auf Seram wohnende Urbevölkerung hängt dagegen ihren althergebrachten animistischen Glaubensvorstellungen an. Die Wirtschaft gründet sich vorwiegend auf den Anbau von Kokospalmen, Kakao, Nelken, Muskatnüssen, Kaffee, Sago, Bataten, Erdnüssen sowie auf Fischerei, Rinder- und Büffelzucht. Wegen ihres Gewürzreichtums wurden die Molukken im 16. Jh. in Europa weithin bekannt. Im 15. Jh. herrschten islamische Sultane auf Ternate und auf der Insel Tidore. Von den hier später um das Gewürzmonopol erbittert ringenden Nationen, den Spaniern, Portugiesen, Briten und Niederländern, setzten sich die Niederländer durch. Anfang des 17. Jh. baute die niederländische Ostindien-Kompanie hier ein rücksichtsloses Handelsmonopol auf. Die Briten hielten zwar während der Napoleonischen Kriege die Molukken noch einmal für kurze Zeit besetzt, gaben die Insel jedoch nach dem Sturz des Kaisers (1814) an die Niederlande zurück, die ihre kolonialistische Ausbeutungspolitik in der Folgezeit mäßigten. Als Indonesien unabhängig wurde und die Errichtung einer selbständigen Republik der Süd-Molukken scheiterte, flüchteten zahlreiche Ambonesen, insbesondere diejenigen, die in der niederländischen Armee und Polizei gedient hatten, in die Niederlande. Ihre zum Teil gewaltsamen Protestaktionen gegen die Integration der Süd-Molukken in die Republik Indonesien und ihre schwierige soziale Situation in den Niederlanden haben jahrelang für große Unruhe und Aufregung in den Niederlanden gesorgt. Die Rückkehr der Süd-Molukker in ihre Heimat scheint heute mehr ein soziales als politisches Problem zu sein.

Tanz und Gesang

Die Molukker sind gesangs-, musik- und tanzfreudige Menschen, deren rhythmische, südseeähnliche Melodien in ganz Indonesien beliebt und verbreitet sind. Zu den bekanntesten Tänzen gehören der *Menari Linso* (Taschentuchtanz) und die portugiesisch beeinflußte *Dansa Katareji*. Der *Sapuli-di* stellt einen magischen Tanz dar, bei dem sich die Teilnehmer mit einem Besen schlagen.

Anreise

Es bestehen tägliche Flugverbindungen (Garuda, Merpati) von Jakarta über Den Pasar und Ujung Pandang nach Ambon, von Jayapura über Biak nach Ambon (Merpati) und von Manado über Ternate nach Ambon (außer Donnerstag; Merpati). Das Pelni-Fährschiff Rinjani fährt vierzehntäglich die Route Jakarta – Surabaya – Ujung Pandang – Bau-Bau – Ambon – Sorong und zurück. Von Ambon aus besteht eine Anzahl von Flugverbindungen zu den Zentral-, Nord- und Südost-Molukker. Ebenfalls wird Ambon von einem Fährschiff der Pelni-Linie bedient, das in fünf Tagen die Route Banda-Inseln – Kai-Inseln – Aru-Inseln – Tanimbar-Inseln und Barbar-Inseln abfährt.

❖ Reise ohne Rückkehr ❖

Lederkoffer, Blechcontainer, Holzkisten. Sperriges Reisegepäck, das da übermannshoch gestapelt ist. Solide verarbeitet in einer Zeit, da man noch wochenlang mit Dampfern um die Welt schipperte. »Naar Nederland« steht auf einigen dieser wuchtigen Behälter. Es sollte eine Reise ohne Rückkehr werden. Was da aufgetürmt ist wie das Werk eines Aktionskünstlers, stammt aus den Molukken. Stumme Zeugen der Schiffspassagen, die 12.500 Männer, Frauen und Kinder von den berühmten Gewürzinseln im Osten Indonesiens nach Holland brachten. Es war 1951, eines der letzten Kapitel der niederländischen Kolonialherrschaft in Südostasien; und es war der Beginn des Leidensweges der molukkischen Minderheit im einstigen »Mutterland«. Die Koffer stehen schicksalsträchtig im weißen Eckhaus an der Kruisstraat 313 zu Utrecht. »Museum Sedjarah Maluku« ist in großen Lettern über dem Eingang zu lesen: Museum zur Geschichte der Molukken. Im November 1990 wurde es eingeweiht. Ein Haus mit einem Hauch heiterer Südsee und Dokumenten der Trauer.

Ende des 16. Jahrhunderts begannen die Niederländer in jenem fernen Teil der Welt ihr Kolonialreich aufzubauen. Auf den Molukken mit der zentralen Insel Ambon fanden sie treue Anhänger. Entschlossen kämpften viele Molukker in den Reihen der KNIL, der Königlich Niederländisch-Indischen Armee. Als während des Zweiten Weltkrieges das Kolonialreich zusammenbrach und Indonesien als zentralistisch regierte Republik seine Unabhängigkeit ausrief, proklamierten die Menschen der Molukken am 25. April 1950 ihren eigenen Staat: die Republik Maluku Selatan, die Südmolukkische Republik RMS. Die RMS hatte keine Chance, zu bestehen. 12.500 Molukker mußten ihre Koffer packen, von denen nun einige im Museum stehen. Es waren Soldaten der KNIL und ihre Familienangehörigen, die nach Holland verfrachtet wurden; sie sollten dort während der Wirren der Nachkriegszeit in Ruhe und Sicherheit abwarten. Die Aktion war als Provisorium deklariert. Doch die Molukker mußten bleiben; eine Volksgruppe, die zwischen die Stühle der Geschichte geraten war. Davon kündet das Museum in Utrecht.

Die Molukker hielten am Traum ihrer Republik fest, bildeten eine Exilregierung, gaben sich Stempel, Orden, Fähnchen und lebten kümmerlich in holländischen Lagern. Umsonst. Der rosafarbene Paß der »Repoeblik Maloekoe Selatan« ist nun hinter Glas ein Zeugnis der Vergeblichkeit. Erst als die Söhne der zweiten Generation, schon in Holland geboren, mit spektakulären Aktionen auf ihr Schicksal aufmerksam machten, schaute die Welt hin – zumindest zeitweise. Zugentführungen, Schulbesetzungen, Geiselnahmen, Tote und Verletzte Mitte der siebziger Jahre sind unvergessen. Auch diese Bilder gehören zum Museum. Heute leben etwa 40.000 Molukker in den Niederlanden; viele haben studiert und einen Job, haben sich integriert und besitzen die niederländische Staatsangehörigkeit. Aber die Alten, die damals in der Hoffnung, bald wieder heimkehren zu können, ihre Koffer verschifft hatten, sie haben das Bleibenmüssen nie überwunden. Davon berichten die jungen Molukker dem Besucher in den hellen Museumsräumen – und die jungen Leute schwärmen von Inseln nahe der Südsee, die sie selber in ihrem Leben noch nie gesehen haben.

Rüdiger Siebert

Zentral-Molukken

Die Hauptstadt Ambon

Ambon mit rund 250 000 Einwohnern liegt an der langgestreckten und windgeschützten Amboina-Bucht, die die Insel Ambon in eine größere nördliche Hälfte (Leihitu) und eine kleinere südliche (Leitimur) teilt. Ambon-Stadt liegt 45 km vom Flughafen Pattimura entfernt und setzte sich ursprünglich aus diversen unterschiedlichen Dorfweilern zusammen, für die das muselmanische Viertel noch ein Beispiel abgibt. Die Geschichte Ambons beginnt 1575 mit der Errichtung der Festung Laha, die unter holländischer Herrschaft in Nieuw Victoria umbenannt wurde und deren Reste an der Jl. Slamet Riyadi unübersehbar sind. Ein Besuch im Museum Siwa Lima (Nähe Taman Makmur) vermittelt einen interessanten Überblick über die Geschichte und Ethnographie der Molukken. Ebenfalls ein Muß ist die angeschlossene Maritim-Abteilung, in der anschaulich und detailliert die Unterwasserwelt mit all ihren Besonderheiten dargestellt ist. Besonders bemerkenswert ist die Sammlung sakraler Schnitzereien der Südost-Molukken. Das Pattimura-Denkmal steht zu Ehren von Thomas Matulessy, der 1817 zusammen mit mehr als 1000 Anhängern erfolglos einen Aufstand gegen die Holländer anführte und an der Stelle des Monuments hingerichtet wurde. Ein anderes Denkmal ist Martha Christina Tiahahuw gewidmet, die ebenfalls im Widerstand gegen die Kolonialherren stand und 1818 auf dem Weg in die javanische Verbannung qualvoll umkam. Eine Reihe von schönen Stränden liegt außerhalb von Ambon-Stadt, wie Namalatu, etwa 16 km südöstlich, Natsepa, ca. 20 km östlich, Toisapu, gegenüber Natsepa, und etwa 18 km entfernt Waiame, an der Bucht von Ambon, sowie Amahusu, rund 10 km westlich, wo Seegärten nur wenige Meter vom Strand entfernt liegen.

Hotels
Amboina, Jl. Kapitan Ulupaha,
Tel. 33 54, 4 17 25
Manise, Jl. Supratman, Tel. 4 14 45
Mutiara, Jl. Kapitan Pattimura,
Tel. 30 75, 30 76

Telefon
Vorwahl Ambon: 09 11

Rundfahrt durch die Insel

Die Rundreise beginnt in Ambon und führt zunächst über Paso und Tuleho nach **Waai** (31 km), wo die Bewohner

Junge spielt mit einem großem Aalfisch im Pool von Waai

Das renovierte, zu Anfang des 17. Jh. gebaute Fort Amsterdam in Hila an der Nordküste der Insel Ambon

an einer als heilig geltenden Bergquelle das heraussprudelnde Wasser eingedämmt haben, um Fische darin zu halten. Die Jugendlichen füttern die bis zu 2 m langen Aalfische mit Eiern. Für den Besuch der zahlreichen Festungsruinen benötigen ausländische Besucher eine Genehmigung, die beim *camat* (Landratsamt) im Verwaltungsort

Riee nora Amosiale-Verbrüderungstanz auf der Insel Leti

*Tätowierter Rücken
eines Mannes aus Leti*

Paso zu beantragen ist. **Tuleho** ist der Ausgangspunkt für Bootsexkursionen zu den Nachbarinseln Haruku, Seram, Saparua u.a. Auf der nördlichen Halbinsel **Leihitu** geht es weiter durch ausgedehnte Muskatnuß- und Nelkenanpflanzungen nach **Hila,** wo man die 1580/81 erbaute Imanuel-Kirche sieht, in der sonntags Gottesdienste für Protestanten und Katholiken abgehalten werden. An der Route, unweit der Kirche, liegt das renovierte **Fort Amsterdam** aus dem frühen 17. Jh. Von der oberen Plattform der Festung bieten sich interessante Überblicke in die verschiedenen Himmelsrichtungen. Im nahe gelegenen Dorf **Kaitetu** steht die hölzerne Mapauwe-Moschee, die ursprünglich auf einem Hügel der Umgebung stand und im Jahre 1414 durch übernatürliche Kräfte auf den heutigen Standort versetzt worden sein soll.

Auf der Hin- und Rücktour kommt man durch das Dorf **Benteng Karang,** wo sich Bewohner der Südost-Molukken, besonders der Insel Leti,

niedergelassen haben. Nach vorheriger Absprache führen die Leti-Insulaner gern und mit viel Enthusiasmus ihre traditionellen Tänze vor. Eine rare Gelegenheit, da kaum jemand auf die entfernt und abseits gelegene Insel Leti kommen dürfte.

Haruku

Berühmt für Haruku ist der Lompa-Fisch, der alljährlich zu einer bestimmten Zeit während der Regenperiode in großen Schwärmen in den Flußmündungen erscheint und von den Insulanern gefangen wird, indem man die Fischen den Fluchtweg durch Schließen der Mündung abschneidet. Im 17. Jh. wurden von den Holländern auf der Insel zwei Festungen erbaut, **Fort Nieuw Hoorn** und **Fort Nieuw Zeeland.** Einige Plätze im Norden von Haruku sind ideal zum Tauchen geeignet. Zwischen Pelauw und Liang im nördlichen Ambon bestehen regelmäßige Bootsverbindungen. Ein inzwischen ausgebautes Straßennetz verbindet die meisten Hauptorte miteinander.

Saparua

Auch Saparua verfügt über ein recht gutes Straßennetz, und Minibusse können angemietet werden. Die Ankunft mit dem Boot von Ambon erfolgt in der Regel im Hafen von **Haria** (Westküste). Von dort sind es nur wenige Kilometer zum Inselhauptort **Saparua**, dessen Umgebung von Nelken- und Muskatnuß-Anpflanzungen gekennzeichnet ist. Etwas außerhalb der Stadt in östlicher Richtung liegt das vor einigen Jahren restaurierte **Fort Duurstede**, welches in enger Verbindung mit dem Widerstandskämpfer Pattimura, mit eigentlichem Namen Thomas Matulessy, steht. Südöstlich vom Hauptort Saparua liegt der herrliche **Waisisil-Badestrand.** Darüber hinaus führt die Straße nach **Ouw,** einem Zentrum der Töpferei. Touristisch haben sich die Inselbewohner speziell auf Taucher eingestellt und bieten im Nordosten, in **Mahu,** und im Südosten, in **Siri Sore Saran,** recht gute Unterkünfte.

Nusa Laut

Die kleine Insel südöstlich von Saparua ist bekannt für alte *adat*-Praktiken (Traditionsrecht), ein pittoreskes Landschaftspanorama und eine vielfältige Unterwasserwelt. Dokumente der Vergangenheit sind zwei Kirchen aus dem 19. Jh. und die Reste des niederländischen **Forts Beverwijk.**

Seram

Das 18 625 km² große und von 260 000 Menschen bewohnte Seram ist die größte Insel der Molukken und wird als Nusa Ina (Mutterinsel) bezeichnet. Die langgestreckte Insel, von West nach Ost etwa 350 km, ist von einem dschungelbedeckten Gebirge durchzo-

gen, welches bis knapp über 3 000 m ansteigt. Urbane Zentren sind die Regentschaftshauptstadt **Masohi** und die beiden an der Westküste liegenden Orte **Piru** und **Kairatu.** Das aufstrebende Transmigrantengebiet um **Wahai** an der Nordküste und das östliche **Bula** mit einem Erdölfeld sind ebenfalls von Bedeutung. Im schwer zugänglichen Inselinnern leben Reste von alfurischen Volksstämmen, am bekanntesten sind die Naulu, die zur Zeit der Holländer wegen kopfjägerischer Umtriebe mehrheitlich an der Nord- und Südküste angesiedelt wurden. Nach der Unabhängigkeit setzten die Indonesier diese Aktionen fort, mit der Folge, daß ein buntes Völkergemisch entstanden ist. In den weiten Bergdschungelwäldern läßt sich ein Gutteil der australoiden Fauna beobachten. Von Ambon bestehen Schiffsverbindungen nach Seram, und zwar von Tuleho nach Amahai, von Hitu nach Piru sowie Liang nach Kairatu. Außerdem besteht eine wöchentliche Flugverbindung der Merpati zwischen Ambon und Masohi.

Unterkünfte in Masohi
Sri Lestari, Jl. A. Said
Lelemuku, Jl. A. Soulisa
Nusantara, Jl. A. Sulaiman

Buru

Diese westlich und im Windschatten von Ambon liegende Insel von der nahezu zweifachen Größe Balis erlangte traurige Berühmtheit als Verbannungsplatz für 10 000 politische Häftlinge, die nach dem gescheiterten Putsch der Kommunisten 1965 verurteilt und im Laufe der folgenden Jahre nach Buru gebracht wurden. Erst 1979 erfolgte die Freilassung. Ein kleiner Teil der ehemaligen Häftlinge blieb jedoch in Buru und lebt jetzt in der Ortschaft

Gemälde im Museum von Bandaneira mit der Darstellung des von Jan Pieterszoon Coen im Mai 1621 veranlaßten Massakers an den Bewohnern der Banda-Inseln

Savanajaya, rund 40 km von **Namlea** entfernt. Es waren die Gefangenen, die unter unsäglichen Bedingungen auf der unwirtlichen Insel 1700 ha Reis- und 1600 ha Ackerland anlegten und kultivierten – ein Teil des Grundstocks dafür, daß jährlich 6000 t Reis produziert und ein Teil davon sogar nach Ambon verkauft werden kann. Von den seit 1980 rund 4000 angesiedelten Transmigrantenfamilien verließen 500 die Insel, weil sie mit den schwierigen Bedingungen der Natur nicht fertig wurden. Die ursprüngliche Inselbevölkerung, die Alfuren, sind in diverse Stämme aufgeteilt, wie Noropitu, Baman, Dafa, Kofan, Fukmae usw. Ein Teil ihrer wirtschaftlichen Lebensgrundlage sind die Eukalyptusbäume, indonesisch *kayu putih* (Malaleuca leucacendra), aus denen ein medizinisches Öl gewonnen wird, das sich in vielen Haushalten als Mittel gegen verschiedene Beschwerden großer Beliebt-

heit erfreut. Die jährliche Produktionsmenge beträgt etwa 70 t. Von Buru aus bestehen tägliche Schiffsverbindungen nach Ambon und eine wöchentliche Flugverbindung von Namlea nach Ambon.

Banda-Inselgruppe

Die Banda-Inseln liegen 160 km südöstlich von Ambon und sind mit dem Schiff in 12 Stunden zu erreichen, mit dem Flugzeug in einer knappen Stunde. Bandas Geschichte ist eng verbunden mit dem Muskatnußbaum, der die Wirtschaftsgrundlage der Insulaner begründete. Jahrhunderte hatten die Bewohner von Banda friedlich Handel und Wandel mit fernen Händlernationen betrieben. Dann besetzten im 16. Jh. langbärtige weiße Eroberer die Insel und forderten gegen niedrige Preise die gesamten Muskatnußernten. Die erzürnten Insulaner rächten sich auf ihre Weise: Sie stellten den weißen Soldaten einen Hinterhalt und töteten sie. Diesen Akt nahmen die Niederländer zum Anlaß, einen grausamen Rache-

Das renovierte holländische Fort Belgica aus dem Jahre 1611

feldzug gegen die Inselbewohner zu unternehmen. 1621 ließ der General-gouverneur Pieterszoon Coen die ehe-mals 15 000 Inselbewohner bis auf we-niger als 1000 von seinen Soldaten nie-dermetzeln oder in die Sklaverei füh-ren. Die Muskatnußanpflanzungen wurden auf allen Inseln, mit Ausnah-me der beiden Hauptinseln, vernich-tet. Dadurch sollte das niederländische Monopol gewährleistet bleiben. Die nach dem Massaker fast menschenlee-ren Inseln bevölkerten die Eroberer, in-dem sie Neuankömmlingen Muskat-nußpflanzungen *(perkens)* zur Pacht anboten. Die neuen Pflanzer wurden deshalb »Perkeniers« genannt. Auf den Pflanzungen arbeiteten eingeführte Sklaven. Es dauerte Generationen, bis sich ein neues soziales und ökonomi-sches System gebildet hatte. Alte Villen der Perkeniers sind noch im verbliche-nen Glanz auf **Banda Neira** anzutref-fen.

Die Bandas bestehen aus neun In-seln, deren wichtigste Banda Neira, Lonthar, Api und Ai sind. Die Insel **Api** wird vom mehr als 600 m hohen Vulkan Gunung Api beherrscht, der im Mai 1988 ausbrach und verheerende Schäden, auch an der Unterwasser-welt, anrichtete. Banda Neira mit gleichnamigem Hauptort und einem Flughafen ist zwar nicht die größte, aber die wichtigste der Inseln. Eine phantastische Unterwasserfauna und -flora sind bevorzugtes Ziel auf den Bandas. Aber auch geschichtlich Inter-essierte kommen auf ihre Kosten: Auf allen drei Inseln sind Festungswerke aus frühkolonialer Ära anzutreffen, darunter das während der letzten Jahre renovierte holländische **Fort Belgica** aus dem Jahre 1611. In weitere Details jener unseligen Vergangenheit führt das **Museum Rumah Budaya** ein.

Unterkünfte
Maulana, Jl. Pelabuhan (hohes Preisniveau)
Laguna Inn, Jl. Pelabuhan
(hohes Preisniveau)
Selecta, Jl. Nusantara (einfach, aber freundlich)
Delfika, Jl. Nusantera (ebenfalls einfach, aber sehr freundlich)

Nord-Molukken

Allgemeines

Die drei Sultanate Ternate, Tidore, Halmahera (auf Halmahera Jailolo) stellten zusammen mit Bacan das eigentliche Nelkenpotential der molukkischen Gewürzinseln. Von den 353 Inseln der Nord-Molukken gehören sie zu den wichtigsten.

Ternate

Diese runde, etwa 50 km im Umfang messende und vom Vulkanberg **Gamalama** (1721 m) dominierte Insel, von 90 000 Menschen bewohnt, ist die geschichtsträchtigste der drei Inseln. Um $^4/_5$ der Insel herum führt eine Straße, über die man zu den zahlreichen Zeugen der kolonialen Vergangenheit gelangen kann. Befestigungsanlagen stammen aus den Epochen der Portugiesen, Spanier, Engländer und Holländer, zum Beispiel das portugiesische **Fort Toloko,** im Osten in der Nähe des Fischerdorfes **Dufa-Dufa** (3 km von Ternate-Stadt), die Festung **Rosario** im Süden oder im Südosten bei **Bastion** das **Fort Kayu Merah** aus dem frühen 16. Jh. Einen wunderschön gelegenen See, den **Danau Laguna,** erreicht man über die Ortschaft **Ngade** im Süden (7 km von Ternate-Stadt). Am östlichen Fuß des Mount Gamalama steht ein eindrucksvoller, mehr als 370 Jahre alter Nelkenbaum mit immer noch erstaunlicher Ernteergiebigkeit. Von diesem Platz bietet sich ein spektakulärer Blick auf Ternate und seine gegenüberliegenden Nachbarinseln Tidore und Maitara. Schöne Strände bieten sich in Bastion, Ngade und Sulamendaha, die in der entsprechenden Reihenfolge drei, sieben und 16 km von Ternate-Stadt entfernt liegen.

Die Inselhauptstadt Ternate

Hier lebt mehr als die Hälfte der Inselbevölkerung. Ein buntes Völkergemisch aus Malaien, Papuas, Chinesen und Arabern gibt der Stadt teilweise ein orientalisches Flair. Auf dem Markt **Pasar Sayur** werden nicht nur frisches Gemüse und die obligatorischen Molukken-Gewürze gehandelt, sondern auch exotische Vögel. In unmittelbarer Nachbarschaft zum Pasar Sayur liegt die ehemalige holländische Festung **Oranje** aus dem Jahr 1607. Die alte **Stadtmoschee** führt ihre Tradition bis ins 15. Jh. zurück, als der Herrscher Ternates zum Islam übertrat. Nördlich der Moschee liegt der frühere Sitz des Sultans, **Kedaton,** der eher einem europäischen Herrensitz ähnelt und dies wohl seinem englischen Architekten zu verdanken hat.

Unterkünfte
Nirwana, Jl. Pahlawan Revolusi
Harmonis, Jl. Pala
Chrysant, Jl. A. Yani

Tidore

Rivalität zeichnete über Jahrhunderte die Beziehung zwischen Tidore und Ternate aus, und erst 1814 kam es zu einem dauerhaften Frieden der beiden Kontrahenten. Das im Vergleich zu Ternate nur wenig größere, jedoch geringer besiedelte Tidore wird ebenfalls von einem noch aktiven Vulkan, dem 1731 m hohen **Kimatubu,** beherrscht. In weniger als 20 Min. Bootsfahrt erreicht man von Bastion auf Ternate den kleinen Hafen von **Rum** in Norden Tidores, in etwa 1 Std. per Minibus die Inselhauptstadt **Soa Siu** in Südosten. Kurz vor Soa Siu liegt in Richtung Bergseite, von der Straß nicht sichtbar, das **Fort Tohula**, unweit davon die Reste des **Sultanspalastes**. Das **Museum Sonine Malige** bietet Ausstellungsstücke aus Tidores früherem Herrschaftsbereich und eine Kollektion aus dem früheren Sultanspalast. Vom Hafen sieht man in einiger Entfernung die Inselkulisse von Halmahera.

Halmahera

Vier sternförmig angeordnete Halbinseln mit dazwischenliegenden Buchten geben Halmahera ein bizarres Aussehen. Die ursprüngliche Bevölkerung Halmaheras gehört zu den Alfuren; die nördlichen Stammessprachen ordnet die Wissenschaft den Papua-Sprachen, die südlichen hingegen altindonesischen Sprachen zu. Halmahera und seine Nachbarinsel Morotai lagen jahrhundertelang im Windschatten der Nachbarinseln Ternate und Tidore, die wirtschaftlich den Ton angaben und weite Teile Ost-Indonesiens dominierten. Der Islam jedoch, der auf Ternate und Tidore bereits im 15. Jh. Fuß gefaßt hatte, ließ Halmahera und Morotai merkwürdigerweise unberührt, von einigen Küstenbereichen abgesehen. Von Ternate aus erreicht man in zweistündiger Bootsfahrt das nordöstlich gelegene **Jailelo**, ein Zentrum sultanesischer Macht in vorkolonialer Zeit. Minibusse bedienen die Ortschaften der Umgebung, einschließlich **Bobaneigo** an der **Kao Bay**. In mehrstündiger Fahrt entlang der östlichen Küstenstraße erreicht man **Kao**, eine kleine austrebende Stadt mit einer großen javanischen Transmigrantenansiedlung in der Nähe und einem Ansiedlungsprojekt aus dem Jahre 1984 für Urwaldnomaden. In Kao ist bereits christlicher Einfluß zu bemerken, der im 19. Jh. durch protestantische Missionare entstand und sich überwiegend auf die Bereiche Nord-Halmaheras sowie Morotais ausdehnt. Im Zweiten Weltkrieg bildete Kao einen wichtigen Rückzugssammelpunkt für japanische Truppen, die der alliierten Invasionsarmee in Neuguinea weichen mußten. Dahinrostendes Kriegsgerät an verschiedenen Küstenabschnitten sowie in der Bucht selbst zeugt von den Schrecken jener Zeit. Die Kao gegenüberliegende kleine Bucht von **Wasile** ist Landestelle für Trekking-Unternehmungen ins Innere der östlichen Halbinsel. Dort lebt tief in den Bergwäldern der nomadische Stamm der Togutil. Weit über Kao hinaus, an der Nordwest-Halbinsel, liegt die Stadt **Tobelo** und bildet den Mittelpunkt des gleichnamigen Stammesgebietes. Zwei Minibus-Stunden sind es etwa bis **Galela,** nordwestlich von Tobelo gelegen. Galela wird beherrscht von dem aktiven Vulkan **Mamuja** mit beeindruckenden Lavafeldern. Die fünf Pive-Seen in der Umgebung gestalten die Vulkanlandschaft besonders reizvoll. Dreimal wöchentlich fliegt Merpati von Galela nach Ternate, einmal wöchentlich nach Kao. Von Ternate besteht eine tägliche Fährverbindung nach Sidangkoli auf Halmahera. Von dort führt eine nur teilweise ausgebaute Straße durch die nördliche Halbinsel in Richtung Kao (rund 80 km) und weiter nach Tobelo (ca. weitere 100 km). Unterwegs bietet sich in Malifut, im Restaurant des Chinesen, eine einfache, jedoch schmackhafte Mahlzeit.

Unterkünfte

Jailolo; einige sehr einfache Unterkünfte (Losmen)

Kao: Dirgahayu

Tobelo: Pantai Indah, Jl. Lorong Pantai Indah

Nächste Doppelseite:
Frühmorgendlicher Blick über die Humboldt-Bucht zwischen Jayapura und Sentani

Irian Jaya

Irian Jaya

Allgemeines

Irian Jaya umfaßt die westliche Hälfte der 810 000 km² großen Insel Neuguinea, der nach Grönland zweitgrößten Insel der Welt. Neuguinea liegt auf dem australischen Festlandsockel nördlich von Australien, von dem es nur durch die Torres-Straße und die Arafura-See getrennt ist. Der Ostteil gehört zu Papua-Neuguinea, der Westteil mit 422 000 km² (einschließlich der Inseln) und 1,8 Mill. Einwohnern zu Indonesien. Von West nach Ost erstreckt sich ein rund 2 400 km langes Zentralgebirge, wobei die höchsten Erhebungen in Irian Jaya der Puncak Jaya (5 030 m) mit einem Schnee- und Eisfeld von 40 km² und der Puncak Trikora (4 750 m) sind. Beide gehören zu den höchsten Bergen zwischen dem Himalaya und den Anden. Nördlich dieses nur von Hochtälern unterbrochenen Gebirgszuges schließt sich eine riesige Senke an, durch welche die Ströme Tariku (Rouffaer) und Taritatu (Idenburg) fließen, sich vereinen und als Mamberamo dem Pazifik zuströmen. Südlich des Zentralgebirges schließt sich ein weites Tief- und Schwemmland an, durch welches mehrere Dutzend großer Flüsse in unzähligen Windungen der Arafura-See entgegenfließen, so der Baliem, Brazza, Eilanden, N'dairam (Becking), Mapi, Digul u. a.

Klima

Die geographische Lage Irian Jayas, knapp unter dem Äquator, bedingt ein tropisches Klima mit durchschnittlichen Temperaturen zwischen 30 und 34 °C, die jedoch mit zunehmender

Zentralgebirge mit Dutzenden von Viertausendern in Irian Jaya

Höhe spürbar abkühlen (1˚C pro 170 m). In Höhen ab 3 000 m sind Rauhreif und Bodenfrost keine Seltenheit, ab 4 800 m kommt sogar eine Schnee- und Eisregion vor (Puncak Jaya). Niederschläge variieren erheblich und hängen von den Höhenlagen und geographischen Bereichen ab. Die Nordküste weist 2 000–3 000 mm im Jahresdurchschnitt auf, das Zentralgebirge 4 000 mm, das südliche Tiefland 3 500 mm und der äußerste Südosten nur 1 000–1 500 mm.

Flora und Fauna

Irian Jaya besteht zu etwa 56 % aus primären Waldgebieten, die in erschreckendem Maße durch Brandrodung und Kahlschlag fortschreitend dezimiert werden, insbesondere in Transmigrantengebieten, wie in der Umgebung von Merauke, im nördlichen Küstenabschnitt westlich und östlich von Jayapura und in weiten Bereichen des Hochlandes. Jedoch nördlich und südlich des Gebirgszuges bestehen weite Tieflandurwälder mit Arealen von Sumpfwald und im Küstenbereich Mangrovengürtel. Häufigste Mangrovenart ist die Rhizophora mucromata, deren Holz sehr hart ist und ideal als Bauholz verwendet werden kann. Häufig trifft man in Küstennähe Kokospalmen, Etagenbäume und Sumpfeichen an. An der Grenze zwischen Brack- und Süßwasser ist ein typischer Vertreter die Nipapalme. Der Süßwassersumpfwald wird dominiert von Sagopalmen, Pandanus- und Myrtengewächsen aus der großen Familie der Melaleuca. Im Hochland, bis zu 2 000 m, finden sich savannenartige Graslandschaften und Sekundärwälder, deren typische Vertreter Araukarien und Schirmbäume (Schefflera actinophylla) sind. Der sehr artenreiche Tieflandregenwald ist in den Gebirgsregionen zwischen etwa 1 200–2 400 m anzutreffen. Die verschiedenen Etagen dieses Waldes wachsen häufig zu einem undurchdringlichen Dickicht zusammen. Ein

Im südlichen Tiefland von Irian Jaya: Der Pulau-Pulau bahnt sich seinen Weg zur Arafura-See

typischer Baum dieser Region ist der Nothofagus. Ein Eldorado ist diese Vegetationszone für Orchideensammler, die theoretisch auf weit mehr als 2 500 verschiedene Arten stoßen können, darunter Paphiopedilum paraestans, Dendrobium spectabile, Dendrobium macropillum und Dendrobium savillae. Unbedingt ist vor der Mitnahme eine entsprechende Genehmigung einzuholen! Ab etwa 2 500 m geht es allmählich in den Nebelwald, der durch üppigen Farnenwuchs und dikke Moosschichten auf den Ästen der Bäume gekennzeichnet ist. Oberhalb von 3 000 m breitet sich oft die moorige Region von Krüppelholz und Buschlandschaften mit Hartlaubgewächsen, Rhododendron, Myrten usw. aus. Schließlich geht diese Zone in die Region von Fels, Schnee und Eis über.

Rund 180 Säugetierarten, 650 Vogelarten und Hunderte von verschiedenen Fischen sind in Neuguinea beheimatet, daneben diverse Reptilien- und unzählige Insektenarten. Die Tierwelt (wie auch die Pflanzenwelt) ist eng mit der Australiens verbunden. Es dominieren Beuteltier- und Fledermausarten. Neben Nashornvögeln, Reihern, Greifvögeln und dem flugunfähigen Kasuar gibt es rund 40 verschiedene Paradiesvogelarten. An größeren Säugetieren wurden das Schwein und das Rotwild, letzteres vor etwa 100 Jahren und aus Indien stammend, eingeführt. In den Flüssen Irian Jayas leben hauptsächlich das Crocodylus porocus und das Süßwasser-Krokodil Crocodylus novaequinae, deren Häute äußerst begehrt sind. Hauptsächliche Schlangenarten sind Python-Schlangen, darunter der Netz-Python (bis 10 m Länge) und die Giftnattern (Elapidae). An der Südküste ist die gefürchtete und äußerst giftige Taipan-Schlange zu Hause, in den Dschungelwäldern die Peitschennatter, die lebende Junge gebärt. Zu den schönsten Schlangen gehört der Smaragd-Python mit smaragdgrüner Farbe und weißer Punktierung. Mit dem Fell des Opossum, einer Beutelratte, schmücken sich gern die Dani-Stämme im Hochland. Die Krontaube mit einer Höhe bis 70 cm gehört zu den größten Taubenarten. Der Langschnabel-Igel (Zaglossus bruijnii) lebt tagsüber in Höhlen und geht des Nachts auf die Jagd. Das Tier wird bis zu 60 cm lang und ist durch Stacheln geschützt. Besonders kurios ist der Koala-Bär.

Geschichte

Wissenschaftler datieren den Beginn der Besiedlung Neuguineas auf eine Zeit vor 25 000–40 000 Jahren. Vor 10 000–12 000 Jahren sollen die ersten Menschen ins Zentrale Bergland gekommen sein. Vermutlich hat die Besiedlung während verschiedener Zeitphasen stattgefunden. Man nimmt an, daß die ersten Bewohner Neuguineas von späteren Einwanderern aus den Tiefländern in die Hochlandregionen abgedrängt wurden. Während dieser Rückzugsphase lebten sie in kleinen Gruppen als Wildbeuter und Sammler. In den Gebirgsregionen wurde diese Lebensweise allmählich aufgegeben zugunsten erster Ackerbaumethoden, die sich vor etwa 5 000 Jahren schrittweise durchsetzten und für die die melanesischen Tieflandbewohner ein Beispiel gegeben haben mögen. Die spätere Einführung der Süßkartoffel (Batate) und ihr Anbau in Monokultur dürften Hauptgrund für das relativ rasche Wachstum der Hochlandbevölkerung und die damit verbundene Besiedlungsausdehnung gewesen sein.

Die ersten Europäer, die es im 16. Jh. hierhin verschlug, waren Portugiesen und Spanier. Der Portugiese Jorge de Meneses traf 1526 als erster Weißer auf die Ureinwohner der Insel und nannte sie *papuwah*, nach dem malaiischen

Wort für Krauskopf. Der Spanier Inigo de Retes wollte 1545 das Land für seinen König in Besitz nehmen und gab ihm kurzerhand, in Anlehnung an das westafrikanische Land Guinea, an deren Einwohner ihn das negroide Aussehen der Papuas erinnerte, den Namen Neuguinea. Der langandauernde Kampf um das Monopol der Gewürze gipfelte um 1660 in dem Anspruch der Ostindischen Kompanie auf den Westteil des heutigen Irian Jayas. Die »Rechte« der molukkischen Sultane von Ternate und Tidore auf diese Gebiete wurden im Zuge der fortschreitenden Kolonisation 1828 außer Kraft gesetzt und von den Holländern sogar bis zum 141. Längengrad (nahe dem heutigen Jayapura) beansprucht. Nach der Round-Table-Konferenz zwischen Indonesien und den Niederlanden im Jahre 1949 blieb West-Neuguinea, trotz genereller Übertragung der niederländischen Souveränitätsrechte auf die Republik Indonesien, vorerst noch im Besitz der Kolonialmacht. Da der von indonesischer Seite erhobene Anspruch auf den Westteil der Insel von den Niederlanden immer wieder abgewiesen wurde, marschierten indonesische Truppen ein. Durch Vermittlung der USA und der UNO wurden 1962 zwischen Indonesien und den Niederlanden ein Vertrag geschlossen, wonach Ende 1962 die Verwaltung an die UNO und ein halbes Jahr später, am 1. Mai 1963, an Indonesien abgetreten wurde. Diese Lösung wurde 1969 durch ein fragwürdiges Plebiszit bestätigt. In einem »Act Free of Choice« (Akt der freien Wahl) votierten 1025 ausgesuchte Wahlmänner für den Anschluß West-Neuguineas an Indonesien. So entstand die 26. Provinz des Inselstaates. In der Konsequenz formierte sich eine Widerstandsbewegung, die der indonesischen Armee bis heute zusetzt, jedoch chancenlos ist. Die Existenz dieser militanten Oppositionsgruppe

ist ein wesentlicher Grund, warum Teile West-Irians für Touristen gesperrt sind und warum spezielle Genehmigungen für ausländische Besucher erforderlich sind. Weitere Spannungen unter der Oberfläche resultieren aus dem kulturellen Gefälle zwischen Einheimischen und den zugezogenen Indonesiern aus Java und Sulawesi, die in Verwaltung, Handel und Militär die Schlüsselstellungen innehaben. Hinzu kommt das Problem, daß die »braunen Indonesier« überwiegend dem Islam angehören und die »schwarzen Indonesier« in der Mehrzahl Christen sind. Auch wenn die indonesische Staatsregierung Religionsfreiheit garantiert, läßt sich das menschlich-psychologische Problem nicht verleugnen. Dennoch wäre es nicht richtig, aufgrund dieser Faktoren auf die stille Existenz einer einheitlichen Papua-Nation zu schließen.

Bevölkerung

Etwa drei Viertel der Bewohner Irian Jayas gehören zur ursprünglichen Bevölkerung, die man wegen ihrer sprachlichen und kulturellen Unterschiede, nicht aber aus anthropologischen Gründen in Papuas und Melanesier trennt. Während die melanesische Sprache der malaiisch-polynesischen (austronesischen) Sprachfamilie angehört, nehmen die Papua-Sprachen eine Sonderstellung ein. Eine anthropologische Unterscheidung der Urbevölkerung Irian Jayas scheiterte bisher daran, daß die Wissenschaft kein rassenbestimmendes Konzept entwickeln konnte. Die äußerlich zwischen den Tief- und Hochlandbewohnern bestehenden unterschiedlichen Körpermerkmale, wie z. B. die Größe, haben sich nach den wissenschaftlichen Untersuchungen auf jeden Fall als nicht zuverlässige Determinanten erwiesen. Sie sind wahrscheinlich das Ergebnis

Der Pazifik-Krieg in Neuguinea

Nach dem Überfall auf den amerikanischen Marinestützpunkt Pearl Harbor am 7. Dezember 1941, eroberten die Japaner in einem nur acht Monate dauernden Blitzkrieg ganz Südostasien, die Inselgruppen im westlichen und südwestlichen Pazifik sowie den gesamten Nordteil Neuguineas, und besaßen damit die Herrschaft über ein Areal von mehr als 40 Mill. km²! Am 6. August 1942 erfolgte die erste Großoffensive der Amerikaner und ihrer Alliierten im Südwest-Pazifik auf den Salomonen. Nach erbitterten und verlustreichen Schlachten gelang es, eine Inselgruppe nach der anderen zurückzuerobern. Eine besonders wichtige Position in der Strategie der Japaner (als auch der Amerikaner) besaß Neuguinea. Es fungierte als Schutzschild für Australien und sollte umgekehrt als Angriffsbasis für die Japaner auf Australien dienen. Kein Wunder, daß die Papua-Insel zu einem der erbittertsten Kriegschauplätze wurde. In gigantischen Materialschlachten und Dschungelkämpfen, Mann gegen Mann, wurde die fast 3 000 km lange Frontlinie der Japaner von Osten her aufgerollt, bis letzte Bastionen nur noch in West-Neuguinea, dem heutigen Irian Jaya, gehalten wurden. Nach einer Umgehungstaktik erfolgte von den Admiralitäts-Inseln aus eine der größten Landeoperationen während des zweiten Weltkrieges. Das Angriffsziel war Hollandia, das heutige Jayapura. Am 22. 4. 1944 setzte die aus 217 Schiffen bestehende Invasionsflotte 80 000 Mann, darunter 50 000 Kampftruppen, im Abschnitt von Hamadi und in Tannah Merah an Land. Die 1 000 japanischen Verteidiger, deren 250 Flugzeuge in Sentanai zerstört worden waren, leisteten nur geringen Widerstand und verloren dennoch 3 300 Mann. Etwa 7 200 traten zwischen dem 26. April und 9. Mai die Flucht zur 200 km westlich liegenden Festung Sarmi an. Nur 1 000 Männer schafften es, mehr als 6 000 erlagen auf dem langen Marsch ihren Verwundungen, Hunger und Krankheit. Die Amerikaner beklagten bei dem Landeunternehmen 152 Opfer.

Die ersten flüchtenden Japaner erreichten Sarmi am 17. Mai, zu einem Zeitpunkt, an dem eine neue amerikanische Landeoffensive erfolgt war und Sarmi sowie die vorgelagerte wichtige »Flugplatz-Insel« Wakde hart umkämpft wurden. Nach 3 ¹/₂ Monaten waren Sarmi und Umgebung erobert. Von den 10 000 Verteidigern starben 4 750, während die Amerikaner 440 Opfer beklagten.

Als nächstes Angriffsziel legte der Oberkommandierende, General MacAthur, die 300 km entfernte Insel Biak fest, letztes Bollwerk der Japaner in Neuguinea. Die Koralleninsel Biak, von hohen Kliffen umgeben und mit riesigen Höhlen in seinem Terrassengelände versehen, bildete eine natürliche Festung, in der sich 11 000 Japaner verschanzt hatten. In einer erbitterten vierzehntägigen Schlacht, bei der Unmengen von TNT und Dutzende von Flammenwerfern ihr vernichtendes Werk taten, wurde Biak einschließlich seiner drei gut ausgebauten Flugplätze erobert. Rund 4 700 japanische und etwa 450 amerikanische Soldaten ließen in Biak ihr Leben.

Die letzten japanischen Stützpunkte von Bedeutung, die Insel Numfoor mit drei Flugplätzen und Sansapor auf der Vogelkop-Halbinsel, fielen innerhalb von vier Tagen. Auf Numfoor erlebten 403 zu Skeletten abgemagerte Zwangsarbeiter aus Java ihre Befreiung. Bei der Eroberung von Numfoor und Sansapor gab es 100 amerikanische Gefallene, und mehr als 2 000 tote Japaner blieben auf den Schlachtfeldern zurück.

Neuguinea war im großen und ganzen von den Japanern befreit, jedoch dauerte es noch bis nach Ende des Krieges, bevor sich umgangene Stellungen und versprengte Einheiten der Japaner ergaben bzw. ausgeschaltet wurden.

Der Weg nach Japan war für die Invasionstruppen jetzt weniger weit, aber vorher galt es, weitere stark befestigte Inseln und Inselketten einzunehmen, so z. B. die Marianen mit Saipan und Guam, die Philippinen und Okinawa.

langfristig einwirkender Umweltfaktoren. Die riesige Ausdehnung der Insel und die unzugängliche Gebirgslandschaft Neuguineas machen auch verständlich, warum sich so viele unterschiedliche Kulturen und Sprachen gebildet haben, zumal die einzelnen Ethnien ihre Gebiete schon lange und relativ isoliert bewohnen. Die etwa 1,3 Mill. zählende Urbevölkerung Irian Jayas gliedert sich daher in eine Reihe autonomer Stämme. Im Baliem-Tal und seinen Nebentälern leben die Dani, im Ilaga-Gebirge die Uhundi und an den Paniai-Seen (ehemals Wissel-Seen) die zwergwüchsigen Ekari. Da gibt es die Artak auf der Vogelkopf-Halbinsel und die Asmat an der Südwestküste zur Arafura-See, ferner die Marind-Anim im südlichen Teil von Irian Jaya nahe der Grenze zu Papua-Neuguinea, die allein sechs verschiedene Dialekte sprechen und südlich der Maoke- und Charles-Luis-Berge an größeren Flüssen und in angrenzenden Sumpfgebieten leben. Wenn wir am Schluß noch die Muju in der Gegend von Merauke nennen, so ist das keineswegs abschließend, sondern rein exemplarisch gemeint. Man könnte die Reihe noch fortsetzen, nur besagen die Namen nicht viel.

In den wenigen Küstensiedlungen Irian Jayas haben sich schon seit langer Zeit islamische Händler, besonders aus Süd-Sulawesi, angesiedelt. Sie ersetzen dort teilweise die traditionelle Händlertätigkeit der Chinesen. Seit Anfang der achtziger Jahre hat die indonesische Zentralregierung Irian Jaya in das Transmigrasi-Programm einbezogen. Die Regierung verfolgt damit das Ziel, die Region wirtschaftlich zu entwickeln, in die Republik Indonesien zu integrieren und separatistischen Tendenzen entgegenzuwirken. Im Zuge der Entwicklungsbemühungen entsendet die indonesische Regierung Lehrer, Entwicklungshelfer, Verwaltungsbeamte und Brückenbauer. Irian Jaya ist daher nicht mehr ausschließlich die Domäne missionarischer Aktivitäten, eine Ausnahme bilden nur die sehr entlegenen Gebiete, sondern eine Region, die heute von der Regierung entwicklungspolitisch außerordentlich gefördert wird. Spannungen zwischen der einheimischen Bevölkerung und den Neuankömmlingen bleiben dabei nicht aus. Diese, aus den ethnischen und kulturellen Unterschieden, den verschiedenen Religionszugehörigkeiten und vor allem dem sozialen Gefälle resultierenden Probleme sollen überwunden werden.

Wirtschaftlich gehört Irian-Jaya zu den am wenigsten entwickelten Gebieten der Erde. Die Einheimischen bauen noch mit der Grabstock Süßkartoffeln und andere Knollengewächse an. Von Zuwanderern haben sie gelernt, Reis, Mais, Erdnüsse und Kokospalmen zu kultivieren. Vereinzelt existieren sogar Kaffee-, Kautschuk-, Tee-, Kakao- und Ölpalmenplantagen. Selbst die Viehzucht ist im Wachsen begriffen. Bodenschätze wie Kupfererz und Erdöl werden bereits erschlossen. Die weitere Entwicklung hängt vom Ausbau der Verkehrswege ab. An schiffbaren Strömen gibt es nur den Mamberamo im Norden und den Digul im Süden. Die wichtigste Rolle im Verkehr spielt das Flugzeug.

Anreise

Tägliche Flugverbindungen bestehen zwischen Jakarta und Jayapura (Umsteigen in Ujung Pandang mit Garuda/Merpati), jeden Dienstag und Freitag fliegt Garuda direkt von Jakarta nach Jayapura, Merpati fliegt täglich von Den Pasar über Ujung Pandang und Ambon nach Jayapura. Mehrere Male wöchentlich besteht eine Flugverbindung zwischen Manado und Jayapura mit Merpati. Das Pelni-Fähr-

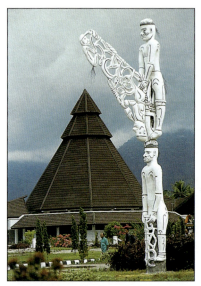

Asmat-Schnitzerei im Sentani-Airport, dem Flughafen von Jayapura

schiff KM Umsini bedient vierzehntäglich die Route Jakarta – Surabaya – Ujung Pandang – Kwandang – Bitung – Ternate – Sorong – Jayapura.

Jayapura, Hauptstadt der Provinz Irian Jaya

Die Provinzhauptstadt von Irian Jaya hat innerhalb von 70 Jahren vier Namensgebungen erfahren: Hollandia unter der holländischen Herrschaft, Kota Baru nach der Übernahme 1963 durch die Indonesier, Sukarnopura zu Ehren des ersten indonesischen Präsidenten und nach dessen Ära den heute bestehenden Namen. Jayapura, an der idyllischen ehemaligen Humboldt-Bay gelegen und westwärts von einem Halbinselgebirge flankiert, präsentiert sich im wesentlichen als Wellblechstadt. Das nördlich auf Hügeln gelegene Regierungsviertel erinnert mit seinen großzügigen Villen jedoch eher an

Beverly Hills. Mit Vororten zählt Jayapura etwa 150 000 Einwohner. Als aufstrebende Hauptstadt einer vielversprechenden und reichen Provinz hat es viele Auswanderer von den westlich gelegenen indonesischen Inseln angezogen. Zum Flughafen nach Jayapura sind es 35 km, und auf einer gut ausgebauten Straße erreicht man den **Sentani Airport** nach weniger als 1 Std. mit dem Minibus-Taxi. Auf dem mit Rastplätzen versehenen Weg passiert man einige sehr schöne Aussichtspunkte mit Blick über die weite ehemalige **Humboldt-Bucht** bis hinüber nach Papua-Neuguinea. Es geht durch die weitläufige Ortschaft **Abepura** mit der **Cendera-wasih-Universität**, dem gleichnamigen sehr sehenswerten **Museum** und weiter außerhalb, an Kilometer 17,8, das vor ein paar Jahren teilweise ausgebrannte **Museum Negeri**. Eine Reihe von Militärgarnisonen passierend, erblickt man den östlichen Ausläufer des Sentani-Sees. Die Bewohner der pittoresken Inseln stellen zum Teil schönes Kunsthandwerk her, und ein Besuch per motorisiertem Einbaum lohnt allemal. Mit etwas Glück läßt sich vielleicht einer der im See lebenden Schwertfische beobachten, die von den Eingeborenen nicht gefangen werden, da man sie für inkarnierte Ahnen hält.

Verkehrsverbindungen ab Jayapura

Von Sentani aus bestehen tägliche, mehrmalige oder zumindest wöchentliche Flugverbindungen nach Jakarta, Ujung Pandang, Den Pasar, Ambon und Manado, innerhalb von Irian Jaya nach Merauke, Tembagapura, Biak, Manokwari, Serui, Sarmi, Sorong und mehrmals täglich nach Wamena im Baliem-Tal. Auch besteht eine Flugverbindung mit der Air Niu Gini über Wewak nach Port Moresby.

Wer Schiffsreisen liebt, hat dazu Gelegenheit mit dem großen und modernen Fährschiff »Umsini«, welches alle zwei Wochen in Jayapura anlegt, um in einer Woche über mehrere andere Häfen die Hauptstadt Jakarta zu erreichen. Tickets sind bei Pelni, Jl. Halmahera 1, Tel. 2 12 70, zu erhalten.

Arzt
Dr. Oey, Jl. Kesehatan, Tel. 2 17 89
(Dr. Oey spricht deutsch)

Base G
Schöner Strandabschnitt etwa 6 km nordwestlich von Jayapura (Gezeiten beachten)

Flugbüro
Merpati, Jl. A. Yani 15, Tel. 2 11 11, 2 12 20

Geldwechsel
Expor-Impor Bank, Jl. Ahmad Yani, Mo–Do 8–12, Fr 8–11 Uhr (US-Dollar, Schweizer Franken, DM sowie USD-Reiseschecks)

Hamadi-Markt
Etwa 3 km außerhalb von Jayapura, Dutzende von Souvenirläden, die Irian-Andenken verkaufen

Hotels und Losmen
Matoa, Jl. Ahmad Yani 14, Tel. 2 23 36
Dafonsoro, Jl. Percetakan Negara 20–24, Tel. 2 18 70
Triton, Jl. Ahmad Yani 2, Tel. 2 12 18
Numbai, Jl. Trikora 1, Tel. 2 21 85
Losmen Agung, Jl. Argapura 37 (etwas außerhalb)
Losmen Sederhana, Jl. Halmahera 2, Tel. 2 12 92
Losmen Lawu, Jl. Sulawesi 22, Tel. 2 19 37

Losmen in Sentani
Mansapur, Jl. Jaboso 113
Semeru, Jl. Jaboso
Sentani Inn, 3 km entfernt in Richtung Jayapura

Krokodilfarm
Etwa 6–7 km außerhalb von Jayapura, in der Ortschaft Entrop; rund 50 000 Krokodile werden hier gezüchtet

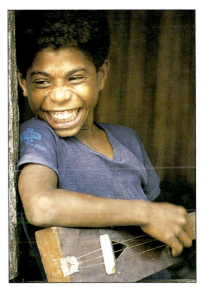
Melanesischer Junge beim Spiel auf der selbstgebastelten Gitarre

McArthur-Monument
5 km von Sentani entfernt auf einer Hügelkette gelegen, schöner Ausblick auf den Sentani-See und den Flughafen

Restaurants
Jaya Grill (gut und teuer), direkt am Wasser in Richtung der Docks
Matoa (teures Restaurant im gleichnamigen Hotel), Jl. A. Yani 14
Hawaii (chin.), Nähe Nachtmarkt und Kino
Porasco, Fischrestaurant am Hafen

Tanah Merah
Etwa 25 km von Sentani in nordwestlicher Richtung an einer idyllischen Bucht des Pazifiks gelegen, im Zweiten Weltkrieg Landeabschnitt der Amerikaner; Bootsausflug zu abseits gelegenen Dörfern möglich, unterwegs Militärkontrollen

Telefon
Vorwahl Jayapura: 09 67

Zentrales Hochland

Baliem-Tal

Das Baliem-Tal wurde ursprünglich das Große Tal genannt und 1921 während einer Hochland-Expedition von den Holländern Hubrecht und Kremer zum ersten Mal betreten, ohne von den dort lebenden Steinzeitmenschen und ihrer uralten Kultur etwas zu ahnen. Der Amerikaner Richard Archbold entdeckte während eines Vermessungsfluges das Große Tal am 21. Juni 1938. Was er sah, verschlug ihm den Atem: eine Kulturlandschaft wie in Mitteleuropa mit sorgfältig angelegten, gräbendurchzogenen Feldern und Weilern mit pilzartigen Hütten am Rande, dazwischen weitete sich busch- und grasbestandenes Niemandsland aus. Mitten darin hoben sich hier und da Ebenen ab, die wie unsymmetrisch angelegte Fußballfelder aussahen. Die Danis nannten dieses Niemandsland *jukmo*, »Gebiete der Furcht«, zentrale Pufferzonen der verfeindeten Eingeborenenstämme, die dort zu Kriegszeiten ihre offenen »Feldschlachten« ausführten. Die Bewohner des Großen Tals nannten sich selbst *nit akhuni Balim mege*, was soviel heißt wie »Wir, die Menschen des Baliems«, und erst während der zahlreichen Hochlandexpeditionen wurde der Name Dani zum Sammelbegriff für die Papuas zwischen Ilaga und dem Großen Tal. Die Papuas selbst benutzten den Namen Dani, Lani oder Ndani nur zur Bezeichnung eines ihrer zahlreichen Stämme. Im Laufe der Zeit, vor allem mit Aufkommen des Tourismus, entstanden die festen Begriffe Baliem-Tal und Dani. Bei Stammesfehden standen sich Hunderte von prächtig geschmückten Kriegern auf dem *jukmo* gegenüber, bewaffnet mit 3–5 m langen Speeren sowie Pfeil und Bogen. Die feindlichen Parteien prallten nicht frontal aufeinander, um möglichst viele Gegner zu töten, sondern es ging hauptsächlich um die Verhöhnung und Verspottung der Gegner. Wagten sich einzelne besonders weit vor, wurden sie vom Feind erbarmungslos getötet. Dann kam es in der Regel zum Abbruch der »Schlacht«.

Dani aus der Region südlich des Trikora-Gebirges, mit Haarnetz aus Pflanzenfasern, Regenschutz aus Pandanusblättern sowie einem Nokennetz als Transportbehälter

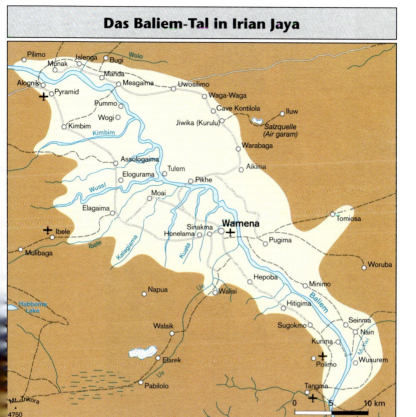

Das Baliem-Tal in Irian Jaya

und die Partei, die das Opfer zu beklagen hatte, zog sich zurück in ihr Territorium. Im Weiler des Opfers wurde ein Totenfest zelebriert und gleichzeitig auf Rache geschworen. Ein Zyklus von Töten und Wiedertöten begann. Dieses eherne »Dani-Gesetz« hat bis zum heutigen Tag Gültigkeit, und die Regierung bemüht sich um Unterbindung, wobei vor drastischen Maßnahmen nicht zurückgeschreckt wird, trotzdem halten viele Danis noch an ihren Traditionen fest. Nicht wenige der Männer tragen die *koteka*, den Penisköcher, aus einer getrockneten Kür

bisfrucht bestehend. Die Körper sind mit Schweinefett gegen Kälte und Ungeziefer eingeschmiert. Als Kopfschmuck dienen häufig rote, gelbe und weiße Vogelfedern. Durch das durchlöcherte Nasenseptum zieht man bei festlichem, aber auch kriegerischem Anlaß ein Paar weißglänzende Eberhauer. Hals und Brust sind durch Kaurimuschelkrawatten geschmückt, und um böse Einflüsse fernzuhalten, tragen einige Männer oberhalb des Ellbogens getrocknete Eberhoden. Dani-Frauen tragen einen enganliegenden Schnurrock aus Pflanzenfasern, die zum Teil

Papuas vom Stamm der Dani in Kriegsbemalung

aus Orchideen bestehen. Junge Mädchen hingegen sind oft mit einem Bastrock aus Schilffasern bekleidet. Ein besonderes Ereignis sind die alle paar Jahre stattfindenden Heiratszeremonien für junge Paare (die in der Regel verheiratet werden), wo Dutzende von Schweinen rituell getötet werden.

Der Bau des Trans-Irian Highway im Streckenabschnitt Baliem-Tal hat einen »kultur-chirurgischen« Eingriff in das traditionelle Leben der Danis bewirkt. Dutzende von Minibussen,

überwiegend von javanischen, sumatranischen und sulawesischen Fahrern gesteuert, halten rund um das Baliem-Tal einen regen Personenverkehr aufrecht, darunter auch viele ausländische Touristen. Nur wenige ahnen, daß ihr Geld entscheidend dazu beiträgt den Niedergang der Dani-Kultur zu beschleunigen.

Rund 100 000 Danis leben im Baliem-Tal und seinen benachbarten Tälern. Den Namen erhielt das Tal, welches sich von Nordwest nach Südos

50 km lang erstreckt und an der breitesten Stelle 15 km mißt, nach dem träge mäandernden Baliem-Fluß, der erst am südlichen Tal-Ausgang und auf den folgenden 50 km, bei einem Gefälle von 1500 m, zu einer »reißenden Bestie« wird, deren Opfer so manch unschuldiger Dani geworden ist.

Wamena

Wamena mit etwa 20 000 Einwohnern ist das urbane Zentrum im Baliem-Tal und gleichzeitig Hauptverwaltungsort für den rund 40 000 km² großen Distrikt Jayawijaya, der sich bis zur Grenze Papua-Neuguineas erstreckt sowie den nördlich und den südlich vom Zentralgebirge verlaufenden Übergang zum Tiefland umfaßt. Für Touristen sind weite Teile, vor allem die östlichen Grenzgebiete, gesperrt, und auch eine Sondergenehmigung ist nicht zu erhalten.

Wamena ist mehrere Male täglich in einem etwa einstündigen Flug mit den Gesellschaften Merpati und Airfast von Jayapura aus zu erreichen. Bei Ankunft ist noch in der Gepäckhalle der Polizei der in Jayapura ausgestellte *surat jalan* (S. 407) auszuhändigen und die Registrierung abzuwarten. Von dem *surat jalan* sollten Fotokopien gemacht werden, da die verschiedenen Polizeiposten im Tal eine Kopie verlangen (sofern man in der Nähe eines solchen Postens übernachtet).

Einfache, aber durchaus akzeptable Unterkünfte sind das Nayak, gleich gegenüber dem Flughafen (Fluglärm!), das Anggrek (gleich um die Ecke), das Jayawijaya (3 km außerhalb, extrem ruhig), Baliem Plaza (Nähe Markt) und Baliem Cottage (an der Peripherie von Wamena). Gutes Essen bieten Nayak und Anggrek. Auf Alkohol, einschließlich Bier, muß verzichtet werden, da der Ausschank verboten ist (Mißbrauch durch Einheimische). Haupt-

attraktionspunkt ist der Zentralmarkt mit seinen unzähligen Buginesen-Läden und langen Reihen von Dani-Marktständen. Täglich herrscht dort bis zum späten Nachmittag ein emsiges Leben und Treiben, und die Danis kommen von weit her, um hier Obst und Gemüse zu verkaufen oder einfach nur, um dabeizusein. Beim Fotografieren ist damit zu rechnen, daß man zur Kasse gebeten wird.

Exkursionen im Baliem-Tal
(Karte zur Exkursion S. 385)

Eine 3–5 Std. dauernde Exkursion führt in Richtung Pugima. Diese Ortschaft liegt östlich von Wamena, jenseits des Baliems und der Hügelkette. Auf dem Wege liegt das kürzlich eröffnete **Museum**, wo ausgezeichnete Exponate der Papua-Kultur ausgestellt sind. Eine neue Hängebrücke an Stahlseilen ist über den Baliem-Fluß konstruiert, und man muß seinen Rhythmus finden, um über diese schwankende Überführung zu kommen. Drüben geht es über schmale Dani-Pfade und durch Batatenfelder (Bataten sind die Grundnahrung; rund 60 Spezies gibt es) bis zu einem Höhenzug von Kalksteinbergen. In der Nähe befindet sich eine Höhle und ein halboffener Höhlensee. Von den Höhen aus bietet sich ein schöner Blick über **Pugima,** die angelegten Reisfelder sowie die ehemalige Missionsstation. Ein Rundweg führt über Pugima an den Baliem zur Brücke zurück, und wie auf dem Hin- so auch auf dem Rückweg muß die Landebahn von Wamena neuerdings umgangen werden.

Ywika und die Salzquelle

Das 18 km entfernte Ywika konnte vor einigen Jahren nur durch einen sechsstündigen Fußmarsch erreicht werden. Heutzutage ist daraus eine 40minütige

Dani-Frauen bei der traditionellen Salzgewinnung an der Salzquelle von Ywika

Fahrt per Minibus über einen Teil des Trans-Irian Highway geworden, sofern man nicht einige Kilometer vor dem Ziel aussteigt, um zu Fuß die abseits gelegene Tallandschaft entlang steil aufsteigender Berge nach Ywika zu wandern. Dort locken ein zünftiges Mittagessen und bescheidene Unterkünfte, so im La'uk Inn, Mumi oder in den Rundhütten von Aki. Alle liegen nicht sehr weit vom Aufstiegspunkt zur berühmten Salzquelle, wo die Danis seit Jahrhunderten auf traditionelle Weise Salz gewinnen. Der steile Weg führt etwa 1 Std. durch australoiden Berg-Urwald (äußerste Konzentration beim Gehen erforderlich!), bis die Salzsohle erreicht wird. Die Gewinnung des kostbaren Gutes ist Aufgabe der Frauen, die zumeist morgens ihre Faserbündel von Bananenstauden entflechten, um mit Hölzern die Zellstrukturen aufzubrechen, damit das Pflanzenmaterial saugfähiger wird. Ein anschließendes Aufsaugbad mit mehrmaligen Wiederholungen in der etwa 15%igen Salzlau-

ge bewirkt eine Verfärbung des weiß-grünen Fasermaterials in ein Grau. Die Fasern wieder zu Bündeln zusammengeschnürt, tragen die Frauen ihre triefende Ausbeute ins Dorf zurück, wo sie ausgebreitet auf den Hüttendächern trocknet. Ist der Trocknungsprozeß der Fasern abgeschlossen, werden sie in offenen Feuer verbrannt. Als Rückstand bleibt das Salz, zwar mit Asche vermischt, aber dafür besonders mineralhaltig.

Die Tropfsteinhöhle von Kontilola

Von Ywika lohnt sich ein Ausflug zur Tropfsteinhöhle von Kontilola. Nach der Eintragung ins Gästebuch beim »Pförtner« führt der Weg zunächst durch einen romantisch angelegten Tropengarten (mit Rundhütten-Shelter zum Ausruhen!) und dann weiter über ein paar steile Felsstufen zum relativ niedrigen Eingang der Doppelhöhle. In der ersten Höhle stößt man auf primit

Der Habbema-See im Hochland von Irian Jaya

ve Felszeichnungen aus unbekannter Zeit, in der zweiten auf einen besonders eindrucksvollen Stalagmiten.

Mit dem Minibus dauert die Exkursion etwa 1¹/₂–2 Std. In der Nähe des Losmen Mumi liegt hinter Bäumen und Büschen ein Großweiler-Komplex, der sich in mehrere Abteilungen gliedert. In der ersten befindet sich die Mumie eines alten Häuptlings, dessen Erfolge auf dem Schlachtfeld mit magischer Kraft in Verbindung gestanden haben sollen, und um Nutzen daraus zu ziehen, wurde der Mann nach seinem Tode vor etwa 100 Jahren über dem Feuer für ewig haltbar gemacht.

Habbema-See

Der Habbema-See liegt in einer wildromantischen Landschaft des Hochlandes und ist während einer 8–10tägigen Trekking-Tour zu erreichen. Es geht dabei ab Wamena (rund 1 600 m) in westliche Richtung, durch Walesi-Stammesgebiet nach Walaik und vorbei an zwei Dani-Weilern (wobei der letztere besonders idyllisch liegt), durch dichten primären Montan- und Nebelwald zu einem langen welligen Urtal in etwa 3 200 m Höhe. Hier oben kann das Wetter schnell umschlagen. Wenige Kilometer entfernt erhebt sich die stolze 4 750 m hohe Trikora-Spitze, zu holländischer Zeit Wilhelmina-Gipfel genannt (kein Zugang für unbegleitete Touristen). Durch welliges Sumpf- und Moorgelände – überall wachsen Baumfarne, und die Höhenzüge sind mit Krüppelkiefern bedeckt – geht es zum Habbema-See (ohne Führer würde man sich verirren).

Yalimu-Gebiet

Yalimu heißt soviel wie Ort oder Gebiet der Yali, jener Papuas, die als »Rattan-Menschen« bekannt wurden. Markantes Zeichen dieser kleinwüchsigen Bergbewohner ist die lange Rattanschnur, die ringförmig um den Leib gewunden ist und wie ein halblanger

Junger Dani aus der Region Kenyam, südlich der Trikora-Spitze

Yali-Dorf in der Nähe von Angguruk

Yalé beim zere moniellen Tanz im Dorf Meine in der Nähe von Kosarek

Rock wirkt. In den Gebirgsregionen östlich und südöstlich des Baliem-Tals leben in verstreut liegenden Dörfern rund 20 000 Yalis. Ihr Leben begann sich seit Ankunft der Missionare im Jahre 1961 allmählich zu wandeln. Nach Massenverbrennungen von Fetischen und anderen sakralen Gegenständen Ende der sechziger Jahre, tat sich vor allem ein konfliktträchtiger Graben auf zwischen jenen, die an den Traditionen hingen, und denen, die der Missionierung offen gegenüberstanden, so zum Beispiel viele der Jüngeren. Während dieser revolutionären Umbruchszeit wurden im September 1968 die beiden Missionare Phil Masters und Stan Dale im Seng-Tal (südliches Yalimu) von aufgebrachten Yalis getötet und verspeist. Dies hatte eine militärische Aktion zur Folge, bei der eine unbestimmte Anzahl von Yalis ums Leben kam. Der einsetzende Akkulturationsprozeß beschränkte sich allerdings überwiegend auf die Zentren der Missionierung, d.h. auf die Umgebung der Missionsstationen und deren Zweigstellen, so daß nicht alle Gebiete im Yalimu gleichermaßen von der religiösen Umwandlung erfaßt wurden.

Um das Yalimu von Wamena aus zu erreichen, gibt es erstens die Möglichkeit per Missionsflugzeug nach **Angguruk,** um dann die Dörfer der näheren und weiterer Umgebung zu besuchen, und zweitens kann man den Minibus bis **Sugokmo** benutzen, um von dort über Kurima, das Mukwi-Tal, Yuarima und Yehosem in Richtung Angguruk zu trekken. Diese anstrengende Tour nimmt etwa 5–6 Tage in Anspruch, wobei der Rückweg nicht eingerechnet ist. Zu empfehlen ist, für den Rückflug das Missionsflugzeug zu benutzen, wobei allerdings betont werden muß, daß Missions- und nicht Touristenflüge Vorrang haben. Feste Flugbestätigungen sind deshalb so gut wie nicht zu erhalten.

Von Ninia nach Angguruk

Eine extrem schwierige, fünftägige Hochgebirgstour führt durch das Yali-Gebiet zwischen Ninia und Angguruk. Beide Orte liegen in einer grandiosen Bergwelt und sind per Missionsflugzeug zu erreichen. Zwischen beiden Orten türmt sich das Zentralgebirge auf und muß über 3 600 m hohe Pässe überwunden werden. Es geht dabei durch zauberhafte Bergwälder, vorbei an reißenden Flüssen (manchmal auch mittendurch, wobei es dann nicht regnen darf, da die Gewässer innerhalb kürzester Zeit zu »reißenden Bestien« werden können). Nur wer es einmal miterlebt hat, kann sich diesen bildhaften Vergleich vorstellen. Riesige Erosionshalden sind zu passieren mit Felsblöcken, die so groß wie mehrstöckige Etagenhäuser sind. Man kommt aus dem Staunen nicht heraus und fühlt sich in dieser Naturkulisse wie ein Zwerg. Steil geht es auf- und abwärts, manche Hänge sind nur mit Hilfe der einheimischen Träger zu bewältigen. Es geht extrem auf die Kniegelenke. Ein Wanderstock mildert dieses Problem etwas ab. Frische Bergquellen entschädigen von Zeit zu Zeit für diese kolossalen Anstrengungen. Die Landschaft des Yalimo um **Angguruk, Muhumu** und **Soling-**

kol ist eine einzige Augenweide. In Angguruk bietet sich als einzige offizielle Touristenherberge das ehemalige Wohnhaus deutscher Missionare an. Leider ist es inzwischen sehr heruntergekommen, und die Übernachtung kostet 10 000 Rp. pro Person, dafür liegt es gleich an der Landebahn. Eine Reihe von hübschen Yali-Dörfern ist in 1–2 Std. zu erreichen.

Flugexkursion zu den Yalé

In weniger als einer halben Stunde erreicht man per Missionsflugzeug das Yalé-Gebiet zwischen Kosarek und Welarek, beide Hochlandorte besitzen ein Missionsflugfeld. Als Ausgangspunkt für den dreitägigen Marsch zwischen beiden Punkten wird **Kosarek** empfohlen. Für die Gesamttour sollten allerdings 5–6 Tage eingeplant werden. Diese Trekking-Tour führt über ein Dschungelgebirge mit schwierigen Passagen und ist nur für Reiseteilnehmer zu empfehlen, die körperlich topfit sind. Einer der Höhepunkte dieser landschaftlich und ethnologisch reizvollen Tour ist das Yalé-Dorf **Meine,** das nach wenigen Stunden von Kosarek aus erreicht wird und auf einem steilen Bergrücken liegt. Die an die Yali erinnernden kleinwüchsigen Yalé tragen hier noch überwiegend den ringförmig angeordneten »Rattan-Rock«, unter dem, nicht wenig grotesk anmutend, die mehr oder minder lange Koteka waagerecht hervorragt. Linguistisch gehören sie zur Mek-Sprachfamilie; ihre Spitzdachhütten bauen sie auf schwer zugängliche Bergkämme.

Nach kräftezehrendem Marsch im Dschungelbergwald und vorbei an verlassenen Dörfern ist ein letztes Hindernis zu überwinden: eine schwankende und recht ramponierte Hängebrücke. Noch einmal geht es bergan, und dann ist die Landepiste von **Welarek** erreicht.

Das südliche Tiefland

Allgemeines

Administrativ gehören die Regentschaftsbezirke Merauke, Fakfak und der südliche Teil von Jayawijaya zum südlichen Tiefland. Die entsprechenden Hauptorte sind Merauke, Fakfak und Wamena. Kulturell wird dieses weitläufige Gebiet in fünf Regionen eingeteilt: 1. Mimika (zwischen Etna Bay und Otakwa), 2. Asmat (zwischen Otakwa und Mabur), 3. Awyu, Citak, Korowai, Kombai und Yakai (zwischen Eilanden, Mapi und Digul), 4. Bras, einschließlich Obeni und Kiain (im Gebiet Brazza, Kolff und Eilanden) sowie 5. Marind-Anim, einschließlich Muju (äußerster Süden Irian Jayas bis hin zur Grenze von Papua-Neuguinea). An Kunststil-Regionen unterscheidet man die folgenden drei: 1. Asmat, welches nochmals in Nordwest- und Zentral-Asmat unterteilt werden kann, 2. Brazza und 3. die Gebiete östlich und südöstlich von Asmat.

Asmat

Dieses rund 27 000 km² große und von 65 000 Menschen bewohnte Gebiet ist weltweit bekannt geworden durch seine einzigartige Primitivkunst, die ursprünglich ihre Triebfeder im mythologischen Bereich hatte, inzwischen aber weitgehend kommerzialisiert wurde. Das mit einem weiten Hinterland an der Arafura-See gelegene Asmats ist überwiegend eine schlammige Flachlandschaft, die von Tieflandurwäldern und in Küstennähe teils von Mangroven, teils von Casuarinen überzogen ist. Endlos viele Flüsse mäandern durch diese steinlose Landschaft, die von einem gleichförmig heißen und schwülen Klima bestimmt wird. Bis zu 4 500 mm Niederschläge fallen pro Jahr, wobei wochenlange Trockenperioden nicht ausgeschlossen sind. Die rund 60 Dörfer des Asmats liegen zumeist an großen Flüssen, früher auf Geheiß der holländischen Kolonialregierung, später der indonesischen Administration, und zeichnen sich durch eine oder mehrere Häuserreihen aus. Eine Reihe dieser Orte weist bis zu 2 000 Einwohner auf. Grundnahrungsmittel ist der Sago, der aus dem Stamm der Sagopalme gewonnen wird, wobei der Ernteertrag mit je 30–40 kg zu Buche schlägt. Sago spielt auch als Zeremonialspeise bei den Sagofesten eine hervorragende Rolle, wobei im kulinarischen Mittelpunkt die Larve des Capricorn-Steinbockkäfers steht. Bevor die Sagofeste stattfinden, werden Dutzende von Sagopalmen gefällt und viele Löcher in die Stämme gestanzt oder geschlagen, um Eiablageplätze für die Capricorn-Käfer zu schaffen. Weitere Nahrungsquellen, vor allem im Küstenbereich, sind Fische, Krebse, Krabben, Vögel usw., weiter im Inland auch Wildschweine. Auf drainierten Feldern baut man Tapioka, Taro und Yams an. Probleme gibt es besonders in der Trockenzeit mit Trinkwasser, da weitestgehend Brackwasser vorhanden ist. Erst im Inland stößt man wieder auf Süßwasser.

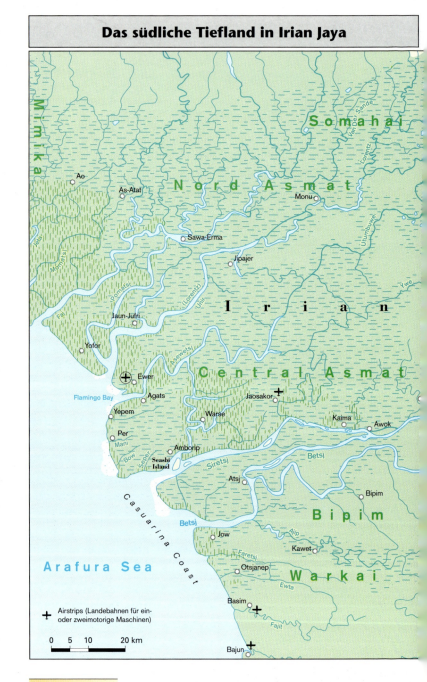

Das südliche Tiefland in Irian Jaya

Mimika

Somahai

Nord Asmat

Ao

As-Atat

Monu

Sawa-Erma

Jipajer

Irian

Jaun-Jufri

Yofor

Central Asmat

Ewer

Jaosakor

Flamingo Bay

Agats

Kaima

Yepem

Warse

Awok

Per

Amborip

Seasbi Island

Siretsj

Betsj

Atsj

Bipim

Betsj

Bipim

Jow

Kawet

Casuarina Coast

Otsjanep

Warkai

Arafura Sea

Basim

+ Airstrips (Landebahnen für ein-
oder zweimotorige Maschinen)

Bajun

0 5 10   20 km

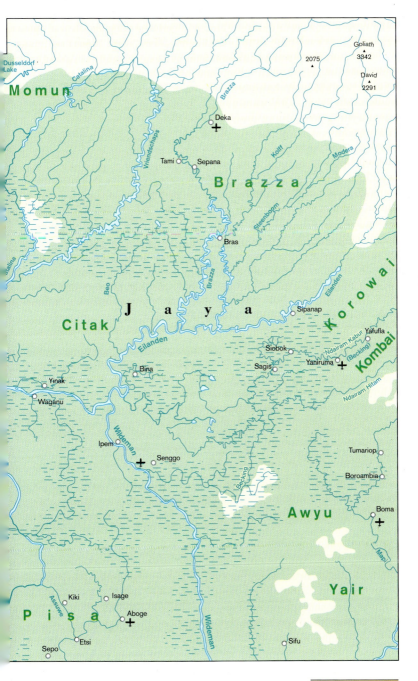

Berühmt-berüchtigt waren früher die Kriege und Kopfjagden, die es zwischen den Asmat selbst, aber auch mit ihren Nachbarn gab. Deshalb lebten die Bewohner überwiegend an Nebenflüssen, da die feindlichen Kriegsboote bei Niedrigwasser die Dörfer nicht erreichen konnten.

Geschichte

Im Jahre 1623 segelten die beiden ersten Weißen, die Holländer Carstensz und Jansz, die Südküste Neuguineas entlang und machten dabei im Landesinneren einen schneebedeckten Berg aus (den heutigen Puncak Jaya, 5030 m). 150 Jahre später, 1770, erschien der berühmte englische Seefahrer James Cook in der Region, wobei es an der Mündung des Flusses Ewt zu einem Kampf mit Asmat-Eingeborenen kam. Der Landeplatz ist als »Cooks Bay« in die Kartographie eingegangen. 1902 eröffneten die Holländer am 141. Längengrad den Posten Merauke, um

ihre Territorialansprüche zu untermauern. In den Jahren zwischen 1904 und 1915 fanden die ersten Tiefland-Expeditionen über die großen Flüsse ins Innere des Landes statt, und die Erforscher benannten die Flüsse nach ihren Familiennamen (Eilanden, Steenboom, Lorentz, Wildeman, Becking usw.); ein Tieflandsee wurde sogar Düsseldorf genannt. Es dauerte jedoch noch Jahrzehnte, bevor sich die Holländer 1939 dazu entschlossen, in der Nähe des heutigen Agats einen Posten zu eröffnen.

Während des Zweiten Weltkriegs besetzten die Japaner von Mimika aus einige Dörfer im West-Asmat. Nach 1945 unternahmen die Asmat wiederum eine Reihe von Kopfjagden gegen Dörfer im nordwestlichen Grenzgebiet. Mehrere tausend Dorfbewohner flüchteten in die benachbarte Mimika-Region.

1912 hatten katholische Missionare in Mimika bereits Fuß gefaßt und versuchten, von hier aus ihren Einfluß auf das Asmat-Gebiet auszudehnen. In den dreißiger Jahren wurden einheimische Lehrer ins Asmat entsandt, um dort einen ersten Bildungsgrundstock zu legen. Diese Unternehmung schlug fehl und gipfelte in blutigen Auseinandersetzungen. Von Flüchtlingen aus dem Asmat erfuhren die Missionare, wie sich die Bewohner dort selbst nennen: *Asmat-ow*, »wir Menschen«. 1948/49 entspannte sich die Lage, und die meisten Flüchtlinge kehrten in ihre Dörfer im Nordwest-Asmat zurück. In den kommenden Jahren verstärkte die katholische Mission ihre Aktivitäten, welche 1953 in der Eröffnung eines Hauptpostens in Agats gipfelte. Ein Jahr später bauten die Holländer ihren ehemaligen Regierungsposten dort aus und verbesserten die Lebensgrundlage der Asmat, indem Tapioka (Cassave), Bananen, Kokosnüsse, Hühner und Enten eingeführt wurden.

Das Yeu-Männerhaus

In jedem Dorf des Asmat besteht ein *yeu*, in größeren Dörfern meist mehrere. *Yeus* sind in der Regel mehr als 20 m lange Hüttenbauwerke, die den Männern des Dorfes als Versammlungsort dienen, wo wichtige Probleme diskutiert, Jungen in die Welt der Männer eingeführt, Schnitzereien angefertigt, Gäste empfangen werden und in früheren Zeiten Kopfjagden vorbereitet wurden. Ein zentraler Feuerplatz ist besonders den führenden Männern vorbehalten, daneben bestehen weitere Feuerstellen für die Familienoberhäupter. Besonders magische Schnitzgegenstände sind im *yeu* aufbewahrt. Frauen halten sich nur selten im *yeu* auf, zumeist nur bei besonderen Anlässen. Nach erfolgreichen Kopfjagden durften Frauen die sogenannten *eren*-Zeremonien anführen, bei denen sie die Kieferknochen eines frischgetöteten Feindes um den Hals trugen und dabei freudig-erregte Tänze vorführten.

Die neue Zeit und damit das Verbot von Kopfjagden zerstörte die kulturellen Elemente der Asmat. Ende der fünfziger, Anfang der sechziger Jahre wurden sich die Asmat jedoch des Wertes ihrer Kunst bewußt. Vertreter von holländischen Museen aus Amsterdam, Rotterdam, Leiden usw. erschienen, um sich die schönsten Exponate des Asmat-Kunstschaffens zu sichern.

Am 1. Mai 1963 übernahm Indonesien den Westteil von Neuguinea und nannte ihn Irian Jaya. Ende der sechziger Jahre wurde in Agats das Museum für Asmat-Kunst eröffnet, aber es dauerte noch mehr als zehn Jahre, bis 1982 der erste Asmat-Kurator seine Tätigkeit aufnahm. Mehrere Asmat-Ausstellungen in Jakarta folgten, darunter eine permanente im Taman Mini Indonesia Indah.

Brazza-Region

Die Bewohner des Brazzas, manchmal auch umfassend Bras genannt, leben am gleichnamigen Fluß, darüber hinaus in den Gebieten Kolff, Steenboom und Eilanden. Das nördliche Gebiet gehört administrativ zur Regentschaft Jayawijaya (Wamena), der südliche, weitaus größere Teil zu Merauke. Bis zur Ankunft der Missionare in den siebziger Jahren lebten die Menschen hier grundsätzlich in Baumhäusern, die acht, zehn oder mehr Meter über dem Erdboden auf abgehackten Baumstämmen »verankert« waren.

Die Brazza-Gruppen stellten jahrtausendelang ein wichtiges Bindeglied im Handel zwischen Hochland- und Küstenbewohnern dar. Trotz permanenten Kriegszustandes zwischen den

Feuriger Himmel nach Sonnenuntergang im Tiefland von Irian Jaya

*Angehöriger der
Kiain am oberen
Brazza*

*Angehörige der
Korowai am oberen
Ndairam kabur
im Tiefland von
Irian Jaya*

verschiedenen Stämmen florierte der Handel seit Urzeiten. Wie wären ansonsten die Hochland-Papuas an ihre Kaurimuscheln und umgekehrt die steinlosen Asmat an ihre wuchtigen Steinäxte gekommen? Für die Fortbewegung auf den Flüssen fertigt man Einbäume, die zwar grob gebaut, aber immerhin stabil konstruiert sind. In der Region des Brazzas wie auch bei den südwärts lebenden Citak und den südostwärts lebenden Korowai und Kombai kennt man nur Schilde, aber keine Skulpturen. Der Brazza-Schild erfährt eine Dreier-Unterteilung in Kopf, Rumpf und Füße. Die zum Teil monströsen Schilder können höher als zwei und einen halben Meter breit sein. Um ihre Beweglichkeit im Dschungel zu garantieren, sind sie extrem dünn ausgearbeitet, weniger als 1 cm dick. Zur Bearbeitung des Schildreliefs werden

Werkzeuge aus den Knochen des Kasuari-Vogels verwendet. Die Farben aller Schilde, auch die in den Nachbarregionen, sind Rot, Schwarz und Weiß. Rot stammt zum Beispiel aus einer Baumwurzel und wird, um ein helles Rot zu erhalten, mit Kalksteinerde oder, falls vorhanden, Muschelkalk vermischt. Schwarz wird aus dem Ruß der Feuerstellen bzw. verkohltem Holz gewonnen.

Die Bewohner östlich des Asmats

Wie die Awyu, Yakai und Mapi werden die Citak als eine gesonderte Kulturgruppe definiert. Auf ihren zum Teil 2 m hohen Schilden findet man ursprünglich keine anthropomorphen Elemente·wie in Zentral-Asmat. Daraus kann gefolgert werden, daß es keine

Traditionen in bezug auf Skulpturen gibt und Elemente menschlicher Figuren dem Einfluß der Asmat-Nachbarn zuzuschreiben sind.

Zwischen dem oberen Ndairam kabur (früher Becking) und dem Eilanden, also nördlich und nordöstlich der Citak, breitet sich das Gebiet der auf rund 4000 Menschen geschätzten Korowai aus. Eine kulturelle Affinität besteht zu den östlichen Nachbarn, den Kombai, deren Anzahl bei etwa 9000–10000 anzusetzen ist. Beide Stämme leben in patrilinearen Clans auf traditionellem Territorium und halten bis zum heutigen Tag an kannibalistischen Riten fest. Sprachlich gesehen gehörten das Korowai und das Kombai zum Kreis der Awyu-Sprachen, der wiederum der Trans-Neuguinea-Sprachfamilie zuzuordnen ist. Die archaisch lebenden Urwaldbewohner

bauen sich primär als Schutz gegen Überfälle 6–8 m hohe, manchmal sogar noch höher liegende Baumhäuser, die zumeist einzeln inmitten des Urwaldes oder in Ufernähe eines Flusses errichtet werden. Nur ein Teil der Korowai und Kombai geriet bislang in den Sog von Mission und Regierung. Der überwiegende Teil konnte sich bisher erfolgreich von der Außenwelt abschließen. Im Oktober 1979 wurde am Ndairam kabur die Missionsstation Yaniruma gegründet, aber über zwei weitere kleine Dorfsiedlungen im nördlichen Umkreis ist der Einfluß nicht hinausgegangen. Die Tätigkeit holländischer Missionare wurde seitens der indonesischen Regierung stark eingeschränkt, um zukünftig selbst das Heft in die Hand zu nehmen. Auch die Tage des scheinbar romantischen Expeditionstourismus sind gezählt, und

Dieses Baumhaus, wie es vielfach in den Regionen des südlichen Tieflandes zwischen Brazza und Digul anzutreffen ist, hat sich ein etwa elfjähriger Kombai-Junge selbst gebaut

die Zeit der Missionare wird bald nur noch verklärte Erinnerung sein. Dann rücken Holzgesellschaften vor und geologische Trupps auf der Suche nach Bodenschätzen.

Noch aber erzählen sich die Kombai abenteuerliche Geschichten über ihre Korowai-Nachbarn, so zum Beispiel, daß sie wild und unberechenbar seien, Schwänze trügen und erst ein Loch graben müssen, bevor sie auf dem Erdboden Platz nehmen könnten. Die Grenzen ihrer Jagdgebiete kennzeichneten sie mit Menschenknochen. Ihre Gottheit sei Rebabu, die im Innern eines Hügels mitten im dichten Dschungelwald in tiefen Schlaf versunken sei, und sollten Außenstehende in das Gebiet eindringen, erwachte Rebabu und

würde ein vernichtendes Erdbeben auslösen. Etwa 20 km nördlich von Yanimura beginnt diese Tabuzone, und mag auch vieles, was die Kombai erzählen, übertrieben sein, so ist doch sicher, daß sich viele der Korowai und auch Kombai gegenüber der Außenwelt verschließen und sie als Bedrohung empfinden. Das Eindringen in ihre Stammesgebiete ist unweigerlich und ohne Übertreibung mit Todesgefahr verbunden. Tatsache ist ferner, daß in jenen Tabuzonen kannibalistische Riten praktiziert werden.

Merauke

Merauke mit 43 000 Einwohnern ist die Hauptstadt des gleichnamigen und größten der neun Regentschaften Irian Jayas. Merauke umfaßt den größten Teil des südlichen Tieflandes und erstreckt sich von der Grenze Papua-Neuguineas bis zum nordwestlichen Asmat-Gebiet. In die Umgebung der Stadt Merauke wurden während der letzten Jahre mehrere zehntausend Transmigranten vorwiegend aus Java umgesiedelt. Merauke wurde 1902 von den Holländern als Posten eröffnet, um die Gebietsansprüche des Königreiches der Niederlande zu dokumentieren. Daß dies willkürlich geschah, versteht sich von selbst. Und so wurde damit auch das Schicksal der ursprünglichen Bevölkerung, der Marind-Anim, besiegelt. Heute leben sie, wenn nicht am Rand von Merauke, im weiter nördlich anschließenden Küstenbereich und in den 13 Dörfern des 304 000 ha großen Wasur-Nationalparks. Dieser Park wird im Osten von Papua-Neuguinea begrenzt, im Süden durch die Arafura-See und im Norden und Nordwesten durch den Maro-Fluß. 160 km des Trans-Irian-Highway, der eines Tages bis zu dem rund 800 km entfernten Jayapura führen soll, führen durch den Wasur-Park, sogar zum

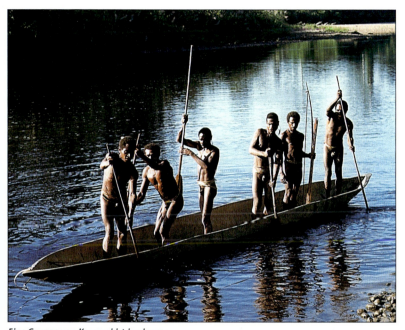

*Eine Gruppe von Korowai ist in einem
Einbaum auf dem Ndairam kabur unterwegs*

mitten im Park gelegenen Rawa Biru-
See, in den eine große Halbinsel hin-
einragt. Der Park besteht aus weiten
Eukalyptuswäldern, Savannen, Sümpfen, Mangroven und Tieflandurwald.
Eine Vogelwelt mit 390 Arten ist hier
zu Hause, darunter Ibisse (Storchenvö-
gel der Spezies Threskiornis aethio-
picus) und Pelikane. 80 verschiedene
Säugetierarten bevölkern das Habitat,
darunter 27 nur in Neuguinea vorkommende Arten. In den Wäldern wim-
melt es von Wallabies (Känguruhs),
und die drei und mehr Meter hohen
Termitenhügel erinnern an Miniatur-
Burgen. Der Rawa Biru-See wird zur
Trinkwasserversorgung der Stadt Merauke genutzt. Sehr engagiert und ein-
fühlsam setzte sich der englische
WWF-Experte Ian Craven für die Erhaltung des Wasur-Parks ein; er kam
1993 bei einem Flugzeugunglück in

Merauke ums Leben. Obwohl es in
dem weitläufigen Park mit seiner
reichhaltigen Tierwelt eine Fülle von
Möglichkeiten für Trekking und Wild-
beobachtung gibt, wurden bis Ende
Juli 1991 insgesamt nur 10 Besucher
registriert. Besonders wichtig ist, daß
sich der Besucher gleich nach der Ankunft in Merauke bei der Polizei zu
melden hat.

Hotels
Asmat, Jl. Raya Trikora 3, Tel. 2 10 65
Flora, Jl. Raya Mandala 221, Tel. 2 10 60
Megaria, Jl. Raya Mandala 166, Tel. 2 19 32
Nirmala, Jl. Raya Mandala 62, Tel. 2 18 49

Restaurants
Eine Reihe von Restaurants befindet sich in
der Jl. Raya Mandala, besonders in der Nähe
des Nirmala-Hotels

Telefon
Vorwahl Merauke: 09 71

Vogelkopf, Paniai und nördliche Inseln

Sorong

Der Regentschaftsbezirk Sorong und seine gleichnamige Hauptstadt liegen im sogenannten Vogelkopf, einer Halbinsel, die von den Holländern Vogelkopje genannt wurde. Zusammen mit den vorgelagerten Inseln, darunter Waigeo und Salawati, umfaßt Sorong über 40000 km² mit einer Einwohnerzahl von 180000. Die jährlichen Niederschlagsmengen erreichen 3450 mm, und die Luftfeuchtigkeit liegt zwischen 80 und 85%. 78% der Fläche Sorongs besteht aus Gebirge und ist von dichten Primärwäldern bedeckt. Die Südküste hingegen ist durch Sumpf- und Mangrovengürtel gekennzeichnet. Auf den drei Inseln Waigeo, Batanta und Salawati sind insgesamt 216000 ha unter Naturschutz gestellt. Auf Waigeo, wo von Juli bis September 1860 der berühmte Naturforscher Alfred Russel Wallace seine Forschungen betrieb, lebt der rote Paradiesvogel (Paradisia rubra). Salawati liegt 16 km, Batanta 25 km und Waigeo 35 km von Sorong entfernt. Sorong ist eine Stadt der Öl- und Holzgesellschaften, und deshalb sind die Preise dort nicht gerade niedrig. Bereits 1932 begannen die Holländer mit der Suche nach Öl, in der Nähe von Klamono, rund 2 Std. von Sorong entfernt. Holz- und Ölindustrie zogen viele Menschen aus dem westlichen Indonesien an, und zusammen mit den Transmigranten dürften sie die örtliche Bevölkerung bereits in die Minderheit gebracht haben. Der Flughafen von Sorong liegt auf der kleinen Insel Jefman und ist 18 km vom Festland entfernt. Es besteht eine Fährverbindung, die auf die Flüge der Merpati und Garuda abgestimmt ist. Eilige können sich ein Charterboot für rund 25 US-$ mieten.

Hotels

Cenderawasih, Jl. Sam Ratulangi 54, Tel. 2 17 40

Indah, Jl. Yos Sudarso, Tel. 2 15 14

Pilihan, Jl. Ahmad Yani 85, Tel. 2 13 36

Memberamo, Jl. Sam Ratulangi, Tel. 2 15 64

Restaurants

Dofior (chin.), Jl. Pemuda

Mona Lisa (jap. und internat. Küche), Jl. Sam Ratulangi

Mini (chin., Seafood), Jl. Ahmad Yani (Laden-Komplex)

Telefon

Vorwahl Sorong: 09 51

Sehenswürdigkeiten in der Umgebung

2 km von Sorong entfernt liegt der sandige Strand von **Kap Casuari,** der an Wochenenden stark von Einheimischen besucht wird. Ebenfalls mit einem herrlichen Strand wartet die Krokodilinsel **Pulau Buaya** auf, die in kurzer Fahrtzeit mit einem Motorboot zu erreichen ist. Neben **Batanta, Salawati** und **Waigeo,** wo sich Paradiesvögel und andere Tiere (z. B. der gefleckte Cuscus, der orangefarbene Lori und der Königsfischer) beobachten lassen, bietet sich die etwas entferntere Insel **Kabra** an, wo die Japaner eine Perlenzucht aufgebaut haben. Wer sich für die einheimische Volkskunst interessiert, der fahre in die Distrikte **Ayamaru, Aifat** und **Aitinyo.** Traditionelle Zeremonien und Tänze sind bei diesen Gebirgsbewohnern der Maibrat, die weit im Südwesten von Sorong be-

heimatet sind, noch lebendig. Als Brautgeld werden wertvolle Timor-Tücher verwendet. Die traditionellen Tänze heißen *msakweru* und *nision*. Ayamaru liegt auf einer Gebirgsebene und zeichnet sich deshalb durch ein erfrischendes Klima aus. Zwei fischreiche Seen, der **Aitinyo**- und der **Ayamaru-See**, liegen sehr schön und bestimmen den Mittelpunkt der Landschaft. Ayamaru läßt sich am besten von Teminabuan per Auto oder per Flugzeug (Twinotter oder Cessna) erreichen.

Manokwari

In der Biak-Sprache bedeutet Manokwari »das alte Dorf«. Bis 1942 war Manokwari die Hauptstadt West-Neuguineas, bis es im Zweiten Weltkrieg ein japanisches Armeehauptquartier wurde. Nach dem Plebiszit der 1025 Wahlmänner, die 1969 für den Anschluß West-Neuguineas an Indonesien votierten (S. 379), wurde Manokwari administrativ in die gleichnamige rund 40000 km^2 große Regentschaft aufgeteilt. Etwa 80 % bestehen aus Hügel- und Gebirgsland, 20 % aus Tiefland. Die höchsten Berge sind **Arfak, Mebo** und Irians einziger, jedoch erloschener Vulkan **Umsini**. Alle drei liegen knapp unter 3 000 m Höhe. Die insgesamt 63 Dörfer Manokwaris zählen zusammen 140 000 Einwohner, die sich in vier Hauptgruppen teilen: Manikiom, Karon, Wandamen und Transmigranten. Auf der Insel **Mansinam,** in der Doreri-Bucht, gegenüber Manokwari-Stadt, landeten 1855 die ersten Missionare, die deutschen Geissler und Otto, die die Bibel in die Papua-Sprache übersetzten. 1858 kam dort der englische Naturforscher Wallace an, um dreimonatige Studien an der Doreri Bay aufzunehmen. Die Welt erfuhr danach zum ersten Mal Näheres über Paradiesvögel, Baumkänguruhs,

Kasuari-Vögel usw. Die Eingeborenen beschreibt Wallace als recht stattlich mit schönen Gesichtszügen; unter ihren Hütten hingen die Trophäen ihrer Kopfjagden. In der Nähe von Manokwari erhebt sich ein flacher Berg, der wegen seiner Gestalt »Tisch-Berg« genannt wird. 3 km außerhalb der Stadt zieht sich der herrliche Sandstrand von **Pasir Putih** entlang. In den schönen und fruchtbaren Gegenden um **Ransiki** und **Warmare** herum hat die indonesische Regierung zahlreiche Transmigranten-Areale eröffnet. Inmitten der Arfak-Gebirgskette liegt der romantische **Anggi-See.** Dort leben die Papua-Stämme der Manikom und Hatam. Das schöne Hochlandtal **Kebar** wird von den Stämmen der Karon, Maibrat und Manikom bewohnt und ist nur mit dem Merpati-Flugzeug zu erreichen. Die am hinteren »Halsende« des Vogelkopfes aufsteigende Halbinsel **Wandamen** ist vom gleichnamigen Volksstamm bewohnt. Durch die gesamte Halbinsel und darüber hinaus zieht sich die teilweise über 2 000 m hohe Gebirgskette des **Wondiwoi**. In der Bucht von Wandamen liegen die unter Naturschutz stehenden Inseln bzw. Inselgruppen **Anggrameos** und **Auri**. Vor dem Kap Wandamen im äußersten Norden liegt die Badeinsel **Roon** mit weißsandigen Stränden und herrlichen Unterwassergärten.

Hotels in Manokwari

Arfak, Jl. Brawijaya 8, Tel. 2 12 93

Mokwam, Jl. Merdeka

Mutiara, Jl. Yos Sudarso

Restaurants

Ekaria, Jl. Yos Sudarso

Evaria, Jl. Merdeka (Nähe Hotel Mokwam)

Hawaii, Jl. Sudirman

Telefon

Vorwahl Manokwari: 09 62

Paniai

Die Regentschaft Paniai ist benannt nach dem größten von drei Hochlandseen. Mit 54 000 km² umfaßt Paniai 13 % der Gesamtfläche Irian Jayas. Die Region ist gebirgig und zu mehr als 80 % von tropischen Wäldern bedeckt. Der Hauptort **Nabire** liegt an der schmalsten Stelle Irian Jayas, sozusagen am unteren Halsende des Vogelkopfes. Das Zentralgebirge verläuft hier im rechten Winkel zwischen (Vogel-) »Kopf«, »Hals« und »Rumpf« Neuguineas. Erstmals bekannt wurde dieser Teil des Hochlandes durch die Entdeckung einer Seenplatte im Jahre 1937. Zu Ehren des holländischen Militärpiloten benannte man sie Wissel-Seen. Nach der Unabhängigkeit West-Neuguineas erfolgte eine Umbenennung in Paniai-, Tage- und Tigi-See. Die Seen-Region ist Heimat der Kapauku-Stämme, auch unter dem Namen Ekari bekannt. Sie messen Reichtum und Ansehen nach der Anzahl der Schweine, die jemand besitzt. Ekari-Häuptlinge, *tonowi,* zeichnen sich neben Reichtum durch Freigiebigkeit, Beredsamkeit, Mut und Führungsstärke aus. In früheren Zeiten konnte der *konowi* Kriege erklären und Frieden schließen. Wer über die besagten Eigenschaften nicht verfügte, aber dennoch die Häuptlingsposition anstrebte, mußte wirtschaftlich dazu in der Lage sein, ein großes *yuwo*-Fest zu geben. Dabei schlachtete man Dutzende, manchmal Hunderte von Schweinen, und anschließend wurde zu Tanz und Gesang animiert. Während eines solchen *yuwos* konnte der Gastgeber seine Gefolgsleute rekrutieren.

In der Cenderawasih(Paradiesvogel)-Bucht vor Nabire liegt eine Reihe von kleinen Inseln mit weißen Sandstränden, klarem Wasser und bunten Unterwassergärten, in denen sich unzählige Fischarten tummeln. Die Inseln **Mambor** und **Moor** mit kleinen Fischerdörfern liegen nur 2 Std. mit dem Motorboot von Nabire-Hafen entfernt. In nur 1 Std. Bootsfahrt erreicht man die kleine Insel **Nusi,** mit ebenfalls wunderschönen Seegärten, einem Paradies für Unterwassersportler. Auf der **Papaya-Insel,** 2 Std. vom Festland entfernt, lassen sich Fliegende Hunde beobachten, die tagsüber von den Ästen bestimmter Bäume herabhängen. Außerdem wartet auch diese Insel mit herrlichen Sandstränden und einem fischreichen Unterwasserleben auf. Das Gebiet von **Napan-Weinami** ist geeignet für Besucher, die schon immer einmal Krokodile in freier Wildbahn erleben wollten. In den dortigen Flüssen und Sümpfen leben zahlreiche jener Echsen.

2 Std. von Napan entfernt liegen der **Sambatani**- und der **Aiwa-See** mit ihren »Floßinseln«. Je nach Windrichtung können die kleinen, von Sagopalmen bewachsenen Inseln tatsächlich in die eine oder andere Richtung treiben. In der Paniai-Region lassen sich Paradiesvögel, der Mambruk-Vogel, Sittiche, Kakadus usw. beobachten. In den Korallenriffs der Cenderawasih-Bucht leben Hummer, Garnelen, Krabben und natürlich Fische im Überfluß. Auch für Orchideenliebhaber bietet Paniai eine Reihe von Besonderheiten. Da Paniai mit zu den »sensiblen« Regionen Irian Jayas zählt, ist eine besondere Besuchsgenehmigung erforderlich.

Hotels in Nabire

Anggrek (nur 300 m vom Flughafen entfernt), Jl. Papera

Nusantara (rund 500 m vom Flughafen), Jl. Pemuda

Maju (ca. 1 km vom Flughafen), Jl. Yos Sudarso

Biak

Biak mit seinem internationalen Flughafen ist Zwischenlandeplatz für alle Flüge zwischen Jakarta, Ujung Pandang und Jayapura. Viermal wöchentlich fliegt Garuda über Biak und Honolulu nach Los Angeles. Biak, seine Doppelinsel Supiori sowie Numfor und 41 kleinere Inseln bilden eine gemeinsame Regentschaft (Kabubaten) mit einer Fläche von 4010 km². Von den rund 90 000 Bewohnern, davon etwa 70 000 auf Biak, bekennen sich 80 % zum Christentum, der Rest zum Islam. Biak und seine Nachbarinseln, darunter besonders die Inselgruppe **Padaido**, bieten Wasser- und Unterwassersportlern ideale Möglichkeiten. Am besten sind die Inseln von **Bosnik**, ca. 20 km östlich von Biak, zu erreichen. Auf dem Weg dorthin empfiehlt sich ein Besuch in dem Dorf **Swapodibo**, wo ausgezeichnete Schnitzer (Ruderblätter, Pfeile, Boote usw.) zu Hause sind.

Hotels in Biak

Titawaka, Jl. Selat Makassar 3, Tel. 2 16 58

Maju, Jl. Iman Bonjol, Tel. 2 18 41

Irian, Jl. A. Yani, Tel. 2 11 39

Mapia, Jl. A. Yani, Tel. 2 13 03

Restaurants

Megaria (chin.), Jl. Jendr. Sudirman

Jakarta, Jl. Imam Bonjol

Asia, Jl. Jendr. Sudirman

Telefon

Vorwahl Biak. 09 61

Numfor

Von Biak-Stadt bis zur westlich gelegenen Insel Numfor sind es 120 km. Numfor wird zweimal wöchentlich von Biak aus angeflogen. Die fast runde Insel, von einer großen Bucht im Südosten eingeschnitten, zeichnet sich durch dschungelbedeckte Hügel aus, die bis zu 250 m ansteigen. Administrativ gliedert sich Numfor in zwei Distrikte mit insgesamt 8 000 Einwohnern. Man bewegt sich entweder per Boot oder über das vorhandene Straßennetz per Motorrad. Überall erinnern Wracks aus dem Zweiten Weltkrieg an eine Zeit, als es weniger beschaulich für die Insulaner zuging. Unterkünfte sind offiziell nicht vorhanden, deshalb am besten beim Bürgermeister *(kepala kampung)* melden.

Yapen

Hauptort der rund 150 km langen und maximal 30 km breiten Insel ist **Serui**. Administrativ bildet Yapen zusammen mit Waropen, einem Teil des Festlandes, eine Regentschaft. Die Mehrheit der rund 70 000 Einwohner sind Christen, nur einige hundert Moslems leben in den größeren Ortschaften, insbesondere in Serui. Auch Yapen bietet eine Fülle von Buchten und Stränden für Wassersportler. In den Bergwäldern kommen Ornithologen auf ihre Kosten, denn dort lebt eine Vielzahl von Vögeln, darunter Paradies- und Nashornvögel, Kakadus und Krontauben. Täglich außer samstags fliegen 18sitzige Twinotter-Maschinen der Merpati von Biak nach Serui.

Unterkunft in Serui

Losmen Merpati, Jl. Yos Sudarso, Tel. 1 86

Wisma Nusantara, Jl. Kalimantan, Tel. 1 78

Indonesien von A bis Z

Ärzte und Apotheken

Die ärztliche Versorgung in Indonesien ist nur in den abgelegenen Gebieten des Landes ein Problem. In den größeren Städten gibt es moderne Krankenhäuser und gut ausgebildete Ärzte. Die Ärzte arbeiten vormittags in den Krankenhäusern und halten nachmittags ihre Privatsprechstunden ab. Hausbesuche sind ungewöhnlich. Sollte ärztliche Hilfe benötigt werden, wende man sich an die Hotelrezeption oder die Reiseleitung. In den größeren Hotels arbeiten sogar Hotelärzte, auf dem Land gibt es Erste-Hilfe-Zentren (Puskemas).

Apotheken (Apotik) mit ausländischen und einheimischen Erzeugnissen sind in den Städten ausreichend vorhanden. In den führenden Hotels gibt es auch Drogerien (Drugstores), die Medikamente führen. Dennoch sollte man, um mit dem Nötigsten versorgt zu sein, selbst eine kleine Reiseapotheke zusammenstellen (siehe Medikamente). Die Arzthonorare variieren stark. Erwägenswert ist der Abschluß einer Auslands-Krankenversicherung.

Auto

Mitnahme von eigenen Fahrzeugen
Einreisende dürfen grundsätzlich keine Fahrzeuge auf Dauer einführen. Erlaubt ist, ein eigenes Kraftfahrzeug für max. 3 Monate mitzubringen. Erforderlich ist ein Carnet de passage, Vollkaskoversicherung.

Papiere
An Autopapieren werden der Internationale Führerschein, Kraftfahrzeugschein, die Grüne Versicherungskarte und ein internationaler Schutzbrief von einem der Automobilclubs benötigt.

Verkehr
In Indonesien herrscht Linksverkehr. Es ist geboten, langsam und vorsichtig zu fahren. Auf Java, insbesondere auf West-Java, in Jakarta und Umgebung, ist die Motorisierung sehr fortgeschritten. In den anderen Gebieten, wo die Motorisierung nicht so weit gediehen ist, vor allem in den Dörfern, herrscht ein buntes Treiben, welches noch nicht dem Autoverkehr untergeordnet ist.

Vermietung
Das Vermieten von Fahrzeugen steckt noch in den Anfängen. Über Hotels, Reisebüros und auch Taxiunternehmen können immerhin Fahrzeuge angemietet werden. Wegen der oft unübersichtlichen Verkehrsverhältnisse und auch, um sich in entlegeneren Gebieten zurechtzufinden, sollte man zweckmäßigerweise einen Fahrer dazu engagieren. In den touristisch weniger erschlossenen Gebieten lohnt es sich, zu mehreren Personen einen Minibus (Bemo) mit Fahrer zu mieten. Die Kosten variieren je nach Qualität des Fahrzeugs zwischen 4 und 20 US-$ die Stunde oder 35 und 80 US-$ den Tag. In abgelegenen Gebieten dürfte ein Minibus mit Fahrer nicht mehr als 35 US-$ kosten. Auf Bali lohnt es sich, einen VW-Safari, Moped oder Fahrrad zu mieten. In überschaubaren Gebieten, wie zum Beispiel auf der Insel Lombok, sind ebenfalls Fahrräder und Motorräder zu empfehlen.

Banken

Geldwechsel nehmen in Jakarta die Deutsche Bank (S. 128), sowie alle indonesischen Bankfilialen in den Hotels als auch die autorisierten Geldwechsler im Stadtgebiet vor.

Camping

In Indonesien ist es bisher unüblich zu campen. Es kann in entlegenen Gebieten zu Schwierigkeiten mit der Umwelt, Neugierigen und den Behörden kommen.

Devisen

Siehe Währung

Einreise- und Aufenthaltsbestimmungen

Zur Einreise werden prinzipiell ein Reisepaß mit einer Mindestgültigkeitsdauer von sechs Monaten, ein bezahlter Flugschein hin und zurück und ein Visum, das bei den Auslandsvertretungen der Republik Indonesien erhältlich ist, benötigt. Jedoch erhalten Touristen und Geschäftsreisende aus 30 (vorwiegend westlichen) Ländern, darunter alle Westeuropäer, unbürokratisch bei der Einreise ein Visum für zwei Monate, das nicht verlängert werden kann. Es berechtigt nicht, im Lande voll beruflich tätig zu werden. Auskünfte erteilen die Auslandsvertretungen der Republik Indonesien (S. 414).

Journalisten melden sich wegen ihrer Registrierung und Ausstellung eines Presseausweises beim Informationsministerium in Jakarta, Jl. Medan Merdeka Barat 9, auf der Westseite des Freiheitsplatzes im 5. Stock. Für sie wie für Geschäftsreisende ist es zweckmäßig, Empfehlungsschreiben indonesischer Dienststellen mitzubringen. Besucher der Provinzen Irian Jaya und Ost-Timor benötigen eine Sondererlaubnis, die bei der obersten Polizeibehörde, Markas Besar, Kebayoran-Baru, Jl. Trunojoyo 3 II. St., In Jakarta ausgestellt wird. Man muß mit Wartezeiten von mindestens zwei Tagen rechnen. Die spezielle Genehmigung *(surat jalan)* für Irian Jaya ist auch im Polizeihauptquartier in Jayapura, Jl. A. Yani, erhältlich (zwei Paßfotos und Fotokopien des Reisepasses bis Seite 3 sowie der Seite mit dem bei der Einreise eingestempelten Visum).

Fastenzeit

Der neunte Monat des muslimischen Mondjahres ist von der Fastenzeit (Ramadan) geprägt. In dieser Zeit sind von morgens bis zum Sonnenuntergang Essen, Trinken, Rauchen und Sex für die Muslime verboten. In der Nacht werden aber häufig Einladungen und Familienfeste gefeiert. Das Ende des Fastenmonats ist Anlaß zu einem großen Fest, dem Fest des Fastenbrechens, Idul Fitri genannt.

Feiertage *(offizielle)*

17. 8. Unabhängigkeitstag
25. 12. 1. Weihnachtstag
Hinzu kommen noch die beweglichen Feiertage Karfreitag, Ostersonntag, Christi Himmelfahrt, Pfingstsonntag; Mohammeds Himmelfahrt, der hinduistische und danach der buddhistische Neujahrstag, Idul Fitri, der islamische Pilgertag und Neujahrstag sowie Mohammeds Geburtstag.

Halboffizielle Feiertage sind ferner der Kartinitag am 21. 4., der Geburtstag von Jakarta am 22. 6., der Pancasilaatag am 1. 10., der Tag der Streitkräfte am 5. 10., der Helden-

tag am 10. 11. und Neujahr am 1. 1. Die Chinesen feiern sodann noch das chinesische Neujahr gegen Ende Januar oder Anfang Februar und die Buddhisten den Waikagtag, den Geburtstag von Gautama Buddha und zugleich sein Eingang ins Nirwana, am 10. 5. An diesem Tag findet eine feierliche Waikag-Prozession vom Mendut-Tempel zum Tempel Borobudur statt.

Die islamischen Feiertage richten sich nach dem Mondjahr und sind daher beweglich. So muß z.B. Idul Fitri von Jahr zu Jahr um 11 Tage zurückverlegt werden.

Fotografieren

Indonesien bietet eine Fülle reizvoller Motive, die es lohnen, der Fotoausrüstung einige Aufmerksamkeit zu schenken. Dem Hobbyfotografen sei aus Gründen der Gepäckerleichterung angeraten, statt mehrerer Objektive zwei Zooms der Brennweiten 35–85 mm und 75–200 mm mitzunehmen. Wem das zu teuer ist, der beschränke sich auf ein Standardobjektiv der Brennweite 35 mm und nehme, wenn möglich, noch ein Teleobjektiv mit Brennweite 150–200 mm mit. So hat er die Möglichkeit, auch einmal ein Motiv aus der Ferne unbemerkt aufnehmen zu können. Falls es sich um eine elektronisch gesteuerte Kamera handelt, sollte man, um sicherzugehen, die benutzte Batterie gegen eine neue austauschen. Als Filmmaterial empfiehlt sich für Schwarzweißfilme 19–21 DIN. Wer unter ungünstigen Lichtverhältnissen fotografieren will, der nehme noch einige 27-DIN-Filme mit. Farbfilme sind anfälliger. Sie dürfen auf keinen Fall großer Hitze oder gar Hitze und Feuchtigkeit ausgesetzt werden, da sie in diesen Fällen einen Farbstich bekommen. Kamera und Film daher z.B. nie im Handschuhfach des Autos ablegen, sondern unter dem Sitz. Farbfilme kaufe man am besten bereits zu Hause, und zwar tropenverpackt im Zehnerpackung, nie aus dem Regal. Dann nämlich haben sie die gleiche Haltbarkeitsdauer und die gleiche Emulsionsnummer. Filme gehören bei Flügen immer ins Handgepäck, damit sie bei Sicherheitskontrollen nicht durchleuchtet werden. Belichtete Filme deponiere man am sichersten in einer Dose mit etwas Silicagel, damit sie nicht feucht werden.

Hinsichtlich der Belichtung ist auch in den Tropen mit den gewohnten Werten zu arbeiten und nicht mit erheblich kleineren Blenden oder kürzeren Zeiten. Besondere Aufmerksamkeit ist nur Lichtkontrasten zu schenken. Deshalb ist bei Farbnegativfilmen auf die Schattenpartien und bei Farbdiafilmen auf die Lichtpartien zu belichten. Auch ist anzuraten, frühmorgens und nachmittags zu fotografieren und nicht zur Mittagszeit. Auch nehme man jedes Motiv mehrmals mit wechselnden Zeiten- und Blendenwerten auf. Nicht mit dem Film geizen, er ist noch das billigste. Unbedingt benötigt werden UV-Filter, eine Gegenlichtblende und ein Polarisationsfilter. Wer Schwarzweißaufnahmen macht, sollte einen Orange-Filter mitnehmen, der die Kontraste erhöht. Filmmaterial gibt es auch in indonesischen Fachgeschäften und Hotels zu kaufen. Dort werden Filme auch preiswert entwickelt. Anspruchsvolle Fotografen verlassen sich aber besser auf den heimischen Standard.

Geschäftszeiten

Die öffentlichen Ämter öffnen offiziell um 8 Uhr. Von Montag bis Donnerstag schließen sie um 15, an Freitagen schon um 11.30 Uhr und an Samstagen um 14 Uhr. Banken und Büros öffnen gewöhnlich um 8.30 Uhr und schließen gegen Mittag während der Woche, an Samstagen haben viele große Banken und Geschäfte geöffnet.

Ladengeschäfte öffnen um 8 Uhr und schließen oft von 13 bis 17 Uhr. Dann haben sie noch einmal bis 20.00 Uhr geöffnet. Basare sind durchweg bis spätabends auf. Sonntags herrscht wie bei uns allgemeine Geschäftsruhe.

Gesundheitliche Vorsorge

Bei bereits bestehenden Krankheitssymptomen, besonders bei chronischen Leiden, ist es ratsam, vor Antritt der Reise einen Arzt zu konsultieren. Er wird feststellen, ob eine lange Flugreise oder der Aufenthalt im feuchtheißen Klima zumutbar sind. Die gewohnten Medikamente sollen in ausreichender Menge griffbereit im Handgepäck mitgenommen werden. Empfohlen werden eine Gammaglobulin-Injektion zur Stärkung der körpereigenen Abwehrkräfte gegen Hepatitis. Außerdem ist eine Malariaprophylaxe ratsam, da Malariaerkrankungen immer noch einen schweren Verlauf nehmen können und unter ungünstigen Umständen auch zum Tode führen. Eine konkrete Prophylaxeempfehlung sollte beim Hausarzt oder in tropenmedizinischen Beratungsstellen eingeholt werden, da sich aufgrund von Resistenzbildungen die Empfehlungen häufig ändern. Tropenmedizinische Beratungsstellen finden sich u. a. in folgenden Städten:

Berlin: Institut für Tropenmedizin, Tel. 030/27 46-0, Fax 2 74 67 36
Hamburg: Bernhard-Nocht-Institut für Tropenmedizin, Tel. 0 40/31 18 24 01, Fax 31 18 24 00
München: Abteilung für Infektions- und Tropenmedizin der Universität, Tel. 0 89/21 80 38 30, Fax 33 60 38
Frankfurt: Deutsche Tropenmedizinische Gesellschaft e. V., Tel. 0 69/3 05 55 24, Fax 30 51 64 14
Heidelberg: Institut für Tropenmedizin und öffentliches Gesundheitswesen, Tel. 0 62 21/56 53 44, Fax 56 59 48
Würzburg: Missionsärztliches Institut, Tel. 09 31/7 91 29 00, Fax 7 91 28 01

Ernährung: Mäßig essen, gut salzen und viel trinken (ca. drei Liter am Tag). Wenn die Urinfarbe dunkel wird: Urin untersuchen lassen. Außer in den Hotels der Luxus- und Komfortklasse unterwegs keine Mayonnaise, Tatar, Eiscreme zu sich nehmen. Grüner Salat kann in den Tropen gefährlich werden, denn Amöbenzysten werden nur durch Kochen vernichtet. Kein bereits geschältes Obst am Basar kaufen, immer selbst schälen. Zum Trinken und Zähneputzen stets abgekochtes Wasser benutzen. Tee löscht den Durst besser als Kaffee und Bier und ist weniger schweißtreibend. Vorsicht mit eisgekühlten Getränken. Alkoholische Getränke sollen mit Maß und erst nach Sonnenuntergang genossen werden.

Körperpflege: viel Händewaschen, häufig duschen. Niemals in Flüssen und kleinen stehenden Gewässern baden. Beim Schwimmen im Meer auf Korallen achten, Bade- oder Turnschuhe anziehen, um Verletzungen zu vermeiden. In den Tropen, auch im Hotelzimmer und Bad, niemals barfuß laufen, da Infektionen drohen (Hakenwurm, Fußpilz). Vorsicht beim Sonnenbaden, Schutzcreme und Kopfbedeckung benutzen.

Hotels

In den großen Städten Indonesiens stehen dem Touristen jetzt genügend Hotels zur Verfügung, von der Rucksackherberge bis zur internationalen Spitzenklasse. Was noch fehlt, sind preiswerte Pensionen der Mittelklasse. In kleineren Orten ist man meist auf ein bescheidenes Losmen angewiesen.

Die Übernachtungspreise entsprechen generell dem Preisniveau in den übrigen Ländern Südostasiens. Auch in Indonesien erfreut sich der Gruppenreisende günstiger Tarife. Die Übernachtungspreise der führenden Luxushotels betragen zwischen 150 und 275 US-$ für Doppelzimmer. Die Komforthotels liegen erheblich darunter. Bedienungszuschlag und Steuer sind im Preis enthalten. Ganz billige Herbergen, in denen man zu mehreren Personen in einem Zimmer schläft, kosten ca. 4–5 US-$ die Nacht. Wer unterwegs auf der Matte übernachtet, zahlt noch weniger oder gar nichts. Dabei ist es ein ganz schlechter Stil, wenn diejenigen, die es sich leisten können, in Hotels abzusteigen, die Gutmütigkeit gastfreundlicher, in bescheidenen Verhältnissen lebender Indonesier ausnutzen.

Viele, aber durchaus nicht alle Hotels gewähren bei den Übernachtungspreisen einen beträchtlichen Rabatt. Man kann dafür das indonesische Lehnwort *rabat* gebrauchen, oder man spricht von »discount«. Dieser muß an der Rezeption ausgehandelt werden. Der Frühstückspreis ist in den größeren Hotels meist nicht im Zimmerpreis enthalten. Das Waschen von Wäsche wird gesondert berechnet. Es ist üblich, für kleinere Dienstleistungen des Hotelpersonals ein Trinkgeld, auf indonesisch *uang rokók* oder *persén* in Höhe von ca. 500 Rp. oder etwas darüber zu geben. Wenn man Speisen und Getränke in Hotels nicht bar bezahlt, sondern nur die Rechnung abzeichnet, läßt man üblicherweise etwas Kleingeld auf dem Tisch liegen, 5–10% des Rechnungsbetrags sind üblich. Der Generaldirektor für Tourismus gibt jedes Jahr einen Hotelführer »Indonesia Hotel Directory«, heraus.

Impfung

Pocken- und Choleraimpfung sind offiziell nicht mehr erforderlich. Die indonesischen Gesundheitsbehörden verlangen Gelbfieberimpfungen von Reisenden, die aus den entsprechend betroffenen Ländern kommen. Der Impfausweis wird ggf. von Vertragsärzten der Fluggesellschaften oder von Ärzten städtischer Gesundheitsämter ausgestellt.

Jugendherberge

In Jakarta gibt es so etwas wie eine Jugendherberge in europäischem Stil. Ansonsten gibt es zwar auch im ganzen Land preisgünstige Quartiere, nicht aber eigentliche Jugendherbergen.

Auskünfte: Kantor Urusan Pembinaan Wisata-Remaja, Oriental Building, Jl. M. H. Thamrin 51. Jakarta Pusat, Tel. 35 31 03;

Visitor Information Centre, Jakarta Theatre Building, Jl. M.H. Thamrin 9, Jakarta Pusat, Tel. 33 20 67, 35 40 93, 36 40 94

In vielen Orten kann man in den Losmen übernachten, den billigsten Hotelunterkünften. Ein wenig besser sind die Wisma, die über das ganze Land verteilt sind. In abgelegenen Gebieten, in denen es keine Unterkunftsmöglichkeiten gibt, suche man zuerst den Dorfvorsteher, *Kepala kampung*, oder die örtliche Polizeistation auf. Wer sich höflich der Bevölkerung nähert, hat die meiste Aussicht, in den Genuß der indonesischen Gastfreundschaft zu kommen.

Kleidung

Die Kleidung muß dem feuchtheißen Klima angepaßt, d.h. gut waschbar sein. Kleider und Hemden aus Baumwolle und Batist eignen sich am besten, da sie leicht und luftdurchlässig sind. Das Tragen von Nylonstrümpfen bürgert sich bei Veranstaltungen in klimatisierten Räumen ein. Extrem kurze Hosen trägt man nur am Strand. Andererseits können Frauen beim Stadtbummel durchaus lange Hosen tragen. Korpulente sollten keine eingengenden Kleidungsstücke anziehen. Starkes Schwitzen ist möglichst zu vermeiden, schon um der Gefahr damit zusammenhängender Hautausschläge zu entgehen. Schuhe sollten eine Nummer zu groß sein, da die Füße häufig anschwellen. Beim Packen daran denken, daß zweimal täglich Wäsche und Kleider gewechselt werden müssen. Leichte Tennisschuhe, Gummi-Badeschuhe und eine gute Sonnenbrille sollten in keinem Gepäck fehlen. Regenmäntel sind zu heiß, ein Regenschirm dagegen viel praktischer. Sonnenhüte kauft man besser im Lande. Ein Kleidungsstück für Abendveranstaltungen sollte nicht vergessen werden. Im Batikhemd mit langen Ärmeln ist man auch offiziell gut angezogen.

Medikamente

Für die Reiseapotheke werden vorbehaltlich der Empfehlung des Hausarztes, der vor der Reise aufgesucht werden sollte, folgende Medikamente angeraten: Mittel gegen Reisekrankheit, Aspirin gegen Erkältung, Fieber und Kopfschmerzen; Nasivintropfen gegen Schnupfen; Iversal gegen Halzschmerzen; Gelusil-Lac gegen Völlegefühl und Sodbrennen; Durchfall helfe man mit Kohletabletten und Enterocura ab. Dulcolax gegen Verstopfung; Canesten gegen Hautpilz. Gegen Insektenstiche, Quallenberührung und Sonnenbrand nehme man Soventol-Gel und gegen Allergien und Juckreiz Fenistil.

Hitzeausschlag behandle man mit Fissan-Puder, Bindehauterkrankungen mit Ophthalmin-Augentropfen. Zur Abwehr von Mückenstichen wird Autan empfohlen (Achtung, Augen schützen). Zu einer kompletten Ausrüstung gehören ferner Schmerz-, Kreislauf- und Schlafmittel sowie Beruhigungtabletten. Kleine Hautwunden versorge man mit Nebacetin-Salbe und -Puder. In einer Reiseapotheke sollten Fieberthermometer, Pinzette, Schere, Sicherheitsnadel, Hansaplast, Leukoplast, zwei Mullbinden und eine elastische Binde nicht fehlen. Expeditionsteilnehmer müssen für lebensbedrohliche Notsituationen mit entsprechenden Medikamenten, Schlangenseren, Spritzen und Notfall-Instrumentarium ausgerüstet sein. Für die am häufigsten vorkommenden Giftschlangen gibt es ein trivalentes Immun-Serum in 5-ml-Flaschen. Es wird in Bandung bei der Firma Bio-Pharma hergestellt und ist unter dem Namen Kuda Anti Bisa Ular in den größeren Apotheken Jakartas erhältlich (kühl aufbewahren).

Naturschutzgebiete

In Indonesien gibt es über 150 Wild- und Naturschutzgebiete. Über sie können Auskünfte beim Directorat of Nature Conservation, PPA in Bogor, Jl. Ir. H. Juanda 9, Bogor, West-Java, Tel. Bogor 76, oder über den Zoologischen Garten Ragunan am Südrand Jakartas, Nähe Pasar Minggu, eingeholt werden. Dieser auch Kebon Binatang genannte, parkartig angelegte Zoo (Taman Margasatwa Jakarta) bietet im übrigen eine hervorragende Einführung in die Tierwelt Indonesiens.

Post und Telefon

Die Post arbeitet im allgemeinen zuverlässig. Luftpostsendungen zwischen den deutschsprachigen Ländern und Indonesien benötigen in der Regel zwischen vier und sieben Tagen. Päckchen und Pakete werden auf dem Hauptpostamt in Jakarta aufgegeben. Sie können versichert und auch eingeschrieben werden. Touristen erledigen ihre Post am besten an den Empfangsschaltern der Hotels. Auf den Postämtern ist es ratsam, sich davon zu überzeugen, daß die aufgeklebten Briefmarken auch entwertet werden. Öffnungzeiten: Mo–Do 8–15, Fr 8–11.30, Sa 8–14 Uhr. Telefon siehe Jakarta von A bis Z, S. 133.

Reisezeiten

Indonesien liegt am Äquator, so daß die Temperaturen an den Küsten relativ gleichbleibend sind, sie kühlen nur ab, wenn man höher in die gebirgigen Gegenden aufsteigt. Entscheidenden Einfluß auf die Reisezeit nimmt daher nicht die Temperatur, sondern der Regen. Die trockene Jahreszeit beginnt im April/Mai und dauert bis Oktober. Dann beginnt die Regenzeit, die bis in den April oder sogar bis in den Mai hinziehen kann und während der Monate Dezember und Januar ihren Kulminationspunkt erreicht.

Rundfunk

Die Deutsche Welle strahlt täglich Sendungen in verschiedenen Sprachen nach Südostasien und Indonesien aus.

Deutsche Welle, Bonner Straße 211, Postfach 10 04 44, 50968 Köln, Tel. 02 21/2 03 01.

Unter dieser Adresse können Informationsbroschüren und Monatsprogramme angefordert werden. Die Adresse in Indonesien ist: Suara Jerman Deutsche Welle, Tromolpos 128/JkT, Jakarta Pusat.

Souvenirs

Es ist wohl unausbleiblich, daß z.T. schöne alte Volkskunst durch Serienfertigung mehr oder weniger verkitschter Nachbildungen alter einheimischer Motive verdrängt wird. Trotzdem gibt es aber immer noch die für die Inseln Indonesiens typischen Erzeugnisse hochstehender handwerklicher Fertigung. In den Orten Ubud, Mas und Celuk auf Bali sollen die begehrtesten Bildhauer und Maler zu Hause sein. Silberarbeiten sind eine Spezialität aus Yogyakarta und Kendiri auf Sulawesi Zentral-Java ist auch bekannt für seine durchbrochenen Leder-*wayang*-Puppen sowie Batiken und Lurik-Webereien, West-Java für die *wayang-golek*-Puppen.

Die Kunst des Webens und Färbens is zwar weit verbreitet, hat sich aber auf Sumatra, Süd-Sulawesi, Kalimantan, Bali und Sum ba am stärksten verfeinert. In Mode gekommen sind in letzter Zeit auch moderne Batiken, für die sich begabte Designer einsetzen. Die Eingeborenenkunst aus Kalimantan und Irian Jaya kann man sowohl an Ort und Stelle als auch in einem guten Kunstgeschäft in Java erwerben. In den großen Städten gibt es eine ganze Reihe von Galerien und Antiquitätengeschäften.

Speisen und Getränke

Die indonesische Küche ist sehr abwechslungsreich, einige nennen sie scharf gewürzt, andere mild und süß, andere pikant, andere einfach: exotisch. Diese Kommentare erklären sich nicht nur aus dem verschiedenen Geschmack einzelner Feinschmecker, sondern auch aus der kulturellen, gesellschaftlichen und sonstigen Verschiedenheit des Landes. Experten haben rund 1500 verschiedene Gerichte identifiziert. Systematiker nennen folgende Grundbestandteile der indonesischen Küche, deren Gerichte je nach Region verschieden zubereitet und serviert werden: Reis gekocht, gedämpft, gebraten, teilweise mit Mais vermischt, Fleisch oder Fisch, sodann Gemüse, auch als Suppe, dazu Gewürze, so die scharfe Sambal-Soße und geschmacksanregende Beigaben sowie Früchte zum Nachtisch.

Als Grundlage für jedes bessere Essen dient Reis, obgleich auch Sago und Knollenfrüchte (Süßkartoffeln) noch immer eine große Rolle spielen. Das hervorragende Standardessen vieler Indonesier besteht aus Reis mit Salzfisch, Gemüse und scharfer Soße. Dazu kommt, wenn man sich's leisten kann, am offenen Feuer grillter *saté*, dem Schaschlik vergleichbar. Als Grundlage für *saté* dient Fleisch aller Art: Rind, Ziege, Hammel, Huhn, jedoch nicht Schwein, abgesehen von Bali, wo grilltes Spanferkel dem Nicht-Muslim als Spezialität gereicht wird.

Als einfache Gerichte erfreuen sich auch *gado-gado*, eine Art Gemüsesalat javanischer Provenienz, teils roh, teils gekocht zubereitet, *nasi goreng*, gerösteter Reis mit Beilagen, und *bami goreng*, ein chinesisches Nudelgericht, großer Beliebtheit.

Die berühmte javanische *Rijstafel* besteht aus Reis mit vielen, bis zu 50 verschiedenen Beilagen, die separat in kleinen Schüsseln serviert werden. Man nimmt sich, was einem lecker erscheint, und kostet hier und da.

Der empfindsame Europäer weiche den kleinen grünen oder roten Chili-Schoten aus,

die mörderisch auf der Zunge brennen. Dagegen hilft weniger viel Flüssigkeit als vielmehr ein großer Löffel dampfenden weißen Reises, der ohne Gewürz aufgetischt wird. Man sollte andererseits nicht auf das Probieren der roten Gewürzpaste *sambal* verzichten, die aus vielerlei Ingredienzen besteht und deren Zubereitung von der erfahrenen indonesischen *koki wanita* (Köchin) als Geheimrezept gehütet wird. Als Beigabe zu den Reisgerichten werden auch *krupuk*, eine knusprige, in Fett ausgebackene Fischpaste, oder *emping*, aus einer Frucht zubereitet, serviert.

In den größeren Hotels Jakartas und den Touristenzentren kann man zwischen typisch indonesischen und europäisch-amerikanischen Menüs wählen. Auch Liebhaber der chinesischen Küche kommen in den großen Hotels ebenso wie in kleinen Speiselokalen überall im Land auf ihre Kosten.

In den großen Hotels in Jakarta und auf Bali gibt es eine beträchtliche Anzahl deutscher, Schweizer und österreichischer Köche. Wer indonesische Gerichte stilvoll zu sich nehmen will, bediene sich des Löffels in der rechten und der Gabel in der linken Hand. Auf dem flachen Lande wird die Speise seit Urvätertagen mit dem Daumen und den drei Fingern der rechten Hand zum Mund geführt, niemals mit der »unreinen« linken Hand.

Indonesien ist ein Land der Früchte, von denen nachstehend einige der bekanntesten angeführt werden:

Avocado	Apokat
Ananas	Nanas
Banane	Pisang
Jackfrucht	Nangka
Citrusfrucht, groß	Jeruk Bali
Erdnuß	Kacang tanah
sog. »Haarfrucht«	Rambutan
Kokosnuß	Kelapa
Mango	Mangga
Mangostan	Manggis
Orange	Jeruk manis
Papaya	Papaya
Stinkfrucht	Durian
Sursak	Sirsak
Wassermelone	Semangka
Zitrone	Jeruk sam

Die indonesischen Nationalgetränke sind Tee und Kaffee, auch Bier wird in ausreichender Menge im Land gebraut und importiert. Whisky, Gin, Rum und ähnliche Getränke sollten nur mit sauberem Eis, Wasser, Soda und Tonic getrunken werden.

Zu den im Lande hergestellten Getränken zählen auch brem, ein Reiswein, arak, ein Reisbranntwein, und tuak, ein leicht gegorener Palmwein. Während man in den Erste-Klasse-Hotels unbedenklich alles essen kann, sollte man sich in bescheidenen, billigen Restaurants vorsorglich auf gut gekochte oder gebratene Speisen sowie heißen oder kalten Tee, Flaschenbier, Flaschen- oder Dosenlimonade beschränken.

Sport

Die indonesische Inselwelt entfaltet eine reichhaltige Palette an Sportmöglichkeiten. An der Spitze steht natürlich der Wassersport in all seinen Ausprägungen mit Schwimmen, Tauchen, Schnorcheln, Segeln und Surfen. Es locken viele touristisch erschlossene Strände, an denen Sportausrüstungen leihweise zur Verfügung stehen (Bucht von Jakarta, Bali). Der Tourist kann auch einsame Inseln und Buchten erkunden, sollte aber, im eigenen Interesse, keine unsinnigen Seeabenteuer unternehmen, die böse enden können. Es empfiehlt sich, den Rat einheimischer Fischer über Wind, Wasser und Strömung einzuholen.

In den Bergen bieten sich erlebnisreiche Wanderungen, Foto- und Filmsafaris zu Fuß und zu Pferd an. Lohnend, wenn auch strapaziös, sind die Begehungen erloschener oder müde vor sich hin hustender Vulkane. In den meisten größeren Hotels gibt es Swimming-Pools und Tennisplätze, gelegentlich stehen auch Golfplätze zur Verfügung (Stadtrand von Jakarta, Bali).

Trotz Tierschutzbestimmungen ist mit Sondererlaubnis die Jagd auf den wilden Wasserbüffel und Tiger im Ausnahmefall möglich. Wildschweine, die auf den Feldern viel Schaden anrichten, sind ohne Schwierigkeiten zu jagen.

Indonesische Sportler erreichen in Tischtennis und Federball (Badminton) internationale Spitzenklasse. Fußball ist der Sport der Massen, und bezeichnenderweise heißt noch immer der bekannteste deutsche Sportler »Beckenbauer«.

Stromspannung

Bis auf wenige Ausnahmen beträgt die Spannung 220 Volt. Nur noch in entlegenen Gebieten gibt es 110 V. Zwischenstecker! Mit gelegentlichem Stromausfall muß gerechnet werden.

Taxi

In den größeren Städten stehen inzwischen überall klimatisierte Taxis zur Verfügung. Es ist darauf zu achten, daß der Taxameter eingeschaltet ist. Der erste Kilometer kostet 900 Rp., jeder weitere 450 Rp.

Trinkgelder

Außer in führenden Hotels und Restaurants sind gewöhnlicherweise Trinkgelder nicht im Rechnungsbetrag enthalten. In diesen Fällen sind 5–10% des Rechnungsbetrages üblich. Kofferträger und Hotelboys bekommen im Durchschnitt 500–1000 Rp. Taxifahrer erhalten üblicherweise ein Trinkgeld, das ebenfalls bei rund 500–1000 Rp. liegt. Haben Sie ein Taxi für eine mehrere Stunden dauernde Fahrt gemietet, so sollte das Trinkgeld darüber liegen.

Trinkwasser

In den Luxus- und Komforthotels sollte das Leitungswasser zwar nicht zum Trinken verwendet werden, jedoch ist es normalerweise zum Zähneputzen geeignet. Das zumeist in Thermoskannen servierte Wasser ist abgekocht und kann ohne weiteres getrunken werden. Notfalls sollte man sich in großen und kleinen Plastikflaschen angebotene kohlensäurefreie Trinkwasser verwenden, z.B. die Marken Aqua, Ade's, Vit usw.

Währung

Landeswährung ist die indonesische Rupiah (Rp.). Es gibt Banknoten im Wert von 50 000 Rp., 20 000 Rp., 10 000 Rp., 5 000 Rp., 1 000 Rp., 500 Rp. und 100 Rp. sowie Münzen im Wert von 1 000 Rp., 500 Rp., 100 Rp., 50 Rp., 25 Rp., 10 Rp. und 5 Rp. Seit Ende 1968 ist die einst galoppierende Inflation gestoppt, es gibt keinen Schwarzmarktkurs mehr. Der Kursunterschied beim Wechseln ausländischer Zahlungsmittel bei den örtlichen Banken oder autorisierten Geldwechslern ist sehr gering.

Die feste Bindung der Rupiah an den US-wurde 1978 gelöst und drei drastische Abwertungen der indonesischen Währung vollzogen. Seitdem besteht eine Art Floating, das zu erheblichen Schwankungen im Umrechnungskurs gegenüber ausländischen Währungen geführt hat.

Die Kurswerte für 1995: 1 US-$ = 2273 Rp.; 1 DM = 1567 Rp.; 1 sF = 1927 Rp.; 1 öS = 212 Rp.; 1 ntl = 1397 Rp.

Reisezahlungsmittel in ausländischer Währung können in beliebiger Höhe eingeführt werden, entweder in Banknoten, Reiseschecks oder als Kreditbriefe, am zweckmäßigsten auf US-$ ausgestellt. Maximal 50 000 Rp. dürfen ein- und auch ausgeführt werden. Die nicht benötigten ausländischen Zahlungsmittel können ohne weiteres wieder mit ausgeführt werden, auch ist es möglich, zuviel umgetauschte Rupiah wieder in Fremdwährungen zurückzutauschen (geringer Kursverlust). Verboten ist es jedoch, indonesische Zahlungsmittel ein- oder auszuführen. Beim Umtausch ausländischer Zahlungsmittel erzielt man bei den Banken und Geldwechslern einen besseren Kurs als an den Hotelkassen oder am Flugplatz.

hören pro Person 200 Zigaretten, 50 Zigarren oder 100 g Tabak sowie zwei Liter Alkohol. Die Ausfuhr von Antiquitäten und geschützten Pflanzen (z.B. Orchideen) ist nur nach Vorlage entsprechender Zertifikate möglich (Rechnungen genügen nicht). Die Wertgrenze von Mitbringseln für eine zollfreie Einfuhr liegt bei etwa 100 DM.

Zeitdifferenz

MEZ + 6 Stunden, d. h., wenn es in Frankfurt 12 Uhr mittags ist, ist es in Indonesien (Jakarta) 18 Uhr. Innerhalb Indonesiens gibt es noch zwei zusätzliche Standardzeiten von je + 1 Stunde Zeitdifferenz, so daß man in Bali, Kalimantan, Sulawesi und Nusatenggara (Kleine Sunda-Inseln) zu der MEZ 7, auf den Molukken und Irian Jaya 8 Stunden hinzurechnen muß. Europäische Sommerzeit beachten.

Zeitungen und Zeitschriften

Die bundesdeutschen Tages- und Wochenzeitungen, Magazine und Illustrierten erreichen Indonesien mit ein oder zwei Tagen Verspätung. In Jakarta erscheinen aber drei Zeitungen in englischer Sprache, »The Indonesia Times«, »Indonesian Observer« und »The Jakarta Post«.

Zollbestimmungen

Die Zollabfertigung wird für den Touristen korrekt, aber keineswegs kleinlich durchgeführt. Schwierigkeiten kann es bei der Einfuhr von Büchern, Zeitschriften und Bildern geben, die als Gefährdung der öffentlichen Ordnung und Moral angesehen werden.

Gegenstände des persönlichen Bedarfs dürfen zollfrei eingeführt werden. Dazu ge-

Wichtige Anschriften für deutschsprachige Besucher

Diplomatische und konsularische Vertretungen

Vertretungen Indonesiens in der Bundesrepublik Deutschland

Botschaft mit Konsularbteilung

53175 Bonn (Bad Godesberg),
Bernkasteler Str. 2, Tel. 02 28/38 29 90,
3 82 99 95 (Konsularabteilung), Fax 21 13 93
Sprechzeit: Mi–Do 9–13, 14–17 Uhr

Generalkonsulate

13187 Berlin, Esplanade 9,
Tel. 0 30/4 45 92 10, Fax 4 44 76 39
Sprechzeit: Mo, Di, Do, Fr 9.30–13 Uhr,
Mi 14–17 Uhr

22299 Hamburg, Bebelallee 15,
Tel. 0 40/51 20 71-73, Fax 5 11 75 31
Sprechzeit: Mo–Fr 9–12.30 Uhr,
Visa: 9–13 Uhr

Honorarkonsulate

28759 Bremen, Friedrich-Klippert-Straße 1,
Tel. 04 21/6 60 44 00, Fax 6 60 43 95
Sprechzeit: Mo–Fr 10–12 Uhr

40470 Düsseldorf, Mörsenbroicher Weg
200/VII, Tel. 02 11/62 62 51, Fax 6 18 94 11
Sprechzeit: Mo, Di, Do, Fr 10–13 Uhr

30159 Hannover, Georgsplatz 1
(Postanschrift), Arnswaldstr. 4 (Büro),
Tel. 05 11/3 61 21 50, Fax 3 61 54 68
Sprechzeit: Mo, Mi, Fr 10–12 Uhr und nach
tel. Vereinbarung

24159 Kiel, Brauner Berg 5,
Tel. 04 31/39 40 20, Fax 39 40 25
Sprechzeit: nach tel. Vereinbarung
80538 München, Widenmayerstr. 24,
Tel. 0 89/29 46 09, Fax 98 98 76
Sprechzeit: Di–Do 9–11.30 Uhr

70629 Stuttgart, Flughafen, Terminal 3,
Zi. 113/114, Tel. 07 11/7 97 07 88,
Fax 7 97 07 69
Sprechzeit: Di 13–18 Uhr

65189 Wiesbaden, Bierstadter Str. 9,
Tel. 06 11/30 43 39, Fax 30 78 83
Sprechzeit: Mo–Fr 9.30–16 Uhr

Botschaften Indonesiens in Österreich, der Schweiz und den Niederlanden

1180 Wien, Gustav-Tschermak-Gasse 5–7,
Tel. 02 22/34 25 33–35, Fax 34 45 51

3006 Bern, Elfenauweg 51,
Tel. 0 31/44 09 83-85, Fax 43 52 83

5517 KC Den Haag, Tobias Asserlaan 8,
Tel. 0 70/3 10 81 00

Vertretungen der Bundesrepublik Deutschland in Indonesien

Botschaft der Bundesrepublik Deutschland,
Jl. M. H. Thamrin 1, Jakarta Pusat, 10310,
Tel. 0 21/3 90 17 50, Fax 3 90 17 57

Konsularabteilung, Jl. Prof. Moh. Yamin 59,
Jakarta Pusat, Tel. 0 21/33 15 66, 3 84 06 52
Besuchszeiten: Mo–Fr 8.30–11.30 Uhr

Deutsche Honorarkonsulate

Medan, Jl. Karim MS 4, Tel. 0 61/53 71 08,
Fax 53 71 08

Bali, Jl. Pantai Karang 17, Batujimbar Sanur,
Tel. 03 61/28 85 35, Fax 28 88 26

Vertretungen Österreichs, der Schweiz und der Niederlande in Indonesien

Botschaft der Republik Österreich,
Jl. Diponegoro 44, Tel. 0 21/33 81 01,
Fax 3 90 49 27

Konsulat der Republik Österreich, Bandung,
Jl. Prabu Dimuntur 2 A, Tel. 0 22/43 95 05

Botschaft der Schweizerischen Eidgenossen-
schaft, Jl. H. R. Rasuna Said, Block X/32
(Kuningan), Tel. 0 21/5 25 60 61, 5 20 74 51,
Fax 5 20 22 89

Botschaft der Niederlande,
Jl. H.R. Rasuna Said, Kav. S-3, Jakarta 12950,
Tel. 0 21/51 15 15

Auskunftsstellen

Indonesisches Fremdenverkehrsamt,
Wiesenhüttenstr. 17, 60329 Frankfurt a.M.,
Tel. 0 69/23 36 77

Directorate General of Tourism, Jl. Kramat
Raya 81, Tel. 0 21/3 10 31 17

Visitors Information Centre, Jl. Thamrin 9
(Theatre Building/gegenüber dem Kaufhaus
Sarinah), Tel. 0 21/36 40 93

Kontaktadressen für den Handel

Bundesstelle für Außenhandelsinformation
(BfAI), Agrippastr. 87–93, 50676 Köln,
Tel. 02 21/2 05 70, Fax 2 05 72 12

Bundesministerium für wirtschaftliche
Zusammenarbeit und Entwicklung,
Friedrich-Ebert-Allee 114–116, 53113 Bonn,
Tel. 02 28/53 50

OAV Ostasiatischer Verein e.V.,
Neuer Jungfernstieg 21, 20354 Hamburg,
Tel. 0 40/34 04 15
(Auskünfte nur an Mitglieder)

Repräsentanz der Deutsch-Indonesischen
Industrie- und Handelskammer,
Stockumer-Kirch-Str. 41, 40474 Düsseldorf,
Tel. 02 11/45 29 08

Indonesian Trade Promotion Centre,
Glockengießerwall 20, 20095 Hamburg,
Tel. 0 40/33 06 39

Deutsch-Indonesische Industrie-
und Handelskammer (Ekonid),
Wisma Metropolitan, Lantai 14,
Jl. Sudirman, Kav. 29, Jakarta 12920,
Tel. 0 21/51 12 08, Fax 5 71 20 00

Indonesian Chamber of Commerce and
Industry (Kadin-Kamar Dagang dan Industri
Indonesia), Jl. M.H. Thamrin 20, Jakarta
10350, Tel. 0 21/3 10 18 87

Goethe-Institut

Jalan Matraman Raya 23, Jakarta 13010,
Tel. 0 21/8 50 91 32

Jl. Martadinata 48, Bandung 40115,
Tel. 0 22/43 64 40

Jl. Taman A.I.S. Nasution 15,
Surabaya 60015, Tel. 0 31/4 37 35

Fluggesellschaften

Lufthansa, Panin Centre Building,
Jl. Jend. Sudirman 1, Jakarta,
Tel. 0 21/5 70 20 05,
Airport Tel. 5 50 71 26-27

Garuda, Hotel Indonesia, Jl. Thamrin,
Jakarta, Tel. 0 21/3 10 05 68-70

Swiss Air, Borobodur Intercontinental Hotel,
Jakarta Pusat, Tel. 0 21/37 61 18, 37 80 06

Kleine Sprachkunde

Die Nationalsprache der Indonesier heißt Bahasa Indonesia, sie wird in ganz Indonesien gesprochen. Aussprache und Betonung bereiten dem Deutschsprachigen in der Regel keine große Schwierigkeit. Die Betonung der Wörter liegt normalerweise auf der vorletzten Silbe. Im allgemeinen spricht man indonesisch so, wie es geschrieben ist, mit folgenden Ausnahmen:

Vokale / Konsonanten		Wortbeispiele / Aussprache
au	laut (Meer)	la-ut
c	cinta (Liebe)	tschinta
e	beras (ungekochter Reis)	bras (e zwischen Konsonanten fällt häufig fort)
	beberapa (wieviel)	brapa
j	jam (Stunde)	dscham (j wie in Dschungel)
k	becak (Fahrradrikscha)	betscha (k bleibt häufig stumm)
	tidak (nein, nicht)	tida
	anak (Kind)	aber: anak
ny	nyonya (Dame)	njonja
oe	Soekarno (Name)	oe ist die alte Schreibweise für u, folglich Sukarno
r	brem (Reiswein)	rrr (rollend wie im Spanischen)
s	sumur (Brunnen)	scharfes s wie in Klasse
y	Yogyakarta (Stadt)	Jogjakarta (j wie in Jugend)

Allgemeines zur Grammatik:

Es gibt keine Artikel (der, die, das)
Es gibt keine Beugung (Konjugation/Deklination) bei Verben und Substantiven
Es bestehen drei Zeitformen (Gegenwart, Vergangenheit und Zukunft)
Adjektive stehen immer hinter dem Substantiv
Personalpronomen (persönliche Fürwörter) ersetzen nicht vorhandene Possessivpronomen (besitzanzeigende Fürwörter)
Den Plural bildet man in der Regel durch Verdopplung des Substantivs

Personalpronomen

saya	ich (die übliche und auch höfliche Form)
aku	ich (wird nur bei Personen verwendet, zu denen man in einem engeren Verhältnis steht, z.B. Kinder, Verwandte)
anda	Sie (höfliche Anredeform)
kamu	du (nur bei engen Freunden und Kindern)
engkau, kau	du (ebenfalls nur bei engen Freunden und Kindern)
ia, dia	er, sie, es
beliau	er, sie (respektvoll)
kita	wir (einschließlich der angesprochenen Person)
kami	wir (ausschließlich der angesprochenen Person)
kamu kalian	ihr (nur bei sehr vertrauten Personen)
mereka	sie (3. Person Plural)

Anredeformen

Bapak (Pak)	Vater, Herr (respektvolle Anrede auch für hochrangige Personen)
Ibu (Bu)	Mutter, Frau (respektvolle und liebenswürdige Anrede für Frauen, auch in hochgestellten Positionen)
Nyonya	Dame, auch in der direkten Ansprache im Sinne von Frau (recht distanzierte und offizielle Anredeform)
Nona	Fräulein
Kakak (kak)	Anrede für älteren Bruder oder ältere Schwester (auch für Personen, zu denen man eine enge Beziehung hat)
Adik (Dik)	Anrede für jüngeren Bruder oder jüngere Schwester (auch für Kinder und für Personen, die wesentlich jünger sind als man selbst, vor allem dann, wenn die Personen junge Leute sind)
Mas	Anrede für jüngere Handwerker, Taxifahrer, Rikschafahrer, Verkäufer, Kellner usw. Diese Anredeform sollte nur in Java bzw. bei Kontakten mit Javanern verwendet werden. Andere ethnische Gruppen haben ihre eigenen Anredetitel (Lai bei den Batak, Uda bei den Minangkabau, Beli bei den Balinesen usw.)
Saudara	hat die Bedeutung von Bruder, Kamerad, Freund, Gefährte, Kollege (als Anrede für ein vertrautes *Sie,* auch unter gleichaltrigen und gleichrangigen Männern)
Saudari	hat die Bedeutung von Schwester, Kameradin, Freundin, Gefährtin, Kollegin (als Anrede für ein vertrautes *Sie,* auch unter gleichaltrigen und gleichrangigen Frauen)

Begrüßung und Umgangsformen

Herzlich willkommen!	Selamat datang!
Guten Morgen!	Selamat pagi!
Guten Tag! (ca. 11–14 Uhr)	Selamat siang!
Guten Tag! (ca. 14–18 Uhr)	Selamat sore!
Guten Abend!	Selamat malam!
Gute Nacht! (Gutes Schlafen)	Selamat tidur!
Auf Wiedersehen! (Zum Verbleibenden)	Selamat tinggal!
Auf Wiedersehen! (Zum Abreisenden)	Selamat jalan!
danke	terima kasih
vielen Dank	banyak terima kasih
nichts für ungut (gleichfalls)	terima kasih kembali (sama-sama)
Entschuldigung, Verzeihung	maaf
Ich bitte um Entschuldigung.	Saya minta maaf.
Bitte gestatten Sie! (vor dem Aufbruch, Weggang)	Permisi!
Kommen Sie doch bitte herein!	Silahkan masuk!
Nehmen Sie doch bitte Platz!	Silahkan duduk!
Wie geht es Ihnen?	Apa kabar?
Danke, gut!	Kabar baik! (baik saja!)
Das macht nichts.	Itu tidak apa-apa.
Grüße an Ihre Frau!	Salam kepada istri anda!
Ich möchte (bitte)…	saya minta

Verständigung und Fragen

ja	ya
nein	tidak
kein	bukan
nicht	tidak (vor Adjektiven und Verben)
und/für	dan/untuk

dieses/jenes	ini/itu
Wie ist Ihr Name?	Siapakah nama anda?
Mein Name ist …	Nama saya …
Was bedeutet (heißt) dies auf Indonesisch?	Apa artinya dalam Bahasa Indonesia?
Ich komme aus Deutschland (Österreich, der Schweiz, den Niederlanden)	Saya berasal dari Jerman (Austria, Swiss, Belanda)
Wo wohnen Sie?	Anda tinggal dimana?
Ich wohne im Hotel …	Saya tinggal di Hotel…
Wohin wollen Sie gehen?	Anda mau pergi kemana?
Ich weiß es (noch) nicht.	Saya belum tahu.
Wer?	Siapa?
Was?	Apa?
Wo?	Dimana?
Wohin?	Kemana?
Wie?	Bagaimana?
Wieviel?	Berapa?
Warum?	Kenapa?
Wann?	Kapan?
Ich bitte um Hilfe.	Saya minta pertolongan.
Wo ist das WC?	Dimana ada kamar kecil?
Ich habe nicht ganz verstanden.	Saya kurang mengerti.
Männer	laki-laki (pria)
Frauen	wanita (perempuan)

Farben

blau	biru	braun	coklat
gelb	kuning	schwarz	hitam
grün	hijau	weiß	putih
rot	merah	Farbe	warna

Himmelsrichtungen

Norden	utara	Osten	timur
Süden	selatan	Westen	barat

Zahlen

0	nol	30	tiga puluh
1	satu	31	tiga puluh satu
2	dua	40	empat puluh
3	tiga	50	lima puluh
4	empat	60	enam puluh
5	lima	70	tujuh puluh
6	enam	80	delapan puluh
7	tujuh	90	sembilan puluh
8	delapan	100	seratus
9	sembilan	110	seratus sepuluh
10	sepuluh	200	dua ratus
11	sebelas	1 000	seribu
12	duabelas	2 000	dua ribu
13	tigabelas	2 110	dua ribu seratus sepuluh
14	empatbelas	10 000	sepuluh ribu
15	limabelas	100 000	seratus ribu
16	enampelas	500 000	lima ratus ribu
17	tujuhbelas	1 000 000	sejuta
18	delapanbelas	$1/4$	seperempat
19	sembilanbelas	$1/2$	setengah
20	dua puluh	$1/3$	sepertiga
21	dua puluh satu	$3/4$	tiga perempat

Geographische Bezeichnungen

Berg	gunung	Höhle	goa
Hügel	bukit	Krater	kawah
See	danau	Ortschaft	kampung
Fluß	batang, kali	Straße	jalan
Bucht	teluk	Nebenstraße	gang
Insel	pulau	Markt	pasar
Quelle	sumber	Tempel	candi
Meer	laut	Palast	kraton
Moschee	mesjid	Ozean	samudera

Wochentage und Zeitangaben

Montag	senen	gestern	kemarin
Dienstag	selasa	Wie spät ist es?	Jam berapa?
Mittwoch	rabu	jetzt	sekarang
Donnerstag	kamis	später	nanti
Freitag	jumat	Tag	hari
Samstag	sabtu	Feiertag	hari raya
Sonntag	minggu	Woche	minggu
heute	hari ini	Monat	bulan
morgen	besok	Jahr	tahun
übermorgen	lusa		

Telefon

Hallo!	Halo!
Ich möchte mit … sprechen	Saya mau bicara dengan …
Falsch verbunden!	Salah sambung!

Behörden, Bank, Post

Name	nama
Alter	umur
Geburtsort	tempat lahir
Nationalität	kebangsaan
Deutsch	jerman
Religion	agama
Beruf	pekerjaan
Firma	perusahaan
verheiratet	kawin
Adresse	alamat
Grund der Reise	maksud kunjungan
Paßnummer	nomor paspor
Datum	tanggal
Unterschrift	tanda tangan
Ausweis	surat keterangan
Geld	uang
Überweisung	pengiriman
wechseln	menukar
Ich möchte DM wechseln!	Saya mau menukar mark jerman!
Brief	surat
Postkarte	kartu pos
Briefmarke	perangko
Telegramm	tilgram
Telefonnummer	nomor tilpon
Expreß	kilat khusus

Krankheit

Ich bin krank!	Saya sakit!
Wo ist ein Arzt?	Dimana ada seorang dokter?
Wo ist eine Klinik?	Dimana ada rumah sakit?
Arznei	obat
Apotheke	apotik
Unfallstation	bagian untuk korban kecelakaan
Krankenwagen	ambulans
Bitte holen Sie einen Krankenwagen!	Tolong panggil mobil ambulans!
Ich benötige eine Arznei gegen ...	Saya perlu obat melawan ...
Fieber/Durchfall	demam/sakit menceret
Kopf-/Zahnschmerzen	sakit kepala/sakit gigi

Adjektive und Adverbien

gut	baik	flach	rata
schlecht	kurang baik	trocken	kering
schön	bagus	naß	basah
häßlich	jelek	kalt	dingin
groß	besar	heiß	panas
klein	kecil	teuer	mahal
hoch	tinggi	billig	murah
kurz	pendek	viel	banyak
dick	gemuk	wenig	sedikit
dünn	tipis, kurus	oben	atas
schnell	cepat	unten	bawah
langsam	pelan	nach unten	kebawah
hart	keras	links	kiri
weich	lembek	rechts	kanan
nah	dekat	hier	disini
fern	jauh	dort	disana
tief	dalam		

Reise/Verkehr

Welche Straße führt zum ...?	Jalan ke ... dimana?
Bahnhof	stasiun kereta api
geradeaus	terus
Achtung!	Awas!
Straßenarbeiten	perpaikan
Brücke	jembatan
Eisenbahn	kereta api
Fahrkartenschalter	loket
Abfahrt	keberangkatan
Ankunft	kedatangan
Eingang	masuk
Ausgang	keluar
Tor	pintu
Schiff	kapal laut
Flugzeug	kapal terbang
Omnibus	bus, bis
Taxi	taxi
Fahrradrikscha	becak
Kleinbus	bemo
Gepäck	bagasi
Koffer	koper, kopor

Reisepaß	paspor
Zoll	cukai
Herberge	losmen
Zimmer	kamar
Zimmer frei!	Kamar kosong!
Ist hier ein Zimmer frei?	Ada kamar kosong?
schlafen	tidur
Bett	tempat tidur
Ventilator	fan
Damentoilette	wanita
Herrentoilette	pria, laki laki
Wo ist?	Dimana?
Rauchen verboten?	Dilarang merokok!
Sieh mal an! Ach!	Aduh!

Speisen und Getränke

Wasser	air
Saft	air jeruk
Bier	bir
Milch	susu
Kaffee	kopi
Tee	teh
Nudeln	bakmi, mie
Kartoffeln	kentang
gekochter Reis	nasi
Gemüse	sayur
Krabbenpaste	krupuk
Fisch	ikan
Krabben	udang
Fleisch	daging
Rindfleisch	daging sapi
Schweinefleisch	daging babi
Huhn	ayam
Ente	bebek
Obst, Früchte	buah-buahan
Banane	pisang
Nuß	kacang
Kokosnuß	kelapa
Erdnuß	kacang tanah
Stinkfrucht	durian
Löffel	sendok
Gabel	garpu
Messer	pisau
Teller	piring
Tasse	cangkir
Glas	gelas
Salz	garam
Zucker	gula
Pfeffer	merica, lada
Senf	moster, sawi
Curry	kari
Ei	telor
Spiegelei	telor mata sapi
gekochtes Ei	telor rebus
Brot	roti

Toast	roti panggang
Kuchen	kueh
Alkohol	minuman keras
Reisschnaps	arak
Eiswasser, normales Wasser	air es, air putih

Unterkunft und Hotel

Gästehaus	wisma
Hotel	hotel
Herberge	losmen
Restaurant	rumah makan
Speisesaal	ruang makan
Badezimmer	kamar mandi
Seife	sabun
Handtuch	handuk
heißes Wasser	air panas
kaltes Wasser	air dingin
abgekochtes Wasser	air matang
essen	makan
trinken	minum
Kellner	pak, bung, mas
weibliche Bedienung	adik
Rechnung	rekening, bon
Haben Sie Bier, Zigaretten?	Ada bir, rokok?
Haben Sie ein Streichholz?	Ada korek api?
Ich möchte ein Handtuch.	Saya minta handuk.
Ich möchte essen.	Saya mau makan.
Ich möchte trinken.	Saya mau minum.
europäisches Essen	makanan Eropah
indonesisches Essen	makanan indonesia
Ich möchte Kaffee.	Saya minta kopi.
Ich möchte Tee.	Saya minta teh.
Toilette	kamar kecil
Warten Sie ein wenig!	Tunggu sebentar!

Glossar

Abangan	Javaner, beeinflußt von vorislamischen Glaubensvorstellungen, der die islamische Religion nicht praktiziert, sondern ihr nur formell angehört
Adat	In Indonesien noch weit verbreitetes Gewohnheitsrecht, das von einer ethnischen Gruppe zur anderen variiert
Agama kejawen	Javanische Glaubensvorstellung mit Inhalten der früheren javanisch-hinduistischen Religion, Ahnenverehrung sowie Natur- und Geisterglaube
Arupadhatu	Begriff aus der buddhistischen Lehre, der die formlose geistige Sphäre des ewigen Seins zum Ausdruck bringt, in der der Mensch losgelöst ist von allen Begierden, Wünschen, Namen und Formen. Am Tempel Borobudur wird dies durch den oberen Tempelbereich symbolisiert
Bapak	Wörtlich Vater: Anrede für ältere Männer, auch respektvolle Anrede für hochrangige Personen, einschließlich des Präsidenten
Barong	Mythisches Fabelwesen auf Bali mit dem Kopf eines stilisierten Löwen und dem Hinterleib eines Drachens, im Tanz durch zwei Männer dargestellt. Der Barong ist ein Vertreter der Oberwelt und hilft den Dorfbewohnern beim Kampf gegen die Hexe Rangda, eine Vertreterin der Unterwelt
Baruna	Balinesischer Gott des Wassers
Bhinneka Tunggal Ika	»Einheit in der Vielfalt«, ein Begriff aus dem Sanskrit und Motto der indonesischen Einheitsidee, Spruchband im Staatswappen
Bodhi-Baum	Feigenbaum (lat. Ficus religiosa), unter dem Buddha die Erleuchtung erfuhr
Candi	(sprich: tschandi) Abgeleitet von candica, einem Namen für die Todesgöttin Durga bzw. Kali. Ein Candi ist folglich ein Grabmal. Das Wort Candi wird heutzutage in Indonesien für alle hinduistischen und buddhistischen Tempel verwendet
Candra, Chandra	(sprich: tschandra) 1. Gott des Mondes, 2. Männlicher Vorname in Java
Candi Bentar	Das »gespaltene (Tempel-)Tor« in Bali. Das Candi Bentar symbolisiert die in der balinesischen Philosophie verankerten Gegensatzpaare von rein und unrein, gut und böse, Oberwelt und Unterwelt usw.
Dewi Sri	Name auf Java und Bali für die Göttin der Reispflanzen. Vor der Bestellung der Reisfelder und nach der Ernte werden zu Ehren Dewi Sris Zeremonien abgehalten. Nach einer Version ist Dewi Sri die weibliche Inspiration des Gottes Vishnu
Dukun	Traditioneller Heiler mit magischen Kräften. Dukune verfügen häufig über gute psychologische Kenntnisse und wissen die ent-

	sprechenden Naturheilmittel anzuwenden. Oft beherrschen sie medizinische Massagetechniken und Chiropraktiken
Durga	Name der weiblichen Inspiration bzw. Gefährtin des höchsten hinduistischen Gottes Shiva. Diese ambivalente Göttin manifestiert sich unter dem Namen Durga als gütige Mutter, die alle Lebewesen mit Nahrung versorgt, wohingegen sie in der Gestalt der Kali Tod und Krankheiten bringt
Ganesha	Elefantenköpfiger und dickbauchiger Sohn des höchsten Gottes Shiva und seiner Gemahlin Durga. Ganesha gilt als positive Gottheit und wird besonders in Java verehrt
Garuda	Mythischer Vogel aus dem indischen Epos Ramayana, in dem der Garuda vergeblich versucht, Sita, die Gemahlin Ramas, aus den Klauen des Dämons Rahwana zu befreien. Der Garuda gilt als heiliges Reittier des Gottes Vishnu. In der Republik Indonesien wird der Garuda als staatliches Wappensymbol verwendet, und die indonesische Fluggesellschaft nennt sich Garuda Indonesia
Gotong Royong	Ein Begriff aus dem Javanischen, der soviel wie traditionelle und (unentgeltliche) Nachbarschaftshilfe bedeutet und ein vielpraktiziertes soziales Verhalten in Dörfern und Städten ist. Gotong Royong kommt praktisch zur Anwendung bei der Ernte, Festlichkeiten (Geburt, Hochzeiten, Beschneidungen usw.), Totenfeiern, Notfällen, öffentlichen Arbeiten usw.
Guna-Guna	Übernatürliche Phänomene (magische Kräfte, Hexerei)
Gunungan	Himmelsbaum, der ursprünglich in den mythologischen Erzählungen Indiens eine wichtige Rolle einnahm und später als hinduistisches Element Eingang in die Kulturen Javas, Balis u.a. Eingang fand, wo er bei den *wayang*-Schattenspielvorführungen als vielseitiges Symbol eingesetzt wird (Sitz der Götter, Wälder, ein großes Hindernis und sogar als Pausenzeichen)
Ibu	wörtlich: Mutter. Kinder nennen ihre Mutter Ibu, welches ebenfalls eine liebenswürdige Anrede für verheiratete Frauen, auch in hochrangigen Positionen, ist
Indonesia	Zusammengesetzter Begriff aus den griechischen Wörtern »indos« und »nesos«, welches in der Übersetzung »Indische Inseln« heißt. Der Begriff taucht zum ersten Mal im 19. Jh. bei englischen Ethnologen und dem deutschen Völkerkundler Adolph Bastian auf
Kala	Ein mit Kugelaugen und langen Fangzähnen versehener Dämonenkopf, der zumeist über Eingangstoren hinduistischer und buddhistischer Tempel die Bedeutung eines Abwehrdämons hat
Kamadhatu	In der buddhistischen Lehre die Sphäre, die die Wünsche und Begierden der Menschen zum Ausdruck bringt. Symbolisch und in konkreter Form ist das Kamadhatu an der Tempelbasis des Borobudur dargestellt
Karma	Göttliches Gesetz der Wiedervergeltung im Hinduismus für alle guten und schlechten Taten in früheren Leben (Mehrzahl) und im jetzigen Leben
Kawi	Eine alte Sprache auf der Grundlage des Sanskrits und der Pallava- sowie Devanagari-Schrift. Kawi wird heute noch auf Bali als Sakralsprache von den Priestern verwendet
Kinnari	Himmelsnymphe mit Frauenoberkörper und Hinterleib eines Vogels

Kraton	Residenz javanischer Herrscher. Der Kraton war immer impulsgebender Mittelpunkt für Kunst und Kultur
Kris	Javanischer und balinesischer Dolch mit magischer Kraft. Der Kris, auch als malaiischer Dolch bezeichnet, kommt mit gewellter Klinge (als Symbol einer sich bewegenden Schlange) und mit gerader Klinge (als Symbol einer Schlange in Ruhestellung) vor
Kroncong	(sprich: krontschong) Eine melodiöse Musik mit portugiesischen Einflüssen
Kulkul	Ein ausgehöhltes Rundholz mit einem Schlitz an der Seite. Man schlägt mit einem Klöppel gegen das Holz, um Signale und Warnzeichen für die Dorfgemeinschaft zu geben
Ladang	Trockenreisfeld ohne Bewässerungssystem; wird durch Brandrodung gewonnen und nur für wenige Ernten genutzt (bis der Boden ausgelaugt ist)
Lamin	Langhaus der Dayak in Borneo
Lebaran	Höchster islamischer Feiertag am Ende des Fastenmonats
Lingga (Lingam)	Steinsäule als Phallus-Symbol für den Gott Shiva, dessen Schöpferkraft auch sexuell verstanden wird
Ludruk	Ursprünglich aus Ost-Java stammendes Theaterstück in Form einer modernen Komödie
Mahabarata	Hinduistisches Epos mit rund 100 000 Verszeilen. Das einige Jahrhunderte vor Christi Geburt entstandene Epos handelt u.a. vom Kampf der verfeindeten Familien Pandava und Kurava, die das Gegensatzpaar »gut« und »böse« darstellen
Mandau	Verziertes Kurzschwert der Dayak auf Borneo. In früheren Zeiten wurden mit der Mandau die Köpfe getöteter Feinde abgeschlagen
Öri	Bündnis von mehreren Dörfern auf Nias (u.a. zum Schutz gegen Angriffe von Kopfjägern)
Nirvana	Die im buddhistischen Glauben höchste Vollendung, das ewige Sein, in welchem der Gläubige befreit ist von Haß, Gier und Wahn
Panca Sila	Indonesische Staatsphilosophie der fünf Prinzipien (sanskrit.: fünf Säulen): 1. Glaube an den Einen und Höchsten Gott, 2. Humanität, 3. Einheit Indonesiens, 4. Demokratie und 5. Soziale Gerechtigkeit
Peci	(sprich: petschi) Zumeist schwarze fezartige Kopfbedeckung der indonesischen Männer. Der (ursprünglich islamische) Peci (holl.: pet, pit) hat sich als offizielle und nationale Kopfbedeckung durchgesetzt
Pedanda	Balinesische Priester. Man unterscheidet den hinduistischen Pedanda Shiva (er trägt einen Haarknoten) und den buddhistischen Pedanda Budha (mit langem, bis auf die Schulter fallendem Haar)
Pemangku	Balinesischer Tempeldiener und Assistent des Pedanda-Priesters
Pencak Silat	Indonesische Kampfart der Selbstverteidigung
Peranakan	Bezeichnung für die in Indonesien geborene ethnische Gruppe der Chinesen, die nicht mehr chinesisch sprechen und assimiliert sind
Rahvana	Riesendämon aus dem Epos Ramayana

Rama	Hauptheld aus dem indischen Epos Ramayana
Ramayana	Indisches Epos in rund 24 000 Verszeilen (entstanden um das 4. Jh. v. Chr.). Es handelt von der Entführung Sitas, der Gemahlin Ramas, durch den Riesendämon Rahvana. Sita wird nach dramatischen Ereignissen von dem Affenheer unter der Führung des Affengenerals Hanoman befreit
Rangda	Mythische Hexengestalt auf Bali, die als Vertreterin der Unterwelt sowie der Schwarzen Magie gilt. Rangdas Gegenspieler ist der Barong
Rupadhatu	Sphäre, in der nach der buddhistischen Lehre der Mensch Wünsche und Begierden überwunden hat, jedoch noch an Formen und Namen festhält. Das Rupadhatu wird besonders eindrucksvoll an den Galerien des Mittelteils des Borobudur dargestellt
Santri	Gläubiger und praktizierender Moslem (im Gegensatz zum nominellen Abangan)
Sawah	Reisfeld in der Ebene oder am Hang von Bergen, terrassenförmig angelegt sowie künstlich von einem Irrigationssystem *(irigasi)* bewässert. Ein derartiges Naßreisfeld, wo mittlerweile viel Kunstdünger verwendet wird, bringt jährlich die Erträge von zwei (im Ausnahmefall von drei) Ernten ein
Shiva	Höchster hinduistischer Gott, der zusammen mit Vishnu und Brahma die Trimurti (Dreieinigkeit) darstellt. Shiva gilt als Schöpfer und Vernichter. Seine schöpferische Kraft wird auch sexuell gedeutet, so daß ihm das Phallus-Symbol, oft in Form einer Steinsäule, zugeordnet ist
Sikerei	Zauberpriester auf den Mentawi-Inseln
Subak	Balinesische Genossenschaft, die das lebensnotwendige Bewässerungssystem der Reisfelder regelt und überwacht
Surya	Hinduistischer Gott der Sonne
Synkretismus	Verschmelzung verschiedener Religions- und Kulturströmungen, die sich besonders ausgeprägt auf Java und Bali zeigt
Totok	Bezeichnung für die in China geborenen Chinesen, die in Indonesien ansässig sind und noch chinesisch sprechen. Auch ihre Nachkommen, soweit sie dem chinesischen Kulturkreis eng verbunden sind, bezeichnet man als Totok
Tuan	Respektvolle Anrede für männliche Ausländer, wobei das Wort nicht mit *Tuhan* (Gott) verwechselt werden sollte
Ulama	Islamischer Rechtsgelehrter
Wali	Verkünder des Islams in Java. Die neun Wali werden als Heilige des Islams verehrt
Wallace-Linie	Trennlinie der Fauna und Flora zwischen Arten festlandasiatischer und australoider Prägung. Die Grenze verläuft von Nord nach Süd zwischen den Inseln Kalimantan und Sulawesi sowie Bali und Lombok hindurch. Die Trennlinie wurde nach ihrem Entdecker, dem englischen Naturwissenschaftler Alfred Russel Wallace (2823–1913), benannt

Bibliographie

Indonesien

Asshauer, Franz: Indonesien. Exotisches Inselreich am Äquator. 1994

Beyer, Ulrich: Entwicklung im Paradies, Sozialer Fortschritt und die Kirchen in Indonesien. Frankfurt am Main 1974

Bundschu, Inge: Agrarverfassungen und Agrarentwicklung in Indonesien. Eine vergleichende Studie. 1994

Damshäuser, Berthold von /Ramadhan, K.H. (Hrsg.): Gebt mir Indonesien zurück! Eine Anthologie indonesischer Lyrik. Vorw. u. Übers. aus d. Indones. v. Damshäuser, Berthold. Unkel 1994

Department of Information: Indonesia 1994, An Official Handbook. Jakarta 1994

Draine, Cathie/Hall, Barbara: Kultur-Knigge Indonesien. Nördlingen 1988

Eckebrecht, F.J.: Reise in Ost-Indien Anno 1740. Heilbronn 1751. Hrsg. U. Zimpel/H. Sicking. Jakarta 1983

Frings, Ulrike E.: Rolle und Funktion nichtstaatlicher Organisationen in Indonesien. Hamburg 1991

Heinschke, Martina: Angkatan 45: Literaturkonzeptionen im gesellschaftspolitischen Kontext. Zur Funktionsbestimmung von Literatur im postkolonialen Indonesien. Berlin 1993

Heinzlmeier, Helmut: Indonesiens Außenpolitik nach Sukarno 1965–70. Hamburg 1976

Hilgers-Hesse, Irene: Indonesischer Sprachführer. Heidelberg 1964

Kähler, Hans: Grammatik der Bahasa Indonesia. Wiesbaden 1983

Kahlo, Gerhard/Simon-Bärwinkel, R.: Deutsch-Indonesisches Wörterbuch. München 1968

Karow, Otto/Hilger-Hesse, Irena: Indonesisch-Deutsches Wörterbuch. Wiesbaden 1986

Kratz, Ulrich: Indonesische Märchen. Düsseldorf-Köln 1973

Kraus, Werner (Hrsg.): Islamische mystische Bruderschaften im heutigen Indonesien. Hamburg 1990

Lamprecht, Hans: Waldbau in den Tropen. Hamburg-Berlin 1986

Länderbericht Indonesien. Hg. v. Statistischen Bundesamt. Wiesbaden 1994

Magnis-Suseno, Franz von: Neue Schwingen für Garuda, Indonesien zwischen Tradition und Moderne. München 1989

Mann, Richard: Business in Indonesia. Toronto 1991

Merian-Monatsheft: Indonesien. Hamburg 1989

Müller-Krüger, Theodor: Das Christentum in Indonesien. Leiden-Köln 1975

Prisma: The Long Ramadhan. Islamic Politics under the New Order. No. 49/1990. Jakarta 1990

Schwarz, Thomas: Flucht- und Migrationsbewegungen in Indonesien. Berlin 1993

Siebert, Rüdiger: Fünfmal Indonesien. München 1987

Siebert, Rüdiger: Roter Reis im Paradies. Wuppertal 1976

Sommer, Katharina: Als der Himmel den Menschen einmal nah war Erzählungen aus Indonesien. Vorw. v. Siebert, Rüdiger. 4 Zeichn. v. Korati, Damir. Bearb. v. Jonen, Wolfgang. Hannover 1993

Stöhr, Waldemar: Die altindonesischen Religionen. Leiden-Köln 1976

Sympathie Magazin: Indonesien verstehen, Studienkreis für Tourismus. Starnberg 1988

Tantri, Ketut: Aufruhr im Paradies. Berlin 1961

Tari, Mel: Wie ein Sturmwind. Aufbruch in Indonesien. Aus dem Amerik. v. Sattler, Hanna/Arndt, H.J. 7. Aufl. Riedrich 1993

Toer, Pramoedya A.: Garten der Menschheit. »Bumi Manusia«. Ein Roman aus Indonesien. Hamburg 1987

Uhlig, Helmut: Indonesien hat viele Gesichter. Berlin 1971

Whitten, Tony/Whitten, Jane/Cubitt, Gerald: Indonesien. Tiere und Pflanzen der indonesischen Inselwelt. Aus dem Engl. Gütersloh 1994

Wulffen, Bernd: Wörterbuch wirtschaftlicher Begriffe (Deutsch-Indonesisch). Wiesbaden 1985

Sumatra

Hasibuan, Jamaluddin: Batak, Art and Culture. Medan 1986

Loeb, Edwin: Sumatra. Its History and People. Kuala Lumpur 1981

Lulofs, Madelon: Rubber. Singapore 1988

Marsden, William: The History of Sumatra. Singapore 1986

Sibeth, Achim: The Batak. London 1991

Nias

Hämmerle, Johannes: Famatö Harimao. Teluk Dalam 1986

Kabupaten Nias Dalam Angka, Buku Statistik 1992. Gunung Sitoli 1993

Klasen, Heinrikje: Die alten Niha und ihre Einstellung zu Krankheit und Tod. Ergebnisse einer ethnomedizinischen Feldstudie von der Insel Nias, Indonesien. Papenburg 1991

Sunderman, Heinrich: Niassische Sprachlehre. S'Gravenhage 1913

Suzuki, Peter: The Religious System and Culture of Nias. S'Gravenhage 1959

Mentawai-Inseln

Coronese, Stefano: Kebudayaan Suku Mentawai. Jakarta 1986

GEO-Magazin. Naturschutz durch Tabu in Siberut. Heft 4/1989

Schefold, Reimar: Spielzeug für die Seelen. Kunst und Kultur der Mentawai-Inseln. Museum Rietberg. Zürich 1980

Schefold, Reimar: Lia – Das große Ritual auf den Mentawai-Inseln. Berlin 1988

Java

Dumarcay, Jacques: The Temples of Java. Oxford University Press. Singapore 1986

Frey, Edward: The Kris. Mystic Weapon of the Malay World. Singapore 1986

Franke-Benn, Christiane: Die Wayangwelt, ein lexikalisches und genealogisches Nachschlagewerk. Wiesbaden 1984

Heuken, Adolf: Historical Sites of Jakarta. Jakarta 1982

Kerstan, Birgit/Berninghausen, Jutta: Emanzipation wohin? Frauen und Selbsthilfe in Java/Indonesien. Hrsg. v. Karcher, Wolfgang/Liebel, Manfred/Albert, Marie Th./Overwien, Bernd. Frankfurt am Main 1991

Magnis-Suseno, Franz von: Javanische Weisheit und Ethik. München 1981

Moosmüller, Alois: Die pesantren auf Java. Frankfurt 1989

Toer, Pramoedya Ananta: Garten der Menschheit. Hamburg 1987

Toer, Pramoedya Ananta: Kind aller Völker. Luzern 1990

Bali

Baum, Vicky: Liebe und Tod auf Bali. Amsterdam 1937 und Berlin 1968

Djelantik, A.A.M.: Balinese Paintings. Oxford University Press. Singapore 1986

Merian: Bali. Heft 10/31. Hamburg 1980

Ramseyer, Urs: Bali – Insel der Götter. Basel 1983

Rhodius, H./Darling, J.: Walter Spies and Balinese Art. Amsterdam 1980

Kleine Sunda-Inseln

Weiglein, W./Zahorka, H.: Expeditionen durch Indonesien. Nusa Tenggara. Edition momos. Frankfurt am Main 1986

Kalimantan (indonesischer und malaysischer Teil)

Baier, Martin: Ein Kerereng-Bestattungsbaum im Meratus-Gebirge Süd-Borneos. Stuttgart 1983

Domalain, Jean-Yves: Panjamon. Ich war ein Kopfjäger. Wien-Hamburg 1972

Harrer, Heinrich: Borneo. Innsbruck 1988

Harrison, Tom: World Within. Oxford 1986

King, Victor T.: The Peoples of Borneo. Oxford 1983

Sellato, Bernard: Hornbill and Dragon. Jakarta 1989

Siegert, F./Veit, B./Wiebus, H.O.: Arrang lebt im Regenwald (Kinderbuch). Wuppertal 1991

Vredenbregt, Jacob: Hampatong. Kebudayaan Material Suku Dayak di Kalimantan. Jakarta 1981

The Times Travel Library: East Kalimantan. Singapore 1988

Zimmermann, Gerd: East Kalimantan. Statistical Guide 1980. Samarinda 1981

Sulawesi

Barley, Nigel: Hallo Mister Puttyman. Bei den Toraja in Indonesien. Aus d. Engl. v. Enderwitz, Ulrich. Stuttgart 1994

Nooy-Palm, H./Bergink, D./Schouten, M.: Indonesia in focus. Sulawesi. Meppel 1988

Rössler, Martin: Die soziale Realität des Rituals. Kontinuität und Wandel bei den Makassar von Gowa (Südsulawesi). Kölner ethnologische Studien Bd. 14. Köln 1987

Supit, Bert: Minahasa. Penerbit Sinar Harapan. Jakarta 1986

Taylor, P.M./Aragon, L.V.: Beyond the Java Sea. Art of Indonesia's Outer Islands. Sulawesi (Kap. VI). National Museum of Natural History. Washington 1991

Molukken

Hanna, Willard A./Des Alwi: Ternate and Tidore. Yayasan Warisan dan Kebudayaan. Banda Naira 1990

Wallace, Alfred Russel: The Malay Archipelago. Singapore 1989

Wessels, A./Teljeur, D./de Jonge, N.: Indonesia in focus. The Moluccas (Kap. 6). Meppel 1988

Irian Jaya

Baumann, Bruno: Neuguinea. Vorstoß in die Vergangenheit. Wien 1985

Bogner, Piet: In der Steinzeit geboren. Eine Papua-Frau erzählt. Bornheim-Merten 1984

Debout, Mathieu: Kinder der Steinzeit? Moers 1990

Kenntner, G./Kremnitz, W.: Neuguinea. Expedition in die Steinzeit. Frieding-Andechs 1984

Kremnitz, Walter A.: Neuguinea. Aus dem Pflanzenreich. Frieding-Andechs 1984

Zöllner, Siegfried: The Religion of the Yali in the Highlands of Irian Jaya. Goroka 1988

Fotonachweis

Garuda Indonesia, Frankfurt: S. 106, 107, 360/361

Indonesisches Fremdenverkehrsamt, Frankfurt: S. 176/177

Horst Kratzer, Hipoltstein: S. 212, 214, 287, 320/321, 329, 330

Jürgen Küller, Wuppertal: S. 351

Sekretarlat Negara, Jakarta: S. 55, 61, 63

Helmut Steinleger, Hückelhoven: S. 160/161, 203

Alle übrigen Fotos stammen vom Autor

Die historischen Aufnahmen wurden der folgenden Publikation entnommen: Friedmann, S.: Die ostasiatische Inselwelt. Land und Leute von Niederländisch-Indien: den Sunda-Inseln, den Molukken sowie Neu-Guinea. Leipzig 1868: S. 36, 51, 52, 81, 89, 91, 118, 350

Zeichenerklärung der Routenkarten

▬▬▬	Autobahn	〰️	Fluß
▬▬▬	Durchgangsstraße		Süßwassersee
▬▬▬	Hauptstraße		Sumpf
▬▬▬	Fahrweg		Mangroven
-------	Piste, Karrenweg	☀ ☀	Besonders schöner Ausblick
— — —	Fernverkehrsbahn	✚	Verkehrsflughafen
▬▬▬	Staatsgrenze	⊕	Flugplatz
▬▬▬	Provinzgrenze	▲	Tempel
▭	Nationalpark Naturpark Naturschutzgebiet	♨ Heiße Quelle	🏖 Badestrand
MEDAN	Sehenswerter Ort	630 ▲ Höhenangabe in Meter	—ᴧ— Wasserfall
Lake Toba	Sehenswertes Objekt	· Objekt	⋔ Höhle

Register

Und so urteilen Presse und Leser über die neuen Mai's Weltführer

Der Namibia-Führer ist der erste Band der Reihe des Mai-Verlags in neuer Gestalt: Die einzelnen Kapitel sind durch ein »Farbleitsystem« kenntlich gemacht, die inhaltliche Gliederung in die Abschnitte »Landeskunde«, »Praktischer Reiseführer« sowie »Reiseinformationen von A bis Z«, ergänzt um eine umfangreiche Bibliographie, ist schlüssig. Die Farbfotos sind gut, der abschließende Kartenteil, an dessen Beginn eine Übersichtskarte mit Blattschnitt steht, gefolgt von fünfzehn Detailkarten und einem ausführlichen Ortsregister, ist exzellent. Der Text hält das Niveau. Die Autorin beweist, daß man auch auf knappem Raum umfassend und zugleich unterhaltsam informieren kann.

Frankfurter Allgemeine Zeitung über
Mai's Weltführer »Namibia«

Wir entschlossen uns kurzfristig Ihren Reiseführer mitzunehmen. Es war ein voller Erfolg. Dieses hochaktuelle Werk ist uns auf der Reise zu einem unersetzlichen Begleiter geworden. Alle Ratschläge, alle Hinweise und das Kartenmaterial haben wir als hervorragend empfunden. Die diversen Stadtpläne waren uns eine echte Hilfe. Lobend möchten wir auch die Restauranttips erwähnen. Unser Eindruck ist: Ihr Neuseeland-Reiseführer ist mehr als gelungen. Dafür gebührt Ihnen Anerkennung und Dank!

Ein Leser aus Bayern über
Mai's Weltführer »Neuseeland«

Optisch und inhaltlich ein starkes Stück.

Globo-Reiseführervergleich Oktober 1994 über
Mai's Weltführer »Namibia«

Meine Hochachtung der Autorin und dem Verlag ein »Glück auf« zum neuen Outfit der Mai's Weltführer!

Radio 50plus, Berlin, über
Mai's Weltführer »Namibia«

MAI VERLAG

Mai's Weltführer – die seit über 40 Jahren bewährte einzigartige Kombination von profunder Landeskunde und praktischem Reiseführer. Jetzt im vorliegenden, neuen Erscheinungsbild!

Bereits erschienen:	Namibia	Kuba	Die Kl. Antillen
	Neuseeland	Malaysia	Pakistan
	Hawaii	Nigeria	Indonesien
	Nepal	Taiwan	
	Australien	Peru	

Als nächstes erscheinen:	Uruguay	Dom. Republik	Kolumbien
	Singapur	Südsee	Brasilien
	China	Alaska	Macau
	Zimbabwe	Kenia	

Weitere Titel in Vorbereitung

MAI VERLAG

Quellenweg 10, 63303 Dreieich-Buchschlag,
Tel. 0 61 03/6 29 33, Fax 0 61 03/6 48 85

Im bisherigen Erscheinungsbild sind folgende Mai's Weltführer
und Städteführer erhältlich:

Mai's Städteführer
Dublin, Lissabon, Lyon

Mai's Weltführer
Alaska mit Yukon-Territory
Ecuador mit Galápagos-Inseln
Gambia
Grönland
Indien
Island
Nordafrika
Portugal
Südafrika
Südsee
Thailand
USA
Zimbabwe

MAI VERLAG

Quellenweg 10, 63303 Dreieich-Buchschlag,
Tel. 0 61 03/6 29 33, Fax 0 61 03/6 48 85

NOTIZEN